上海出版资金项目
Shanghai Publishing Funds

中国经济转型升级理论与实践丛书

中国公共支出与公共产品研究

宏观优化的视角

张晓娣 / 著

上海社会科学院出版社
SHANGHAI ACADEMY OF SOCIAL SCIENCES PRESS

丛书编委会

目　录

下编　公共产品分析

前　　言

2001年诺贝尔经济学奖获得者、美国经济学家斯蒂格利兹(Joseph E. Stiglitz)在其《公共部门经济学》(*Economics of the Public Sector*)一书中指出,政府与我们社会中的其他机构根本不同,它有力量,它能够做私人机构无能为力的事,因而对其支出行为进行合理性限定显得尤为重要。在中国,由于政府掌握大量重要资源,所以公共支出政策不仅是国家宏观调控的重要手段,也是构架和谐社会的重要财力保证。公共支出作为社会资源配置的有机组成部分,其支出总量是否适当,支出结构是否合理,公共产品提供是否充分,不仅影响政府职能的实现,也会影响企业和居民的生产积极性以及社会经济的发展,直接体现了国家路线方针政策。因此,公共支出的规模、结构优化及与之对应的公共产品供给,是实现公共资源优化配置的首要任务,也是本书着力探讨的核心问题。纵观全书,集中聚焦和能够回答的问题可归纳为以下几大块。

一、公共财政优化的判定标准

从理论上讲,公共财政优化本质上是一定时期内在公共支出总规模合理的前提下,为满足公共需求,实现政府政策目标,财政支出各构成要素所占支出总量达到比例合理、相互协调的状态,但从实践出发,财政支出反映了政府配置社会资源的方向和偏好,而后者是一个多变量的集合,且往往与政治目标的考量相联系,这就要求公共支出定量的效益评估标准必须是一个多目标的复杂决策体系。具体讲,公共支出结构的优化标准应包括几个方面的内容。

一是统筹经济增长与民生福利。社会主义制度下公共支出的优化必须统筹经济效益和社会效益,既要重视经济发展,又要保障民生建设。一方面,现阶段财政投资仍旧是拉动经济增长的重要路径,财政支出总量的不断扩大与其增量的结构优化为经济的稳健发展提供了基础,也是满足日益增长的民生性需求的前提。另一方面,财政作为政府实现其职能的重要手段,理应把加强民生建设、提高民众福利作为其内在使命，把促进人的全面发展作为经济建设与社会发展的出发点和归宿，具体讲，就是围绕民众生存、发展的需要，提供充足且优质的产品及服务。

二是兼顾效率与公平。效率与公平问题是中国社会主义市场经济发展过程中所要探讨的永恒话题。一方面，财政支出调整实质上也是资源的优化配置问题，理应将公共资源投入收益最高、回报最大的产业和地区，享受市场效率带来利好。另一方面，将公平纳入到财政支出中考虑，宏观上要求财政支出要在城乡之间、区域之间、经济与社会之间、人口资源与环境之间和国内外之间权衡利弊，根据所处阶段的政治经济特点合理安排支出的种类和数量，以实现中国宏观经济的统筹发展；微观上，尤其应重视对重点民生项目以及低收入群体的直接或间接的财政扶持，以缩小中国城乡、区域、行业间的收入差距，促进社会的公平与和谐。

三是体现公众偏好，满足公共需求。由于长久以来中国各级政府部门的政绩考核过分强调 GDP 指标的权重，使得政府在公共产品和服务的供给、社会弱势群体福利保障方面出现不应有的“缺位”，以致出现政府行为偏离公众意志、偏好和需求，未对社会公众承担应有的责任。因此，在构建社会主义和谐社会和建立服务型政府的过程中，需要把公共需求、公众满意度作为衡量各级政府职能履行情况的标准与依据。换言之，政府必须将公众偏好或公众需求纳入政府公共产品供给决策机制当中，在评判民生视角下财政支出结构是否优化的过程中，应充分考虑社会公众的需求与偏好是否得到体现和满足。

综合考虑以上三大方面内容，本书将“多目标系统优化”的思想和原则贯彻始终，以多目标决策模型（Multi-criteria Decison Making Model）为基础，将公共支出合理性的量化评价标准，从单纯的最大化经济增长率扩展至提升居民消费水平、缩小收入分配差距、降低失业率、改善环境质量等多重系统化目标，突出在各目标相互碰撞与平衡的动态过程中，如何推动财政支出规模和结构的进一步优化以及公共服务体系的建立与完善。

二、公共支出规模的优化

立足中国的基本国情不难发现，中国财政支出规模在不同的阶段呈现出不同的变化特征。中华人民共和国成立初期，由于实行计划经济体制，实行“统收统支”制度，使得财政支出占 GDP 比重较高，达到 30%以上。经济体制改革之后，为了调动微观个体生产积极性，国家实行放权让利政策，使得财政收入减少，这样一来，许多项目的支出便或多或少有所缩减。1978 年到 1995 年财政支出占 GDP 比重的不断下滑正是经济体制改革的必然结果。从 1997 年特别是 1998 年实施积极财政政策开始，中国财政支出规模不断回升，而且回升速度比较快。1998 年至 2002 年，财政支出占 GDP 的比重上升了 6.6 个百分点，平均每年上升一个百分点。2003 年至 2006 年，由于受到“非典”的侵袭，社会经济秩序遭到一定的破坏，政府对公共医疗卫生支出有所增加，但财政支出占 GDP 比重有所下滑。“十一五”时期，由于中国实施积极的财政政策和稳健的货币政策，财政支出占 GDP 比重平稳上升。“十二五”以来，中央不断加大对民生保障工程投入，财政支出规模增长势头趋缓，围绕 22%上下浮动。

然而，2012 年之后由于欧债危机的持续发酵和动荡的国际环境影响，中国经济下行态势明显，这里不仅有来自中国出口短期内大幅波动、市场预期不稳定的影响，也有来自国企产能和基础设施建设过剩、经济效益滑坡的压力。在当前加快转变经济发展方式、深入推进供给侧改革的背景下，有必要提出这样的疑问——中国的公共支出规模适度吗？如果按照前文所定义的经济增长与民生福利、兼顾效率与公平、满足公众需求的均衡发展目标，公共支出维持怎样的规模才能称作最优？

三、公共支出结构的优化

公共支出结构的优化能够促进经济实现良好的发展与进步，其效果已经成为经济发展的重要评价标准，指导着经济发展的方向。在公共支出总量基本上不变的情况下支出结构的效果对于社会积累与消费的比例产生直接性的影响，也关系着社会经济发展的潜力。

首先是公共支出的功能性结构。改革开放以来，伴随着经济社会体制改革的不断深入和财政收入的持续快速增长，中国财政支出结构也发生了较大的变化，突出表现在经济建设支出占财政总支出的比重逐渐下降，而政府用于教育、医疗、社会保障等民生领域的支出日益增加，即财政正在由“建设型财政”向“公共财政”、“民生财政”转轨。其中，包括教育、科学技术、文化体育、社会保障在内的社会性支出在近 10 年间经历了跳跃性增长，而教育支出在整个公共支出中占比还是最大，并且提升的速度较快，其次是社会保障支出。然而，尽管如此，社会舆论与学术理论界关于“加大科教文卫的支出”的呼声一直不绝于耳。那么，当前的民生经费投入是否真的无法满足公众需求？社会民生投入比重的不断增加，对于经济增长的影响是正是负？为了适应全面统筹发展的策略方针，实现经济与社会共同发展的目标，应如何继续推进公共支出的职能配比改革和合力配置？

其次是公共支出的区域性结构问题。随着中国经济体制改革的不断推进，财政支出结构也在逐渐优化和发展，地区间的财政支出配比差异也在逐步减小，但是从现实角度考虑，中国的中西部、南北方之间的经济文化差异由来已久，且根基深厚。虽然近年来，国家不断鼓励和扶持中西部和较为落后地区的经济发展，但是若想达到东部沿海地区的经济发展水平还需要一定的努力。在不同的经济发展现状下，不同区域之间的公共支出配比必然存在一定的差异。在这一背景下，有限的公共投资如何在各省、市、自治区之间进行分配？各地区公共支出的重点如何确定？东部是否更需要将资金投入到社会和文化等方面建设，而西部是否应当更倾向于生产性和基础建设性投资？各地区公共支出的优化目标是否与全国利益一致？

四、公共产品供给的跨期动态影响

无论是生产性公共投资还是民生服务类公共支出，其经济和福利影响均有一定的时滞性：基础设施建设投资尽管可以在当期带动一定的需求和就业，但如桥梁、道路、港口等设施发挥真正的效用则是在多期以后；教育、环境等公共产品提供的影响则更为长远——这类投入在短期有可能挤占经济建设投资、对经济增长产生一定的负面效果、降低当代居民的消费或福利水平，但是对未来世代，则可能促进其人力资本和自然资源等生产要素的积累以及质量的提升，带来中长期的积极影响；社会保障支出能够提升居民整个生命周期的总收入，从而鼓励其在当期和未来之间进行消费决策的调整，进而影响整个社会的总储蓄和总投资。因此，对于政府用于各类公共产品供给的投入，仅仅依据眼前的需求判断其“应该”增加或减少是片面而短视的，必须使用动态的、世代交叠的视角，综合考虑公共产品供给的短期和长期影响，才能做出最有利于社会福利函数最大化的选择，同时降低公共政策的宏观经济成本。这正是本书研究公共教育、公共医疗、养老保险、节能减排、公共就业等具体公共产品的基本视角。基于这一视角，一系列可计算一般均衡（Computable General Equilibrium）和动态随机一般均衡（Dynamic Stochastic General Equilibrium）框架下的政策和预测将揭示公共产品及公共服务对 GDP、就业、消费、收入分配等关键宏观经济指标的动态性作用；也从相反的角度考察了若要在长期实现增长、福利、社会等多目标的和谐发展，公共支出政策的设计应当遵循怎样的动态路径。

本书分为上下两编，上编站在综合全面的角度，探讨一般性公共支出的规模与结构优化；下编则落脚于以公共支出为支撑的各类公共服务产品。主要章节结构安排如下：

上编由前七章组成。第一章试图寻找最优的公共支出结构，通过聚类法将中国划分为发达、发展中、不发达、少数民族四大区域，利用约束优化法定量地测算各区域的“最优”公共支出结构调整方案，以求在保证基本民生公共品的前提下、最大化经济增长率。第二章主要检验当前中国各省、市、自治区的公共支出规模是否最优，利用包含解释变量的 ARIMA 模型测定各省、市、自治区最大化增长率的财政支出水平。第三章利用社会核算矩阵（SAM），从要素的使用和分配结构的角度解析中国经济高速增长的同时，居民可支配收入在国民收入中所占的比重不断降低的原因，并根据 SAM 乘数，分析公共支出对居民增收的作用；以及预测公共支出应该重点投向哪些行业，能够较好地提高居民在国民收入分配中的地位和份额。第四章主要从居民收入、效用和分配公平这三方面判断标准，基于多部门 CGE 实验模拟，比较了建设性公共支出、服务性公共支出以及转移支付这三种公共支出政策导向的短期和长期效果。第五章构建了多目标非线性规划模型，以改善全国水平的人均 GDP、居民效用、失业率、人均住房面积以及降低这四项指标的省际差异为目标函数，在财政预算、投资成本、利润和人力资源的多重约束下，探析有限公共资源在农业、工业制造业、教育、医疗卫生、交通与通讯基础建设、住房保障建设等几大类用途及区域间的合理配置。第六章根据世界银行中期财政预算框架，采用 ANALYTICA 系统动力分析软件，计算了中国公共债务警戒值，预测了中国未来 10 年间的财政收支及债务状况，并利用 Monte Carlo 随机模拟，描绘了公共债务面对风险的可能路径。第七章侧重分析公共经济政策如何在两个目标——经济增长和民生改善之间进行权衡，模拟刻画了两者之间存在的非线性的动态内生关联。

下编包括后六章。第八章针对中国医保体系存在的主要问题，在 CGE 框架下利用无限期 RCK（Ramsey-cass-koopman）模型进行了两项政策改革实验。第九章在 Auerbach-Kotlikoff 世代交叠模型框架下考察养老保险和公共债务的关系，以保证政府在对养老金缺口补贴时，必须维持公共债务低于警戒值。第十章利用包含教育时滞的动态投入占用产出模型，定量预测了通过加大人力资本公共投资以延长人口红利的可行性。第十一章基于 OLG - CGE 情景模拟,比较征收碳税与发展可再生能源在未来 50 年对经济增长及居民福利的动态影响,以寻找现阶段中国应对气候转变、节能减排的最优政策措施。第十二章将正处于酝酿阶段的碳税作为研究对象利用投入产出和线性需求模型分析了碳税的价格影响、福利成本以及再分配效应。第十三章从客观视角对中国公共部门就业经济影响的初步探索,其结论也为饱受争议的中国公务员薪酬调整提供了一定理论启示,论证了完善机关事业单位工资正常增长制度、提高公务员基本工资标准市场弹性的经济意义。

上　编

公共支出分析

第一章　公共支出结构与经济增长：基于梯度优化法的区域聚类分析

时至今日，政府公共财政支出的结构安排已是备受关注的一个问题——有限的公共资本如何在不同用途的公共产品，如教育、医疗、社保、基础设施、国防安全、行政管理等之间进行分配？公共财富的分配不仅直接关涉到经济增长，更是深刻地影响着居民生活水准、人力资源素质进而国家的核心竞争力，因此公共支出结构是否合理，已成为关系经济和社会发展的重要战略问题。

判定公共财政支出"合理"的标准很多，例如，是否充足而有效率地配置了公共产品和服务，是否提高改善了居民的效用和生活水平，是否降低了贫困发生率，是否缩小了不同地区、不同社会阶层的收入差距，是否实现了资源、环境和经济的协调发展，等等。其中，一个最为直观且简单的标准就是公共支出结构能否有效地促进国民收入增长。本章正是从这一简单易判定的目标出发，寻找最优的财政支出构成。

本章根据中国 1998—2011 年省级面板数据，运用基于区域聚类基础上的梯度求解法，对中国经济增长率最大化下的"最优公共支出结构调整方案"进行了系统的实证研究。结果表明，通过最优调整，全国经济平均增速上升 0.5 个百分点，但是国防支出作为纯消耗性花费占公共支出比重需要适当削减。区域层面，在相同政策成本限制下，各地的最优公共支出结构调整存在一定差异——发达地区需要下调经济建设类、生产性支出比重，而欠发达地区则仍存在经济建设投资比重上升的空间。相较于欠发达地区，发达地区更需要大幅提高一般公共服务支出，尤其是医疗、养老，这显示了该地区居民对健康等保障的强烈需求。

第一节　中国公共支出结构的变动及国际比较

公共支出是影响经济增长的基本因素之一，它对经济增长的影响不仅表现在总量联系上，而且公共支出结构也会对经济增长产生不可忽视的影响，公共支出结构的安排与公共支出总量对经济增长效应的大小密切相关。表 1-1 给出了中国自 1979 年的公共支出构成和经济增长率，我们可以从中一探端倪。自改革开放起，中国的财政支出结构都处于不断调整变动的状态，为各个时期的经济增长提供着支持和保障。表 1-1 展示了历年各项支出占历年支出总额的比重，可以看出，自 1979 年来，中国政府用于经济建设的支出比重是呈现先下降再回升的趋势，从 1979 年的 60.06%到 2003 年的 30.06%持续下降，但是自 2004 年起伴随着波动稳步回升，2007—2008 年间的猛增可能来源于北京奥运会对场馆、交通和其他基础设施的需求。文教科卫支出比重从 1979 年的 13.67%到 1994 年的 25.92%，增幅达 89.61%之多，但从 1994 年到 2003 年则增速缓慢，2004 年之后甚至不断小幅下降，直到 2010 年才回到下降前的水平。社会保障支出比重在 2006 年之前以平缓的速度上升，之后则稳定在 10%左右。遗憾的是，仅从这些数字，无法看出各类公共支出构成与 GDP 增长之间存在密切的相关关系。

表 1-1　中国历年政府支出结构(主要支出成分占支出总额相对比重)及名义 GDP 增长率

单位：%

年份	经济建设	文教科卫	社会保障	经济增长率
1979	60.06	13.67	1.72	7.6
1994	41.32	25.92	1.64	13.1
1995	41.85	25.74	1.69	10.9
1996	40.74	26.21	0.61	10
1997	39.5	26.74	1.54	9.3
1998	37.71	27.14	1.59	7.8
1999	38.38	27.59	1.36	7.6
2000	36.18	27.6	1.34	8.4
2001	34.34	27.58	1.41	8.3
2002	30.26	26.87	1.69	9.1
2003	30.06	26.24	2.02	10

续表

年份	经济建设	文教科卫	社会保障	经济增长率
2004	34.12	18.06	3.2	10.1
2005	33.35	17.99	4.2	11.3
2006	34.39	19.33	7.4	12.7
2007	49.95	19.69	10.94	14.2
2008	44.46	19.55	10.87	9.6
2009	31.82	17.03	8.46	9.1
2010	33.67	24.64	10.15	10.4
2011	39.25	26.21	10.17	9.3
2012	39.43	25.16	10.52	7.7
2013	39.72	25.38	11.02	7.7
2014	41.33	25.76	11.24	7.4

资料来源:《中国统计年鉴》,作者自己整理计算。

再将中国政府支出结构(各项支出的比重构成)和其他国家的支出结构进行对比(见表1-2),不难发现,中国的经济建设支出比重比OECD国家都高,美国只有中国的1/2,西欧国家最低。在文教科卫支出上,中国的医疗卫生支出远远低于其他各国,而教育支出基本处于所有国家的平均水平,和欧洲、韩、日不相上下,略低于美国。最后,西欧和北欧福利国家的社会保障支出比重远远高于其他国家,其次是日本,中国居末。

表1-2 部分OECD国家与中国与按功能分类财政支出结构比较(2014) 单位:%

支出功能	美国	法国	德国	英国	日本	韩国	北欧三国	转型三国	中国
一般公共服务	13.5	13.3	12.5	11	14	13.2	12.2	15.1	17.1
国防	11.5	3.4	2.3	5.7	2.6	9.2	3.4	3.4	7.4
经济事务	10	5.4	7.2	6.4	9.9	21.3	8.1	11	39.8
环保		2.7	1.4	2.3	3.4	3.2	1.1	1.6	3
医疗卫生	21.1	13.7	14.3	16	19.6	13.5	14.6	11.8	4.9
文化体育传媒	0.9	2.9	1.6	2	0.4	2.9	2.5	2.8	1.3
教育	16.9	11.2	8.8	13	10.6	15.7	13.7	12	11.6
社会保障和就业	18.6	42.4	46.5	35.9	33.9	12.4	40.9	35.2	11.5

资料来源:《"十二五"时期的财政支出结构》,《经济研究参考》,2015年第3期。

虽然很难通过以上两张表格看出经济增长和财政支出结构的关系,但直觉似乎告诉我们,越是经济发达的市场经济国家,经济事务支出在公共财政中所占的比重越小,社会保障和就业支出所占的份额越大。本章试图通过构建一个详尽的理论框架将各种具体的公共产品和收入增长联系起来,应用实证数据寻找对收入提高最有帮助的最优公共支出结构,分析结构调整的成本限制,为政府整合有限资源、有效地进行公共产品供给提供理论支撑。

在对相关研究进行回顾之后,文章的第三部分简要描述了模型的理论和实证框架,第四部分交待了数据来源,第五部分进行估计和检验,并在此基础上讨论了什么样的公共政策作为发展策略才是有效的。第六部分为研究的主要结论。

第二节　公共支出结构影响经济增长的文献综述

政府支出构成的合理性一直是公共经济学领域的重点问题,传统的研究范式是利用纯理论模型和数理推导方法探寻最优支出结构的原则和条件。其中 Barro(1990)贡献了里程碑似的研究:利用内生增长模型,他得出了经济增长率和储蓄率随服务性公共支出单调递减,而随生产性支出先增后减的结论,间接暗示了最优公共支出构成的存在。Lee(1992)、Devarajan et al.(1996)扩展了 Barro 模型,推导出各类支出类型的最优比率取决于其相对弹性。Chen(2006)进一步指出决定最优公共支出比率的因素还包括反映国家经济特征的结构和政策参数。Turnovsky 和 Brock(1980),Ihori(1990),Turnovsky 和 Fisher(1995),Shieh et al.(2006)均认可最大化增长和福利的支出构成原则是私人消费与公共服务投资边际效用相等。进入 90 年代,不少学者开始实证地验证这些传统假说。有些研究以发达国家为对象,如 Levine 和 Rehelt(1992),Mendoza et al.(1997),Knelle、Bleaney 和 Gemmell(1999),Shelton(2007);另一些研究探讨公共支出政策作为发展中国家加快发展的战略选择,如 Devarajan et al.(1996),Guptaetal(2005),Shelton(2007),Baldaccietal(2008)。Bennet(1983)利用 1950—1980 年间美国实证数据,证实了不同的政府投资与消费支出比例会对私人消费、投资进而宏观经济产生刺激、阻碍,或者中性影响作用。Ramirez(1998)认为公共支出构成对发展中国家尤其重要,在拉美 10 国 1960—1993 年面板数据线性增长模型的基础上,验证了公共投资比重的提高既能够改善对外贸易状况,又能够增加劳动生产率,而政府消费支出则有轻微的负面效应。Fan、Yu 和 Jitsuchon(2008)分析了东南亚国家政府支出与增长的关系，发现适当提高在农业研发、农田水利基础设施、农业道路领域的公共投资份额具有显著的增收减贫效果。Ganelli 和 Tervala（2010）建立了两国开放宏观经济模型探讨了政府面对旨在提升生产能力的公共投资与旨在提高效用水平的公共消费的权衡，发现仅仅在公共资本边际生产率较高而公共消费占居民效用比重较低的前提下，削减公共消费提升公共投资才对本国经济发展有益。Carboni 和 Medda（2011）基于改进的 Solow 模型证明政府能够通过控制财政规模及支出结构最大化通向稳定增长路径的转型动态增长率，然而这种政策效果无法在长期持续下去。

在国内，类似名为"财政支出结构优化"或"支出结构对经济增长影响"等的实证研究已是多如牛毛。一些研究将公共支出划分为广泛的几大类。徐步云（2011）根据 Cobb-Dauglas 生产函数形式，采用中国 2008 年 31 个省、市、自治区的横截面数据，构建出政府支出与经济增长关系的模型，证明了政府生产性投资对经济增长有明显的正向作用，对经济增长的贡献率很大，政府消费性支出虽然对经济增长有正向作用，但作用不是很明显，而地方政府转移性支出通过再分配机制也对经济增长产生正向作用。吕志华（2012）在经典的内生增长框架中引入政府财政支出结构因素，分析了持续经济增长条件下，由各项支出对产出的边际贡献程度决定的"最优支出结构"——中国财政消费性支出与投资性支出的最优比例约为 7∶3，各项财政支出的占比应与其边际贡献程度成正比，而近年来，我国财政支出结构虽然正逐渐向最优财政支出结构收敛，但仍应进一步降低政府投资性支出的比重。

更多的研究还是对支出按照具体用途进行了细分。郭杰（2004）从乘数效应和挤出效应的角度来分析政府支出结构与经济增长的关系，认为提高在社会保障、农业和农村基础设施、电力水利方面的支出，均能够有效地增强政府支出的乘数效应。廖楚晖和余可（2006）从短期来看，地方农业支出对短期经济增长具有不显著的正相关关系，而其他地方财政支出对地方短期经济增长的促进作用不明显。从长期来看，地方农业支出、基建支出、企业挖潜改造支出等生产性支出对长期经济增长不具有促进作用，而一些非生产性的政府支出如政府机构支出对长期增长却具有明显的拉动作用。钞小静和任保平（2007）利用中国 1978—2004 年间时间序列数据估算了公共支出各成分类别的产出弹性，证明了中国公共支出的产出弹性为正，对经济增长有促进作用，而从公共支出结构对经济增长的影响来看，经济建设支出、社会文教支出、国防支出及其他支出的结构产出弹性为正，行政管理支出结构产出弹性为负。

王春元(2009)基于柯布—道格拉斯生产函数的分析框架并以改进的经济模型,通过对中国1978—2006年相关数据的实证检验,发现仅有教育经费支出和科研支出与经济增长呈正相关关系,而其他的经济建设、国防和行政管理、医疗卫生支出都对经济增长具有一定的消极作用。王艺明、蔡翔(2010)基于中国东、中、西部三大地区的省级面板数据,实证考察出农业支出显著缩小了城乡收入差距,行政管理费支出均扩大了城乡收入差距,而基本建设、文教科卫、福利保障支出均对城乡收入差距的影响同样存在区域性差异,西部地区以上支出比重的扩大会导致城乡收入差距扩大,而在西部地区和中部地区,则缩小了城乡收入差距。王新军、赖敏晖(2010)以分税制改革为时间节点,实证证明了财政分权加剧了支出结构的扭曲,在显著提升了科教文卫支出和农业支出的经济增长效应的同时,也加大了基本建设支出和行政管理费对经济增长的阻碍作用。刘叔申、吕凯波(2011)用1978—2006年省级面板数据的回归结果,证明了通过压缩行政管理支出、提高财政农业支出和文教科卫支出的比重,可以缩小城乡居民收入差距。徐小鹰(2011)分别研究了地方政府和中央政府支出的不同效应,发现地方政府支出对经济增长的影响较为显著的分别是城市维护建设支出、教育支出和农业支出。从全国范围看,教育支出对经济增长的影响最为明显。吕志华(2012)在经典的内生增长框架中引入政府财政支出结构因素,政府消费性支出(CGS)对经济增长有着显著的正影响,基本建设支出对经济增长有着微弱的负影响,教科文卫支出、企业挖潜资金和科技三项费用以及农林水利支出等项目对经济增长有着显著的正影响,在此基础上,估计了持续经济增长条件下的"最优财政支出结构"——财政消费性支出与投资性支出的最优比例约为7∶3。张为杰(2012)指出,当前中国的政治激励和经济激励过大,而公众约束和监督力度较小,导致政府必然选择偏好经济类建设支出、短期效益投资,忽视公共服务类支出,导致公共财政的短期增长效应明显,而长期效应不足。郑尚植(2012)发现财政支出结构对经济增长的影响在全国范围内和在地区范围内有差别,对于全国的总样本来说,科技支出和民生支出的产出弹性系数为正,而经济建设支出、农业支出和行政管理支出的产出弹性系数为负;经济建设支出对东部的产出弹性为正,科技在中部的产出弹性为负,农业支出对中部的产出弹性为正。杨宝剑、颜彦(2012)的结论稍有差异,行政管理类支出对促进经济增长也有较强的作用,经济建设类支出最能显著地拉动经济增长,科教文卫类支出次之,社保类支出的增长效应最小。匡小平、杨得前(2013)以2010年我国31个省、市、自治区的财政支出等数据为基础，采用因子分析与聚类分析法对我国各地的财政支出结构进行比较研究，结果表明，上海、北京、天津这三个我国经济最为发达的地区用于教育、商业服务业等高级公共服务支出所占比重最高，西藏、青海、内蒙古、新疆、宁夏等地用于社会保障、就业支、住房保障等保障性支出所占比重最高，而其他绝大部分省、市、自治区财政支出则在基本服务于偏高级服务之间基本均衡。

与以上众多研究仅仅关注经济增长不同，彭志文、郭路(2011)从居民福利最大化的条件出发分析财政支出结构，发现政府存在最优支出规模和结构，与此对应的最优税率刚好满足公共资本服务和政府科教投入的支出，而随着公共资本服务支出和政府科教投入的增加，经济增长率也相应地增加。

以往的实证研究似乎存在三个问题。第一，在模型的建立上，主要从经典的经济增长模型出发，将各类公共支出作为新的生产要素加入生产函数，再通过取对数建立线性模型；有的干脆直接建立了公共支出和人均 GDP 的线性关系，估计出的参数缺乏理论上的合理性和经济上的解释。第二，在样本的处理上，几乎全部省际面板数据分析研究都是基于东—中—西的地理区域划分，而忽视了各省、市、自治区在经济增长方式、财政规模和结构上的异同。第三，也是最为重要的是，大多数研究虽然提出了公共财政支出结构的优化这一问题，但仅仅在考察了各类支出对经济发展的正向或负向影响之后，便定性地给出了财政结构调整上的政策建议，至于具体的调整幅度是多少，很少有继续估算某类支出具体的增减规模；即使有学者进行了类似的尝试，也没有考虑政策调整和变更的成本限制，因此得出的结论在实际应用的意义上有所欠缺。因此，本章尝试从以上三个方面上进行改进和突破。

第三节　公共支出结构最优化的理论模型分析

本节出现的所有变量、参数的名称符号见表 1－3。Miyakoshi(2009)、Shieh et al(2006)增长模型的 CRTS 生产函数中包括两种投入——私人资本和公共资本，其中公共资本 g 被用于教育 e、医疗 m、国防 d、生产性经济活动 p、其他社会服务 s 这五种基本用途，所有变量均采取人均的形式，因此有：$g=e+m+d+p+s=\tau y$。

表 1－3　　　　变量及参数描述

变量/参数	含义描述	变量/参数	含义描述
S_m	医疗卫生支出占总财政支出比重	μ	支出规模限制参数
S_d	国防公安支出占总财政支出比重	β	私人资本产出弹性
S_e	公共教育支出占总财政支出比重	α	私人消费效用比重
S_p	生产建设支出占总财政支出比重	c	私人消费
Ss	一般社会服务支出占总财政支出比重	k	私人投资
τ	有效公共税率	ϕ	平衡增长路径
ρ	时间偏好率	v	实际 GDP 增长率
σ	跨期替代弹性	ψ	公共支出构成向量
g	政府公共支出	α_i	公共支出项目的效用比重

生产函数为：

$$y = Ak^{\alpha_1} m^{\alpha_2} d^{\alpha_3} e^{\alpha_4} p^{\alpha_5} s^{\alpha_6}$$

公共支出的结构形式如下，s 代表用于各类公共产品的投资占总支出的比重：

$$s_m + s_d + s_e + s_p + s_s = 1$$

假设居民通过进行消费决策追求效用最大化的目标：

$$\max\int e^{-\rho t}[(c^{\alpha}g^{1-\alpha})^{1-\sigma} - 1]/(1-\sigma)\mathrm{d}t$$

$$\begin{aligned} s.t.\ \dot{k} &= (1-\tau)f(k) - c \\ &= Ak^{\alpha_1} m^{\alpha_2} d^{\alpha_3} e^{\alpha_4} p^{\alpha_5} s^{\alpha_6} - c \\ &= A(k)^{\alpha_1}(gs_m)^{\alpha_2}(gs_d)^{\alpha_3}(gs_e)^{\alpha_4}(gs_p)^{\alpha_5}(gs_s)^{\alpha_6} - c \end{aligned}$$

令：

$$\begin{aligned} L = {} & e^{-\rho t}[(c^{\alpha}g^{1-\alpha})^{1-\sigma} - 1]/(1-\sigma) + \\ & \lambda[A(k)^{\alpha_1}(gs_m)^{\alpha_2}(gs_d)^{\alpha_3}(gs_e)^{\alpha_4}(gs_p)^{\alpha_5}(gs_s)^{\alpha_6} - c] \end{aligned}$$

则以上优化问题的条件为：

$$e^{-\rho t}[(c^{\alpha}g^{1-\alpha})^{1-\sigma} - 1] = \lambda$$

$$\lambda(1-\tau)\tau^{(1-\alpha)/\alpha}A^{1/\alpha}s_m^{\alpha_2/\alpha_1}s_d^{\alpha_3/\alpha_1}s_e^{\alpha_4/\alpha_1}s_p^{\alpha_5/\alpha_1}s_s^{\alpha_6/\alpha_1} = -\dot{\lambda}$$

根据 Euler 法则可知消费最优路径恰好是经济增长的均衡路径(Balanced growth path)，此时人均收入、资本、消费及公共支出均以相同的速度 ϕ 增长，即 $\dot{k}/k = \dot{c}/c = \dot{y}/y = \dot{g}_c/g_c = \dot{g}_I/g_I = \phi$，增长速度为：

$$\phi = [(1-\tau)A^{1/\alpha_1}\tau^{(1/\alpha_1-1)^2}\alpha_1(1-s_m^{\alpha_2/\alpha_1}s_d^{\alpha_3/\alpha_1}s_e^{\alpha_4/\alpha_1}s_p^{\alpha_5/\alpha_1}s_s^{\alpha_6/\alpha_1})^{1/\alpha_1-1}-\rho]/\sigma$$

后文的分析将采用上式作为居民行为的典型代表。

政府通过确立合理的收入规模和支出结构 $\psi=(\tau, s_m, s_d, s_e, s_p, s_s)$ 追求经济增长 ν 的目标：

$$\max\nu = \nu(\psi)$$
$$s.t.\ s_m + s_d + s_e + s_p + s_s = 1$$

构建 Lagrangian 函数：

$$L = \nu(\psi) + \lambda[1-(s_m + s_d + s_e + s_p + s_s)]$$

根据 Kuhn-Tucker 条件得到最优有效税率及各类公共支出的比重：

$$\alpha_2 + \alpha_3 + \alpha_4 + \alpha_5 + \alpha_6 = \tau^*$$
$$s_i^* = \alpha_i/(\alpha_2 + \alpha_3 + \alpha_4 + \alpha_5 + \alpha_6)$$
$$i = 2, \ldots, 6$$

因此，如果实际有效税率和政府支出结构不符合上述最优条件，那么通过重新调整有效税率、对公共资源进行再分配，可以实现经济更加快速的增长。但是显而易见的是，以上模型仅仅具有理论解释上的意义，如果要计算 s_i^*，必须估计参数 α_i，那么便不可避免地面临 σ 和 ρ 的取值问题，因此，必须寻求其他的方法达到实证可操作性的目的。

第四节　最优公共支出结构的梯度模型构建

一、梯度模型基本结构

假设税率为 τ，国民收入为 y，公共资本 g 被用于教育 e、医疗 m、国防 d、生产性经济活动 p、其他社会服务 s 这五种基本用途，所有变量均采取人均的形式，因此有：

$$g = e + m + d + p + s = \tau y \tag{1-1}$$

令 ρi 代表用于各类公共产品的投资占总支出的比重，则公共支出构成如下：

$$\rho_m + \rho_d + \rho_e + \rho_p + \rho_s = 1 \tag{1-2}$$

政府需要通过确立合理的支出结构 $\psi = (\tau, \rho_m, \rho_d, \rho_e, \rho_p, \rho_s)$ 以实现提高经济增长率 ν 的目标：

$$\max\nu = \nu(\psi)$$

$$s.t.\ \rho_m + \rho_d + \rho_e + \rho_p + \rho_s = 1 \tag{1-3}$$

本章运用可行方向法(Gradient Method)对增长优化问题(1-3)进行逐步求解，寻找财政支出结构由现实值向最大化增长率的理论最优值过渡的路径，基本思想是，利用梯度向量构造出下降可行方向，作线性搜索，逐步地逼近问题的最优解；而梯度向量则可以依靠回归分析实证估计得到。在本章的公共投资组合优化问题中，需要从某个初始点 ψ_0 出发，构造点列 $\{\psi_k\}$ 使目标函数值上升满足：

$$\nu(\psi_k) < \nu(\psi_{k+1}),\ \forall k = 1, 2, \ldots$$
$$\lim_{k\to\infty}\nu(\psi_k) = \nu(\psi^*)$$

由此可得：

$$\lim_{k\to\infty}\psi_k = \psi^*$$

基于 Bazaraa et al(1993)、Miyakoshi et al(2010)的模型思想，本章从当前现实的公共财政结构水平 $\psi = (\tau, \rho_m, \rho_d, \rho_e, \rho_p, \rho_s)$ 出发进行分析，逐步过渡到能够最大化经济增长速率的最优结构规模 $\psi^* = (\tau^*, \rho_m^*, \rho_d^*, \rho_e^*, \rho_p^*, \rho_s^*)$。

对式(1-3)求全导，那么 $\max\nu = \nu(\psi)$ 等价于以下优化问题：

$$\max_{d\psi} d\nu = (v_\tau, v_{\rho_m}, v_{\rho_d}, v_{\rho_e}, v_{\rho_p}, v_{\rho_s})d\psi$$
$$s.t.\ (d\psi)'d\psi = \mu^2$$
$$\mu > 0$$
$$d\rho_m + d\rho_d + d\rho_e + d\rho_p + d\rho_s = 0$$
$$d\rho_m + d\rho_e + d\rho_s \geqslant 0 \tag{1-4a}$$

其中 $d\nu$ 是对 ν 求全导，v_τ，v_{ρ_m}，v_{ρ_d}，v_{ρ_e}，v_{ρ_p}，v_{ρ_s} 是 ν 对 τ，ρ_m，ρ_d，ρ_e，ρ_p，ρ_s 的偏导数，微分 $(d\psi)' = (d\tau, d\rho_m, d\rho_d, dv_e, d\rho_p, d\rho_s)$ 代表公共收入和各项公共支出所占比重的调整幅度，第三个限制条件说明各类公共服务增减的总合为 0，即公共支出总量保持不变，政府需要在各项服务之中进行选择与权衡。为了保证民生，要求政府为居民提供的医疗、教育和基本公共服务总量不能降低。μ 代表支出结构调整的规模限制，如果假设政策改革成本与幅度规模成正比，那么在政策实践中，μ 可以用以衡量政府政策调整的所受到的成本约束。

以 ν 的偏导数 $\Gamma' = v_\tau, v_{\rho_m}, v_{\rho_d}, v_{\rho_e}, v_{\rho_p}, v_{\rho_s} = (v_\tau, \Gamma_\rho')$ 作为梯度向量［简化起见，令 $v_{\rho_m}, v_{\rho_d}, v_{\rho_e}, v_{\rho_p}, v_{\rho_s} = (\Gamma_\rho')$］，步骤(1－4i)—(1－4vii)展示了基于梯度向量分步求解模型(1－1)的过程。首先建立 Lagrange 函数：

$$L = \Gamma' d\psi + \frac{1}{2}\lambda_1[\mu^2 - (d\psi)'d\psi] - \lambda_2(0, U_5')d\psi$$

一阶条件包括：

$$\frac{\partial L}{\partial(d\psi)} = \Gamma - \lambda_1(d\psi) - \lambda_2(0, U_5')' = 0 \qquad (1-4b)$$

$$\frac{\partial L}{\partial\lambda_1} = \frac{1}{2}[\mu^2 - (d\psi)'(d\psi)] = 0 \qquad (1-4c)$$

$$\frac{\partial L}{\partial\lambda_2} = U_5'(d\psi) = 0 \qquad (1-4d)$$

其中，$U_5 = (1, 1, 1, 1, 1)'$；Γ'，$(d\psi)'$ 均是依据当前实际的财政支出结构 ψ 计算所得。由(1－4b)得：

$$d\psi = \frac{1}{\lambda_1}\left(\Gamma - \lambda_2\begin{pmatrix}0\\U_5\end{pmatrix}\right) = \frac{1}{\lambda_1}\begin{pmatrix}\nu_\tau\\ \Gamma_\rho - \lambda_2 U_5\end{pmatrix} \qquad (1-4e)$$

根据(1－4d)和(1－4e)可得：

$$\frac{1}{\lambda_1}U_5'(\Gamma_\rho - \lambda_2 U_5) = 0$$

这样可以解出：

$$\lambda_2 = (U_5'U_5)^{-1}U_5\Gamma_s = \frac{1}{5}\sum\nolimits_{\rho=\rho_m, \rho_d, \rho_e, \rho_p, \rho_s}\nu_s = \bar{\nu} \qquad (1-4f)$$

其中 $\bar{\nu}$ 为偏导的均值，将 λ_2 代回(1－4e)，可得：

$$(d\rho_m,\ d\rho_d,\ d\rho_e,\ d\rho_p,\ d\rho_s)' = \frac{1}{\lambda_1}(\Gamma_\rho - \bar{\nu}U_5) \tag{1-4g}$$

(1－4e)和(1－4g)共同给出 $d\psi$ 的最优解：

$$d\psi^* = \frac{1}{\lambda_1}\begin{pmatrix}\nu_\tau \\ \Gamma_\rho - \bar{\nu}U_5\end{pmatrix} \tag{1-4h}$$

以及 $(d\psi^*)'(d\psi^*) = \frac{1}{\lambda_1^2}[\nu_\tau^2 + (\Gamma_\rho - \bar{\nu}U_5)'(\Gamma_\rho - \bar{\nu}U_5)] = \mu^2$

从(1－4c)和(1－4h)中可以得到：

$$\lambda_1 = \frac{1}{\mu}[\nu_\tau^2 + (\Gamma_\rho - \bar{\nu}U_5)'(\Gamma_\rho - \bar{\nu}U_5)]^{1/2}$$

最后，公共支出的最佳调整向量为：

$$\begin{aligned} d\psi^* &= (d\tau,\ d\rho_m,\ d\rho_d,\ d\rho_e,\ d\rho_p,\ d\rho_s)' \\ &= \mu\begin{pmatrix}\nu_\tau^2 \\ \Gamma_\rho - \bar{\nu}U_5\end{pmatrix}[\nu_\tau^2 + (\Gamma_\rho - \bar{\nu}U_5)'(\Gamma_\rho - \bar{\nu}U_5)]^{-1/2} \end{aligned} \tag{1-5a}$$

经济增长率的最大提升幅度为：

$$d\nu = (v_\tau,\ v_{\rho_m},\ v_{\rho_d},\ v_{\rho_e},\ v_{\rho_p},\ v_{\rho_s})d\psi = \mu[\nu_\tau^2 + (\Gamma_\rho - \bar{\nu}U_5)'(\Gamma_\rho - \bar{\nu}U_5)]^{1/2} \tag{1-5b}$$

为了消除后面模型估计中可能会出现的多重共线性，可以将 Γ_ρ 向量的其中一个值剔除，以 ρ_s 为例，上述最优解还可以写成如下形式：

$$\begin{aligned} d\psi^* &= (d\tau,\ d\rho_m,\ d\rho_d,\ d\rho_e,\ d\rho_p,\ d\rho_s)' \\ &= \mu(v_\tau^2,\ \hat{\Delta}_\rho,\ -U'_5\hat{\Delta}_\rho)'(v_\tau^2 + \hat{\Delta}_\rho\hat{\Delta}_\rho + \overline{\Delta}_\rho^2)^{-1/2} \\ &= (v_\tau,\ \hat{\Delta}_\rho,\ -U'_5\hat{\Delta}_\rho)'d\nu^* \end{aligned} \tag{1-5c}$$

这样，通过调整支出结构，使得增长率进一步提高 $d\nu^* = \mu(\nu_\tau^2 + \hat{\Delta}_\rho\hat{\Delta}_\rho + \overline{\Delta}_\rho^2)^{-1/2}$ 至最大值。

其中：

$$\Delta'_{\rho} = (v_{\rho_m} - v_{\rho_s},\ v_{\rho_d} - v_{\rho_s},\ v_{\rho_e} - v_{\rho_s},\ v_{\rho_p} - v_{\rho_s});$$

$$\dot{\Delta}_{\rho} = \Delta_{\rho} - U_5 \overline{\Delta}_{\rho};$$

$$\overline{\Delta}_{\rho} = U'_5 \Delta_{\rho}/5$$

对于一个给定的公共政策调整成本 μ，现有的公共支出结构 ψ 需要经过 $d\psi^*$ 幅度的调整和改革，才能得到最高的经济增长速度 dv^*。换句话说，当各项公共支出占比从 ψ 变化到 $\psi^* = \psi + d\psi^*$，经济增长率才能从现有水平 $v(\psi)$ 达到最高的水平 $v(\psi^*) = v(\psi) + dv^*$。虽然 μ 可以取任何大于 0 的值，但是，如果政策改革成本过高，即使能够拉动经济的增长，在现实的政策制定中也是不可取的。

公共支出结构的最优调整方案 $d\psi^*$ 取决于梯度向量，为了计算梯度向量，下一步需要利用现实的公共收入支出数据 ψ 来估计 v 或者 Δ。为了实际估计的可操作性，设定线性待估函数：

$$\begin{aligned}\nu = B_1 &+ \nu_{\tau}\tau_{it} + v_{\rho_m}\rho_{m,\,it} + v_{\rho_d}\rho_{d,\,it} + v_{\rho_e}\rho_{e,\,it} \\ &+ v_{\rho_p}\rho_{p,\,it} + v_{\rho_s}\rho_{s,\,it} + B_2 D_i + B_3 T_t + u_{it}\end{aligned} \tag{1-6}$$

其中，τ，$d\rho_m$，$d\rho_d$，$d\rho_e$，$d\rho_p$，$d\rho_s$ 是自变量，v_{τ}，v_{ρ_m}，v_{ρ_d}，v_{ρ_e}，v_{ρ_p}，v_{ρ_s} 是待估系数，D 是地区虚拟变量，T 是时间虚拟变量，u 是服从正态分布的 $i.i.d.$ 随机误差项。由于 $\rho_m + \rho_d + \rho_e + \rho_p + \rho_s = 1$，上述待估函数可以通过省略 ρ_s 变形为：

$$\begin{aligned}\nu = B_1 &+ \nu_{\tau}\tau_{it} + (v_{\rho_e} - v_{\rho_s})\rho_{m,\,it} + (v_{\rho_d} - v_{\rho_s})\rho_{d,\,it} + (v_{\rho_e} - v_{\rho_s})\rho_{e,\,it} \\ &+ (v_{\rho_p} - v_{\rho_s})\rho_{p,\,it} + B_2 D_{it} + B_3 T_{it} + u_{it}\end{aligned} \tag{1-7}$$

由于自变量均为公共支出的各个成分，所以在剔除 ρs 后，模型中各项支出占比之间不存在多重共线性，待估计出 v 或者 Δ 后，便能计算出最佳调整幅度 $d\psi^*$ 以及最优的公共支出结构 $\psi^* = \psi + d\psi^*$。

二、指标选择与数据来源

本章分析的样本包括全国 27 个省（市、自治区），由于数据的可获得性和完整性，因此不含海南、重庆、新疆和西藏；时间跨度是 1998—2014 年，因为 1998 年之前的年份由于财政收支分类改革使其在统计口径上存在较大的差异，采用的数据来自《中经网统计数据库》、《中国财政年鉴》、《新中国 60 年统计资料汇编》、《中国税务年鉴》、《中宏数据》和《中国统计年鉴》，GDP 平减指数来源于中国教育科研网的经济数据资源下载，样本总数为 364 个。

根据财政部《2007 年政府收支分类科目》预算支出功能将财政支出汇总分类，s_m 医疗卫生支出就是卫生经费以及医疗保险中由公共财政覆盖的部分，s_e 教育支出仅指公共教育事业费，s_d 国防支出包括国防军队支出、武装警察部队支出、公共安全支出、公检法司支出，s_p 生产性支出包含范围最细，有基本建设支出、挖潜改造和科技三项费用、增拨企业流动资金、地质勘探费、工业商业金融等事务支出、工业交通等流通部门事业费、农林水利气象等部门事业费、流通部门事业费、农业支出、林业支出、城市维护建设支出、海域开发建设和场地使用费支出等，s_s 一般性社会服务最重要的成本是抚恤和社会福利救济费、社会保障补助支出、行政事业单位离退休经费、就业支出等社会保障类科目。为了方便起见，公共部门的行政管理费和其他未归入以上四类的支出也放在这里。2006 年前后，国家财政主要支出项目在名称和核算口径上有些许不同，各类支出的定义范围如下表 1－4：

表 1－4　　　　公共支出构成的定义范围

变量/参数	含义描述	2006 年之后	2006 年以前
m	医疗卫生支出	医疗卫生	卫生
d	国防公安支出	国防、公共安全、武装警察	国防
e	公共教育支出	教育	教育
p	生产建设支出	农林水事务、交通运输、资源勘探电力信息等事务、商业服务业等事务、金融监管支出、环境保护、地震灾后恢复重建支出、粮油物资储备管理等事务	基本建设、增拨企业流动资金、挖潜改造资金和科技三项费用、地质勘探费、工交流通部门事业费、支农
s	一般社会服务支出	社会保障和就业、城乡社区事务、住房保障支出、其他支出	抚恤和社会福利救济费、其他

此外还需要 y——名义 GDP，采用 GDP 平减指数，以 1998 年为基期分别计算每个省、市、自治区各年各变量的实际值。因此各项服务公共支出的比重为 $s_m = m/g$，$s_d = d/g$，$s_e = e/g$，$s_p = p/g$，$s_s = s/g$，$\tau = g/y$。

第五节　梯度优化下的公共支出结构最优调整方案

一、全国样本的公共支出结构梯度优化结果

这一部分将对模型(18)进行参数估计，模型中的各变量的系数 ν_τ、v_{s_m}、v_{s_d}、v_{s_e}、v_{s_p}、v_{s_s} 都具有明确的经济意义，作为经济增长速度 ν 的偏导，可以理解成各类公共支出的边际贡献率。在对面板数据模型进行估计时，首先采用协方差分析选择模型的正确形式，通过构造统计量 $F1$ 和 $F2$ 对应检验如下两个假设：H_0：$\beta_1=\beta_2=\ldots=\beta_n$；$H_1$：$\beta_1=\beta_2=\ldots=\beta_n$，$\gamma_1=\gamma_2=\ldots=\gamma_n$。如果接受假设 $H1$，则可以认为样本数据符合混合回归模型，如果拒绝假设 $H1$，接受 $H0$，则认为样本数据符合变截距模型。经过计算，$F2>5\%$ 显著性水平临界值，$F1<$临界值，因此，可以拒绝假设 H_1，而接受 H_0，样本数据符合含有个体影响或个体差异的变截距模型。

下一步，针对面板数据，为保证分析结果和模型的科学性，在进行模型估计之前，还需要对各变量进行平稳性检验，即单位根检验，以避免伪回归和变量间内生性问题，保证分析结果和模型的科学性。进行面板数据平稳性检验的方法很多，包括 Levin-Liu-Chu、Fisher-ADF、IPS 等，其中的区别在于数据各截面序列的单位根是否相同。在同时采用上述三种方法进行单位根检验后发现，各相关变量在 1%的显著性水平上均拒绝存在单位根的零假设，即各变量是平稳的，存在长期的稳定均衡关系，换言之，变量间的协整关系存在，可直接使用。

接下来需要在固定效应和随即效应模型之间进行选择，固定效应说明，个体间存在显著的差异，但是对于特定的个体而言，组内不存在时间序列上的差异。为了检验样本数据究竟符合哪种面板数据模型形式，并避免模型设定误差，改进参数估计的有效性，本章使用 Hausman 固定效应显著性检验法来判别计量模型究竟应该采用随机效应模型还是固定效应模型。Hausman 统计量 $H=n\cdot\hat{q}(\mathrm{Avar}(\hat{q}))^{-1}\hat{q}$，$\hat{q}=\hat{\beta}_{FE}-\hat{\beta}_{RE}$ 服从自由度为 $\#\beta$ 的 χ^2 分布，具有拒绝随机效应估计值不是一致估计值的局部备则假设的功效。表最后几行展示的 Hausman 检验结果列出，给定 5%显著性水平相应的临界值，即如果 p 值大于 0.05，则拒绝原假设，采用随机效应模型；如果 p 值小于 0.05，则接受原假设，采用固定效应模型。

模型估计的结果见表 1－5，为了避免多重共线性，模型需要剔除公共支出构成的其中一个成分，出于稳健性考虑、减少省略变量带来的误差，本章将 s_m，s_d，s_e，s_p，s_s 轮流作为省略变量分别估计，因此表 1－4 实际上对应了 5 个不同的模型。对全国总体财政支出而言，一般社会服务 S_s 的估计系数为基本为正，并通过 1%水平上的显著性检验；仅在剔除 s_p 经济建设支出时为负，但在 5%的水平上并不显著。这说明，一般社会服务，尤其是社会保障、救济和就业支出增长对经济增长的带动作用比较显著，原因可能是对低收入和弱势群体的转移支付能够直接拉动消费需求。医疗卫生支出 s_m 的系数基本为正，并在 5%的水平上显著，仅在剔除国防和社保支出 s_d、s_s 时呈现不显著的负相关性，因此就全国而言，用于公共医疗的财政经费对经济增长有积极影响，这意味着在其他情况不变的情况下，医疗支出规模每提高 1%，会使全国 GDP 影响率上升约 0.04 到 0.09 个百分点。经济事务和建设支出 s_p 的系数仅在剔出国防支出 s_d 时在 1%的水平上显著为负，在其他 3 个模型中都不显著。而教育的影响在 4 个模型中均无法通过显著性检验。唯一比较确定的是国防支出 s_d，无论省略哪个变量，其对经济增长率都有负面影响，且都在 1%的水平上显著，这说明，国防生产建设活动没有产生许多有利于经济增长的技术外部性，武器装备的生产和研发技术并未很好用于民用产品的生产，军事上的研究与开发活动在推动整个国家技术水平的发展方面也未发挥合适的帮衬作用。

表 1－5　全国样本总体估计结果

	剔除变量					最优调整向量	
解释变量	s_s Ⅰ	s_m Ⅱ	s_d Ⅲ	s_e Ⅳ	s_p Ⅴ	$\mu=3\%$	
常数项	1.374**	6.348**	9.38**	0.502**	3.141**		
	(−2.33)	(3.01)	(7.74)	(−0.08)	(2.04)		
s_s	—	0.07**	0.089**	0.016**	−0.026	dS_s	0.493
		(2.25)	(6.10)	(1.36)	(−1.67)		
s_m	−0.07	—	−0.04	0.087**	0.043**	ds_m	0.524
	(−2.25)		(−2.10)	(−1.06)	(1.24)		
s_d	−0.089**	−0.04	—	−0.205	−0.072**	ds_d	−1.157
	(6.10)	(2.10)		(−0.20)	(2.16)		
s_e	−0.016	−0.087	−0.205	—	−0.055	ds_e	0.162
	(−1.36)	(−1.65)	(−2.96)		(−1.51)		

续表

	剔除变量					最优调整向量	
解释变量	s_s Ⅰ	s_m Ⅱ	s_d Ⅲ	s_e Ⅳ	s_p Ⅴ	$\mu = 3\%$	
s_p	0.026	−0.043	−0.072**	0.055	—	ds_p	−0.022
	(1.67)	(−1.25)	(−2.16)	(1.51)			
τ	0.026*	0.026*	0.026*	0.026*	0.026*	$d\tau$	0.603
	(1.97)	(1.97)	(1.97)	(1.97)	(1.97)		
F 检验	261.288 4	450.862 7	297.150 2	463.852 2	347.631 2		
Prob > F	0.000 0	0.000 0	0.000 0	0.000 0	0.000 0		
BP 检验	461.25	352.69	329.11	270.56	221.43		
Prob > χ^2	0.000 1	0.000 0	0.000 0	0.000 0	0.000 0		
Hausman 检验	24.65	35.24	29.37	27.64	32.05		
Prob > χ^2	0.001 4	0.003 3	0.002 1	0.004 7	0.001 8		
调整后 R^2	0.265	0.265	0.265	0.265	0.265		

注:模型Ⅰ、Ⅱ、Ⅲ、Ⅳ、Ⅴ分别代表剔除 s_s、s_m、s_d、s_e、s_p 的模型。*、**分别代表在5%和1%水平上显著,括号里代表 t 统计量。若 Hausman 检验的 p 值大于5%,就使用随机效应(RE)模型,否则使用固定效应(FE)模型。

然而单项支出成分与经济增长的关系并非本章关注的重点,估计系数只是用来计算公共支出结构调整方案(公式1-5a)的工具。理论上来说,如果政府将生产性支出增加1个百分点,同时对一般性社会服务的投入下降1个百分点,将会拉动经济增长速度(相对于当前水平)升高0.27个百分点,因为政策调整需要满足限制条件 $s_m + s_d + s_e + s_p + s_s = 1$。那么,从政策实践角度看,在考虑政策改革带来的成本和花费的前提条件下,能够实现最快经济增长的最优调整方案是什么呢?如果假设政府将公共支出调整的幅度限制在3%以内,即 $\mu = 3$;并假设当前实际的支出水平等于观测期内的样本均值,表1-5最后一列计算出财政支出各项构成调整的最佳路径 $d\psi^*$,并且此路径能够同时满足 $ds_m + ds_d + ds_e + ds_p + ds_s = 0$ 与 $(d\psi)'d\psi = 9$ 这两个约束条件。也就是说,如果政策制定者能够选择调整向量 $(d\psi^*)' = (d\tau^*, ds_m^*, ds_d^*, ds_e^*, ds_p^*, ds_s^*) = (0.603, 0.524, -1.157, 0.162, -0.022, 0.493)$,即医疗卫生、教育、社会保障支出所占比重分别提高0.524%、0.162%、0.493%,同时国防和经济建设支出所占比率分别下降1.157%和0.022%,将会使经济增长率较当前增加 $dv = 0.14\%$,这是当政策改革成本为 $\mu = 3$ 时,整个国家经济增长能够达到的最高速度。当然，由于 $d\psi^*$ 和 dv^* 均与 μ 成正比，μ 的取值越大，调整后 GDP 增长率也越高。但是值过高一方面会降低线性模型的精确度，另一方面高额的政策变更成本在现实中无疑不被大多数政府所接受。

表 1－5 最后几行的工具变量有效性检验和回归残差的自相关性检验都表明方程的估计效果相对较差，回归的性质一般，所有估计方程的拟合程度都远低于 0.6。经济直觉告诉我们，中国作为一个大国，各地经济增长的影响因素可能更为复杂，尤其在国家分税制改革不断调整的情况下，各省、市、自治区都有独立的财权和事权，一些内部隐性因素可能非常重要，因此，将全国作为一个样本总体进行估计恐有不妥。

二、区域聚类样本的公共支出结构梯度优化结果

上一部分以整个国家为总体样本对象，在运用所有 27 个省、市、自治区数据来估计公共支出结构与经济增长之间的关系时，暗含的假定是各省、市、自治区具有相同的财政规模和结构，所估计的系数值在各省、市、自治区中相同，从而忽略了这些变量之间关系在不同省、市、自治区内的差异性。显然，各地的经济增长方式和其他社会经济差异也会影响到财政结构对经济增长的作用关系；更重要的是，待估模型 18 是通过梯度法以当前的公共财政结构为出发点和基础建立起来的，因此差异性的存在是整个模型框架的基础。为揭示这两种异质性的具体影响，在这一部分，本章将对 27 个省、市、自治区进行聚类分组处理，进而探讨不同社会经济约束条件下财政支出改革的最优可行方案。从本章第二部分文献分析来看，许多研究都认为针对不同地区分别回归和估计更加合适，而在具体做法上，几乎全部现有研究都是将全国分为东—中—西三大地理区域。

不同于传统的中—东—西三大区域划分，本章将利用聚类分析（cluster analysis）将全国 28 个样本省（市、自治区）划分为若干同质性地区。聚类分析是一种根据研究对象个体的相似度和同质性将多变量的数据组织分类的方法。聚类法不仅能够最小化群内个体差别（minimum within-cluster variance），而且能够将群与群之间的差异也能放至最大（maximum between-cluster variance），因此能划分出具有极高内聚性的群组（Capece et al.，2010）。聚类过程通过 SPSS 软件来实现——将研究对象根据一系列分组变量（grouping variables）的得分进行分类，而本章所用的分组变量毫无疑问是代表地方经济和财政结构特征的（ν，τ，s_m，s_d，s_e，s_p，s_s）。这些描述个体特征的

变量构成一个多维空间，任一研究对象个体都是空间中的一个点，而两点之间的距离衡量出个体之间在属性上的相似性（Tsangarides & Qureshi, 2008）。

在聚类分析前，有必要对分组变量进行标准化，标准化方程为：

$$Z = (X_{ij} - \overline{X}_i)/S_i$$

其中 X 是原始数据，$\overline{X}$ 是均值，S 是标准差。

本章采取聚类层次运算（agglomerative hierarchical clustering），这是一个连续性的合并步骤：从 28 个群组开始，即最开始每个个体省（市、自治区）都是一个群组，然后计算个体之间的 Euclidean 距离，将距离最近的两个个体合并为一个群组，之后不断循环重复此过程，在每一个聚合过程中最具相似性的省（市、自治区）会加入同一个群组，直到所有个体最终都能够被归入最后一个群组中。

两个体之间的 Euclidean 距离表示为：

$$D(X_1, X_2) = \sum_{x_1 \in X_1} \sum_{x_2 \in X_2} D^2(x_1, x_2)/n_{X_1} n_{X_2}$$

其中，n_{X_1} 和 n_{X_2} 分别代表区域 X_1 和 X_2 内省（市、自治区）的数量，所以 $D^2(X_1, X_2)$ 是不同区域内任意两省（市、自治区）之间距离的平均值。以 2010 年

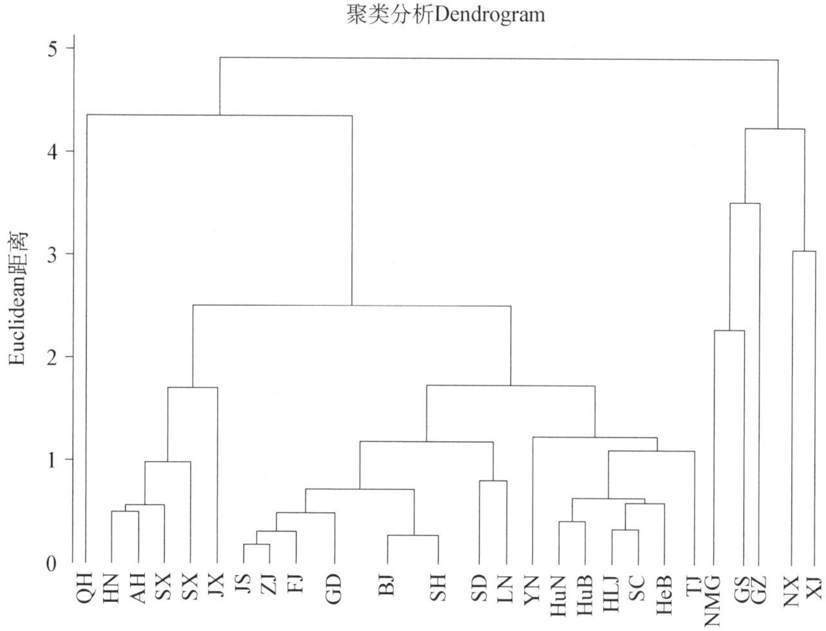

图 1-1　树状聚类分析

27 个省(市、自治区)经济增长速度、各类支出构成作为自变量进行聚类分析,采用 Euclidean 距离平方法测量距离,根据聚类结果,可以将 28 个省(市、自治区)划分为四个区域,显示分组流程的 dendrogram 见图 1-1,分组结果报告在表 1-6 中。

表 1-6　　聚类分析结果

欧式距离	省(市、自治区)数量	组内省(市、自治区)
0.724	6	北京、上海、江苏、广东、浙江、福建
1.431	8	山东、辽宁、四川、湖南、湖北、黑龙江、河北、天津
2.573	8	河南、安徽、陕西、广西、云南、吉林、山西、江西
4.306	6	甘肃、内蒙古、宁夏、青海、贵州、新疆

各个区域内的省、市、自治区有着相似的经济和财政背景,因此,以四大区域而非整个国家为估计对象,能够减小模型的异质性。从已建立的组别来看,区域 1 包括中国最发达的省(市、自治区),区域 2 的省(市、自治区)发展形势良好,区域 3 则涵盖了欠发达的省、市、自治区,区域 4 主要由民族自治区构成——经济发展程度越类似,财政支出结构的发展程度、经济增长模式也越相近,这也符合一般经济规律。

本节将对模型 7 进行参数估计,模型中各变量的系数 ν_τ、v_{ρ_m}、v_{ρ_d}、v_{ρ_e}、v_{ρ_p}、v_{ρ_s} 都具有明确的经济意义——作为经济增长速度 ν 的偏导,可以理解成各类公共支出的边际贡献率。在对面板数据模型进行估计时,首先采用协方差分析选择模型的正确形式,通过构造统计量 $F1$ 和 $F2$ 对应检验如下两个假设:$H_0:\beta_1=\beta_2=\ldots=\beta_n$;$H_1:\beta_1=\beta_2=\ldots=\beta_n,\gamma_1=\gamma_2=\ldots=\gamma_n$。如果接受假设 H_1,则可以认为样本数据符合混合回归模型,如果拒绝假设 H_1,接受 H_0,则认为样本数据符合变截距模型。经过计算,$F2>5\%$ 显著性水平临界值,$F1<$ 临界值,因此,可以拒绝假设 H_1,而接受 H_0,样本数据符合含有个体影响或个体差异的变截距模型。

下一步,针对面板数据,为保证分析结果和模型的科学性,在进行模型估计之前,还需要对各变量进行平稳性检验,即单位根检验,以避免伪回归和变量间内生性问题,保证分析结果和模型的科学性。进行面板数据平稳性检验的方法很多,包括 Levin-Liu-Chu、Fisher-ADF、IPS 等,其中的区别在于数据各截面序列的单位根是否相同。在同时采用上述三种方法进行单位根检验后发现,各相关变量在 1%的显著性水平上均拒绝存在单位根的零假设,即各变量是平稳的,存在长期的稳定均衡关系，换言之，变量间的协整关系存在，可直接使用。

接下来需要在固定效应和随即效应模型之间进行选择，固定效应说明，个体间存在显著的差异，但是对于特定的个体而言，组内不存在时间序列上的差异。为了检验样本数据究竟符合哪种面板数据模型形式，并避免模型设定误差，改进参数估计的有效性，本章使用 Hausman 固定效应显著性检验法来判别计量模型究竟应该采用随机效应模型还是固定效应模型。Hausman 统计量 $H=n\cdot\hat{q}(A\text{var}(\hat{q}))^{-1}\hat{q}$，$\hat{q}=\hat{\beta}_{FE}-\hat{\beta}_{RE}$ 服从自由度为 $\#\beta$ 的 χ^2 分布，具有拒绝随机效应估计值不是一致估计值的局部备则假设的功效。表 1－7 上半部分最后几行展示的 Hausman 检验结果列出，给定 5％显著性水平相应的临界值，即如果 p 值大于 0.05，则拒绝原假设，采用随机效应模型；如果 p 值小于 0.05，则接受原假设，采用固定效应模型。在选择模型形式上，LM 统计量检验结果 $\text{Prob}<\chi^2=0.0000$，Hausman 统计量远大于相应的临界值，表明随机效应不显著，因此固定效应模型要优于随机效应模型。这样本章最后采用的都是固定效应的变截距模型。

表 1－7　　分区域模型估计结果与支出调整方案

解释变量	区域 1	区域 2	区域 3	区域 4
ρ_m	0.374 4**	0.109 2**	0.143 5**	0.356 7*
	(0.339 0)	(0.118 6)	(0.212 2)	(0.306 8)
ρ_d	−0.079 0**	−0.100 9**	−1.461 2**	−2.066 5**
	(0.769 6)	(0.925 6)	(0.663 5)	(0.454 5)
ρ_e	−0.042 6*	−0.119 6*	−0.134 2**	−0.089 6*
	(0.168 5)	(0.428 5)	(0.330 7)	(0.731 1)
ρ_p	−0.194 5**	0.066 6*	0.245 3**	0.550 4*
	(0.244 4)	(0.299 5)	(0.494 0)	(0.208 0)
τ	−0.234 0	−0.042 6	0.241 3	−0.386 9
	(1.684 8)	(2.215 2)	(1.424 8)	(2.340 0)
F 检验	17.381 7	28.269 8	43.301 1	25.531 1
$\text{Prob}>F$	0.000 0	0.000 0	0.000 0	0.000 0
LM 统计量	148.971 7	106.029 0	164.177 5	238.922 3
$\text{Prob}>\chi^2$	0.002 4	0.000 2	0.000 0	0.000 1
Hausman 检验	301.506 4	253.396 0	228.103 2	144.081 6
$\text{Prob}>\chi^2$	0.000 0	0.000 0	0.000 0	0.000 0
调整后 R_2	0.812 2	0.761 3	0.432 6	0.672 9

续表

解释变量	区域 1	区域 2	区域 3	区域 4
支出结构调整方案				
$d\rho_m$	0.550 2	0.143 9	−0.020 0	1.087 8
$d\rho_d$	−0.584 9	−0.156 5	−1.702 1	−2.040 2
$d\rho_e$	0.170 1	−0.137 6	−0.032 6	0.222 6
$d\rho_p$	−0.653 1	0.112 4	1.695 8	1.448 0
$d\rho_s$	0.517 7	0.037 8	0.058 8	−0.718 2
$d_{v'}$	0.48%	0.89%	0.65%	1.10%
$d_{v''}$	1.02%	1.16%	1.12%	1.62%

注释：模型为剔除 Ss 的模型。*、** 分别代表在 5%和 1%水平上显著，括号里代表 t 统计量。若 Hausman 检验的 p 值大于 5%，就使用随机效应(RE)模型，否则使用固定效应(FE)模型。

表 1－7 上半部分为这三组样本的回归和检验结果，为了避免多重共线性，模型需要剔除公共支出构成的其中一个成分，这里仅对省略一般公共服务支出变量 ρs 的模型进行估计，表中未列出地区和时间虚拟变量(固定效应)。从估计结果中可以得到如下结论：

① 对于各个区域群组，医疗卫生支出 ρ_m 的系数基本为正，并在 1%的水平上显著，因此就全国而言，用于公共医疗的财政经费对经济增长有积极影响——医疗卫生支出增长 1%，区域 1 和区域 4 经济增长率会显著提高 0.374 和0.356个百分点，而区域 2 和区域 3 仅有 0.109 和 0.144 个百分点，其影响效果强度显示出一定的区域差异，即对发达和民族地区经济增长的正向作用力强于发展中和欠发达地区。国防经费对经济增长率都有负面影响，且都在 1%的水平上显著，这说明，国防建设活动没有明显产生有利于经济增长的技术外部性，武器装备的生产和研发技术并未很好外溢到民用产品生产，军事上的研究与开发活动在推动整个国家技术水平的发展方面尚未发挥合适的外部效应。

② 生产性、经济建设事务支出对经济增长的效果存在着地区差异性，其在区域 2、3、4 的估计系数显著为正，而在区域 1 则显著为负，说明生产性公共支出对发展中和不发达地区的经济增长具有显著推进作用，与在经济发达地区的负面影响作用形成鲜明对比。

③ 教育的估计系数呈现出一定的统计显著性，但是，与内生经济增长理论预期及政府对教育的重视程度相悖，系数为负。产生这种悖论的主要因素

可能有以下两点：本章采用的公共教育经费中绝大多数用于基础教育和义务教育，无法对经济产生“即时”的影响，而是需要相当长的时间，逐渐提高劳动者的素质与技能，推动生产率的发展，促进人力资本形成进而维持长期经济增长，因此教育支出积极效应的产生有着较长的滞后期；或者，国家当前的增长更多地依赖外来技术直接引进和利用。因此，这样的结果不应当抹煞教育和人力资本对国家长期发展的战略性意义，以及其在持续性经济增长中所发挥的重要作用。

将以上估计值代入函数(1－5a)或(1－5b)即可得到各类财政支出的最佳调整幅度。表1－7下半部分计算了在一定政策调整成本约束下（$\mu=3\%$），各地区最合适的公共支出结构调整方案$(d\psi^{*})'=(d\tau^{*}, d\rho_m{}^{*}, d\rho_d{}^{*}, d\rho_e{}^{*}, d\rho_p{}^{*}, d\rho_s{}^{*})$，以及所能实现的最高经济增长率。计算结果显示：

① 区域1可以通过提高医疗卫生支出0.55%、一般社会服务支出0.52%、公共教育支出0.17%，同时，降低国防支出0.58%、生产性支出0.65%，推动经济增长速度提高0.48%；

② 在区域2，为了实现经济的最快增长，政府应适度提高以下三类投入——经济建设(0.11%)、社会保障等一般公共服务(0.04%)、医疗卫生(0.14%)，同时，需要缩减国防开支0.16%、将教育支出略微下调0.14%。

③ 区域4应当加大经济建设(1.45%)和医疗投资(1.09%)的力度、适度提高教育投资(0.22%)，同时减少国防(2.04%)和一般社会服务支出(0.72%)。

④ 区域3的政策调整结果与其他地区稍有差异——只有生产性经济建设投资需要扩大、其他各类服务性支出都要减少——需要承认的是，区域3模型的政策实践意义要逊于其他两个区域，这与整个模型的拟合度相对较低有很大关系（调整后的R^2比较低）。

⑤ 假若能够实现以上调整，根据公式(1－5b)计算可知，第一梯队的发达地区可以加快经济增长速度0.48%，第二、三梯队的发展中地区可以将增速分别提高0.89%和0.65%，第四梯队民族地区的效果最为明显，增长速度将提升1.10%。这样，全国范围的经济平均增长率将提高近0.9个百分点。当然，在追求高增长的同时，居民福利和效用水平也不会降低，因为根据模型的约束条件，各区域的基本民生公共产品投入也将分别提高1.24%、0.05%、0.06%和0.59%，以避免出现“贫困式增长”。

图1－2展示了各类公共支出相对于自身的变动率。医疗卫生支出增长

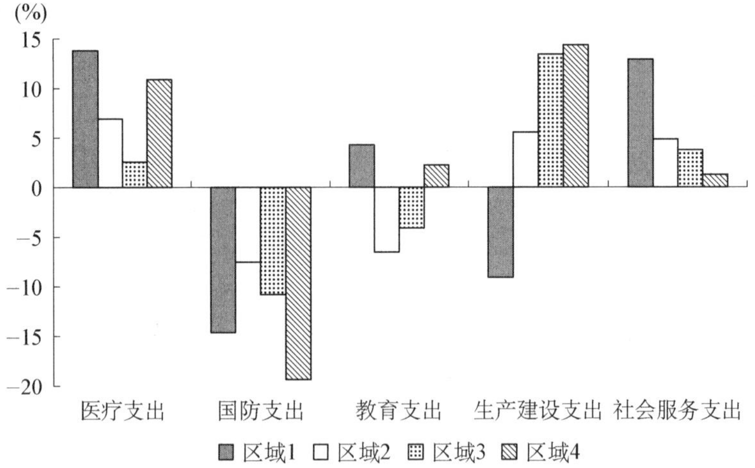

图 1－2　各区域各类支出的变动幅度

幅度最大的是区域 1(13.75％)和区域 4(10.87％)，说明医疗对最发达地区和最不发达地区的经济发展均有较强的瓶颈作用，尽管前者是由于药价虚高、医疗资源分布不均、医患矛盾严重等原因，而后者则主要受制于医疗设施及人员严重缺乏；同时，它们也是教育投资增幅最大的区域。生产建设支出方面，区域 3 和区域 4 的增长幅度远远高于其他区域，涨幅均已接近 15％。社会保障是唯一在所有地区都有所提高的支出种类，这体现了中国目前失业、贫困、养老等保障体系的不完善，尤其是在人口密度最高、贫富差距最大、生活成本最高的区域 1，公共保障支出所需的提升幅度最大(约为 13％)。

三、优化结果的经济意义与现实解释

通过梯度优化法，本章精确测算出各区域差异化的最优公共支出调整方案：发达地区应当大规模扩张医疗卫生保健和社会保障支出、保证一定规模的教育支出，同时减少用于生产性固定资本形成的公共投资，显示了其居民对健康、保障的强烈需求；发展中地区同样需要提升医疗和社保投资，但幅度均大大低于发达地区，相反，教育投入占比需要小幅下调，经济建设投资需要略微上升；欠发达地区仍存在生产性支出上升的巨大空间，除了经济建设投入，其余各类支出都要作必要的削减；而在少数民族地区，提升生产建设投资与医疗卫生水平仍是促增长的关键。最后，在全国范围内，为实现最快的增长各区域都需要减少国防开支，因为国防支出的扩大会耗费有限的社会资源，挤占其他项目的支出，从而对经济的增长产生负面的影响。

财政支出调整方案的差异性揭示了处于不同经济社会发展阶段的各个区域在内需结构上的差别，具体表现在以下几个方面：

首先，在发达地区，经过过去十几年的资本积累和深化，基础设施建设已经比较完善，部分省、市、自治区甚至表现为过度投资，道路、铁路、农田水利等资本性公共产品已经相当充足甚至可能接近饱和，随着生产性公共资本边际产出的下降，其对经济的带动作用也是后继乏力，如果公共支出继续沿着这条道路扩张下去，经济增长上升的空间十分有限；那么既然生产性投资的增长效应渐进微势，就需要转向另一"引擎"消费。当前扩张消费最直接、最有效的途径之一便是完善医疗和社保体系——公共医疗能够解决普通居民"就医难、看病贵"的燃眉之急，将人们从高额的就诊和医药花费中解放出来；公共社会保障减少了居民对疾病、失业、退休等风险的预防性花费——居民将节约出的额外收入用于消费，将会拉动经济增长。相对于医疗支出，教育的投入也需要增长，但是无须激进而应求稳，这一说明当前普通居民的最大财务负担并非来自教育，对于绝大多数城市家庭来说，基础教育的花费尚在可承担范围内，不会对消费产生过高的抑制作用。

第二，发达地区社会保障类支出份额的增加幅度要远远高于发展中和落后地区，其居民对养老、社保、住房、就业等公共保障的需求最为强烈，主要原因可能包括以下几点：①发达的省、市、自治区老龄化程度较高，养老金缺口较大、负担较重；②发达地区独生子女比重高，社会养老需求大，而不发达地区尤其是农村，子女多、传统旧，家庭养老仍旧发挥较大作用；③大中城市房价飞涨的幅度已经远远超过了普通居民的消费能力，急需政府大力加强廉租住房、经济适用住房和政策性租赁住房等社会保障性住房建设，改善人民群众的居住条件；④由于下岗补贴、失业救济、城市低保等也包含在社会保障这一统计变量内，另一解释就是，发达地区城市低收入群体庞大，失去收入来源后不能像农民那样自给自足，因此对资金救助这方面需求量大。这在一定程度上反映了现今城市，尤其是经济发达省、市、自治区居民沉重的日常生活压力。

第三，对于发展中和欠发达地区的省、市、自治区，生产型经济建设支出能够对经济增长产生正向的影响，说明私人部门的生产活动仍需政府提供必要的外部条件和基础配套设施。现实状况往往是，越是落后的地区，基本建设费用越得不到保障，水电设施、交通运输、仓储设施、产品市场及服务设施等基础设施越落后，越不利于当地的经济发展和居民增收。在这种情况下，公共部门的固定资产投资不仅能够直接驱动地区内的经济增长，更能对拉动民间资本起到重要的正外部效应，所以在不发达地区，公共经济建设投资及政府的参与对经济发展的作用十分重要。

当前，政府职能正向公共品和公共服务领域逐步回归，而在这一过程中，只有充分了解并掌握各地的特殊需求，才能因地制宜地增加和改善公共品供给的战略规划，真正有效持续地扩大内需。

本章小结

政府对用于生产建设、医疗卫生、教育培训、社会保障等各项用途的公共资本比例如何进行最优安排，才能有效地实现“保增长”的政策目标，并且在增长的同时，还要保证关系到公民基本福利的民生公共产品有效充足供给，这是本章对“最优”公共支出结构的定义。为了实现最优，通过约束优化方法，以现实公共财政结构为出发点，求解出政府支出的各种成分从当前水平到最优水平的调整幅度，从政策实践的意义上，提供了合理的公共财政支出改革方案。

在使用1998—2011年间的省级数据估计梯度向量时，考虑到不同省、市、自治区在经济增长方式、财政规模、结构和现状等方面存在明显差异，本章利用聚类层次运算将所有省、市、自治区划归四大区域，分别进行回归分析。结果显示，公共支出结构调整能带动全国平均经济增速上升0.9个百分点。对于不同的区域来说，在相同的政策调整成本限制下，最优公共支出改革方案存在一定的差异。发达地区居民对社会养老、社会保障的需求最强，这两项公共支出提升幅度最高，同时需要下调经济建设类、生产性支出所占的比重；而欠发达地区则仍旧存在经济建设支出比重上升的空间。在整个国家范围内，国防支出作为一种纯消耗性花费所占公共支出的比重都需要适当地削减。

本章的主要局限性在于，将最大化经济增长率作为唯一的目标函数，民生支出保障仅仅作为约束条件，没有得到平等的权重。现实中，不仅仅是经济增长，居民的实际收入水平、福利状况、社会公平程度，甚至是资源环境的和谐利用，都应当是政府政策的努力方向。相应地，构建具有描述、监测和评价功能的公共支出结构优化综合指标体系，才是衡量与评估政府公共支出结构优化程度的依据。因此，考虑多目标体系而非单一目标下的“最优”财政支出结构调整方向，是本章下一步期望解决的问题。

当然，本章所指的“最优公共支出结构”，评判标准只有一个——最大化经济增长率，但是公共政策的制定如果仅仅追求经济增长，不仅狭隘而且目光短浅，居民的实际收入水平、福利状况、社会公平程度，都应当是政府政策的努力方向；相应地，构建具有描述、监测和评价功能的公共支出结构优化综合指标体系，才是衡量与评估政府公共支出结构优化程度的依据。因此，考虑多目标体系而非单一目标下的“最优”财政支出结构调整方向，是下一步期望解决的问题。

第二章　公共支出规模与经济增长：基于省级面板和 ARIMA 模型的实证检验

自 19 世纪中后期以来，西方主要工业国家的公共支出规模都史无前例地大幅扩张了，与此同时，这些国家的人均 GDP 也都出现了快速增长（Tanzi & Schuknecht, 2000）。基于上述观察，经济学家们普遍相信，公共支出与经济增长之间存在着某种内在的密切联系。为了找到公共支出促进产出增长的经验证据，人们进行了广泛的实证研究。在一项极具影响力的研究中，阿肖尔（Aschauer, 1989）发现生产性公共资本每增长 1%，将带动 GDP 增长0.39%。另一方面，在这些经验研究基础之上，经济学家试图通过构建理论模型来考察公共支出促进经济增长和社会福利的作用机制，分析公共支出政策变动对市场分散决策的影响，确定最优的公共支出规模与结构。

20 世纪 70 年代初，阿罗和库尔兹（Arrow & Kurz, 1970）构建了第一个包含公共支出的（外生）经济增长模型，但在他们的模型中，长期经济增长仅依赖于外生的人口增长，而与财政政策无关。沿着阿罗—库尔兹模型的思路，巴罗（Barro, 1990）提出了一个包含公共支出的内生经济增长模型，假定公共支出转化为生产性公共服务，以一种生产外部性的方式进入企业的生产函数，成为经济内生增长的主要动力。巴罗模型为人们分析政府如何通过公共支出来影响经济增长提供了一个标准的分析框架，从而激活了这一领域的理论研究。在这一基准模型的基础上，大量后续文献从各个不同方面对巴罗模型进行了修正和扩展。这些文献共同构成了最优公共支出与经济增长研究领域的理论大厦。

改革开放以来，中国的公共支出规模呈现先减后增逐渐保持稳定的趋势。那么，中国的公共支出到底对经济增长的贡献有多大？最优支出规模在哪里？中国现在处于倒 U 形曲线的哪一端？这是本章期望探讨的问题。本章第一节首先回顾最优公共支出与经济增长的理论研究，对这一领域所取得的研究成果进行了系统梳理和评述，试图勾勒出理论研究的发展脉络。第二节利用理论模型推导一般意义上的公共支出最优规模；第三部分采用线性和非线性(FEM、LSDV、ECM)的估计模型对全国25个省、市、自治区1980—2010年面板数据进行实证检验；第四部分考虑省级差异，利用引入解释变量的ARIMA模型测算各省、市、自治区政府支出的最优值。

第一节　公共支出规模影响经济增长的文献综述

自从内生经济增长理论建立以来，关于政府在增长和发展中起到的作用的探讨从未停止。决定短期及长期经济增长的几大生产要素——资本积累、技术进步、人力资本、土地等等——都会获多或少、直接间接受到政府公共政策的影响，因此，公共政策对一国增长有着广泛和深刻的意义。在众多公共财政工具中，支出、税收以及预算平衡，最能够直接作用于资源的配置效率、要素深化的程度，以及技术转变的速度。

大量的实证研究证明，政府财政规模过大会降低要素生产率，阻碍资本形成，进而对经济产生负面影响；而政府规模适中的好处在于能够减小公共政策带来的扭曲和税收负担，以及对私人资本的挤出效应，能更好地依赖市场力量进行有效率的资源分配。尽管大量对工业化国家的实证分析证实了财政支出规模和经济增长速度之间的反向联系，主流的增长理论还是认为，这种负面效应只有当财政支出超过一定的门槛值才会发生。Barro(1990)早就指出政府支出和增长速度之间的关系不是线性的，而是混合了两种不同的影响——税收增加会降低增长，而政府资本支出的增加则会提高资本边际生产率。他进一步指出，当政府规模较小时，后一种积极影响占主导地位，当政府规模较大时，消极影响力会变得强大。因此，政府支出扩大对增长的影响不是单调的，而是一条倒U形的曲线(见图2-1)，促进增长最大化的“最优”支出规模是存在的。

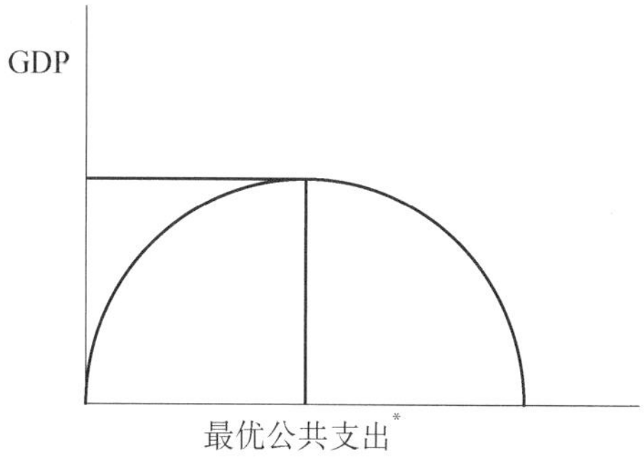

图2-1　公共支出与国家产出的倒U形曲线

这条倒U形的曲线曾经引起了相当多学者的注意和兴趣(Barro，1989；

Armey et al., 1995; Rahn et al., 1996; Scully, 1998,2003)。随着纵轴所示的政府财政规模从零不断扩张,实际生产总值或者经济增长速度先增后减,这是因为,在完全无政府的状态下,市场没有法律保障和产权保护体制,储蓄和投资缺乏动力,因此产出低下;当政府规模较小,公共决策会对资源分配产生积极影响,政府对生产的正面效应占统治地位;当政府财政超过到一定规模,公共资本会被越来越多用于生产效率低下的活动和项目,伴随着税收负担的加重,公共支出的边际收益将降为负值。

那么最佳的公共支出水平或规模究竟是多少?实证研究表明应当在GDP的17%到40%这一区间,因此对于大多数的工业化国家来说,实际公共财政规模早已远远超过了最优值——OECD国家平均值约为40.4%,而欧洲国家的平均水平达到了48.2%。Vedder & Gallaway(1998)估计美国联邦支出的最优规模应为17.45%,而实际支出22%则超过了这一门槛值。Scully(1994)认为联邦、州、地方三级财政收入落在21.5%—22.9%这一区间时,会最大化全国总产值的增长率。Chao & Gruber(1998)认为加拿大政府47%的公共支出水平已经远远超过了26%的最优值。进一步的,Tanzi和Schuknecht(1998), Afonso, Schuknecht和Tanzi(2003)考虑了除增长率之外的其他社会经济指标,同样指出当一般性政府支出超过国民收入的30%时,既会降低经济增长率,也不会显著改善社会的福利水平。

Barro模型的一个重要特征是将全部公共支出两分为生产性支出(productive expenditure)和消费性支出(consumptive expenditure),其中生产性支出为企业提供各种生产性公共服务,以生产外部性的形式进入每一家企业的生产函数;而消费性支出则向消费者提供各种消费性公共服务,作为一种消费外部性进入所有消费者的效用函数。Barro划分方法的最大好处是简洁和容易处理,其后出现的大量文献虽然研究了不同的主题,但大都沿袭了这一划分方法,比较典型的有Tumovsky和Fisher(1995), Lau(1995), Chang(1999), Turnovsky(2000), Chen(2006)等。

在消费性公共支出与经济增长的关系上,Landau(1983)等人研究发现,消费性公共支出与经济增长之间负相关。Devaran等(1996)的研究结果则表明,消费性公共支出与经济增长存在正相关关系。Kormendi(1985)等人认为政府消费支出与经济增长之间没有显著关系。

公共投资等生产性支出与经济增长的关系。多数文献的研究结果显示生产性支出对经济增长具有正效应(Aschauer, 1989),但是,也有部分文献研究结果显示，公共投资等生产性支出与经济增长没有显著关系（Huhenetal，1991）。另外，还有少数文献研究结果显示公共投资对经济增长产生负效应（Evansetal，1994）。

改革开放以来，中国的公共支出规模呈现先减后增逐渐保持稳定的趋势（见图2-2），已经达到了全球平均的最优大区间。从直觉上分析，中国的公共投资力度并非不大，只是存在空间和结构上的严重不均衡：发达省、市、自治区充足甚至冗余，不发达省、市、自治区和农村匮乏；用于生产和投资的公共资金多，用于改善民生的公共服务少（见图2-3）。本章考虑的重点暂时放在总量规模和省（市、自治区）际差异上，公共支出的结构失衡留待后考。国内对公共支出结构与经济增长关系的经验研究主要集中在公共投资支出对经济增长的影响上。郭庆旺等（2003）的研究表明，生产性公共支出的增加会促进了经济增长。廖楚晖（2006）等的研究结果显示，公共投资具有正的经济增长效应。孙敏（2009）的研究结果表明，由公共物质资本投资、人力资本投资及研发投资构成的公共投资与国内生产总值具有长期的正向均衡关系。彭志文等（2010）的研究发现，政府财政支出存在一种最优结构，公共资本投入比科教投入更能促进经济增长。

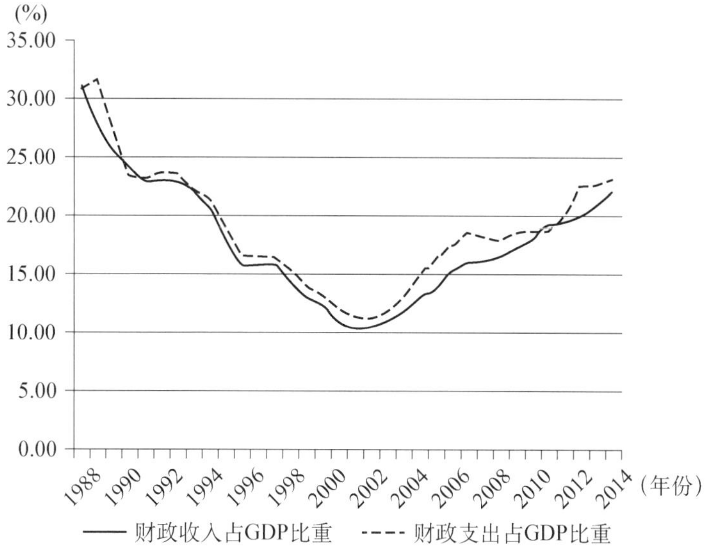

图2-2　中国公共财政规模的变动趋势（1986—2014）

资料来源：中国统计年鉴。

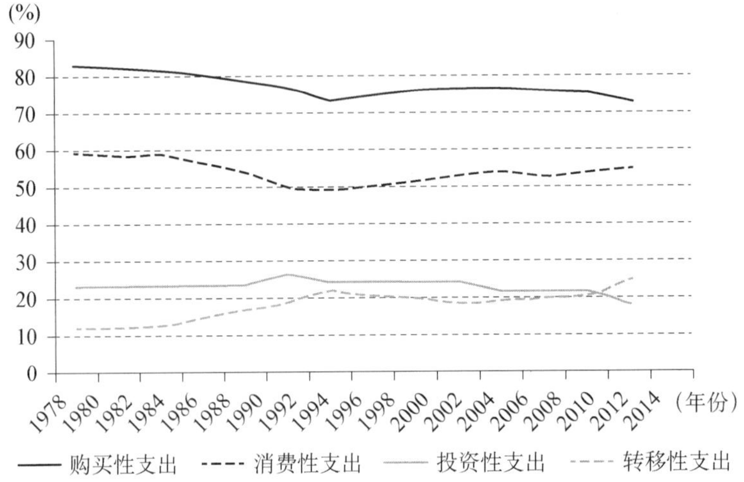

图 2-3　中国改革开放以来财政支出结构

资料来源：中国统计年鉴。

第二节　公共支出规模最优化的理论模型分析

居民部门通过进行储蓄和消费决策以实现效用函数的最大化：

$$U=\int e^{-\rho t}\left[\left(c^{\alpha}g^{1-\alpha}\right)^{1-\sigma}-1\right]/(1-\sigma)\mathrm{d}t \tag{2-1}$$

企业的生产函数包含公共资本和私人资本两种生产要素：

$$y=Ak^{\beta}g^{1-\beta} \tag{2-2}$$

政府的预算收支及社会资本的积累通过以下两个方程组体现：

$$T=g=\tau y=\tau k\left(\frac{g}{k}\right)^{1-\beta}=g_c+g_i=s\tau y+(1-s)\tau y$$

$$\dot{k}=(1-\tau)y-c \tag{2-3}$$

通过对居民效用最大化得到人均消费增长率为：

$$\frac{\dot{c}}{c}=\frac{f_k-\rho}{\sigma} \tag{2-4}$$

其中 f_k 是私人资本的边际产量 $f_k=\frac{\partial y}{\partial k}=f\left(\frac{g}{k}\right)\left[1-f'\left(\frac{g}{k}\right)\frac{g}{k}\right]=$

$A\left(\frac{g}{k}\right)^{1-\beta}(1-\eta)$，$\eta$ 代表产出对公共资本的弹性。

在经济均衡增长路径(Balanced growth path)下，人均收入、资本、消费及公共支出均以相同的速度 ϕ 增长，即 $\dot{k}/k=\dot{c}/c=\dot{y}/y=\dot{g}_c/g_c=\dot{g}_I/g_I=\phi$。将 f_k 代入(4)，可以得到使居民效用优化的经济增长速度为：

$$\phi=[(1-\tau)A\left(\frac{g}{k}\right)^{1-\beta}(1-\eta)-\rho]/\sigma=[(1-\tau)A^{1/\beta}\tau^{(1/\beta-1)^2}\beta(1-s)^{1/\beta-1}-\rho]/\sigma$$

当 τ 不变，也就是说，当政府支出与总产出同步时，经济才能实现稳定增长。将 ϕ 对 g/y 求导，得到：

$$\frac{\mathrm{d}\phi}{\mathrm{d}\tau}=A\left(\frac{g}{k}\right)^{1-\beta}\left[f'(k)\frac{g}{y}-1\right]$$

当 g/k 较小、$f'>1$ 时，经济增长速度随 τ 的增加而上升；当 g/k 较大，经济增长速度则随 τ 的增加而降低。因此可以推论，使得经济增长速度最高的政府支出规模应该是 $f'(k)\frac{g}{y}=1$，即，$1-\beta=\eta=g/y=\tau$。换句话说，为了实现经济的最快增长，政府公共支出规模占 GDP 的比重 τ^* 应该等于公共资本作为生产要素之一所得到的报酬收入占国民收入的比重。

假设国民收入在私人资本和公共资本之间进行分配：

$$PY=rK+\gamma G\rightarrow 1=\frac{1}{1-\beta}+\frac{-\beta}{1-\beta}$$

最终得到 $\beta=2-\frac{PY}{rK}$，这就是产生最优公共支出规模的必要条件。

公共支出按用途可以分为三个部分。消费性公共支出：根据国民经济核算体系(System of National Accounts，SNA)的定义，消费性公共支出直接用于满足个体和集体居民当前的消费需求，或者说，公共消费等于政府免费提供给个体居民和集体社区的各种产品和服务的总和，例如，教育医疗、保障性住房、食品安全、环境保护等，这些产品既能够由公共部门自己生产，也可以由私人部门购买所得。生产性公共支出：除了用于当前消费，政府也可以通过投资形成固定资本以便为将来创造收益，例如建设基础设施和进行科研开发，当然，除了固定资本积累，还包括对土地和无形资产的收购、对非政府部门的资本性转移。转移性支出：政府还会向私人部门提供资金和钱款，如果接受者是居民，叫做转移支付，例如公共养老保险、失业救济、最低生活保障；如果对象是企业，叫做补贴；还包括支付公共债务利息。转移性支出不涉及对产品和服务的购买活动。

在公共支出的各类用途中，生产性公共支出如固定资本积累、基础设施建设能够直接推动经济增长；消费性支出、公共服务投入、对居民转移支付如教育医疗、养老保险、保障性住房、食品安全、环境保护等，虽与人民生活息息相关，但有可能减少储蓄和投资，阻碍经济的增长；显而易见，服务性支出有益于居民的当前福利，生产性支出着眼于将来的利益。但也有学者认为，政府生产性投资对经济增长有明显的正向作用，对经济增长的贡献率很大；然而政府消费性支出也可能间接对经济发展起到贡献作用，因为它提高了私人资本和劳动力的边际生产力，而地方政府转移性支出通过再分配机制也对经济增长产生积极的影响。那么理论模型到底支持哪种观点呢?

加入公共支出结构因素 s，将最大化居民效用函数作为目标，以均衡增长路径为约束条件，得到政府支出结构的最优决策为：

$$s=\frac{(\phi+\rho)\beta\tau^{(1/\beta-1)(1-1/\beta)}}{\sigma(1-\alpha)+(1-\beta)[(\sigma\phi+\rho-\phi)\tau^{(1/\beta-1)(1-1/\beta)}-\beta\phi]}$$

结果表明，通过调整公共支出结构，政府可以影响居民的福利效用，以提高居民生活水平为目标的服务性公共支出规模取决于包括经济增长速度、所得税率、资本回报率、私人消费边际效用等在内的多种因素，并且 $ds/d\phi<0$，$ds/d\tau<0$，$ds/d\beta>0$，$ds/d\alpha<0$。这说明，快速的经济增长、较高的税率都会导致较低的服务性公共支出比重；私人消费边际效用越高，公共消费的规模越小；如果私人资本的回报和边际产品比较高，政府将会减少生产性投资，同时增加公共消费支出的比重。当然从另一个角度来看，随着公共消费占公共支出比重的上升，直接用于生产性活动的投资与资本形成减少，进而导致经济增长率的下降。

从理论上分析，高速增长的经济会抬高当前消费的边际成本，因此，政府更乐意将大部分公共收入进行储蓄和投资来储存生产力而非立刻消耗掉，以达到提升公共资本边际效用的目的。

第三节　最优公共支出规模的面板数据检验

一、省级面板数据的线性模型回归

首先考虑公共支出规模与经济增长的线性关系。通过选取中国28个省、市、自治区1980—2010年的面板数据进行回归分析，可以初步探索公共支出与经济增长的关系，其中g代表公共支出总量占GDP比重，以g为自变量分别对实际GDP增长率、实际GDP增长率的变动率进行回归。为了检验各变量之间是否存在稳定的长期关系，首先采用建立在Engle和Granger两步法检验基础上的Pedroni协整检验法和Kao协整检验法。前者以协整方程的回归残差为基础通过构造多个统计量来检验面板变量之间的协整关系，在小样本（即时间跨度$\leqslant 20$）情况下，其中Panel ADF-Statistic和Group ADF-Statistic统计量是最有效力的，这也是本章在进行Pedroni协整检验时选择这两个统计量的主要原因。不同于Pedroni检验，Kao检验在第一阶段将回归方程设定为每一个截面个体有不同的截距项和相同的系数项，并将所有的趋势系数设为0。在第二阶段，基于DF检验和ADF检验的原理，Kao检验对第一阶段所求得的残差序列进行平稳性检验。检验结果无论是Kao检验，还是Pedroni检验，均在1%显著水平下拒绝该变量系统不存在协整关系，强烈支持前变量系统存在协整关系。

表2-1采用固定效应模型的回归结果说明，经济增长率和公共支出规模之间呈现出明显的正向作用关系。先看模型1，从g的系数估计中看出，如果一个省（市、自治区）的公共支出占GDP比重比另一省（市、自治区）高10个百分点，其人均收入增长速度则比对方高约1.1个百分点；同时，GDP增长率似乎与上一年度公共支出的调整方向也有着密切的正相关性，从另一个角度说明了财政规模大对经济增长的正面影响，这些正面效应均通过了5%水平下的显著性检验，例如，当政府增加1%的公共支出时，人均收入会上升0.06%。再看模型2，经济增长率的变动也和政府规模有着密切的关系，公共支出增加1个百分点的结果是GDP增长率的提升速度将会增加0.14个百分点，且在10%水平下显著。然而，模型的调整后R^2值偏低，财政支出本身对各地经济增长差异的解释度不高。

表 2-1　　　　线性模型回归结果(固定效应)

解释变量	因变量		
	实际 GDP 增长率(模型 1)		GDP 增长率的变动率(模型 2)
Cons	6.827 1** (0.037 1)	7.526 3** (0.026 3)	0.168 2 (0.160 3)
g	0.105 4** (0.041 0)	0.112 7** (0.000 4)	/
$d(g)$	/	0.058 9** (0.038 6)	−0.138 4* (0.057 3)
Adj. R^2	0.214 2	0.252 4	0.205 6
Se	1.13	1.01	1.22
d-stat	2.45	2.27	2.18
F-stat	47.26	43.22	25.75

注：括号里显示 p 值，***、**、*分别代表 1%、5%、10%水平下显著。

二、省级面板数据的非线性模型回归

这一部分将着重检验公共支出与经济增长之间的非线性关系，待估模型形式如下，其中 gdp 为实际 GDP 总量，exp 为公共支出总量，一次 exp 代表公共支出的积极效应，二次 exp 代表公共支出的消极影响，因为理论上估计，随着政府消费支出规模的增加，其边际效用应该是逐渐减小的：

$$gdp_{it} = \beta_0 + \beta_1 exp_{it} + \beta_2 exp_{it}^2 + \varepsilon_{it}$$

首先忽略合并数据在时间和空间上的维度问题，分别建立 FEM、LSDV 和 ECM 模型，根据模型估计的结果(见表 2-2)，为了实现经济的最快增长，公共支出占 GDP 的比重应该控制在 36%—43%，也就是说，当前中国各省(市、自治区)的实际平均公共支出水平(20%左右)还远低于最优值，不仅还有继续增加的空间，而且会带来收入水平的普遍提高。但是，考虑到样本中各省(市、自治区)之间的政府和财政差异巨大，混合数据模型的使用应当谨慎，例如，似不相关回归结果中不同省(市、自治区)的大部分级差截距和级差斜率系数都是显著的，也就是说，对于不同省、市、自治区，虽然公共支出和经济增长率之间关系的总体趋势大体一致，但是在具体函数表现形式上应该因个体而异，各地的“最优”支出规模也有很大的不同。究其原因可能是，各省(市、自治区)在政府规模、公共支出历史、社会政治环境、制度建设质量以及其他难以观测的重要变量上存在着巨大的差异，以至于公共资本的社会边际成本和收益存在差别。再者，各地公共产品的外部性也由于当地政治经济因素、财政体制效率、居民偏好等不同而呈现明显的差异性，因此，试图寻找一个适用于所有地区的最优公共支出规模的尝试也是徒劳的。所以，在模型的选取上，对各个省（市、自治区）的数据进行混合可能是不合适的，相反地，应该以省（市、自治区）为单位对其公共支出与产出水平的函数关系进行分别估计。

表 2－2　　混合截面模型估计结果

人均 GDP 增长率	固定效应模型	虚拟变量最小二乘估计	误差成分模型
Const	－11 834.56 (0.278 9)	截距因省（市、自治区）而异	－6 507.82 (0.362 8)
Exp	1 276.73* (0.053 6)	628.401 3** (0.033 7)	746.828 5** (0.016 8)
Exp2	－16.861 9** (0.016 2)	－5.847 1** (0.018 9)	－7.241 9** (0.016 4)
Adj. $R2$	0.372 6	0.350 1	0.423 6
Se	7 160.03	6 350.59	6 689.97
d-stat	2.17	1.79	1.27
F-stat	144.92	362.74	/
最优支出与 GDP 之比	35.65	41.33	43.05

第四节　各省（市、自治区）最优公共支出规模的 ARIMA 检验

考虑到各地差异性，接下来将采用基于 ARIMA（Autoregressive Integrated Moving Average）的时间序列模型对各省（市、自治区）分别进行估计。ARIMA 是目前应用最广泛的时间序列预测模型之一，是指将非平稳时间序列转化为平稳时间序列，然后将因变量仅对它的滞后值以及随机误差项的现值和滞后值进行回归所建立的模型，其建模思想为：将非平稳序列经过 d 阶逐期差分后使其平稳，再利用 ARMA(p, q)模型对该平稳序列建模，然后再经逆变换得到原序列。考虑序列 y_t，若其能通过 d 次差分后变成平稳序列，即 $y_t \sim i.i.d.(d)$，$u_t = \Delta^d y_t = (1-B)^d y_t$，$u_t$ 为平稳序列，即 $u_t \sim i.i.d(0)$，于是可建立 ARIMA(p, d, q)模型，其模型描述如下：

$$u_t = c + \phi_1 u_{t-1} + \ldots + \phi_p u_{t-p} + \varepsilon_t + \theta_1 \varepsilon_{t-1} + \ldots + \theta_q \varepsilon_{t-q}$$

或者：

$$\Delta^d y_t = c + \sum_{i=1}^{p} \phi_i \Delta^d y_{t-i} + \varepsilon_t + \sum_{j=1}^{q} \theta_j \Delta^d \varepsilon_{t-j}$$

这里 $\Delta^d y_t$ 表示 y_t 经 d 次差分转换之后的序列，□和□为待估参数，p、d、q 为模型的阶，其中 p 为自回归模型的阶数，q 为移动平均的阶数。

经典的 ARIMA 模型不像一般回归模型那样包含其他解释变量，因此大多被用于研究和预测变量自身变化的统计规律，但是，本章为了考察国民收入与公共财政规模的关系，将对 ARIMA 进行扩展，引入公共支出作为外生的解释变量。从本质上来说，这种混合了回归的 ARIMA 模型可以看作包含了误差项自相关修正的回归模型。之所以要采用混合 ARIMA—回归模型，是由于在对时间序列进行实验性的多元回归之后，发现其残差的 ACF 和 PACF 显示出明显可辨的自回归和移动平均的痕迹，所以考虑在回归中加入 ARIMA 因变量和误差滞后项能够消除这种自相关关系。当前很多统计软件都包含了将 ARIMA 特征与回归相结合的选择；而外生解释变量的加入，对于 ARIMA 模型形式并无本质的影响：

$$\Delta^d y_t = c + \sum_{i=1}^{p} \phi_i \Delta^d y_{t-i} + \beta \sum_{i=1}^{p} \phi_i x_{t-i} + \varepsilon_t + \sum_{j=1}^{q} \theta_j \Delta^d \varepsilon_{t-j}$$

$$gdp_{it} = \beta_0 + \beta_1 exp_{it} + \beta_2 exp_{it}^2 + \varepsilon_{it}$$

或者 $\Delta^d y_t = c + \sum_{i=1}^{p} \phi_i \Delta^d y_{t-i} + \beta_1 \sum_{i=1}^{p} \phi_i x_{t-i} + \beta_2 \sum_{i=1}^{p} \phi_i x_{t-i}^2 + \varepsilon_t + \sum_{j=1}^{q} \theta_j \Delta^d \varepsilon_{t-j}$

建立 ARIMA 模型的第一步是首先进行序列平稳化处理，如果序列是非平稳的，可以通过 d 阶差分变化使其满足平稳性条件。本章采用 ADF 单位根检验方法，先对原序列进行平稳性判定，原序列 ADF 检验的 P 值为 0.856 7，在 10％的显著性水平下都无法拒绝序列存在单位根的原假设，即原序列不平稳。之后判断差分后序列是否平稳，*ADF* 检验结果见表 2－3。表 2－3 显示，gdp 序列经一阶自然对数差分后，在 10％、5％和 1％的显著性水平下，通过 AIC 最小准则选取阶数，因此，可以拒绝序列非平稳的原假设，此时序列已经为平稳序列，可以建立 ARIMA 模型。上述结果说模型参数 d 取 1。

表2-3　**ADF单位根检验结果**

检验类型	显著性水平	ADF检验值	临界值	P值	结论
常数项	1%	-38.7846	-3.346513	0.0000	平稳
常数项	5%	-38.7846	-2.762721	0.0000	平稳
常数项	10%	-38.7846	-2.467113	0.0002	平稳

第二步，再通过自相关系数和偏自相关系数来确定模型的阶数 p 和 q，并根据一定的准则，如AIC准则或SC准则等综合来确定模型的参数。为了确定更优模型，通过观察序列自相关系数和偏自相关系数，初步确定 p 和 q 范围为0—3，借助Eviews软件反复推算，对多个模型进行分析，并运用最佳准则函数定价法，即AIC准则，选取AIC最小的那一组阶数为最佳阶数，综合比较选择各省(市、自治区)的ARIMA(p, 1, q)模型形式及经验估计结果见表2-5。

估计结果显示大多数模型参数都通过显著性检验。最后一步，为了进一步检验该模型的效果，对模型的残差序列进行ADF检验，检验结果见表2-4，用于chi2检验的包括Q统计量和检验的相伴概率，显示所有Q统计量的 p 值都显著小于0.01，能在10%、5%、1%显著性水平下看作平稳随机序列，残差序列不存在序列相关性，这说明估计值是实际值的无偏估计，模型具有较好的拟合效果，所建立的ARIMA模型是合适的。

表2-4　**误差项ADF检验**

检验类型	显著性水平	ADF检验值	临界值	P值	结论
不含常数项	1%	-3.62449	-2.47765	0.0000	平稳
不含常数项	5%	-3.62449	-1.83001	0.0000	平稳
不含常数项	10%	-3.62449	-1.52570	0.0002	平稳

表2-5结果显示，在25个样本省(市、自治区)中，仅有9个展示出公共支出规模与经济增长之间的显著的倒U形曲线关系，其 g 和 g 二次方估计参数都在5%的水平下显著，符号与理论猜想相一致——公共支出总额在超过一定门槛值之后对地区产出水平产生负面的影响——这就是为什么 g 二次方的符号为负。根据参数估计结果，进一步可以估算出各省(市、自治区)GDP最大化条件下的最优公共支出规模，而9个省(市、自治区)的平均最优公共支出规模的约为25%。对比各省(市、自治区)当前实际财政支出水平，便可得到支出调整的方向和额度(见表2-6)，结果显示，没有一个省(市、自治区)的支出规

模达到最优的“门槛值”，均处在倒U形曲线向上倾斜的半部分，因此财政扩张仍能够对经济增长起到有效的拉动作用。

表 2-5　分地区的时间序列 ARIMA 估计结果

地区实际总产值	上海	北京	广东	山东	甘肃	辽宁	湖南	福建	河南
Const	−324 459.3 (0.014 3)	−174 101.7 (0.078 7)	−2 437.72 (0.152 1)	−4 246.78 (0.167 4)	−321 427.0 (0.154 8)	−21 315.37 (0.010 4)	−36 778.21 (0.041 8)	−25 662.49 (0.006 4)	−36 721.43 (0.021 4)
g	25 126.42 (0.015 4)	7 862.63 (0.041 2)	273.83 (0.021 6)	326.25 (0.013 7)	13 712.62 (0.001 6)	621.13 (0.011 7)	1 642.58 (0.021 8)	812.72 (0.001 3)	15 281.17 (0.004 5)
g^2	−37.43 (0.007 8)	−12.01 (0.037 2)	−3.72 (0.023 8)	−4.37 (0.043 5)	−163.90 (0.049 4)	−6.27 (0.012 7)	−16.27 (0.022 6)	−14.87 (0.001 6)	−63.27 (0.002 6)
AR(1)	—	—	—	—	148.87 (0.000 0)	72.46 (0.003 4)	43.57 (0.040 0)	72.16 (0.000 0)	46.14 (0.000 0)
MA(1)	—	64.062 7 (0.004 3)	28.261 9 (0.031 7)	—	71.381 5 (0.002 4)	—	—	—	95.128 6 (0.004 5)
ARIMA	(0, 1, 0)	(0, 1, 1)	(0, 1, 1)	(0, 1, 0)	(1, 1, 1)	(1, 1, 0)	(1, 1, 0)	(1, 1, 0)	(1, 1, 1)
$R2$	0.741 1	0.851 6	0.644 6	0.821 4	0.751 3	0.866 0	0.971 2	0.861 7	0.712 4
SE	3 618.26	8 355.08	1 589.24	1 624.13	1 344.35	647.51	1 683.62	2 142.73	1 620.35
d-stat	1.85	1.87	1.48	1.62	1.72	1.95	2.13	1.57	1.83
F-stat	3.70	3.76	5.75	4.99	2.32	12.79	3.04	5.76	9.25

注：括号里显示 p 值，表中仅显示通过显著性检验的省(市、自治区)。

表 2-6　各省(市)公共支出调整的潜在规模　单位：%

省(市)	实际公共支出与 GDP 之比(2014)	最优支出与 GDP 之比	公共支出扩张幅度
上海	20.39	26.79	6.40
北京	19.97	21.90	1.93
广东	12.61	27.73	15.12
山东	11.03	26.02	14.99
甘肃	35.68	38.61	2.93
辽宁	17.57	21.25	3.68
湖南	17.90	33.76	15.86
福建	12.52	22.91	10.39
河南	15.78	28.72	12.94
平均扩张幅度			9.36

本章小结

在过去的一个多世纪里，大多数国家的政府财政规模都经历了显著的扩张，表现在公共支出占GDP的比重上升。主流经济学基本承认政府在保护产权及合同效力、建立法律制度、完善市场机制、生产和提供公共服务上有着举足轻重的作用，然而公共支出一旦超过了这些职责，随之而来的负面影响也非常明显，除了高税收所带来的效率损失之外，最直接的就是会导致经济增长放缓。本章通过线性模型和非线性模型（包括混合截面数据和时间序列）的估计证实了公共支出扩大对人均收入提高能够产生显著的负面效应，但是只是当政府规模超过一定的门槛值之后，换句话说，存在着一个最优的政府支出规模，如果政府以追求快速增长为目标，就应该使支出尽可能地接近这个值。估计结果显示，中国各省（市、自治区）最佳的公共支出大概占GDP的21%到29%不等，但是，还没有任何一个省（市、自治区）的实际公共支出规模达到最优水平。

第三章　公共财政与国民收入分配格局：基于 SAM 的乘数分析

改革开放以来，随着经济社会快速发展，中国城乡居民收入有了显著的提高，但是从 1995—2014 年间的经济增长指标来看，城乡居民收入增长明显低于 GDP、政府收入和企业收入的增长，劳动报酬在初次分配中的比重和居民收入在国民收入分配中的比重均呈下降趋势，呈现出“向政府和企业倾斜”的国民收入分配格局。对比一些有代表性的发达国家不难发现，中国居民的分配份额较低，而政府分配份额偏高。20 世纪 90 年代以来美国的居民分配比率一直较为稳定，平均为 73.4%，而政府比重仅为 13%；日本居民最终分配份额为 75%，政府约占 17.6%。不仅如此，根据 2000—2014 年的《国际统计年鉴》中巴西、韩国、伊朗、埃及、印度尼西亚、墨西哥、土耳其、乌克兰、菲律宾等 20 个发展中国家的有关资料计算得出，其平均劳动报酬率也达到 45.6%。由此可见，中国居民收入占比不仅低于发达国家，也低于一般发展中国家。

尽管经济增长方式、产业结构变动等因素均有可能是中国居民收入占比下降的原因，但无疑该问题的产生与政府行为及公共财政有着密切的关系。首先，政府对居民收入的挤占很可能直接来源于国家和私人部门之间的分配不均——土地、资源和国有资产给予了公共部门巨额收益，也减少了居民在国民收入中的份额。其次，政府的赢利性动机使其更倾向于执行经济建设型职能，而相对懈怠于公共服务和社会保障的建设，居民不得不自己承担教育、医疗、养老的负担，更降低了其可支配收入水平。

社会核算矩阵（Social Accounting Matrix, SAM）为研究国民收入分配格局的形成提供了强大的实证分析工具。SAM 分析能够清晰地揭示：在中国经济中，各种生产要素在各个产业的生产和价值创造中扮演着何种角色？各种要素的回报又是如何？如何从公共经济的角度改善我国要素分配的不平等，提高居民的劳动报酬和在国民收入中所占的比重？对以上问题的回答有助于理解中国居民收入占比偏低、政府收入占比偏高的现象。

本章的结构安排如下：第一节简述中国国民收入分配格局的历史演变和显著特征——居民收入占比不断下降；第二节对国内外国民收入分配中劳动收入占比下降的相关研究进行回顾与综述；第三节简单介绍 SAM 基本矩阵、乘数、结构路径分析的基本模型，并建立中国的社会经济 SAM 表；第四节运用 SAM 模型探析居民收入的来源以及下降原因，在收入分配乘数的基础上详解公共财政支出对居民收入水平的影响，并比较了生产性公共投资和服务型公共支出对居民收入和经济增长的不同作用效果。

第一节　中国国民收入分配格局的特征：政府挤占居民收入

近年来，中国经济高速增长的奇迹是一个不争的事实，社会财富总量也在不断地扩大，但是大部分财富都流向了国家部门和企业，居民的收入增长滞后于 GDP 的增长，普通大众并没有享受到经济发展的成果。经济高速增长的同时，居民可支配收入在国民收入中所占的比重却不断降低，普通大众的生活水平却没有与国家财富总量同步提升。改革时期，经济发展速度较为平稳，劳动份额波动明显减弱。遗憾的是，伴随工业化水平快速提升，产业结构不断改善，我国劳动份额却不升反降，凸显出我国经济发展模式和分配体制方面存在严峻问题。长期以来，中国的经济增长以劳动者相对收入下降为代价，增长成果更多流向资本而非劳动；改革时期情况虽有改观，但并未根本扭转。

国家虽然积累了大量的收入和财富，却没有很好地用之于民，在执行公共职能的过程中过分热衷于生产建设，导致与民生攸关的公共服务和社会保障建设严重滞后。当前我国基本公共产品的供给状况是普遍不足、局部过剩、配置不均广泛存在，其严重后果就是损害了社会制度的稳定性，增加了各种社会风险，降低了居民对未来生活安全的稳定性预期，从长远来看，不利于经济持续、稳定的发展。这些问题不但涉及普通民众的切身利益，也影响到政策制定者的经济决策，因此需要认真地思考，加以解决。

表 3-1 和表 3-2 比较了初次分配和再分配后的政府、企业、居民收入占比。在初次分配阶段，居民部门收入占比一直最高，但从 1996 年开始，在持续下降，2004 年下降到最低点，在此之后一直未有明显的回升。这一期间，企业部门占比则是先上升，在 2004 年达到最高点后稳步下降。相比之下，政府部

门收入占比最低，但一直呈现不断上升的趋势。值得注意的是，三个部门的收入占比均在 2004 年发生较大幅度的变化后，在 2005 年又向相反的方向发生变化，使得 2003—2005 年的数值呈现出较大的波动。

在再分配阶段，政府取得的收入税、社保净付款的比重上升，而支付的社保补助又有所减少，故经过再分配后，政府部门收入占比已超过企业部门，而且政府部门收入占比在 1996—2003 年间的增幅很大。企业部门可支配收入占比虽然在个别年份有所下降，但总体呈现上升的趋势。虽然居民的可支配收入总量有较大增幅，但由于其增长率小于同期 GDP 增长率，导致居民收入占比下降将近 16 个百分点。

表 3-1　　国民收入初次分配之后的收入格局测算

年份	政府		企业		居民	
	规模(亿元)	比率(%)	规模(亿元)	比率(%)	规模(亿元)	比率(%)
1996	10 380	15.1	11 522	16.7	44 947	68.2
1997	11 829	15.7	13 250	17.6	48 061	66.7
1998	12 982	16.4	13 462	17.1	50 495	66.5
1999	13 654	16.5	14 562	17.6	52 360	65.9
2000	14 737	16.7	16 724	18.5	56 826	64.8
2001	17 573	18	17 339	17.7	60 813	64.3
2002	18 167	17.1	17 923	16.9	67 844	66
2003	20 991	17.7	21 969	18.5	73 780	63.8
2004	28 465	17.6	39 076	24.2	92 045	58.2
2005	32 170	17.3	42 220	22.7	109 698	60
2006	37 145	17.4	49 393	23.1	126 593.1	59.5
2007	42 870	17	57 715	22.95	150 897.2	60.05
2008	43 556	18.2	57 945	23.3	153 704	58.5
2009	45 612	18.9	58 043	20.5	156 127	60.6
2010	46 773	20	59 219	18.5	158 411	61.5
2011	48 901	21.8	60 117	18.4	159 382	59.8
2012	51 126	22.3	60 478	19.6	159 494	58.1
2013	53 452	22.5	60 841	19.2	159 605	58.3
2014	55 884	23.3	61 206	18.7	159 717	58

资料来源：历年中国资金流量表。

注：这里的部门收入分配是指政府、企业和住户三大部门在 GDP 分配中各自所占比重。劳动分配份额是指劳动要素收入占 GDP 的比重；同样，资本分配份额是指资本要素收入占 GDP 的比重。

表 3-2 最终收入分配格局(可支配收入)测算

年份	政府		企业		居民	
	规模(亿元)	比率(%)	规模(亿元)	比率(%)	规模(亿元)	比率(%)
1996	11 492	17.1	9 092	13.6	46 443	69.3
1997	12 878	17.5	10 568	14.4	50 121	68.1
1998	13 555	17.5	11 050	14.3	52 688	68.2
1999	15 046	18.6	11 586	14.3	54 354	67.1
2000	17 352	19.5	13 895	15.6	57 682	64.9
2001	20 331	21.1	14 599	15.1	61 499	63.8
2002	21 520	20.5	15 042	14.3	68 448	65.2
2003	25 823	21.8	18 290	15.5	74 088	62.7
2004	32 915	23.2	36 385	22.4	93 387	54.4
2005	38 251	22.7	35 994	19.5	110 609	57.8
2006	43 190	22.8	45 015	18.6	127 425	58.6
2007	49 860	24.1	53 027	19.73	151 587	56.17
2008	51 264	24.6	54 136	20.34	150 221	55.06
2009	53 178	25.3	56 274	20.4	152 438	54.3
2010	54 081	26.9	56 139	19.6	152 779	53.5
2011	56 983	26.2	57 261	20.3	152 861	53.5
2012	60 037	26.7	58 349	20.5	152 937	52.8
2013	63 255	27.3	59 458	20.8	153 014	51.9
2014	66 646	27.6	60 587	20.5	153 090	51.9

资料来源：历年中国资金流量表。

建立在要素禀赋基础上的比较优势理论经常被用于解释国家或地区之间的收入差距，因此，研究设想，资源禀赋结构同样在很大程度上决定着不同社会主体之间的收入分配——国家掌握着绝大部分土地、资本、自然资源等稀缺要素，因此在收入分配中能够得到大量的稀缺租金，如土地出让金、利息收入、国有企业利润等；与此相对，居民部门提供的劳动力要素相对过剩，无法得到较高的回报。在资本主义国家，个人和国家之间的要素初始禀赋结构则大不相同，居民拥有除劳动以外的土地、资本等要素，因此没有出现公共部门大量挤占个人收入的局面。

这样，国家的公共服务对改变现有的收入分配格局意义重大。如果政府将资源、土地、国有资产等要素收入用于医疗、教育、职业技能培训，相当于扩大了有效劳动力(effective labor augmenting)，赋予了居民在技术上一定的比较优势，无疑将会改善居民在收入分配中的弱势地位，提高居民部门收入在国民收入中的比重。如果政府将一部分税收收入直接用于居民之间的转移支付，为老年人、低收入者提供基本的生活保障和资助，则能够有效直接地实现居民增收。从这两点来看，政府的公共支出，可以改变国家和个人之间的初始要素禀赋格局，将对居民的收入水平以及生活质量产生深刻的影响。

第二节　公共财政影响国民收入分配的理论综述

以 Clark(1899)和 Marshall(1890)为代表的新古典主义经济学家认为劳动、资本等生产要素共同参与价值的创造，每种生产要素按其贡献大小获得相应收入。此观点发展成为经济学教科书基本组成部分的生产要素分配理论。古典经济学认为：经济增长取决于资本积累，而资本收入的储蓄率较高，劳动收入的储蓄率很低，因此提高国民收入中资本所得，能够促进经济增长。随着经济增长，资本收入在国民收入中所占的比重越来越大，工资所占的比重越来越小，从而破坏经济稳定增长的条件，导致出现经济波动，因此资本主义的收入分配是不合理的，必须通过政府干预才能得到解决。政府可以采取有力措施来调整国民收入中的利润份额和工资份额，改变收入分配的格局，以使社会储蓄率满足经济稳定增长的条件，从而实现经济的稳定增长。

在要素收入份额的演变方面，Kaldor(1956)认为，要素收入分配比重保持不变被认为是一个“典型化事实”，此观点在相当长时间内被新古典经济学家们认同。Blanchard(1997)发现，劳动份额至少在中期内不是一个常数，包括西班牙、意大利、法国和德国的欧洲大陆国家从 20 世纪 80 年代开始资本收入在 GDP 中的份额一直处于增长的趋势，但包括英国、美国和加拿大的盎格鲁-萨克森地区，则没有表现出这种明显的趋势。Diwan(1999)探讨了劳动份额和金融危机之间的关系，发现一国发生金融危机之后，劳动份额大多降低，这表明金融危机的社会损失更多地由劳动者承担了。Kyyr 和 Maliranta(2006)发现，虽然许多欧洲国家宏观水平的劳动收入分配比重是下降的，但微观水平的劳动收入分配比重相当稳定。Feldstein(2007)发现，美国自 20 世纪 70 年代以来，劳动者报酬占国民收入的比重在 64%—66%之间，可以说相当稳定。Harrison(2002)发现，在 1960—1997 这 30 多年间，劳动份额在穷国下降，在富国上升。Tytell 和 Jaumotte(2007)则认为，过去 20 年大部分发达国家国民收入中劳动收入比重是下降的，主要原因在于技术进步，特别是信息和通讯部门的技术进步对非技术部门的劳动收入比重有很大的影响，全球化也是影响劳动收入比重的原因之一。Lawless 和 Whelan(2007)认为，欧洲劳动收入比重下降的关键因素是技术和劳动市场的发展。Jayadev(2007)认为，资本账户的开放度与国民收入中劳动收入比重呈负相关。Bruno 和 Paul(2008)认为，FDI 占 GDP 的比重与制造业的劳动收入比重呈“U”形曲线关系。

要素收入份额演变会对一国经济产生深刻的影响。Woodford(2001)认为，劳动收入分配的比重提高是导致通货膨胀的一个因素，因此当劳动收入分配比重提高时，中央银行应提高利率。Daudey 和 Penalosa(2007)利用发达国家和发展中国家的面板数据发现，要素收入分配是个人收入分配的基本决定因素，劳动收入在国民收入中所占比重高，则个人收入分配的基尼系数低。Uthman(2006)认为，工人对利润的分享对利润率有正面影响，利润分享制度有助于资本积累和就业机会创造。Li Cui 和 JahangirAziz(2007)认为，导致中国总需求中消费需求下降的主要原因不是储蓄率高，而是国民收入中家庭收入所占比重的下降。

自 20 世纪 90 年代以来，中国政府收入增长明显高于居民和企业等私人部门，尤其是各种制度外收入和土地出让收入的快速增加使政府在再分配格局中居于主导地位，不断地挤压居民收入(许宪春，2003；李扬、殷剑峰，2007；常兴华、李伟，2009)。安体富和蒋震(2009)探究了各分配主体收入结构的变化情况发现，居民的劳动报酬在过去的十年间是不断上升的，但是财产性收入大幅度降低，同时其生产税支出却提高了；另一方面，居民的转移支付收入在总收入中所占的比率也呈下降趋势。这些因素综合起来，最终造成国民收入分配格局中居民最终分配比率的降低。吕冰洋(2010)对企业、政府和居民的初次分配和最终分配收入分别进行了估算，结果显示，政府收入份额在两次分配过程中分别增长了 2.4%和 3%，相比之下，居民分别减少了 11%和 10%。徐忠、张春雪和张颖(2011)分析了居民可支配收入在国民收入中份额不断下降的原因。他们认为在现有的国民财富初始分配格局下，中国大部分资产性财富集中在政府和国有企业，居民部门的财富很少，因此，大量资产性要素收益流向公共部门，降低了居民和企业的可支配收入。作为解决问题的对策，他们提出可以用土地转让金和国企股份充实社保基金，加大政府公共服务的支出。较新的估计来自余斌和陈昌盛(2011)，他们统计了中国居民、私人企业与政府收入在国民总收入中的份额。劳动者报酬占 GDP 比重从 1995 年的 51.4%下降到 2007 年的 39.7%，明显低于发达国家 50%—57%的水平，而

31.3%的企业盈余则明显高于发达国家20%—25%的水平。并且，居民初次分配收入与最终可支配收入基本相同。在二次分配中，企业收入的一部分流入政府部门，居民部门收入状况没有得到明显改善，居民部门内部不同群体之间的收入差距也没有缩小。他们进一步考察到，由于政府公共服务支出偏低，城镇居民的教育支出为6.4%，高于发达国家4%的平均水平，城镇居民的医疗卫生消费支出为7%，而发达国家平均不到5%，因此，公共服务具有明显的收入再分配作用，政府公共服务支出不足、未能充分发挥收入调节作用，成为我国收入分配不合理和居民消费率下降的重要原因。

资金流量表分析仅仅停留在总量层面，它虽然能够清晰地告诉我们各部门在总量上的收入相对地位、来源和转移，但是无法反映生产活动以及要素结构对收入分配关系的结构性影响。李稻葵、刘霖林、王红领(2009)从产业结构的角度，指出中国产业结构由劳动密集型向资本密集型转移，同时服务业比重较低是居民个人收入下降的主要原因。白重恩、钱震杰(2009)将居民收入改变分解为生产要素分配影响和产业结构影响，认为农业部门向工业部门的转型是劳动收入减少的主导因素，而在结构转型的过程中，各部门(包括农业和非农业)劳动力要素报酬都呈下降趋势；尤其是1998年的国有企业改革，使得国有企业垄断程度加强，更增加了公共部门的收入，加剧了私人收入的减少。倪红日(2008)从中观层面分析了各个产业中职工工资、企业利润、政府税收的相对比重，得出了企业利润总额增长幅度与政府税收增长幅度均大大高于工人工资总额增长幅度的结论，从产业的角度印证了居民收入的份额逐渐缩小的事实。

国外也有相当数量的关于国民收入部门分配的应用研究，其中Bentolila和Saint-Paul(2003)，Young(2006)，以及Zuleta和Young(2007)都从劳动和资本的回报率角度研究了发达国家不同产业的工人收入变动及影响因素。Valentinyi和Herrendorf(2008)以产业部门为单位，衡量了美国经济中各生产要素的收入关系，还进一步将资本要素收入分解为土地收入、资金收入和设备收入，研究发现各产业的要素收入占比均有很大不同，尤其是农业部门的资本收入非常高，其资本收入份额不仅高于建筑、制造业2倍以上，也比整个经济高出50%。这与中国土地收入大部分流入政府有所不同，土地作为一种私人财产，对居民收入的稳定和提高作出了极大的贡献。不过，成熟的工业化国家经济增长中的一个著名的特征事实就是，资本和劳动的要素收入份额基本保持稳定(Kaldor, 1961)。Young(2004)认为，美国劳动者收入93%的动态波动来自技术转变和冲击，因此，教育和技术水平的提高对改善劳动者收入具有重要的意义。Gravel、Moyes 和 Tarroux(2009)以 OECD 12 个国家为样本，比较研究了居民可支配收入差距与公共服务覆盖程度的关系，认为公共服务指标的引入能够改变各国收入不公平的状况，事实上，澳大利亚和美国的人均收入本应在 OECD 国家中排在前列，但是如果考虑到教育与医疗的再分配效应与收入效应，这两个国家的收入公平度排名甚至落在人均收入最低的葡萄牙之后。

从方法论角度看，经济学界对要素收入分配的研究角度可以分为三类(Bertoliand & Farina，2008)：一是利用内生增长理论框架中的世代交叠(OLG)模型，把储蓄率、资本分配份额和资本收益率融合在一起展开研究(Bertola，1996)；二是利用后凯恩斯主义研究框架，特别是新剑桥学派、卡莱茨基学派的研究范式，将经济社会分为资本家和工人两大阶层进行分析，要素收入分配自然而然地成为该学派的研究主题；三是利用非中性技术进步研究框架，因为要素收入分配与要素在生产中的使用效率密切相关，而当技术进步不再是"哈罗德中性"时，技术进步将改变要素使用效率，从而同时影响要素收入分配和个人收入分配。

通过以上的文献研究可以发现，居民收入增长相对于 GDP 增长的滞后，很大程度上归咎于两个因素：一是劳动力要素与资本及土地要素在收益上存在巨大差异，二是政府(公共)部门对居民(私人)部门的转移支付不够完善——前者直接导致工资率相对偏低，后者使社会财富没有很好地用之于民，与民生攸关的公共服务和社会保障建设严重滞后，迫使居民自己来承担公共产品生产和提供的部分成本。从这两个角度出发，本章利用 SAM 探析各个产业对居民收入的影响，以及公共/政府部门活动的收入效应。在 SAM 中，政府的资本形成、消费支出、转移支付等外生注入(external injections)都会影响收入在居民、企业等内生账户中的流动，改变各部门在收入分配中的相对地位和份额，因此，SAM 能够清晰地勾勒出公共支出变动对居民收入的影响。与资金流量表只能描述收入的数量相比，SAM 更关注于收入的来源和结构——它不仅能够反映某种特定要素的回报收益，也能够反映这种要素收益在各部门之间是如何分配的。

本章的着眼点是对未来情景的模拟和预测，而非证明业已存在的关联关系。从第一部分的文献研究中可以发现，无论是公共服务对居民收入的影响，还是公共财政对增长质量的作用，都不是新鲜的问题，但是大部分研究所采取的方案是通过计量模型证明两者的因果关系。本章基于 SAM 的情景分析，更加关注于将来如果公共服务支出增加了、公共产品供给充分完善了、公共财政结构合理了，国民收入分配和经济增长具体将呈现出怎样的状况。这样的模拟结论，无疑对政策制定更具有参考意义。

国民收入分配格局最直接的表现形式是资金流量表，这也是大多数研究所采用的方法，如较早的许宪春(2003)，李扬和殷剑峰(2007)。吕冰洋(2010)对企业、政府和居民的初次分配和最终分配收入分别进行了估算，结果显示，政府收入份额在两次分配过程中分别增长了 2.4%和 3%，相比之下，居民分别减少了 11%和 10%。安体富和蒋震(2009)在资金流量表的基础上更进一步，探究了各分配部门收入结构的变化情况。他们发现，居民的劳动报酬在过去的十年间是不断上升的，但是财产性收入大幅度降低，同时其生产税支出却提高了；另一方面，居民的转移支付收入在总收入中所占的比率也呈下降趋势。这些因素综合起来，最终造成国民收入分配格局中居民最终分配比率的降低。徐忠、张春雪和张颖(2011)利用中国资金流量表，分析了居民可支配收入在国民收入中份额不断下降的原因。他们认为在现有的国民财富初始分配格局下，中国大部分资产性财富集中在政府和国有企业，居民部门的财富很少，因此，大量资产性要素收益流向公共部门，降低了居民和企业的可支配收入。作为解决问题的对策，他们提出可以用土地转让金和国企股份充实社保基金，加大政府公共服务的支出。常兴华和李伟(2009)做了类似的实证分析，指出 20 世纪 90 年代以来，政府收入增长明显高于居民和企业等私人部门，尤其是各种制度外收入和土地出让收入的快速增加使政府在再分配格局中居于主导地位，不断地挤压居民收入。资金流量表分析仅仅停留在总量层面，它虽然能够清晰地告诉我们各部门在总量上的收入相对地位、来源和转移，但是无法反映生产活动，以及要素结构对收入分配关系的结构性影响。

传统的投入产出分析经常被打上计划经济式的烙印，然而，在以地区和国家为对象的中宏观现代经济研究中，SAM 和 CGE 模型以其在深入剖析生产、分配结构和各经济主体关联关系等方面的独有优势，成为政策实施和评价的有力工具。SAM 中的每一个单位、个体均采用复式记账法，矩阵的行和列各反映收入和支出信息。1987 年中国编制了自己的 SAM 表，一批以之为技术基础的研究在过去的几十年里应运而生。万兴、范金和胡汉辉(2007)编制并更新了 2002 中国 SAM，利用其研究了消费和收入分配结构及其变化，发现尽管生产活动创造的增加值相比中间投入大幅度提升，意味着可用于分配的资源大大增加，但居民收入主要来自劳动力，资本收入所占的比重仅仅略有上升，尤其是农村居民和城镇低收入居民的主要收入来源是不熟练劳动力。霍丽骊(2006)对基本 SAM 进行细化，尤其突出了政府、公共部门的作用，除了设有单独政府财政账户，同时将生产活动区分为私人和公共生产，预测了 2001—2010 年中国宏观经济发展趋势和特点。魏巍贤、曾建武、原鹏飞(2008)利用 SAM 乘数模型，考察了各类产业产出和居民收入在外生冲击和转移支付下所受的影响，发现密集型行业由于与其他行业具有较高关联度，容易对产出、收入和就业产生较大影响，并指出单纯的转移分配对改善当前居民收入差距过大的现状作用不大。唐文进等(2011)构建了中国 2007 年细分账户 SAM 考察了突发公共事件(经济危机、政府债务、地质灾害等)冲击下的总产出和收入效应，结果显示，劳动密集型产业以及与其他产业具有较高关联度的产业，如农业、工业和部分服务业等部门受突发公共事件冲击的总产出效应较大，而其产出波动对居民收入影响也较大。范金、袁小慧、徐浩然(2006)根据收入不同对居民进行分组，通过账户乘数和固定价格乘数对其收入用途进行了研究，发现各收入阶层均对家庭设备及服务具有较大需求，居住、食品交通和通信是低收入居民首要需求，中低收入阶层急需医疗保健和教育文化娱乐等公共服务，因此政府在制定公共支出政策时应针对不同阶层的需求给予一定支持。王艳、范金(2007)对城镇居民按照收入进行了更为详细的划分，得出的结论相似，更指出在住房等大额消费品上，城镇居民需求潜力不足，而农村居民仍具有很大潜力，且中、低收入农民的潜力高于高收入农民，因此建议政府转移支付的力度倾向于农村种地收入者。金艳鸣、雷明(2006)基于 1997 年和 2002 年中国 SAM，使用乘数分析法分析了转移分配、外生冲击和部门收入冲击对不同收入群体的影响，发现政府转移支付虽然会提高居民平均收入水平，却也会导致农村居民收入和城镇居民收入差距进一步扩大。朱艳鑫等(2007)建立了中国多区域 SAM，从要素的分析角度，发现各大区域均充分发挥了劳动力优势，劳动力要素是主要的生产要素，而资本发挥的作用相对不够；从居民的角度来看，各地区农村居民收入增加对国民经济产生的带动力均大于城镇居民，因此政府在政策上对农村居民给予一定的转移支付支持不但可以缩小城乡居民的收入差距，而且有利于提高他们的消费能力。杨亮等(2012)认为政府公共支出的分配结构直接影响居民收入差距，如果政府投入优先分配给生产效率高、财政状况好的地区，会导致生产要素向富裕地方转移；如果采取再分配的方式，则能促使收入水平平均化。

综观以上文献,现有得以 SAM 为工具的收入分配研究存在如下特征。第一,大多数研究的聚焦点是产业关联和产出效应。即使是分析外生冲击对居民收入的影响,大多研究还是着眼于各生产部门的产出和增加值是如何变化,进而这些产出变化是如何传导至居民部门。但是,产出的变动并非居民收入变化的唯一来源;外生冲击可能会改变居民的要素占有状况,从而产生收入效应。从生产要素禀赋结构入手,是本章探索居民收入的一个落脚点。第二,对政府及公共部门关注不够。大多数研究的重点是产业等内生账户,相对忽视了作为外生账户的政府,及其公共政策的各种效应。大多数研究中的外生冲击并不包括公共支出的调整,即使涉及,也并没有将公共支出进行细分。因此,本章将公共支出按照用途分解为政府消费、生产性投资、服务性投资,而各类公共支出影响的对象和效果也是不尽相同的,这些都将在本章中一一展开。第三,对账户的分类过于单一、不够详细合理。现有研究经常把居民部门按照城乡、收入划分,却忽视了造成收入差距的最主要原因——人力资本差异,对生产要素没有进行合理的细化。而本章除了细分居民部门外,更将劳动力生产要素按照素质/教育水平高低划分为非熟练、普通、熟练劳动力,从而更加清晰地描述要素报酬在居民收入决定重的关键意义。

第三节　社会核算矩阵(SAM)基本模型

一、SAM 模型结构与乘数分解

SAM 是本章用于考察要素报酬、居民与公共部门收入关系的主要方法。SAM 在投入产出表的基础上增加了居民、政府等非生产性部门(Institutions),能够清晰地描述各产业的收入在各种生产要素之间的分配以及在各非生产性部门之间的转移支付,将整个社会经济的所有生产活动和分配活动综合联系起来,展示了资源及财富在整个经济体系中的动态循环过程,因此非常适合分析各部门间的分配关系(张晓芳、石柱鲜,2011),或者说,分析国民收入的结构与构成。并且 SAM 中的各类产业部门、生产部门、机构部门都能够根据研究的具体需要进行细分与合并,因此,也十分便于考察部门内部不同群体之间的行为或收入差异(中国经济的社会核算矩阵研究小组,1996)。

SAM 的基本结构如表 3-3 所示(Pieters, 2010),其中行表示各账户的支出,列表示收入。

表 3-3　　SAM 的简化结构

	内生账户			外生账户		总和
	产业部门	生产要素	居民及企业	政府	投资	
产业部门	T_{11}	0	T_{13}			生产收入 y_1
生产要素	T_{21}	0	0	收入输入 X		要素收入 y_2
居民及企业	0	T_{32}	T_{33}			居民企业收入 y_3
政府		收入漏出 L				政府收入
资本形成						总储蓄
总和	总供给 y'_1	要素支出 y'_2	私人支出 y'_3	政府支出	总投资	

其中 T_{11}是投入产出表中的中间投入矩阵，T_{21}代表生产活动所创造的增加值在不同生产要素之间的分配，T_{32}表示某一特定生产要素的全部收入在居民和企业之间（或者在不同居民群体之间）的分配（这种分配是以各部门的要素禀赋条件为基础的），T_{13}展示了私人消费结构，T_{33}代表居民和企业之间（或者居民与居民之间）的直接收入转移。以上这些关系（见图 3-1）清晰地展现了收入分配的两个方面——生产要素的报酬以及要素报酬的部门（居民、企业、政府）分配格局（Chander, Gnasegarah, Pyatt, and Round, 1980）。

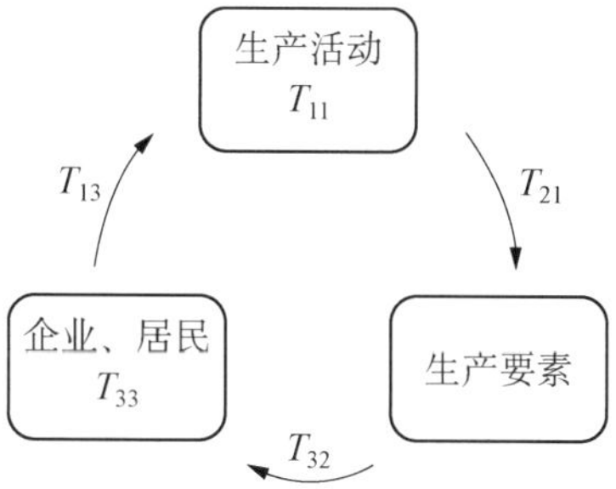

图 3-1　SAM 中的收入循环系统

为了衡量政府支出、投资需求等外生账户的变化对各种内生变量的影响，我们需要计算 SAM 乘数矩阵 M_A。通过各内生账户的每个元素除以其所在列的总和得到平均支出倾向矩阵（matrix of average expenditure propensities）：

$$A_n = \begin{bmatrix} A_{11} & 0 & A_{13} \\ A_{21} & 0 & 0 \\ 0 & A_{32} & A_{33} \end{bmatrix}$$

则各内生账户的总收入向量 y_n 可以表示为：

$$y_n = A_n y_n + x$$
$$y_n = (I - A_n)^{-1} x = M_a x$$

进一步，如果用边际支出倾向 C_n（matrix of marginal expenditure propensities）代替 A_n，我们可以得到外生账户变动 dX 引起的各部门收入的变化量 dy（Thorbecke & Jung，1996）：

$$dy_n = C_n dy_n + dx = (1 - C_n)^{-1} dx = M_c dx$$

在这个表达式中，M_c 被称作再分配乘数矩阵，可以看作 Leontief 逆矩阵的扩展，当 SAM 中的任一元素发生变化，各种活动、部门、要素都会通过受到联动。在本课题中，我们将通过计算各个部门消费的收入弹性得到矩阵 C_n。再分配乘数矩阵 M_c 中的任一元素 m_{ij} 表示外生账户 j 的变动对内生账户 i 的收入（产出）的总效应，例如，政府公共投资的增长将会如何影响城乡居民的收入，这种影响包括直接效应和间接效应，直接效应是增加了相关产业的中间投入，以及新的增价值带来的要素收入；间接效应为新增要素收入带来居民收入提高，从而增加了消费支出，进一步扩大了总产出以及各账户的收入。直接和间接效应的数学分解形式如下（Stone，1985）：

$$A_n = A_n^1 + A_n^2$$
$$\begin{aligned} y_n = A_n^1 y_n + A_n^2 y_n + x &= [I - (I - A_n^1)^{-1} A_n^2]^{-1} (I - A_n^1)^{-1} x \\ &= [I - (I - A_n^1)^{-1} A_n^2]^{-1} (I - A_n^1)^{-1} (Gg + Kk + Rr) \end{aligned}$$
$$\begin{aligned} M_C = [I - (I - A_n^1)^{-1} A_n^2]^{-1} (I - A_n^1)^{-1} & \\ &= M_3 M_2 M_1 \\ &= I + (M_3 - I) M_2 M_1 + (M_2 - I) M_1 + (M_1 - I) \end{aligned}$$

其中：

y_n——内生账户的最终需求；

g——公共支出向量；

k——最终资本形成向量；

r——其他最终需求向量；

G——公共部门支出系数矩阵；

K——投资需求系数；

R——其他最终需求矩阵（包括消费、出口等）。

通过上述变换，再分配乘数矩阵能够被分解为三个部分，即初始的外部注入 I 会在经济系统中引起三种效应：

M_1 代表对接收外生注入的账户的直接影响，也叫做账户内效应（within account effects）；

M_2 代表某一账户接受外生注入后通过关联互动对其他账户所产生的间接影响，也叫做外溢效应（Spillover Effects）；

M_3 代表对接受外生注入的账户通过影响其他账户最终将间接影响传导至自身，形成一个完整的循环，因此又叫做反馈效应（between-account Feedback）（Santos，2004）。

如果仅仅关注公共支出对居民收入的影响，那么只需着重考察再分配乘数矩阵中与政府和居民部门相关的部分 $Mc23$，$m23$ 是这个矩阵中的任一元素，代表了政府部门 3 的最终需求每增加一单位，对居民部门 2 的收入产生的所有直接和间接拉动作用之和。根据第二部分的技术思路，可以对 $Mc23$ 进行如下分解：

$$M_{c23} = M_{22} \times M_{23}$$

$$M_{23} = \underbrace{(1-A_{22})^{-1}}_{\text{居民间收入转移效应}} \underbrace{A_{21}A_{13}}_{\text{要素收入直接分配效应}} \underbrace{(1-A_{33})^{-1}}_{\text{生产分配效应}}$$

$$M_{22} = [I-(1-A_{22})^{-1}A_{21}A_{13}(1-A_{33})^{-1}A_{32}]^{-1}$$

在 SAM 乘数的基础上还可以对在分配矩阵进行结构路径分析，不仅可以对以上各种效应的大小进行量化，而且可以对其传导路径和方向进行探查。Defourny & Thorbecke（1984）将 $m_{ij} \in M_c$ 看作矢量，指出总效应是如下所有直接效应与路径乘数积的集合。

$$mc_{ji} = \sum_{p=1}^{n} I^D_{(i\to j)_p} Mp$$

$$Mp = \frac{\Delta p}{\Delta}$$

其中，p 为支出从账户 i 到 j 的第 n 条流动路径，$I^D_{(i\to j)_p}$ 为账户 i 对 j 通过平均支出倾向产生的直接影响，Mp 为路径乘数，反映了直接影响沿着路径 p 通过反馈效应而被放大的程度。$\Delta = |I-A_n|$，Δp 是移除了与路径 p 相关的第 i 行第 j 列后的 $I-A_n$ 子矩阵的行列式。

综上所述，在 SAM 这一一般均衡系统中，我们更可以分解当政府资金收支结构变动的收入分配影响，勘查其效应在各部门之间的传导路径，并量化各种效应的大小，这些通过乘数分解（multiplier decomposition）和结构路径分析

(structural path analysis)都可以实现。

二、中国社会经济 SAM 表的构建

表 3－4 呈现的是中国社会经济 SAM 表(2007)的基本结构,包括需求账户、生产要素账户、居民部门、政府部门,以及储蓄和投资。需求账户的行代表居民部门对各种产品的消费;列代表作为中间投入的各种产品。要素账户代表各生产要素报酬在居民、企业、政府、社会保障基金之间的分配;除了要素报酬,居民收入中还包括从政府、企业、国外获得的转移支付。居民部门的行显示了收入的来源,列则代表了收入的用途,如消费、储蓄、纳税等。企业的收入在储蓄和税收之间进行分配。政府账户的列说明政府是如何将财政收入用于政府消费、储蓄/投资、社会保障基金、对居民进行转移支付、偿付外债利息等。产业部门的列代表生产的投入成本,包括支付要素报酬、间接税、资本折旧、购买中间产品等,行则清晰地描绘了国民收入恒等式——$Y = C + I + G + (N - X)$。国内经济和国外的商品、要素、资金流动构成了 SAM 的最后一行一列。

表 3－4　　中国 SAM 基本结构

	1	2	3	4	5	6	7	8	合计
1. 商品		中间需求		居民消费		政府消费	出口	投资	总需求
2. 活动	总产出								总产出
3. 要素		劳动者报酬和资本回报							要素收入
4. 居民			劳动和资本收入		转移支付	转移支付	转移支付		居民收入
5. 企业			企业利润						企业收入
6. 政府	关税	生产税		个人所得税	企业直接税				政府收入
7. 国外	进口		国外资本收益			转移支付			外汇支出
8. 资本账户				居民储蓄	企业储蓄	政府储蓄	国外净储蓄		总储蓄
合计	总供给	总投入	要素支出	居成支出	企业支出	政府支出	外汇收入	总投资	

为了实施更详尽的政策试验,需要对宏观 SAM 表进行细化拆分,使其能够清晰展示国民经济的供给需求结构、价值创造以及要素收入分配,这也是本

章的考察重点。经过拆分，SAM表结构如下：

23个产业（生产部门）：相应的23种产品。

8类生产要素：资本；土地；劳动力，其中劳动力按照城乡、教育水平高/中/低进一步分成6类。

2类居民部门账户：居民依照社会经济性质进行分类，即依照收入来源（工资、农业生产、资本收入、混合收入、其他收入）将居民分成以下几大类——正式雇员、农民、企业所有者、个体经营者（self-employed）、其他居民（失/无业者、农民工、养老金领取者）。以往的大多数研究多按照收入高低对居民部门进行分组，然而，收入水平是生产、分配活动的结果而非先前条件。另外，收入水平相近的居民不一定具有相似的行为和利益，因此按照社会经济特征进行分类更有助于消除分配主体的异质性。

2个公共部门账户：公共投资；公共消费。

2个资本账户：私人资本形成；公共资本形成。

6类居民需求账户：私人消费需求；公共产品需求。

第四节　公共财政影响国民收入分配的SAM分析结果

一、生产要素、产业结构与国民收入初次分配

因此，本章先从对SAM的直接观察分析入手，研究中国经济的需求结构、增加值构成以及收入分配格局，进而对政府公共财政支出调整的影响进行预测和评价。

表3-5通过对中国投入产出表和SAM基本结构性信息的总结，描绘了整个国民经济系统的生产、收入和支出结构。总的来说，当前国家经济距离现代经济结构还有一定距离，主要表现在：①居民的工作就业收入占比较高，说明劳动报酬仍是居民收入的主要来源，而政府转移支付、企业利润分配、资本性收入的贡献度比较低。②居民收入中仅有不超过10%的部分来自政府转移支付，说明政府在使用再分配手段调整居民收入的力度不够。③直接税收和对国外的转移支付在居民总收入中所占比重中等偏高，约将近20%的居民收入被用于支付各项税费。④政府（公共）消费在部门总产值中所占比重较低，说明公共服务性支出不够，而事实也是如此，政府财政支出大量被用于投资和基础设施建设，在SAM表中，显示为促进最终需求和地方生产性经济活动。⑤居民消费占部门总产值比重较低，部门产出对进出口的依赖程度相对较重。

⑥产业依存度较高产业间关联性交易占总产值的将近40%左右。

表 3-5　宏观经济的结构性信息　单位：%

部门总产出构成		居民收入构成		占居民支出构成	
产业间交易	37	劳动收入(报酬)	79	消费	34
劳动者报酬	22	公司转移支付	11	储蓄	48
居民消费	26	政府转移支付	10	直接税收	15
出口	14			对国外转移支付	3
政府消费	23				

在表3-6中SAM从产业的角度展示了中国国民收入的来源：第一列为各个产业部门所创造的增加值占国民收入总量的比重，结果显示，只有约10%的增加值来自于农林及相关产业，而现代服务业贡献了38%的增加值，工业则仍旧占据52%的重要份额。可以预测，在第一产业中水稻等粮食种植生产毫无悬念地创造出最大份额的增加值。第二产业中的机械设备制造仍旧是国民生产总值的最主要贡献者(占总国民收入的11%)，紧接着是金属非金属产品制造(8%)、建筑业(6%)、采矿业(5%)，这些行业的高额产值，绝大部分将转化成资本积累而非居民收入；而传统的劳动力贡献率较大的食品饮料制造、纺织服装等轻型工业，在国民收入中所占的份额越来越低。商业贸易是第三产业中增加值的主要创造者(占总国民收入的9%)，主要是一方面归因于市场化程度的提高使得商业企业在零售批发及分销渠道的利润空间不断提升，另一方面也得力于交通运输、销售网络等硬件软件基础设施质量的提高。运输邮电和信息传输业紧随其后(7.9%)。这样的增加值构成结构与OECD国家有着明显的区别，大多数发达国家在经历了工业化阶段之后，服务也已经成为就业和要素收入的最主要来源(World Bank，2014)。

表 3-6　增加值的产业结构　单位：%

产　业	增加值	劳动力增加值	资本增加值	土地增加值	劳动—资本增加值比
农业	10.7	24.7	0.9	7.6	27.4
煤炭开采和洗选业	2.2	1.2	2.1	0.0	0.6
石油和天然气开采业	3.0	0.9	1.6	0.0	0.6
金属矿采业	2.9	1.0	1.7	0.0	0.6

续表

产　　业	增加值	劳动力增加值	资本增加值	土地增加值	劳动—资本增加值比
非金属矿采业	1.5	0.6	1.1	0.0	0.5
食品制造与烟草加工业	3.8	2.8	4.5	0.0	0.6
纺织业	3.4	3.4	3.3	0.0	1.0
木材加工及家具制造业	1.9	0.8	0.3	0.0	2.7
造纸印刷及文教用品制造业	1.5	1.0	0.4	0.0	2.5
石油化工	6.2	4.5	7.4	0.0	0.6
非金属矿物制品业	2.4	2.0	2.6	0.0	0.8
金属冶炼制品业	5.9	4.0	7.2	0.0	0.6
机械、电气设备制造维修业	10.5	9.1	11.5	0.0	0.8
其他制造业	4.2	2.7	4.0	0.0	0.7
电力供应业	1.5	0.7	1.7	0.0	0.4
水供应业	1.3	0.5	1.3	0.0	0.4
液化气供应业	1.1	0.9	1.5	0.0	0.6
建筑业	5.5	6.7	4.6	0.0	1.5
第二产业总和	50.8	42.8	56.8	0.0	0.5
运输邮电业	7.9	4.7	10.1	0.0	0.5
商业贸易	6.9	2.7	9.2	0.0	0.3
餐饮业	1.7	2.5	1.8	0.0	1.4
金融及房地产业	7.5	5.6	15.0	92.4	0.4
科教文卫及社会服务业	2.1	12.3	1.3	0.0	9.5
其他服务业	5.4	4.7	4.9	0.0	1.0
第三产业总和	38.5	32.5	42.3	92.4	0.9
经济总体	100	100	100	100	

第 2—4 列给出了不同行业对劳动力、资本、土地三类生产要素总增加值的贡献率。从生产要素的类型来看，大约超过 60％的劳动增加值聚集在第一产业和服务业。土地资源所创造的增加值则自然而然地集中在第一产业和地产行业中。

为了进一步考察不同产业对各个生产要素收入的贡献度，第 5 列计算出劳动增加值对资本增加值之比。农业部门呈现明显的劳动密集型特征，说明了农业的商业化和资本化程度比较低，尽管农业生产的产值在不断提高，但是在生产能力的扩大、生产力的提升、利润边际的增加、农民生活的改善等方面还有很大的改进空间。而实现这些的关键还在于扩大农业投资、对传统农业部门进行产业化、商业化改革，同时进一步发展农业金融。制造业中的木材家具、纺织服装、饮料食品和烟草的劳动密集程度相对较高，而机械、金属、化工、矿产等生产加工行业则贡献了更多的资本增加值。服务业内部的生产要素密集程度也呈现出明显的差异性——公共服务部门的劳动密集度要比一般商业服务部门高达10倍——一定程度上说明中国政府及公共部门的人员密集程度较高。根据以上差异，在有限的社会财富和资源条件下，政府的公共政策指向不同的产业，所带来的收入分配和就业效应也是不同的，从增加社会福利的角度出发，将劳动力密集程度高的产业作为公共投资、转移支付和帮助扶持的重点对象，不仅能够给劳动者提供更多增收和就业的机会，而且能够连带地带动国内的消费需求。

综上所述，就增加值的分行业结构来看，农业对劳动密集度最高，但其对劳动增加值的贡献比最低，仅有25%以上；而第二产业对的劳动增价值的贡献度虽然高达43%，但其劳动密集程度却最低，仅仅在0.5%左右，第三产业两项指标均居中。因此，从产业结构变动规律来看，在从农业社会向工业社会转变的过程中，第一产业人口不断向第二产业转移，完成工业化之后，又逐步开始向第三产业转移，因此随着产业的此消彼长，中国未来必然出现农业的劳动增加值贡献率持续下降，第三产业的贡献率有所上升的局面。由于中国目前处于工业化中期阶段，随着城市化进程的不断推进，农业人口不断向工业部门转移，中国的劳动报酬占比无疑处于下行区间。

要素所有权和要素相对回报是各分配主体收入差距的主要决定因素。当代的中国正处于产业结构和经济增长方式转变的过渡阶段，不少行业部门的劳动密集度仍旧较高，因此，对于大多数私人居民来说，劳动报酬仍是收入的主要来源。通过对居民账户和生产要素的细分，SAM表可以为详尽地解析收入的功能性分配(见表3-7)。

表3-7　　分产业的生产要素收入表　　单位：%

产业	农村非熟练劳动力	农村一般劳动力	农村熟练劳动力	城市非熟练劳动力	城市一般劳动力	城市熟练劳动力	资本	土地
农业	57.6	33.4	3.7	0.0	0.0	0.0	3.9	1.4
煤炭开采和洗选业	13.5	1.5	2.4	3.5	18.4	17.5	43.4	
石油和天然气开采业	0.7	2.3	6.7	4.3	3.3	15.3	67.3	

续表

产业	农村非熟练劳动力	农村一般劳动力	农村熟练劳动力	城市非熟练劳动力	城市一般劳动力	城市熟练劳动力	资本	土地
金属矿采业	21.3	4.8	9.3	5.6	6.3	2.3	50.2	
非金属矿采业	20.4	3.6	11.1	5.6	5.2	1.9	52.3	
食品制造与烟草加工业	5.6	7.3	2.1	20.5	4.3	10.8	49.5	
纺织业	8.8	3.3	5.6	34.3	13.2	4.0	30.8	
木材加工及家具制造业	10.0	2.3	23.5	18.3	3.8	1.9	40.1	
造纸印刷及文教用品制造业	1.6	0.8	0.5	30.9	28.4	8.5	29.3	
石油化工	2.0	0.3	0.4	6.3	3.6	17.2	70.2	
非金属矿物制品业	0.8	1.6	3.2	14.2	3.3	9.3	67.5	
金属冶炼制品业	0.2	2.1	2.1	13.6	4.8	7.9	69.4	
机械、电气设备制造维修业	8.6	0.4	0.3	9.3	3.5	12.9	64.9	
其他制造业	20.5	14.3	10.7	3.0	2.8	3.2	45.5	
电力供应业	0.1	1.0	1.3	3.3	3.3	15.5	75.4	
水供应业	0.3	1.3	1.0	10.3	4.9	4.7	77.4	
液化气供应业	1.0	0.1	0.3	8.5	7.4	9.5	73.2	
建筑业	30.1	2.5	2.3	10.6	3.3	2.0	49.3	
第二产业平均	8.6	2.9	4.9	11.9	7.0	8.5	56.2	
运输邮电业	0.0	0.6	1.2	1.3	9.3	12.4	75.3	
商业	1.1	1.2	1.5	10.5	10.7	24.7	50.4	
餐饮业	0.8	1.0	1.7	17.3	12.2	35.7	31.2	
金融及房地产业	0.0	0.0	0.1	0.3	1.3	14.3	64.5	19.4
科教文卫及社会服务业	1.2	0.3	0.9	2.1	45.9	19.3	30.3	
服务业平均	0.6	0.6	1.1	6.3	15.9	21.3	50.3	19.4
经济总体平均	3.8	5.7	4.0	7.2	8.6	11.8	58.9	10.4

表 3-7 揭示了对新增价值进行初次分配的结果，即各类生产要素（包括各种类型的劳动力、资本和土地）所获得的直接收入或者报酬。表中的数字代表要素所创造的价值在该产业每货币单位增加值中所占的百分比，因此每行的总和都为 100%；同时，还通过加权平均的方法计算出了第一产业、第二产业

和服务业的平均增加值构成。第一产业中约60%的增加值成为农村非熟练劳动者的收入;资本收入偏低,仅有4%左右;土地更是只得到约1.4%的收入。这个事实说明中国的农业生产至少存在以下值得改进的空间:首先,由于资本投入不够及规模经济效益不足,中国的基本粮食作物种植和生产存在机械化和商业化程度低下的缺陷;其次,现有的农产品种植体系还存在着产权不明确、技术效率低、要素使用不充分等方面的种种缺陷,导致投入农业的资本不能收到良好的回报,大大挫伤了农业资本投资和扩张的积极性;再次,基本粮食行业所吸引的投资大多是通过政府补贴、支持政策实现的国有资本投资,而国有资本向来存在利用效率低下的缺陷,这也是导致粮食种植生产业资本回报低的原因之一。

第二产业增加值构成的特征可以描述为:资本收入占比总体来说较高,各类劳动力的收入存在显著的部门差异。资本的平均回报率大致在56%,且各部门间差异并不大,只有纺织业、造纸印刷及文教用品制造业、木材加工及家具制造业这三个行业的资本回报率在30%—40%之间;电力、水、燃气供应是资本报酬最高的行业,达到了75%。熟练劳动力的贡献率平均约为12%左右,比重仍旧不高,说明高水平的知识技术在产业界仍旧是稀缺性资源。非熟练和普通劳动力收入所占的比重超过30%。农村非熟练和普通劳动力从第二产业中获得的回报率均比从农业生产活动中获得的报酬要低,仅仅是农村熟练劳动力能够在工业和建筑业部门获得比农业部门略高的回报率。

对中国来说,较高的资本回报率是一把双刃剑:一方面,高资本回报率是产业技术转变与升级的动力和标志;另一方面,它也带来了劳动力贡献度和回报率的降低。然而资本增加值的提升最终会带来技术的进步和劳动生产力的提升,因此即使劳动收益率相对减少,经济增长最终会带来劳动回报率绝对值的增加。发达国家居民生活水平稳定提高的事实也证明,成熟的市场经济能够通过将技术和劳动的合理匹配来加速工业化和资本深化,逐渐夯实产业的人力资源基础,提高工人的生产效率和工资率。

服务行业的增加值分配则是相当多样化,主要原因是不同服务的生产和销售所采用的技术、手段存在着明显的差异。例如,虽然运输邮电和商业服务均是资本贡献占比非常高的行业,但是原因却不尽相同——前者是传统的规模经济资本密集型生产活动,而后者则规模分散。金融地产业创造的价值被熟练劳动力、资本和土地以近似1∶5∶1.5的比例瓜分。公共服务业的劳动者报酬占到了本行业增加值比重的70%以上,大大超过了其他服务行业劳动回报率的平均水平。

在改革开放近三十年的时间里，中国的经济增长处于资本规模报酬递增模式，由表 3 - 7 可以看出，在影响产出的各个要素中，资本的贡献最大，将近 60%，劳动者的劳动的贡献率约为 30%。因此，自 1978 年后我国经济增长主要还是依靠物质资本投入，同时劳动要素对经济的拉动作用也比较强，且熟练劳动力的贡献率大于非熟练和一般劳动的贡献率，这说明社会经济发展中人力资本是推动经济增长的重要因素。劳动报酬在分配的最终结果中占据 30%左右的收入份额。这一结果与联合国在统计数据中发布的中国劳动份额比重是比较一致的：根据联合国统计的 1960—2013 年的国民收入初次分配情况，中国劳动者平均收入比重为 33%。但是这个份额与发达国家劳动收入占比相差甚远，根据中国财政科学研究所的比较研究，发达国家劳动报酬占比平均在 50%以上。

综合表 3 - 6 和表 3 - 7，在增加值的产业份额中，农业占比最低，工业占比一直较高，第三产业经过逐年的增加现在已接近工业；在增加值的要素分配中，农业劳动收入份额明显高于其他行业，服务业次之，工业最低。由于农业部门劳动收入份额比其他产业都高，因此，当前中国产业结构从农业向非农业部门转型的现状，会使总体劳动收入份额降低。工业和服务业的增加值占比较大会有利于资本收入份额的提高。这是结合产业结构和要素收入分配结构对当前居民劳动收入份额的降低的解释。

最后为了探求生产要素收入的历史变动，根据 1997 年至 2007 年的 5 张全国投入产出表以及 2010 年延长表，通过进行部门合并得到三次产业投入产出表，在此基础上计算各产业的劳动收入占比及其变化情况，结果如表 3 - 8 所示。从表 3 - 8 可知，自 1997—2007 年，第一产业劳动报酬占比不但高且稳定，近几年更有上升的可能，非农业产业（第二产业、第三产业）的劳动报酬占比低且不断下降，并由此导致了经济总体劳动报酬占比的持续下降。

表 3 - 8　　劳动要素分配份额变化情况　　单位：%

年份	劳动要素分配份额			
	农业	第二产业	服务业	经济总体
1997	89	44.6	51.7	53.9
2000	87.6	43.2	54.7	53.4
2002	81.3	40.7	46.3	47.8

续表

年份	劳动要素分配份额			
	农业	第二产业	服务业	经济总体
2005	89.5	31.7	37.4	42.7
2007	94.7	33.5	36.7	42.6
2010	93.2	35.8	48.2	44.5

劳动力要素的收入份额将怎样变化呢？显然，如果各产业劳动收入份额不再减少，随着产业结构继续从农业部门转向非农业部门，劳动收入份额将继续降低，但如果产业结构转型发展到从工业部门向第三产业转变，鉴于第三产业劳动收入份额高于工业部门，全国劳动收入份额将随之提高。至于各产业部门的劳动收入份额，由于工业部门和第三产业在经济中的比重逐渐增加，它们的劳动收入份额变化对未来全国要素分配份额将有明显影响。对工业部门的众多研究表明，该部门要素替代弹性为1，因此改变工业部门要素投入比不会影响其要素分配份额，但要素市场的扭曲程度和产品市场垄断程度的变化则会改变其要素分配份额。对第三产业，考虑到人力资本的投资在第三产业更为明显，该部门劳动收入份额在未来则有可能增加。

二、国民收入分配中劳动收入份额下降的原因

收入分配比重降低导致投资和消费比例关系失调，中国高储蓄率的主要原因不是预防性储蓄而是政府收入和企业收入在国民收入中所占比重的提高，以及家庭收入在国民收入中所占比重的下降。中国“高储蓄、高投资”矛盾的实质是一个收入分配问题。当前消费率下降的根本原因是，国民收入分配体系中，政府财政收入和国有企业收入的比重不断上升，而居民收入的比重不断下降。居民收入转化为居民的购买力和居民消费，居民消费能力取决于居民收入。因此，居民消费在国内生产总值中的比重，在很大程度上是居民收入在国内生产总值中比重的表现。劳动所得比重较低、资本所得比重较高的状况，决定了我国以投资和出口推动为主的增长形式。在当前的增长形式下，国内产出的相当一部分为资本所得，同时还有一部分成为净出口，而城乡居民只享用了中国约1/3的产出。中国事实上出现了为增长而增长的问题。更严重的是，大量的出口商品和自我循环着的投资品增长，低成本地使用着国内紧缺的土地，消耗着洁净的空气和损害着农民工的健康，严重地影响了可持续发

展。而且我国第三产业比重长期较低，制造业层次亦较低，深层次原因也就是城乡居民收入占 GDP 比重较低。

从本节的分析看出，作为居民最基础收入来源的工资，也就是劳动收入，取决于居民的受教育程度以及工作行业、就业前景等等。受教育程度低的居民，知识技术水平低，人力资本自然就低，收入及生活水平便会发生困难；而教育程度越高的居民，作为稀缺资源，就业行业就好，也会得到较高的知识收益率。

虽然居民可以凭借个人财产获得资产收入，但在中国的现实国情下，资产收入的最大受益者无疑是国家。国家是土地、自然资源的所有者，而这些稀缺的生产要素所产生的资产收入远大于一般的生产要素的收入。另外，资产收入与劳动收入相比，由于具有累积效应，它的增长快于劳动收入的增长。因此，资产收入的增加必然导致公共部门的收入增长快于居民收入增长。

最后，行业的不同对要素收入也有影响。新兴的、技术含量高的产业的收入高于传统的、低技术水平的行业，这是正常的产业结构转换与升级的影响。行政性垄断部门，如电力、电信、邮政也可以获取高额回报，归根结底还是来源于对稀缺要素的掌握。垄断性国有企业会产生超额垄断利润，而利润又属于资本要素收入，可能会导致要素收入分配向资本倾斜，但因是国有企业，具体情况还要看企业如何分配利润。有的垄断性国有企业职工的工资水平高于民营企业，这自然会提高劳动分配份额。另一种类型的国有企业承担着广泛的社会政治职能，这种类型的企业往往集就业和社会保障于一身，政府看重它的社会稳定功能。在这种情况下，国有企业低下的利润率和庞大的就业规模，可能会导致要素收入分配向劳动倾斜。就对居民的收入影响而言，政府如果能够利用土地收益、国有企业的资本收益的大部分用于针对居民的转移支付时，不仅会提高居民在国民收入分配中的地位，而且会缩小居民收入分配的差距。

因此，国家的公共教育支持体制、社会保障机制、医疗保险和养老金体系、各种基础福利和公共设施在提高居民生活质量方面的作用不容小觑。世界银行的研究发现，发达国家人力资源的回报占国民财富总量的比重最大（40%—80%），而人力资本的增加和技术进步是可以通过教育、培训、技术转让等迅速实现的。提高居民的收入水平，不仅仅指增加其工资收入，更重要的是保证其能有一种安全稳定的工作条件和环境，所以完善的、覆盖面广泛的社会健康、保障体系不可缺少。

三、财政收入与支出对居民收入分配的影响

面对当前国家财富大量流入公共部门，最直接的问题是：政府收入的增加究竟给社会经济带来了什么样的影响，当国民收入中的大部分以税收、土地收益等形式流入政府口袋后，政府支出又将如何影响企业和居民的收入。下面，本章将根据中国 SAM 现有的结构，分别讨论政府收入和支出的经济效应。

在 SAM 中，公共资本形成包括三个项目——税收、外国投资、私人部门资本转移，当以上公共资本形成统一增长一个单位，平均支出倾向能够近似地反映其对其他账户的数量影响：固定资本形成总量增加 28.7%，政府内部的资本性转移支付增加 26.1%，对居民和企业的转移支付仅增加 15.6%，对外投资增加 1.5%。因此，虽然公共资本扩张对转移支付的影响系数不小（接近 0.697），但很大一部分（约 67%）的仅仅是用于在政府内部，包括各级政府之间进行收入再分配，仅有很少一部分交给居民和企业，用于提升消费和投资。

另一方面，公共支出在 SAM 中包括对生产活动投资、对企业和居民的资本转移、对国外净支付的影响，同样可以通过计算 Mc 再分配乘数加以量化。每单位公共支出的减少对企业和居民资本转移的影响系数是 0.724，这其中包括：政府内部转移支付 0.274，对居民和企业的转移支付 0.589，对国外的转移支付 0.137。比较公共资本形成和使用对企业和居民转移支付的影响系数发现，国家公共部门收入的增加并不会直接转化成个人福利，居民和企业从中得到的正面影响非常有限；然而公共支出降低却会对居民和企业的收入再分配造成相当大的负面影响。根据上文描述的乘数分解方法，将这 0.724 单位的影响分解为以下三部分，分解结果表明公共支出的减少主要通过国民经济链条对其他分配主体产生影响，对政府部门自身的影响非常微小：

账户内效应 $(M_1 - I)$：0

对输入账户的间接影响 $(M_2 - I)M_1$：0.000 765

对非输入账户的间接影响 $(M_3 - I)M_2M_1$：0.723 235

进一步，通过结构路径分析对乘数 0.724 进行矢量分解，结果如下：

$$I^D_{(2\to3)_1} = 0.723\,6 = 0.571\,23 \times 1.304\,8 = I^T_{(2\to3)_1} M_1$$

$$I^D_{(2\to3)_2} = -0.021\,604 = (-0.166\,891 \times 0.093\,516) \times 1.384\,259$$

$$= I^T_{(2\to3)2} M_2$$

路径 1 是连接政府账户 3 和居民账户 2 的直接传导效应，而路径 2 则通

过账户 5 连接两者，负值理论上代表政府向居民的净介入，实际上说明公共支出的减少迫使资本从居民和企业部门回流入公共部门，居民企业不得不动用自身的资本积累来填补公共支出不足所带来的漏洞，这和现实中由于国家基本社会服务缺位而迫使私人部门承担部分公共品生产和供给的情况是一致的。两个路径乘数数值都比较大，说明间接效应传递的回路较短，主要是相互临近的账户之间互相影响，特别是生产部门在其中受关联的程度不高。

四、民生财政支出增加对居民收入的影响

这一部分采用 SAM 框架下的一般均衡比较静态分析，比较两种情景：基准公共支出和民生公共支出下，行业产出、政府收入、居民及企业收入等变量的均衡状态。政策性公共支出对不同产业和分配主体的影响既依靠于支出（最终需求调整）的力度，也取决于社会的内部经济和分配结构（乘数系数大小）：对高乘数部门的中等强度支出可能会产生比对低乘数部门的高强度支出更深远的影响。

本章将公共支出的社会经济影响可以包括，对基础设施、生产活动进行资金支持产生的直接影响，以及对基本公共服务进行资金补贴产生的转移支付以及收入效应，两者统称为投资及转移支付效应（Investment and transfer effects）；以及能力提升效应（Capacity-adjustment effects）。前者属于即时效应，通过 SAM 的乘数矩阵，很容易计算出公共支出对各行业产出和居民收入的直接影响：以项目为基础统计出待估时间区间内的公共支出总量，将其按照投入方向进行分类，并将其作为经济体系的外生性注入，按照传统的里昂惕夫矩阵法，估算出其对产出、收入、就业的平均效应。能力提升效应属于非即时影响，其涵义是指，公共支出能够使某些经济活动摆脱现有的能力限制与条件约束，开拓其进一步提升的空间和潜能，对于这一类支出，除了分析其即时（直接、间接及引致）效应外，更重要的是考虑其带来的生产要素质量提升在未来长期内是如何作用于其他产业和部门的。例如，公共道路、港口的建设投资一方面能够通过产业和分配主体的互动和传导产生即时的产出和收入效应（这一部分影响算作“投资及转移支付效应”），另一方面，这些设施完工之后，在未来无疑会为更多的经济社会活动提供更广阔的发展空间（这一部分影响将计作“能力提升效应”）。再例如，用于教育、培训、居民身体、文化素质拓展的公共支出，等等，在短期内不会直接影响生产和分配活动，其效应更多地显现在未来，SAM 乘数分析是无法包括这一部分的影响的。非即时的能力提升

效应可以根据 Miller & Blair(1995)提出的混合内生外生变量 I-O Leontif 模型和 Roberts(1992)提出的 SAM 扩展分析法进行估算;同时,由于公共服务投资带来的生产能力的提升主要是由生产要素素质提高引起的,因此可以适当降低要素的投入系数。在分析前一种即时效应时,模型假设技术系数和要素使用系数保持不变。

本节建立两种情景,公共支出结构不变情景和民生支出情景,用以模拟 2013—2015 年间宏观经济运行结果。在不变情景中,假设政府直接沿用当前的公共支出结构和公共产品供给政策,即不存在任何的公共政策变化或调整;生产性和民生服务性支出的比例维持现状不变(2011 年民生支出为 30.6%),支出总量按照现有增长率稳定增长。在民生财政情景中,用于教育、医疗卫生、社保和就业、环保、公共安全等民生方面的支出占整个财政支出的比例逐渐增加,并于 2015 年达到 50%,而公共支出总量增长率和基准情景保持一致,这就意味着用于支持生产活动和国有企业经营活动的公共资金会相对减少。需要指出的是,用 SAM 历史数据进行未来情景分析有可能产生低估的问题,因为在未来几年里很多产业都可能会经历技术革新和产能升级。

表 3-9 估计了 2016—2018 年期间公共支出对宏观经济的即时投资和转移支付效应,计算结果为各个情景下总产出、劳动收入和就业的年均变动百分比(以 2015 年为基期),反映了财政支出结构性调整对以上指标的影响。首先,在基准情景下,总产出增加 7.5%,公司收入有小幅度提升(4%—5%),居民收入上升 3.2%。几乎各个行业的产出、收入和就业均有中等幅度的上升,这说明假使未来几年公共财政遵循现有的支出结构,将会推动经济总量和居民收入稳定增长;但是,现有的公共支出结构无法改善居民在国民收入中的弱势地位,居民收入增长幅度仍旧低于经济增长水平,无疑将造成居民收入所占比重的进一步下降。

民生财政情景的影响和效应相对来说较为复杂。第一,政府支出中生产性投资的削减对总产出有明显的负面效应,尤其是一些以前大量接受政府资金支持的产业,受到的冲击最为严重,例如煤炭、石油、天然气开采,石化,供电供水等行业的总产出均有所下降。另一方面,这些行业又与其他部门有着较高的关联度,因而又会立即对其他产业的产出产生一定的抑制效应。因此,公共支出的重点由生产转向公共服务,的确会在未来短期内付出牺牲经济增长的代价。从积极的角度来看,基本公共服务投入增加最明显的影响是提高了科教文卫及社会服务业的产出水平,而这种改善最直接的受益者是私人企业和居民——企业和居民免于投入时间和成本从事公共产品的生产和供给，不仅减轻了私人部门的负担，更有利于促进个人消费和企业投资的扩张，尽管这些效应在短期的预测中无法显现。政府消费的提高直接转化成转移支付带动了居民总收入的增长。估算结果显示，在民生财政情景下，居民收入总体将增长 6.1%左右。

表 3－9　财政支出结构调整的投资及转移支付效应
（主要经济指标以 2015 年为基期的年均变动率）

单位：%

产　业	财政支出结构不变情景			民生财政情景		
	总产出	居民收入	公司收入	总产出	居民收入	公司收入
农业	2.45	1.24	0.21	2.36	2.36	0.26
煤炭开采和洗选业	5.78	2.35	4.89	4.10	4.47	6.16
石油和天然气开采业	9.47	2.68	5.02	6.72	5.09	6.33
金属矿采业	8.21	2.84	4.23	5.82	5.40	5.33
非金属矿采业	10.39	3.01	3.11	7.37	5.72	3.92
食品制造与烟草加工业	11.37	3.87	3.26	8.06	7.35	4.11
纺织业	7.15	2.15	2.17	5.07	4.09	2.73
木材加工及家具制造业	8.39	2.01	2.01	5.95	3.82	2.53
造纸印刷及文教用品制造业	6.34	2.32	1.96	4.50	4.41	2.47
石油化工	10.92	4.27	4.79	7.74	8.11	6.04
非金属矿物制品业	11.38	2.94	3.88	8.07	5.59	4.89
金属冶炼制品业	9.32	3.82	2.37	6.61	7.26	2.99
机械、电气设备制造维修业	8.22	2.7	2.95	5.83	5.13	3.72
其他制造业	7.73	3.48	3.19	5.48	6.61	4.02
电力供应业	8.04	4.17	4.58	5.70	7.92	5.77
水供应业	7.18	2.41	3.82	5.09	4.58	4.81
液化气供应业	6.95	2.24	3.27	4.93	4.26	4.12
建筑业	12.41	3.71	5.79	8.80	7.05	7.30
运输邮电业	10.89	4.03	4.26	7.72	7.66	5.37
商业贸易	9.97	4.16	4.87	7.07	7.90	6.14
餐饮业	8.32	3.29	3.79	5.90	6.25	4.78
金融及房地产业	11.23	4.76	5.12	7.96	9.04	6.45
科教文卫及社会服务业	3.58	3.42	2.27	6.54	5.50	2.86
平均	7.52	3.19	4.216	5.34	6.08	5.35

虽然公共支出由生产向民生倾斜会降低经济增长速度，但是却能够明显增加居民收入在国民财富中所占的比重，图 3－2 比较了 2015—2018 年间两

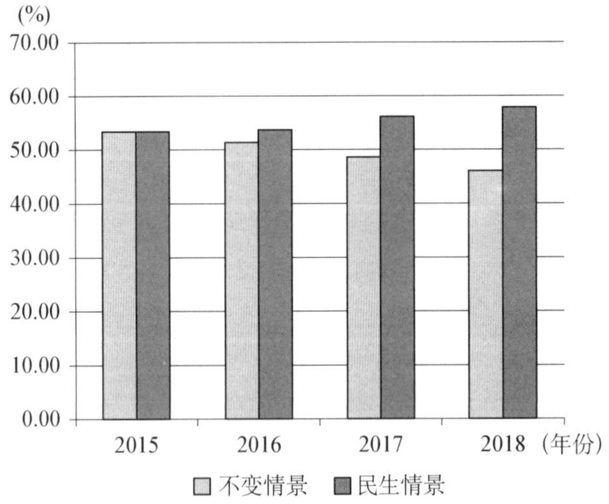

图 3-2 居民收入占比比较

个情景下居民收入占 GDP 的比值。由此得出的结论是,居民福利水平的改善和经济增长在短期内是有所冲突的,公共政策的制定需要在两个目标之间进行选择和权衡。

以上公共政策对各行业的产出效应以及对居民收入的调整效应均属于即时影响,然而,公共服务水平的提升在长期内能够产生更加重要的影响和效果——提高生产要素的质量。教育培训能够提升劳动者的技术水平和熟练程度,医疗卫生条件的改善能够提高劳动者的健康状况和工作效率,而劳动者素质的提高能够进一步提高资本的利用效率,这样不仅能够带来生产活动产出的增长,更能够减少生产要素的投入量,提高要素的边际生产率和报酬率。由于能力提升效应的时滞较长,因此必须延长模型的估计时间区间至 2020 年。下一步,本节利用 SAM 扩展分析法(Roberts, 1992)和内外生变量混合投入产出模型(Miller & Blair, 1995),并假设 2015 以后年各产业的劳动力投入系数等比例匀速降低,保持其他假设条件不变,大致估计这种长期能力提升带来的生产和收入效应,见表 3-10。计算出各个产业 2016—2020 年间产出、劳动者报酬、居民总收入、就业、公司收入较 2015 年基期年均增加的百分比。结果显示,随着生产要素(特别是劳动力素质的提高),总产值增长率不仅不会下降,反而会超过基准情景下的平均水平;劳动力回报大幅增长,促使居民收入快速增长;私人企业收入也有所上升,很大程度上归功于劳动生产率和资本使用率的提高;同时,全社会的就业率也能达到大规模扩张。

表 3-10　民生财政情景下的能力提升效应　单位：%

产　业	总产出	劳动者报酬	居民收入	公司收入
农业	2.62	2.37	2.66	0.27
煤炭开采和洗选业	6.18	4.49	5.05	6.22
石油和天然气开采业	10.13	5.12	5.75	6.39
金属矿采业	8.78	5.43	6.10	5.38
非金属矿采业	11.12	5.75	6.46	3.96
食品制造与烟草加工业	12.17	7.39	8.31	4.15
纺织业	7.65	4.11	4.62	2.76
木材加工及家具制造业	8.98	3.84	4.32	2.56
造纸印刷及文教用品制造业	6.78	4.43	4.98	2.49
石油化工	11.68	8.16	9.17	6.10
非金属矿物制品业	12.18	5.62	6.31	4.94
金属冶炼制品业	9.97	7.30	8.20	3.02
机械、电气设备制造维修业	8.80	5.16	5.80	3.75
其他制造业	8.27	6.65	7.47	4.06
电力供应业	8.60	7.97	8.95	5.83
水供应业	7.68	4.61	5.17	4.86
液化气供应业	7.44	4.28	4.81	4.16
建筑业	13.28	7.09	7.97	7.37
运输邮电业	11.65	7.70	8.65	5.42
商业贸易	10.67	7.95	8.93	6.20
餐饮业	8.90	6.29	7.06	4.82
金融及房地产业	12.02	9.10	10.22	6.52
科教文卫及社会服务业	3.83	6.54	7.34	2.89
平均	8.06	5.97	6.92	5.42

五、公共投资与公共消费的居民增收效果比较

一般来说，政府可以通过两种途径提高居民生活水平和福利：第一，发展生产型行业，扩大社会总产出和总财富，进而通过收入分配过程间接提高居民收入。第二，直接以居民部门为目标，为居民提供更多的公共产品，增加其隐性收入和总效用水平。那么，生产性行业和公共服务行业（教、卫、科、文等），哪个对居民收入的影响更大呢？表 3-11 展示了各个行业对收入分配的乘数贡献。最后一列显示，公共服务行业对居民收入的增长效应最强（0.44），因此，制定产业政策时可以考虑优先发展教育、卫生、社会保障和社会福利、公共

管理和社会组织、水利、环境和公共设施管理业等，这样可以提高各阶层居民的平均收入。农林牧渔业对各阶层居民收入的提升总效应也比较高。相反地，第二产业中那些资本深化程度或者现代化程度较高的行业，如石油化工工业、金属制品业及机械制造业，对居民增收的效果却相对较小。

一般生产活动和公共服务对居民增收效果的差别还体现在公平性上，生产性产业活动对居民相对收入的作用是不利于弱势群体的：产业部门对城市居民收入的提升大于农村居民，对企业所有者的影响远远大于普通职员和其他居民（个体、农民工、失业等），而公共服务对不同阶层的影响不仅较为平均，而且普通工作者、失/无业者、农民等弱势群体得到了更多的好处。事实上，生产性产业活动对弱势劳动者收入的波及效应之所以不显著，说明低收入者由于占有的生产要素有限，因此与生产活动的关联度较低，因此很难得到资本深化和产量扩大所带来的好处。生产活动的收入效应主要发生在初次分配过程中，要素禀赋条件好、技术水平高的群体比较容易得到较高的回报。因此公共服务对促进劳动者收入的公平化有着更为重要的意义，政府在决定优先发展行业或者是选择公共投资方向时，各行业对居民收入再分配的影响结构是需要主要考虑的问题。

表 3-11　　产业对居民收入的乘数效应

产　业	企业所有者	正式雇员	个体经营者	农民	其他居民	收入总效应
农业	0.016 0	0.004 2	0.002 7	0.294 8	0.000 6	0.318 3
煤炭开采和洗选业	0.045 1	0.017 4	0.006 6	0.000 1	0.000 2	0.069 4
石油和天然气开采业	0.055 4	0.021 3	0.008 1	0.000 1	−0.000 3	0.085 2
金属矿采业	0.050 8	0.019 6	0.007 4	0.000 1	0.000 3	0.078 2
非金属矿采业	0.086 2	0.033 2	0.012 6	0.000 2	0.000 4	0.132 6
食品制造与烟草加工业	0.133 2	0.051 2	0.019 5	−0.000 4	0.001 4	0.204 9
纺织业	0.147 7	0.056 8	0.021 6	−0.000 4	0.001 5	0.227 3
木材加工及家具制造业	0.136 1	0.052 4	0.019 9	−0.000 4	0.001 4	0.209 4
造纸印刷及文教用品制造业	0.077 8	0.029 9	0.011 4	0.000 2	0.000 4	0.119 7
石油化工	0.029 1	0.011 2	0.004 2	0.000 1	−0.000 1	0.044 7
非金属矿物制品业	0.008 4	0.003 2	0.001 2	0.000 0	0.000 0	0.012 9
金属冶炼制品业	0.034 0	0.013 1	0.005 0	0.000 1	0.000 2	0.052 3
机械、电气设备制造维修业	0.062 2	0.023 9	0.009 1	0.000 2	0.000 3	0.095 7
其他制造业	0.040 5	0.015 6	0.005 9	−0.000 1	0.000 4	0.062 3
电力供应业	0.115 6	0.044 5	0.016 9	0.000 3	0.000 6	0.177 9

续表

产　业	企业所有者	正式雇员	个体经营者	农民	其他居民	收入总效应
水供应业	0.077 4	0.029 8	0.011 3	0.000 2	0.000 4	0.119 1
液化气供应业	0.124 4	0.047 9	0.018 2	0.000 3	0.000 6	0.191 4
建筑业	0.081 9	0.031 5	0.012 0	0.000 2	0.000 4	0.126 0
运输邮电业	0.131 4	0.050 5	0.019 2	0.000 4	0.000 7	0.202 1
商业	0.116 0	0.044 6	0.017 0	0.000 3	0.000 6	0.178 5
餐饮业	0.075 5	0.029 1	0.011 0	0.000 2	0.000 4	0.116 2
金融及房地产业	0.078 4	0.034 3	0.002 3	－0.023 9	－0.010 3	0.104 1
其他服务业	0.062 5	0.024 0	0.009 1	0.000 2	0.000 3	0.096 1
科教文卫及社会服务业	0.055 3	0.103 5	0.073 2	0.095 2	0.114 1	0.441 3

为什么生产活动对居民收入的影响会小于公共服务呢？根据乘数分解方法，表 3－12 各个行业的总收入乘数分解为直接效应、外溢效应、和反馈效应，分解结果显示，生产行业的账户内影响系数 $M1$ 较高，尤其是工业和制造业，账户内乘数几乎占到总乘数的 90％左右，因此当生产部门外生需求增加时，其影响主要被其他相关的生产行业吸收，仅有一小部分能够溢出到其他账户，故而对居民部门的影响微乎其微。公共服务的 $M1$ 几乎为 0，对政府部门自身的波及非常微小，而 $M2$ 最大，主要是通过转移支付链条对其他分配主体产生影响。因此，如果政府的政策目标是提高居民收入水平，盲目增加生产投资、发展产业可能不会产生预期的显著成效，生产部门扩大的成果和好处不会自动流向普通民众，需要通过增加对公共社会服务部门的投入来进行引导和调节。

表 3－12　　　　产业部门对居民的收入乘数分解

产　业	$M1-I$	$(M2-I)M1$	$(M3-I)M2M1$	收入总效应
农业	0.095 5	0.133 7	0.089 1	0.318 3
煤炭开采和洗选业	0.062 5	0.005 0	0.001 9	0.069 4
石油和天然气开采业	0.076 7	0.006 1	0.002 4	0.085 2
金属矿采业	0.070 4	0.005 6	0.002 2	0.078 2
非金属矿采业	0.119 3	0.009 5	0.003 7	0.132 6
食品制造与烟草加工业	0.184 4	0.014 8	0.005 7	0.204 9
纺织业	0.204 6	0.016 4	0.006 4	0.227 3
木材加工及家具制造业	0.188 5	0.015 1	0.005 9	0.209 4

续表

产　业	$M1-I$	$(M2-I)M1$	$(M3-I)M2M1$	收入总效应
造纸印刷及文教用品制造业	0.107 7	0.008 6	0.003 4	0.119 7
石油化工	0.040 2	0.003 2	0.001 3	0.044 7
非金属矿物制品业	0.011 6	0.000 9	0.000 4	0.012 9
金属冶炼制品业	0.047 1	0.003 8	0.001 5	0.052 3
机械、电气设备制造维修业	0.086 1	0.006 9	0.002 7	0.095 7
其他制造业	0.056 0	0.004 5	0.001 7	0.062 3
电力供应业	0.160 1	0.012 8	0.005 0	0.177 9
水供应业	0.107 2	0.008 6	0.003 3	0.119 1
液化气供应业	0.172 3	0.013 8	0.005 4	0.191 4
建筑业	0.088 2	0.027 2	0.010 6	0.126 0
运输邮电业	0.141 5	0.043 7	0.017 0	0.202 1
商业	0.125 0	0.038 6	0.015 0	0.178 5
餐饮业	0.081 3	0.025 1	0.009 8	0.116 2
金融及房地产业	0.072 9	0.022 5	0.008 7	0.104 1
其他服务业	0.067 3	0.020 8	0.008 1	0.096 1
科教文卫及社会服务业	0.000 0	0.379 5	0.061 8	0.441 3

一般来说,政府进行公共投资的目的有两个——促进各项产业的发展和扩大公共服务,最终都是为了增加经济总量,提高居民生活水平。公共投资带来行业的外部需求增加时,将通过乘数作用引起经济系统中各生产活动部门收入的变化,同时也将改变居民通过对生产活动提供劳动和资本要素来参与收入分配的过程。在以上分析的基础上,本节实施一个政策模拟实验。假设政府计划进行 100 万的公共投资,面临选择是:将 100 万元的公共支出投入到农业、机械制造还是基本社会服务?依据乘数分析的思路(Stone, 1985),根据 2010 中国 SAM 乘数分解,表 3 - 13 总结了不同投资方向的产出和收入效应。从表格第一部分可以看出,100 万元的公共资金支出如果全部投入农业部门,通过结构联动作用,将会为城市居民带来 107 万元、为农村居民带来 71 万元的额外收入,这是考虑了所有账户内部直接效应、账户间溢出效应及反馈效应的全部影响。其中,$M2$ 大小为城市 40 万元、农村 28 万元,而 $M3$ 分别为 67 万元和 43 万元。这笔公共投资对要素收入的影响也很明显,其中 $M3$ 的影响最大,它使得资本和土地的收入总和增加了 83 万元。

表 3 - 13 第二部分显示,100 万元的公共投资如果投向机械加工和制造,

那么所产生的收入效应就相对较小——城市居民增收63万元，而农村居民仅仅增收43万元。主要原因是居民的要素收入比之前要低很多。

表3-13第三部分描绘了社会服务支出增加的影响。结果显示，如果将这100万元投入到教育和卫生部门，对居民收入所产生的影响大于投资农业和加工制造业——城市居民的收入增加132万元，农村居民的收入增加83万元。但是，比较三种情景下的总产出效应，不难发现，由于教育卫生部门与其他产业的关联系数为0，因此投向教育卫生部门的公共投资带动的产出增加最为有限(14)，机械加工制造在提高产出方面效果最为明显，农业次之。

表3-13　不同产业公共投资的影响比较

公共投资目标产业	受影响部门	I	$M1-I$	$(M2-I)M1$	$(M3-I)M2M1$	M
农业	非熟练劳动力			10	9	18
	熟练劳动力			21	13	34
	土地、资本收入			31	83	115
	营业盈余			8	12	20
	城市居民			40	67	107
	农村居民			28	43	71
	农业	100			7	108
	总产出	100	22		244	106
机械加工制造	非熟练劳动力			9	7	16
	熟练劳动力			18	10	28
	土地、资本收入			9	50	58
	营业盈余			32	7	40
	城市居民			22	41	63
	农村居民			17	26	43
	机械加工制造	100	3		4	107
	总产出	100	36		148	284
教育卫生	非熟练劳动力			28	18	45
	熟练劳动力			52	13	35
	土地、资本收入			1	101	102
	营业盈余			13	15	28
	城市居民			50	81	132
	农村居民			32	52	84
	教育卫生	100			9	109
	总产出	100	14		196	410

为了研究政府对生产和居民部门的影响，可以通过将作为外生账户的政府部门内生化，进行类似的乘数分析。表 3 - 14 反映了当公共部门活动受到外生冲击或注入时，对各产业和居民组收入的乘数效应。可以看到，政府部门对生产活动部门的波及效应有正有负，但对其总效应是负的(－0. 24)。政府部门收入扩张只对农业、水电燃气供应、邮电运输以及教育文化社会服务等公共事业等部门的相对收入具有促进作用，因为这些是由政府部门主管或者干预的行业。对其他产业部门的相对收入均会产生反向作用，减少较多的部门包括机械、电气设备制造维修业(－0. 16)，石油化学工业(－0. 12)，金融及房地产业(－0. 11)等。对居民来说，政府部门收入增加对各阶层居民组的相对收入都会产生较高的促进作用(0. 45)，并且对农民、其他居民组等弱势群体的影响效果更为显著。

表 3 - 14　　政府部门对产业及居民的收入乘数

生产活动	SAM 乘数	居民收入	SAM 乘数
农业	0. 04	企业所有者	0. 06
煤炭开采和洗选业	－0. 02	正式雇员	0. 12
石油和天然气开采业	－0. 16	个体经营者	0. 14
金属矿采业	－0. 06	农民	0. 04
非金属矿采业	－0. 04	其他居民	0. 09
食品制造与烟草加工业	－0. 03	收入总效应	0. 45
纺织业	－0. 06		
木材加工及家具制造业	－0. 02		
造纸印刷及文教用品制造业	－0. 05		
石油化工	－0. 12		
非金属矿物制品业	－0. 05		
金属冶炼制品业	－0. 12		
机械、电气设备制造维修业	－0. 16		
其他制造业	0. 04		
电力供应业	0. 05		
水供应业	0. 08		
液化气供应业	0. 07		
建筑业	－0. 07		
运输邮电业	0. 20		
商业	－0. 06		
餐饮业	－0. 03		
金融及房地产业	－0. 11		

续表

生产活动	SAM 乘数	居民收入	SAM 乘数
其他服务业	0.10		
科教文卫及社会服务业	0.34		
生产总效用	−0.24		

本章小结

本章以 2010 年中国 SAM 为基础，研究了国民经济总产值的构成以及国民收入的分配格局，以及公共支出结构改变对两者产生的影响。通过计算劳动力和资本对各个产业增加值的贡献率，研究发现，中国的粮食部门、建筑业和大多数制造业部门以及公共服务部门明显呈现高度的劳动密集性；通过计算各个产业对各类生产要素的回报率，发现劳动力报酬普遍偏低，即使在以上劳动密集型行业。这说明劳动力生产要素的投入和回报存在结构性的不对称，而生产要素之间的收益差异是造成居民收入占国民总收入份额偏低的直接原因。同时，不同部门之间显著的要素使用和分配差异也提醒政府，公共政策作用于不同的产业将会产生截然不同的产出和收入效应。

在政策效应模拟方面，本章建立了公共支出结构不变和民生财政两种情景，分别估算了各产业的产出、居民收入、就业的变动率。结果发现，短期内，大量投入资源用于基本公共服务能够明显提高绝对收入以及在国民财富中所占的份额，相应的代价却是损失一部分行业的经济增长。这说明改善民生和提高产值在短期内存在着一定的冲突，因此政府政策究竟选择哪个目标，需要进行权衡。但是在中长期内，由于公共产品供给的扩大能够改善生产要素的质量和利用效率，所以不仅能够弥补之前牺牲的增长，更能够实现居民生活水平提高的双赢。在政策实践上，如果政府将公共资源和税收收入通过教育和培训的途径投资于人力资本，可以改变国家与居民部门之间的要素禀赋结构和比较优势，进而改变两部门间的要素收入格局，改善居民收入份额不断下降的状况。

随后，本章采用社会核算矩阵(SAM)收入分配乘数及其分解方法，对中国 2007 年细分 SAM 进行了分析，而研究的主要对象则是政府部门及公共资本与居民收入的关系。分析结果表明，政府部门收入的增加和资本的积聚不仅不会生成居民福利，而且会减少居民和企业的收入，因为公共资本中仅有一小部分通过转移支付形式流向个人分配主体；而另一方面，公共资本支出的减少则会对个人收入产生明显的负面影响，迫使资本从居民和企业回流入政府，严重地损害了个人的利益。

通过 SAM 乘数分析以及乘数分解，我们发现，公共服务较之一般生产行业，对居民增收的贡献更为显著，且效果更为平均，而非像产业部门对于不同收入的居民具有不同的影响效果，因此有助于收入差距的缩小。但是需要注意的是，相同强度的外生注入，公共服务拉动经济总量增长的能力远远小于工业制造业甚至是农业，因此，政府在短期公共政策制定上，面临着是选择经济增长还是居民增收的利益权衡。政府部门的公共资本注入，也对提高居民收入有正面影响，同时对高收入组的促进作用要高于对低收入组的促进作用。

在私人产品的生产和配置领域，市场机制已经完美地证明了其在充分调动和利用稀缺资源、提高社会经济效率以及增加社会财富等方面无可比拟的优势；然而，当财富总量不断扩大的同时，市场竞争也淘汰或遗留下大批的失败者，如弱势、老年、疾病、残障等群体。当这些群体无法通过自身的努力实现生活条件的改善时，市场机制对他们就是无效的；因此，才需要从经济事务中解放出来的政府，通过有效地生产和提供公共产品与服务，让这部分人同样能够"生活得更加幸福更有尊严"。但是，由于缺少完善的社会主义公共经济制度，基础教育、就业、医疗、社保等基本公共品的生产和配给的机制还不完善，并没有做到公平与效率的统一，发挥作为保障和改善民生的安全网的作用。在过去的很长一段时间，中国由于过分专注于市场效率的提高和经济的增长，忽视了公共产品保障机制的完善，而现在，是该正视及解决这一问题的时候了。

需要承认的是，文中所涉及的公共支出或公共政策还很概括和抽象，在下一步的研究中，可以进一步将其细化，具体分析各类公共服务的收入效应，例如可以进行如下情景分析：

① 如果政府增加公共服务和福利支出，劳动要素收入是否会增加，劳动密集型产业和技术密集型产业是否会受到不同的影响？由于企业和劳动者收入变化，政府的收入也会相应地增加或减少，这直接决定了政府的财政收支状况，或者说，政府推行福利政策的财政基础。

② 教育在公共服务中具有特殊性：政府应该更重视基础教育还是应该重视职业技术培训？职业教育可以直接转化成就业和产出，进而扩大政府财政

收入；而基础教育在短期内没有成效，反而加重公共政策的成本，因此，需要对两种教育投入分别进行分析。

③ 根据当前老龄化的速率假定老年人口的绝对增加数量，这一假设将会改变对某些产品和服务（包括公共服务）的最终需求量。这将会对居民收入、政府收入产生怎样的影响？

④ 也可以构建公共产品供给主体多元化以及配给改革的情景，例如：除公共部门以外，鼓励私人企业更多地提供公共服务；实行差别化的公共服务获取资格，使得非排他性的公共产品由高收入向低收入人群倾斜；减少提前退休，延迟退休年龄；等等。

第四章　公共支出导向与经济增长及收入分配：基于动态 CGE 的情景仿真模拟

根据导向或侧重点的不同，政府支出政策大体可以分为偏重经济建设型和偏重社会民生服务型，随着中国政府从“生产者”和“管理者”逐步转变成社会的“服务者”，财政支出是否也应当从“以生产投资为中心”走向“以公共服务为中心”呢？面对这一颇具规范性色彩的问题，本章并无意确切地给出“应该”或“不应该”的答案，只是希望通过政策模拟，量化性地展示不同导向的公共支出战略对经济增长和人民收入的作用效果，为财政政策选择提供实证性的依据。

虽然经济增长是人民生活和社会福利改善的基础，而后者是增长的根本落脚点，但至少在短期内这两大目标并非完全一致甚至互相冲突。当政府将大量公共资金用于投资国有企业和生产建设时，必将使得公共服务和社会保障相对滞后，迫使居民自己承担教育、医疗、养老的负担，不仅降低其可支配收入水平，而且可能加剧贫富分化；当财政支出流向民生攸关的公共产品和服务供给，又可能挤占经济建设投资、暂时牺牲资本深化与经济增长。因此，公共支出政策的选择，存在着一定的取舍；而全方位地理清各类政策的影响和效果，是正确决策首当其冲的任务。

本章将民生作为“有质量的经济增长”的主要内容，利用动态多部门 CGE 政策实验模拟不同导向或侧重的公共支出战略对收入、公平、福利、就业等增长质量指标的影响。实验结果显示，公共消费导向的政策虽在短期内能扩大国内需求、推动产业转型，但增长效应不明显；但随着全要素生产率的提高，在提升 GDP、改善居民福利和收入差距上的效果均好于偏重投资的公共支出政策。但是，不能在扩张教育医疗等公共服务的同时削减投资，否则反将导致高素质劳动力收入和就业状况恶化。政府投资和消费需要资金，延迟退休是削减公共支出的可能途径，并能降低社保缴费和综合税收负担及失业率，然而其福利效应在不同世代间分配并不平均。

第一节　公共支出导向影响增长及分配的文献综述

经济建设支出又称公共投资，主要用于公共基础设施和城市建设、支援农业、国有企业和金融机构补贴等，一度在中国改革开放之后30年间占据财政总支出的60%之多，并被认为是国家资本积累和深化的重要源泉（王小鲁等，2009），以及1978年以来经济持续高速增长的动力之一（魏杰，2012；栾大鹏、欧阳日辉，2012）。尽管取得了增长上的突出成效，这种在特定历史阶段下形成的投资型公共支出战略还是在当代受到了质疑甚至诟病，主要原因是在总量财富迅速增长的同时，未能实现居民收入和公平的同步提升——居民占国民收入的份额从90年代初的69%直线下降到当前的53%，经济的绝对增长反倒伴随着劳动者的相对收入降低；再加上城乡、地区、个人之间的贫富差距久未缩小，于是对“民生财政”的呼声越来越强烈。

民生财政，顾名思义，要求财政支出重点投入教育、医疗卫生、社保和就业等公共消费，并通过对居民转移支付保证弱势群体能够平等地享有增长成果，也就是服务导向型公共支出政策。这种支出战略符合“以人为本”的主旨，将群众福利水平的普遍提高和不平等的改善作为根本目的，特别重视健全公共服务、提高教育医疗水平等与人的全面发展密切相关的议题。目前中国民生支出占比仅为29.5%，与主要发达国家60%以上的比重存在较大的差距（罗志红、朱青，2013）。那么，如果扩张公共消费和转移支付相关支出，能否从根本上解决贫困和收入分配不均？是否会对经济的持续增长造成阻碍？尽管公共服务类支出对居民消费的促进作用得到了不少实证研究的证明（宫晓霞，2011；汤跃跃、张毓雄，2012；张荣霞等，2013），但其对收入和分配以及经济增长的影响并不清晰。

针对公共支出的方向选择问题，Anand和Ravallion（1993）曾经指出，政府应当优先投资于公共服务领域，其中基础教育和医疗卫生都是最有可能提高人类发展水平的领域；同时公共支出也应优先照顾贫困地区和低收入群体，这样可以获得最大的社会边际效用。Barro（2002）尽管同意公共支出应该考虑政治、宗教信仰、犯罪行为、贫富差距等社会因素，但由于这些领域难以度量和把握，因而退一步讲，坚持最大化经济增长的公共投资战略仍是现实中政府的最优选择。Tavneet 等(2011)研究了经济增长与民生发展之间的两种作用机制,认为在拉美、中东、东亚、南亚、非洲等发展中地区,民生发展是公共支出的首要目标,因为它有助于促使经济增长步入可持续模式。亚洲开发银行(ADB)在其《包容性增长指标框架》(2011)中提出,健全的公共支出目标体系需要包容以下方面:贫困与不平等、经济增长与就业、关键基础设施禀赋、享受教育和医疗、享用基础设施及其服务、性别平等和机遇,尤其强调通过改善健康、教育和基础设施方面的基本服务,帮助生活福利条件比较差的人群参与经济活动,分享经济增长成果。在中国,经济转型 30 年间经济迅速扩张大多体现在总体增长数量的层面上,居民福利水平虽在稳步提升但速度较慢,而增长成果的分配状况却不断恶化(钞小静、任保平,2011)。因而政策制定者在“增长”和“民生”导向的公共支出间的抉择更加重要而迫切。郭晗(2011)认为,在经历了经济快速增长期之后,政府财政政策应当加大支出中基本公共服务比重、提高基本公共服务及其均等化水平,才能缩小区域差距和城乡差距来提高社会福利总水平。董万好等(2011)的 CGE 模拟结果表明,保持当前的公共支出结构将降低劳动报酬占比,而增大科技等财政民生支出比重对国民经济各产业部门劳动报酬的正向影响较为显著。魏婕(2012)分析了各省、市、自治区经济增长和居民福利水平及分配状况,中国各地区增长数量与福利改善不一致现象十分明显,因此各省、市、自治区在公共支出重点的选择上也应有所差异。刘沁清(2012)也指出,需要根据各地区需求结构和比较优势的不同,适当地选择加大民生支出还是建设投资。李剑、李忠民(2013)考察了 2007—2011 年中国 30 个省(市、自治区)医疗卫生、教育、交通运输、环境保护、社会保障与就业这六种民生支出对经济发展的空间影响作用,发现这种影响呈现空间聚集性,对本地经济起促进作用,但对外地经济(相邻区域)具有负的空间溢出效应。

选择投资还是服务导向的公共支出政策,既要看其是否利于经济增长,更要考察其能否高效地为人民群众创造收入和福利效用提高的机会,改善不平等的收入分配状态。所以本章在包含多种公共产品的多部门 CGE 框架下,分别模拟经济建设和社会服务侧重型的公共支出政策,探析不同支出策略对居民的收入、福利(效用)、公平以及经济增长等指标的影响,为公共财政政策导向的选择和确立提供理论依据。

第二节 包含多种公共产品的动态 CGE 模型结构

之所以选择 CGE，因为相比于计量回归方法对经济总量指标的强调，它更关注经济系统各个因子间的结构性关联与互动，不会桎梏于因果关系的方向性，并且情景分析更加灵活，便于模拟政府行为及政策变动所带来的经济、社会影响。模型包括 9 个生产部门——农业、矿产、教育、医疗、国防、制造业、建筑业、贸易和运输、私人服务业，6 个居民部门——城市和乡村的高、中、低收入群体，3 类劳动力要素——低学历（小学及以下教育）、中等学历（初高中教育）和高学历（大学以上教育）劳动者。综合 Robinson，Yu'nez-Naude，Hinojosa-Ojeda，Lewis 和 Devarajan（1999），Roberts 和 Zolkiewski（1995）的模型，本章遵循标准多部门 CGE 建模技术。

产品及要素使用方程：

$$y_i = \alpha_i[\gamma_i LABOR^{-\rho_i} + (1-\gamma_i)KAPITAL^{-\rho_i}]^{1/\rho_i}$$ i 部门最终产品产量

$$x_i = Ay_i + y_i$$ i 部门总产量

$$DLABOR_k = \eta\prod_{k=1}^{3} LD_{ki}$$ k 技术水平劳动力需求量

$$w_{ik} = P_i \cdot \frac{\partial x_i}{\partial LABOR_i}$$ k 技术水平劳动力的边际收入产品

$$SLABOR_k = \overline{SLABOR_k}$$ k 技术水平劳动力供给

$$r_i = P_i \cdot \frac{\partial x_i}{\partial KAPITAL_i}$$ 资本需求量

$$SKAPITAL = \overline{SKAPITAL}$$ 资本供给量

价格方程：

$$p_i^v = p_i^x(1-t_i^x) - \sum_j p_j A$$ i 部门产品增价值价格

$$PK_i = \sum_j p_j c_{ji}$$ 资本品价格

$$PRICEindex = \frac{GDPvalue}{RGDP}$$ 价格指数

收入方程：

$LABORincome_k = \sum_i w_k \cdot LD_{ki}$　　k 技术水平的劳动报酬

$KAPITALincome = \sum_i r \cdot aKD_i$　　资本收益

$HOUSEHOLDincome_h = \sum_k \delta_{hk} \cdot LABORincome_k + \delta_h^c \cdot KAPITALincome + SSF_h \cdot PRICEindex + GOVaid_h \cdot PRICEindex$　　h 组居民的可支配收入

$GOVincome = prop_G \cdot KAPITALincome + DItax + INtax$　　政府收入

$CORPincome = prop_C \cdot KAPITALincome$　　企业收入

$Hsavings = \sum_h MPS_h \cdot HOUSEHOLDincome_p \cdot (1 - t_h)$　　居民储蓄

$COPRsavings = \sum_i (1 - t_i^x) \cdot CORPincome$　　企业储蓄

$GOVsavings = GOVincome - \sum_i p_i GOVconsumption - \sum_h GOVaid_h \cdot PRICEindex - GOVtransfer \cdot PRICEindex$　　政府储蓄

$SSF = \sum_k t_h \cdot LABORincome_k + GOVtransfer \cdot PRICEindex$　　社保基金构成

支出方程：

$P_i \cdot HCONS_i = \sum_h patt_h \cdot HOUSEHOLDincome_h (1 - MPS_h) \cdot (1 - t_h)$　　h 组居民的消费

$GCONS_i = patt_g \cdot GCONStotal$　　政府消费

$INVENTROY_i = inv_i \cdot x_i$　　i 部门存货变动

$Finvest_i = INVEST_i - inv_i \cdot x_i$　　固定资产投资

$VA = \sum_i p_i^v x_i + INtax$　　总增加值

$RGDP = \sum_i (HCONS_i + GCONS_i + INVENTROY)$　　实际 GDP

由于本章关注的重点是公共支出，在一般 CGE 模型的基础上还将引入 4 类重要的民生的公共产品，包括养老保险、医疗保险、失业保险、公共教育。作为与普通居民的生活最为息息相关的公共服务，这 4 类产品的供给和配置直接影响了居民的可支配收入和消费—储蓄决策，进而对经济增长方式也有着深刻的意义。

1. 公共养老金体系

年龄为 i 的公民在第 s 年获得的养老金数额为：

$$b_t^P = \pi_t \frac{1}{R} \sum_{t=1}^{R-1} w_t^{n,i} (h - l_{t-1}^{i-1})$$

预算约束为：

$$\sum_{i=1}^{R} b_t^P N_t^i + G_t^P = \sum_{i=1}^{R-1} \tau_t^P w_t^i (h - l_t^i) N_t^i + X_t^p + Z_t^p$$

π 为替代率，R 为退休年份。

2. 医疗保险体系

假设所有员工雇员都以收入的一定比例 τ_s^H 上交医疗保险金，并享受数量为 c^H 的医疗卫生服务，则医疗保险的预算约束为：

$$\sum_{i=1} c^H N_t^i = \sum_{i=1}^{M-1} \tau_t^H w_t^i (h - l_t^i) N_t^i + P_t^H + X_t^H$$

3. 失业保险体系

$$b_t^{U,i} = u_t^i \pi_t w_t^{n,i} (h - l_{t-1}^{i-1})$$

预算约束为：

$$\sum_{i=1}^{R-1} b_t^U N_t^i + X_t^p + X_t^H = \sum_{i=1}^{R-1} \tau_t^E w_t^i (h - l_t^i) N_t^i + Z_t^U$$

4. 公共教育

如果公民计划进一步接受教育，其一生的期望收入为 IE_t，反之，如果不计划继续接受教育，期望收入为 IN_t：

$$I_t^E = R_t^i \sum_{t=1}^{T} W_{t-1}^m (1 + g_{t-1})(1 - \tau) \left(\frac{1 + g_{t-1}}{1 + r_{t-1}}\right)^t$$

$$I_t^N = W_{t-1}^l (1 + g_{t-1})(1 - \tau) + \sum_{t=1}^{T} W_{t-1}^m (1 + g_{t-1})(1 - \tau) \left(\frac{1 + g_{t-1}}{1 + r_{t-1}}\right)^t$$

其中，R 是代表教育设施可获得性的指数，W_l 是教育水品为 l 的劳动者以往的工资率，W_m 是劳动者通过继续受教育所得到的更高的工资率，τ 仍旧是所得税税率，T 是总工作年份。如果 $IE_t > IN_t$，劳动者将继续接受教育，其数学形式为：

$$R_t^i \geqslant \left(\frac{W_{t-1}^l}{W_{t-1}^m}\right)\left[\frac{(r_{t-1}-g_{t-1})+(1+g_{t-1})[1-((1+g_{t-1})/(1+r_{t-1}))^T]}{(1+g_{t-1})[1-((1+g_{t-1})/(1+r_{t-1}))^T]}\right]$$

居民 i 对教育设施的获得性指数服从以下分布，GE 是公共教育支出：

$$R_t^i = \chi_i + \phi GE_t$$

在一个税收总量为 T，资本回报率大于经济增长率的国家，受教育的劳动力供给量为：

$$LS_t = \varepsilon_1 GE_t + \varepsilon_2\left(\frac{W_{t-1}^m}{W_{t-1}^l}\right)\left(\frac{1+g_{t-1}}{1+r_{t-1}}\right)$$

第三节　不同导向公共支出政策实验情景的建立

政策实验 1 构建了一个宽松的预算约束情景：假设政府可支配的财政收入增加 25%。增加的资金可能来自国家当前倡导的“厉行节约，反对浪费”政策，通过严厉制止公款浪费，为政府进行有效地公共支出提供了额外资源；也可能来自加强税收征管、提高征税技术、打击逃税避税。因此，政府预算收入在随经济常态化增长的基础上，出现了额外的资金。那么，这笔资金的合理支出方式是什么？

本章考察 4 类主要的支出战略。①完全进行生产性公共投资（PUBINV），加大基础设施建设，支持国有企业发展，扩大公共资本的积累；②完全投入公共消费（PUBCON），例如投入医疗卫生、教育文化等当前性公共服务支出；③通过外包、投资信用等手段转移到私人企业用于私人投资（PRIVINV）；④完全作为转移支付以改善低收入居民的生活状况（TRANS），增加私人消费和储蓄。作为以上实验情景的比较标准，基准情景（BASE）假设在使用增加的预算收入时，政府沿用当前的支出结构配比：公共投资－44%，公共消费－31%，转移支付－15%。

政策实验 2 放弃预算约束宽松的假定，而是在遵循常态化财政收入增长的前提下，假设政府用于医疗和教育这两大关键民生公共品的投入提高 15%，同时生产性公共投资降低 15%。这一情景的设定从表面上看来，符合当前政府努力弱化 GDP 数量目标、而把人民生活放在首位的政策导向，那么这种牺牲当前增长的做法能否如愿换来改善民生的预期效果呢？

政策实验 3 是前两个实验的后续，无论是公共消费还是投资，其扩张都需要充足的资金来源。“遏制浪费，提倡节约”固然可行，但更需要从体制上为政府寻求可持续的压缩开支渠道，而降低养老金支付规模正是可能的选择之一。因此实验 3 模拟当下备受争议的养老保险改革方向——延迟退休：假设男性劳动者领取养老金的年龄提高到 65，而女性则推迟到 63；为了鼓励劳动者接受这种改革，将未达规定年龄标准退休的劳动者每月养老金领取额降低 0.5%。如今中国养老保险基金亏空严重，承担兜底义务的政府也面临沉重的社保负担，因此，政府期望通过实施这一政策来削减社保乃至总体公共支出，这也是公共支出政策可能的改革方向之一，但是否具有合理性，模型预测的宏观经济影响和社会福利效应将给予一定的解答。

图 4－1 展示了政策实验 1 的分析过程：扩张公共支出带来的最直接影响在于需求拉动——政府既可以自己购买消费品和投资品，又能够转移给私人企业和居民进行消费或投资，其变动直接影响经济系统的最终需求，进而波及产出、增加值以及各类要素的收入。这些影响能够在公共支出变动后的短时间内显现出来，因此称为即时效应（Immediate effect）。本章首先通过变动模型中的资本要素投入量，计算需求驱动的即时效应，其对部门产出均衡稳态值的影响见表 4－1 上半部分。

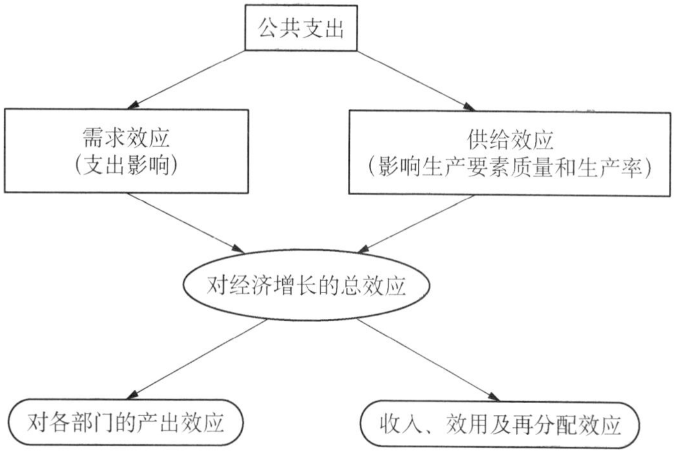

图 4－1　模型分析思路

然而由于时滞因素，公共投资对经济增长的作用更多地表现在未来，本章将这种影响称作能力提升效应（Capacity-adjustment effects），属于非即时影响，通过提高生产要素的数量和质量，能够使经济活动摆脱现有的能力限制与条件约束，开拓生产进一步提升的空间和潜能，属于供给方面的效应（Psaltopoulos, et al., 2000）。因而除了分析各类公共支出的即时影响，更重要的是考虑其在未来长期内带来的资源容量扩大和生产要素质量提升。尤其是用于教育、培训、医疗、文化事业的公共支出，尽管在短期内不会直接增加产出，但是通过几年甚至更长时间来提高劳动力质量、改进劳动生产率，无疑会对增长产生强有力的推动作用。这种供给方面的影响主要通过公共投资对各产业部门全要素生产率的改善而实现，因此本章从现有的实证研究中取得中国 TFP 的投资弹性，以此为依据对生产函数的技术参数进行调整，重新运行模型，得到包括供给效应在内的产出变动（见表 4－1 下半部分）。政策实验 2 的分析思路与实验 1 类似，由于篇幅限制，便不再分别考虑需求和供给影响。政策实验 3 对部门产出和经济增长的影响较小，因此将主要集中于税收负担率、社保缴费率及居民效用的变动。下一节将在产出影响的基础上，详细考察公共支出的收入和分配效应。

表 4－1　各公共支出政策下各部门的产值　单位：亿元

	基准情景	公共投资	公共消费	私人投资	转移支付
仅需求效应					
农业	51 140.26	54 347.97	51 342.20	51 041.23	51 291.71
矿产	29 024.72	31 159.71	28 939.52	29 166.72	28 996.32
教育	14 972.31	14 514.44	15 378.12	14 914.50	17 145.73
医疗	7 046.21	7 579.06	8 964.52	7 011.74	8 135.84
公共管理与服务	33 281.53	34 716.70	37 446.86	32 900.08	34 345.11
制造业	183 728.02	185 544.38	181 983.21	185 043.15	184 774.90
建筑业	35 788.78	37 558.38	36 462.97	37 570.30	35 822.32
贸易和运输	86 306.62	86 690.93	86 550.19	87 605.68	86 469.00
其他私人服务业	88 111.84	88 456.03	87 365.13	90 771.20	88 194.81
净出口	15 667.29	15 893.42	15 444.30	15 901.58	15 414.80
GDP	551 067.58	556 461.00	549 877.02	552 926.18	550 590.54
GDP 增长率	6.19	7.23	5.96	6.55	6.10
包括供给效应					
农业	54 098.05	54 506.62	54 976.77	53 819.45	54 622.11
矿产	30 433.03	30 662.87	30 927.36	30 276.30	30 727.84
教育	15 486.64	15 603.60	15 738.19	15 406.88	15 636.66
医疗	7 388.10	7 443.90	7 508.11	7 350.06	7 459.67

续表

	基准情景	公共投资	公共消费	私人投资	转移支付
公共管理与服务	34 063.15	34 320.40	34 616.44	33 887.73	34 393.13
制造业	186 971.38	188 383.45	190 008.36	186 008.51	188 782.63
建筑业	35 942.69	36 214.14	36 526.51	35 757.59	36 290.88
贸易和运输	87 003.95	87 661.03	88 417.16	86 555.89	87 846.78
其他私人服务业	88 907.39	89 578.85	90 351.52	88 449.53	89 768.67
净出口	15 807.00	15 926.38	16 063.76	15 725.60	15 960.13
GDP	556 101.40	560 301.23	575 134.16	553 237.55	568 488.50
GDP 增长率	7.16	7.97	8.90	6.61	8.20

第四节　公共支出导向的增长及分配效果差异：模拟结果

一、生产建设型公共支出与民生服务型公共支出

图4-2描绘的需求驱动效应仅指政府支出扩张通过直接增加国内需求进而对各行业和部门的影响，这时需要假设生产要素供给不变。从部门角度看，公共投资情景(PUBINV)几乎对除了公共服务以外的各个行业的产出都发挥了明显的带动作用，尤其是建筑业、制造业和贸易与运输，其中建筑业相对提升最大，比基期增长路径提高了26.08%；制造业部门次之，相对于基期路径上升18.3%。私人投资情景(PRIVINV)除了抑制农业和公共服务，基本上提高了其他各产业的产出水平。在公共消费情景(PUBCON)下，受到显著积极影响的仅仅有公共服务(包括教育、医疗、公共管理)，总产值年均增长率提高0.85%，相对于基准情景增长了37.83%；建筑业也有小幅度上升(3.01%)。同时，制造业和农产品部门在所有情景下均有所下降，因为政府购买的对象主要是不可交易产品(如社会服务、住房等)，进而降低了可交易产品的相对价格，实质上诱导生产资源从加工、制造和出口部门向服务业部门的再分配，这对于推动产业结构的转型具有一定的意义。在转移支付情景下(TRANS)，由于增加的公共转移大多数将指向低收入群体，而这部分居民对食品、衣物、日用品、电器等生活必需品需求尤为强烈，需求的增加导致以上商品价格的提升，必然吸引厂商重新分配有限的生产能力、削减出口以更多的服

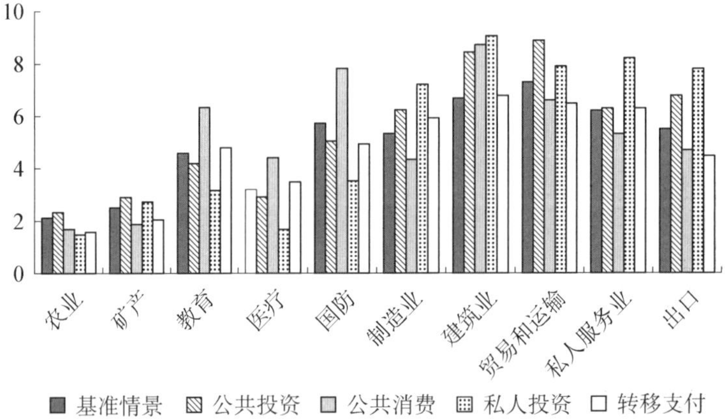

图 4－2　不同公共支出政策下的行业产出变动(仅考虑需求效应)

务国内市场。

相较于需求影响,公共支出的供给驱动效应对国家经济的影响更加深远和持久,并有足够的潜力抵消出口减少对 GDP 的负面作用。从要素供给角度来看,公共投资情景(PUBINV)促进社会资本积累和基础设施供给,私人投资情景(PRIVINV)直接将资源转移给企业以增强其投资能力,公共消费情景(PUBCON)通过医疗和教育改善劳动力质量、赋予居民积极参与市场的机会,转移支付情景(TRANS)直接实现中低收入群体可支配收入的增加。图 4－3 表明,无论采取何种方式,公共支出增长都能通过刺激全要素生产率(TFP)进而提高 GDP。其中,最强的实际 GDP 增长效应出现在 PUBCON 情景,根据实证估计,TFP 对教育和医疗支出的弹性高于其他部门(见表 4－2),随着政府此类支出的相对增长,所有生产部门平均 TFP 在 2015 年以前年均增长率比基准路径提高 0.59%。从宏观经济效应来看,PUBCON 情景下绝大多数总量指标的增长表现都要好于基准情景(图 4－4):GDP 增长路径几乎抬升了 22.96%。总需求相对于基期路径上扬了 20.7 个百分点;其中投资和私人消费比基准情景分别上涨了 9.55%和 20.42%。因此,从长期来看,公共消费战略(PUBCO)通过提升 TFP 形成了最显著的 GDP 增长效应。由于 TFP 对公共投资的弹性低于对教育弹性,PUBINV 情景下的增长效应屈居第二,但与 PUBCON 情景相比,此时出口部门的扩张要大于进口部门。

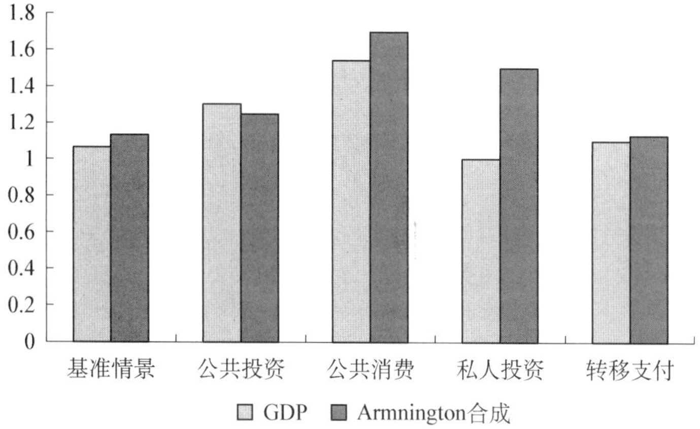

图 4－3　公共支出对产出的影响(包含生产率效应)

注：图表数值代表相对于不存在 25%额外公共支出时总量指标的增长幅度。

表 4－2　TFP 对各部门的弹性

政府支出类别	TFP 弹性估计值	弹性估计值标准误
农业	0.032	0.024
矿产	0.041	0.044
教育	0.411	0.034
医疗	0.215	0.034
国防	－0.182	0.034
制造业	0.161	0.032
建筑业	0.027	0.032
贸易和运输	0.021	0.021
私人服务业	0.177	0.032

资料来源：Zheng 等(2011)，Shiu 和 Heshmati(2012)，Ozyurt(2013)。

各类生产要素的收入都有所增长，资本收益最大——非农资本收入增长了 70.62%，而农业资本收入也提高了 60.46%；劳动力收入增长相对较小——农业和非农业劳动力收入分别比基期提高了 40%和 48.56%。生产要素收入结构的变化无疑将提高对非农资本的需求、进而提高资本租金率。

判断公共支出方式的有效性还需要考量合适的福利指标。收入的 Hicks 等价变动(equivalent change)是被 CGE 应用研究广泛采用的度量，但它并不包括公共消费对私人福利的直接影响，因此，本章还计算了私人和公共消费之和的变动率，作为扩展的福利指标。图 4－5 模拟结果显示，在所有情景下，公

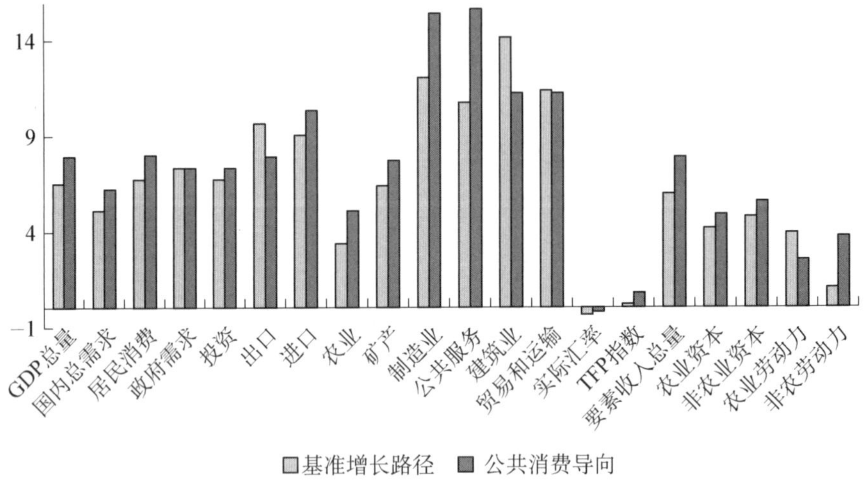

图 4-4　沿用当前支出结构和侧重公共消费的支出政策的效应比较

共支出的增长均提高了 Hicks 等价，而福利效应的强弱仍取决于公共资金的用途。当额外的公共支出完全投入公共消费，衡量个人福利的 Hicks 等价受到负面影响；转移支付和同步增长的支出结构对 Hicks 等价提升最大，因为这两种情景分别将 24%和 100%的额外公共资源用于改善个人福利。与此相反，扩展的福利指标几乎在除了完全用于私人投资意外的各个情景都增长显著，尤其是 PUBCON 和 TRANS 情景。

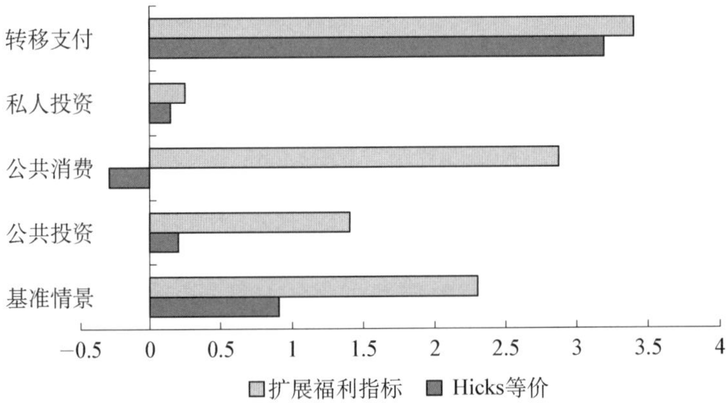

图 4-5　不同公共支出方式下福利指标的变动率

再看不同类型居民之间的收入差异。在消费主导(NAIV，PUBCONS 和 TRANS)的情景中，收入分配效应更有利于占人口比重 57%的被雇佣劳动者，最不利于个体经营者（22%）和企业主（1%）；而投资主导（PUBINV and PRIVINV）情境的再分配效应则恰恰相反。图 4－6 进一步描述了收入差距的 3 种指标——最高和最低收入群体收入之比、城镇贫困线上下居民人数之比以及城乡居民收入之比。转移支付情景（TRANS）最大程度地缩小了贫富两极化和城乡差距；公共消费（PUBCON）效果次之，原因可能在于城市居民比农村居民更有机会政府资金支持的学校、医院等公共服务；而投资导向的公共支出政策虽然保持了出口并促进了增长却几乎没有改善收入差异。然而遗憾的是，几乎所有情景都未能显著减少贫困线以下人口规模。

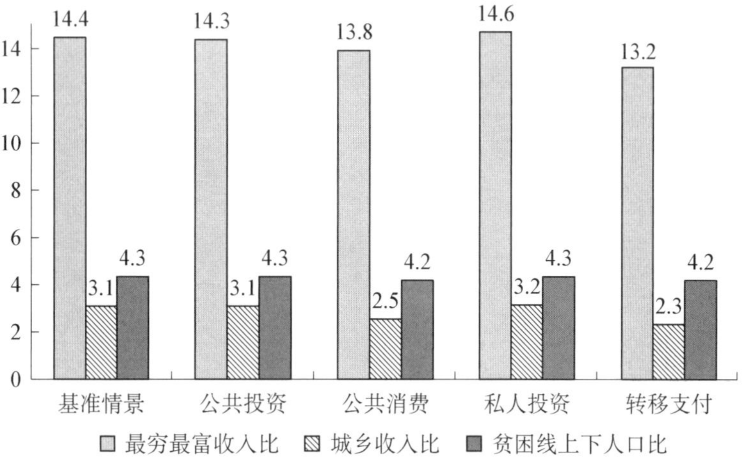

图 4－6　公共支出方式对收入差距的影响

注：贫困线适用联合国当前标准，即每人每天生活费为 1.25 美元。

通过模拟公共支出对生产、福利、分配的影响，本章揭示了一个深刻的政策矛盾：投资导向的公共支出战略能够通过投资效应即刻促进经济增长，同时却无法改善低收入群体的经济状况；侧重于消费和转移支付的公共支出战略能够缩小居民内部收入差距，并通过提高 TFP 产生持久的增长效应，但这种供给方面的效应却有相当长的滞后期。因此，发展中国家的政策制定者必须在短期和长期目标中做出选择，在投资导向、促进增长的公共支出政策和消费导向、降低贫困的政策之间进行权衡。

二、教育优先型公共支出政策

政策实验 1 假设政府在获得额外的财政收入前提下，将更多的资金投入教育和医疗等公共消费项目将会产生持久的增长和公平效应。那么，在预算约束不变是，能否将教育作为最优先发展部门，从其他部门抽调资金支持教育呢？政策实验2假设公共教育支出增长15%，而其他支出类型总和降低15%，并通过模型预测劳动力供给、回报率及收入所受的影响。假设总劳动力增长率与预测区间平均人口增长率2.5%相同，那么受教育劳动者的供给量根据模型求得，未受教育劳动者则由模型余值决定。

表4-3　　教育优先的公共支出政策的经济影响

	基准情景	教育扩张情景		基准情景	教育扩张情景
劳动供给增长率			GDP增长率	6.4	6.7
低(无)学历	2.5	1.7	储蓄和投资(%GDP)	29.9	30.5
中等学历	2.5	2.7	工资收入增长率	8.3	7.7
高等学历	2.5	2.9	资本收入增长率	1.4	1.9
			居民收入增长率		
工资率增长率			城镇贫困	4.2	3.3
低(无)学历	3.1	6.2	城镇非贫困	8.3	8.7
中等学历	4.6	4.3	乡村贫困	4.2	4.4
高等学历	4.7	4	乡村非贫困	6.1	6.5

表4-3模拟结果显示，受教育劳动者供给的增长率比基准情景提高了0.3—0.4个百分点，而未受教育劳动者的增长率则比基期值有所下降。与此相对应的是，中高学历者工资率的增长速度放慢，因为这两类劳动者供给相对富余，而低学历者由于变得稀缺而回报率增加。低学历劳动者工资增长率显著提高，不难预见在未来，剩余的非熟练劳动者(当前可能处于失业状态)将重返就业市场，这种流动直到工资率将至预期最低水平(基准情景工资率)才会停止。令人吃惊的是，教育投入的增长出乎意料地使得整个经济的平均工资增长率有所下降，可能的解释是：公共投资的绝对下降加上私人投资的不足导致社会资本积累不够，熟练劳动者数量的增加并未伴随充足的资本积累增长，从而限制了劳动生产率及工资水平的提高。这一点恰好应对了现实中高校毕业生逐年增长，但是却由于政府和企业部门能够提供的就业机会有限，导致高学历人才大量富余和闲置，进而压低了高学历劳动者的工资率。相较于高学历劳动者，中等学历劳动者的收入下降更大，因为低学历劳动者对他们的替代性远远大于对高学历劳动者。

积极的方面是，公共教育支出增长带动GDP增长率提高0.3个百分点，储蓄投资率也增长 0.6%。随着中高级教育背景劳动者的增长，资本变得相对稀缺，资本回报率自然在增速上快于劳动回报率，资本收入的增长幅度大于工资水平，成为推动私人投资的激励因素。土地作为资本的一部分，农村居民拥有土地并获得土地租金收入，进而在某种程度提高自身在城乡收入比的地位，虽然幅度并不算大。然而，不容忽视的是城镇贫困乃至中等居民的收入增长降低，原因在于这一群体主要是没有资本收入的中高等教育水平劳动者。正如前文所述，此类型劳动力在公共教育投资扩张后变得相对富足，同时有面临大量低学历者的替代威胁，收入情况恶化就不足为奇了。与此相反的，却是低学历或者毫无教育背景的农村人口从不熟练劳动力稀缺溢价中得到好处。

综上所述，收入提升最显著的是农村居民组和城镇高收入组，前者获得数量可观的土地租金以及低水平劳动力稀缺租金而提高了自身在收入分配中的相对地位，后者包括企业主和个体经营者，他们的收入地位随着资本回报率的上升愈加提高。与政策初衷恰恰相反，中高教育程度的熟练劳动力收入增长相对较低。图 4－6 沿用图 4－5 的指标描述对收入差距的影响，并且加入城镇高收入与中等收入组收入之比。城乡差异由基准时期的 3.96 下降教育扩张情景下的 3.02，主要得益于农村居民平均收入的提高和占城镇人口多数的受教育雇佣劳动者工资率相对下降；城镇高收入和低收入居民的差距却由14.89 提高到 15.61；而高收入与中等收入的差距由 6.37 提高到 8.52，扩大了 34%；贫困线以下人口数量依然变动不大。因此，通过牺牲其他公共产品而优先发展教育将伤害普通劳动者的利益，这恰恰与政策的初始目标是相悖的。

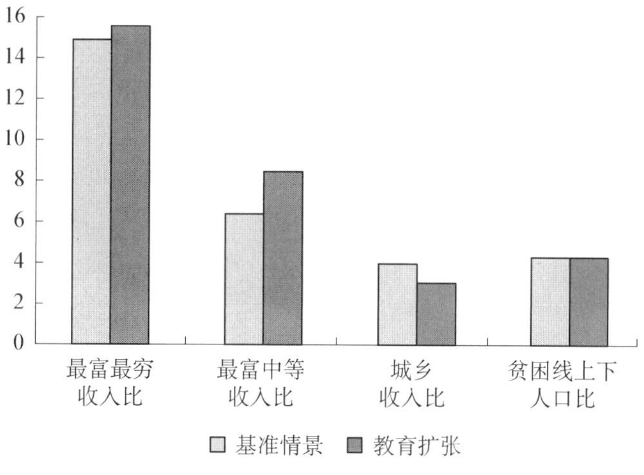

图 4－7　教育优先的公共支出政策对收入差距的影响比较

模拟结果显示,增加公共教育支出有助于经济增长和缓解贫困;然而为了最大化这种有利的影响,必须同时实施其他的政策措施以支持教育支出扩张战略。其中较为关键的是提高对劳动力的需求。在中国,很多受过教育甚至学历较高的劳动者依然贫穷,主要原因在于工作机会缺乏。由于熟练劳动力供给和需求的不协调,教育系统扩张也只能对扶贫济困起到有限的作用。以上结论的政策含义很明显:加强人力资本的扶贫战略必须由充足的公共或私人资本积累作为补充,这样才能保证占贫困人口主力的低教育水平劳动者回报率增长;虽然中高学历劳动者的工资率增长有限甚至有所倒退,但这种负面影响可以被资本收入和资本价格的相对提高而部分抵消。最终,社会的总体收入水平和公平度得以提升。同时,为了提高受教育劳动者的价值,教育产出结构应当更好地迎合当前的经济结构和有效劳动需求,生产出的人力资本类型必须与劳动力需求结构相适应。

三、延长退休年限下的公共支出扩张政策

政策实验 1 强调了教育和医疗等公共消费的重要性,同时政策实验 2 又提醒到不能在扩张教育的同时削减公共投资,那么,在有限的公共资金约束下,如何有效地降低公共支出是政府的当务之急。现存的中国养老保险基金的巨大黑洞,无疑是政府在未来需要长期背负的包袱,那么,能否通过提高退休年龄的方式,降低养老金支付额,为政府消费和投资节省资金呢?政策实验 3 将探究这一提案的经济和社会影响。

(一) 对就业和社会保障体系的影响

为了应对退休年龄的延迟和养老金收益的降低,居民将增加劳动力供给和储蓄,并同时降低消费以弥补退休后养老金收入降低的损失。但是在政策施行的最初 5 年内,这些响应总体来看非常小,因而社保缴费率并未随养老金发放规模的降低而大幅下降。在此之后退休年龄的小幅度升高,加上部分养老金发放水平的削减,推动了社保缴费率增速的下降,并且这种影响随着更多世代不断迈入退休门槛而加强(见图 4－8a)。改革情景中缴费率在 2045 年左右达到最大值 20.06%,这一年以后,所有退休老年人领取的均为收益降低后的养老金,因而缴费率始终保持下行状态。

失业率的相对变化来源于净工资的变动,对于青年群体,社保缴费率降低带来其隐性税率的下降及净收入的增加,同时极大抬高了闲暇的机会成本,青年劳动力供给相对增加,反而导致这一群体失业率的上升——改革头年最年

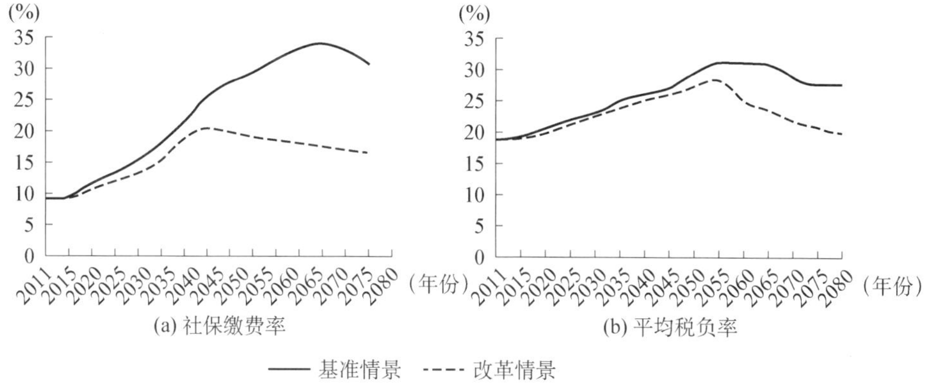

图 4-8 延迟退休公共政策对居民负担率的影响

轻工龄人口的失业率由 9.42%增加到 9.55%。相反，中年劳动力面临的则是隐性税率的增加和净工资收入的减少，因为他们不仅退休后领取的养老金减少，而且退休前并未赶上社保贡献率的大幅降低，因而中年劳动者供给减少，反而使其失业率降到基准情景以下——改革初期最年长劳动者的失业率由 16.17%下降到 15.89%。由于整个社会处于人口老龄化状态，所以总体失业率在预测区间的路径比基准情景略低(见图 4-9)。

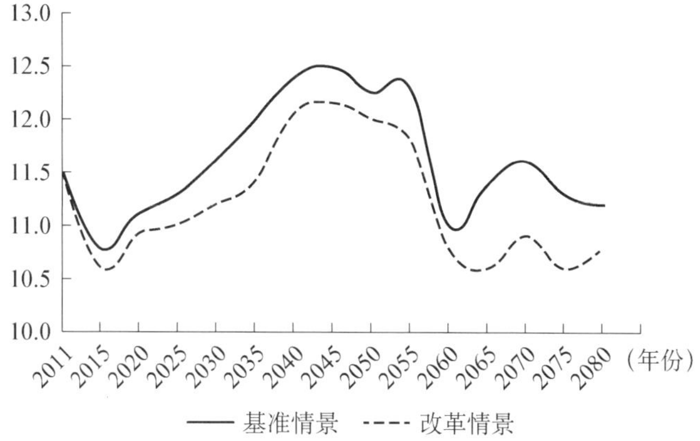

图 4-9 延迟退休对失业率的影响

最后，随着养老保险支付的减少和失业率的降低，政府得以削减对养老及事业保险基金补贴和公共支出，这样在整个预测区间，居民的税收负担相对于基准情景将进一步平均减轻约 7.3%(见图 4-8b)。

(二) 对居民福利和收入分配的影响

根据 Fehr(1999b),效用变化可以分解为额外负担(excess burden)变动和收入效应(income effect)变动,以上分解可以通过效用最大化方法、预算约束以及市场出清条件推导得到。进而,收入变动能够分解为要素收入变动、净税收负担变动和净社保收益变动。净税收负担包括所有税收缴纳、公共债务持有的变动以及公共债务的利息支付。社保收益变动由养老和失业保险收益减去社保缴费。表 4-4 计算了效用等价变动 ΔU、额外负担变动 ΔB、对社保体系净转移支付变动 ΔS 以及净税收负担变动 ΔT,以出生于 t 年的居民在当期余下的终身效用贴现为基数。最后一行加总了所有世代居民贴现到改革初始年份的效用变量变动率。

表 4-4　　效用变动的分解

世代	ΔU	ΔB	ΔS	ΔT
1921	−0.12	−0.04	−0.01	0.00
1931	0.58	0.18	0.25	0.02
1941	−1.33	−2.04	0.22	0.45
1951	−0.27	−0.72	0.05	0.36
1961	0.69	0.34	0.03	0.44
1971	1.57	0.91	0.02	0.79
1981	2.36	1.51	−0.10	1.22
1991	2.88	1.77	−0.32	1.48
2001	3.57	2.01	−0.55	1.62
2011	4.24	2.29	−0.74	2.35
∞	4.50	1.83	−0.59	1.85
Σ	0.6	−0.03		0.67

ΔU 显示,效用得到提高的包括:在改革初期迈入退休年龄的居民(1951 年出生)和改革年份处于青年阶段的群体以及更加年轻的居民(1981 年以后出生);而改革时正处于中年的世代(1961—1971 出生)效用则有所退化。为什么只有年龄稍长的劳动者遭受损失,而年轻和未来世代实际都是收益群体呢?

年轻和未来世代的收益由 ΔS 和 $-\Delta B$ 组成,它们分别代表社保系统和隐性税率的相对减少。社保发放降低导致的社保缴费率下降使年轻世代收益,因为他们在相当长的工作生涯中都享受着社保缴费负担降低带来的好处。对于 1981 年以后出生的居民来说,这种正面影响要大于养老金收益下降的损失。所以，ΔS 为正值。同时，平均税率也是随着时间不断下降，进一步地降低了未来世代的税收负担 ΔB。

综上所述，代际再分配的结果是将大部分效用从中年居民转移至年轻和未来世代，同时一小部分转移到刚刚退休的老年居民身上。所有世代福利总和略有上升——总体效用收益大约等于余下终身收入现值的 0.5%。

本章小结

提升经济增长质量是中国发展面临的重大课题，而公共支出政策也在其中发挥着重要作用。本章将收入、公平、福利、就业、生产率等作为衡量增长质量的主要指标，利用多部门动态 CGE 模型，模拟并预测了若干不同类型公共支出方式对它们的影响。比较发现，消费主导的公共支出政策虽然在短期内对 GDP 的增长作用有限，但却能够有效提高国内需求，并引导生产资源从出口流向内需市场；长期来看，其具有时滞性的供给效应能够刺激 TFP 的提高。同时，强调消费的公共支出结构能够改善包括 Hicks 等价在内的居民福利指标，并且在最大程度上缩小最高和最低收入群体之间以及城乡居民之间的收入差异。

但是，上述模拟结果是在假设政府财政收入出现额外增加的基础上作出，换句话说，在保证其他支出类别绝对量不降低的前提下，相对增加社会服务类公共消费可以产生以上种种好处。那么，在既定的预算约束下，可否牺牲生产性公共投资以加大教育医疗等公共服务投入呢？模拟结果显示，这样做虽然能够提高 GDP 增长率，增加受教育的熟练劳动力供给，但由于资本积累下降导致就业机会不足，这部分劳动者将相对富余，反而造成失业率上升、工资率下降；而另一方面，资本、土地等回报率相对抬高，结果是加剧了城镇收入的不公平。这说明，国家在施行科技兴国、教育扶贫战略的同时，必须不断加强资本深化，否则，将出现越来越多"学历越高反而越穷"的极端奇怪案例。

作为公共产品的一种，养老保险赤字一直是困扰中国政府的难题，解决问题的方案之一是已经在很多发达国家实行的延迟退休。由于社保支出也是公共支出的重要组成，因此本章最后一项政策实验模拟了延迟退休的经济和福利效应。这项政策将在 5—10 年之后显著地降低居民的社保缴费和综合税收负担，对失业率也有一定的遏制作用，从这个角度看，对于增长质量的提升有积极作用。只不过对不同世代的影响并不平均，例如，它在改革初期降低了中年劳动者失业率却提高了年轻劳动者的失业水平。从效用变动来看，改革前已经退休的居民未受太大影响，改革时正值青年的年轻世代效用得到提高，而改革时处于中年的劳动者却遭受了损失。因此，这是一个代际的效用转移过程，单单从福利角度，很难说延迟退休的政策是否合理。

需要指出的是，经济增长质量是一个全方位、多角度的复杂概念，包含的内容方方面面，本章仅仅探究了居民收入提高、福利分配改善、收入差距减少等角度，也涉及一小部分的经济结构优化。其余的内容，尤其是产业结构升级、投入产出效益提高、资源环境合理利用等，也是成千上万现有研究着重考察的对象。从本章政策实验模拟的结果来看，不同的经济质量衡量标准对财政支出的导向和方式也有着不同的要求，因此，不能片面否定建设型和经济型财政，一味地推崇服务型、消费型财政。建立完整规范的经济增长质量评价体系，对于政府通过优化财政支出结构推动发展方式转变具有关键性的意义。

调整经济增长结构和扩大内需问题都是中国面临的重大课题，消费和企业投资等内需的增长与收入分配也密切相关。本章第 2 章已经说明，中国居民的收入份额偏低且持续下降，由此在国民收入分配结构中表现为初次分配后居民部门所占的比重下降，使得居民总体消费能力不足，因而劳动收入份额越低，居民消费需求增长将越缓慢。劳动收入持续下降，主要依靠劳动收入的广大城乡居民中低收入者的工资收入增长缓慢，导致初次分配后居民收入占比不断下降，同时政府又无法提供足够的公共产品，导致再分配后的居民收入地位进一步下降，最终居民收入的下降通过降低社会消费倾向进而影响消费需求的增长。基于上述逻辑和假说，居民收入实际上是要素分配影响消费等内需增长乃至经济增长方式转变的最重要中介变量。

因此，收入分配调整是构建消费增长长效机制不可或缺的制度安排，要素分配与消费增长之间存在明显的相关联系，劳动者报酬率的提升是构建消费增长长效机制的重要举措，要素分配状况改善的收入提升效应是显著存在的，进而对消费需求具有扩大效应；而政府再分配的政策工具也能够提升消费倾向进而扩大消费需求。当前，政府把扩大消费需求作为扩大内需的战略重点，这需要建立消费增长的长效机制。根据研究结论，本章认为，建立消费增长的长效机制需要从两个角度入手：第一，合理调整国民收入分配格局，提升居民凭借生产要素获得收入的能力；第二，建立有效的公共服务供给和转移支付机制，提高居民可支配收入。这是建立扩大消费需求长效机制的必然要求，也是实现经济发展方式转变的应有之义。由此，应着眼于“两个提高”，破解制约消费的体制、机制和制度障碍，构建我国居民消费能力（特别是中低收入阶层的消费能力）持续提升的长效机制，并努力保持较高的社会消费倾向。政府除了注重从再分配层面缩小居民收入差距—提升中低收入阶层的消费能力—提升总体消费倾向—促进消费需求增长外，也应从初次分配层面优化要素分配格局—提高居民部门收入占比和优化人际收入分配格局—提升（居民）消费率—缓解投资消费结构失衡。通过着眼于“两个提高”，建立和完善长期保证消费需求正常扩大并发挥其拉动经济增长的公共经济制度体系，保障居民总体消费能力可持续增长的基础上改善居民间的人际收入分配格局，逐步推进居民生活质量全面提升的经济发展方式，使居民共享经济发展的成果。

第五章　公共投资的部门与区域最优分配：基于 MCDM 的多目标非线性规划求解

在中国发展战略中扮演重要导向和推动角色的公共投资，应当如何分配和使用，才能在保持经济增长步伐的同时，改善民生福利、缓解区域差距？这是一个复杂的决策问题。首先，资金用于何处？如果大量用于生产建设以实现产值或出口扩张，必然会懈怠于公共服务和社会保障，挤占对居民的转移支付，迫使居民自己承担教育、医疗、养老等负担，降低其可支配收入和效用水平；如果过多投入公共消费，则将加剧基础设施不足对增长的瓶颈效应，制约产业发展，在短期内造成国家宏观经济损失。其次，资金流向何地？地区间差距不断扩大，原因大多不在于公共投资不足，更多的是因为区域间配置不合理；然而如果将落后地区作为公共投资的优先目的地，鉴于发达省（市、自治区）在国民经济中所占的高权重，无疑将暂时放缓全国平均的增长速度和发展水平。因此，经济增长与民生改善、总体增长与区域平衡之间的冲突需要决策者在多目标之间作出适当的权衡。

但在现实中，综合考虑多重目标、设计兼顾各方利益的公共政策较为困难；实践中可行方向之一是设计一个加权了多种指标的复合指数作为决策依据，典型代表即是涵盖了人均 GDP、预期寿命、教育等元素的 UNDP 人类发展指数（HDI）。另一个更为直接的方法是进行多目标系统决策（multicriteria/multiobjective decision making，MCDM），这也是本章探讨的中心内容——政府怎样从众多可能的投资组合中选择满足预定目标的最优方案。由于国家发展难以用单一目标来进行评价，而这些目标间并非总是协调统一，相互冲突、独立或补充的情况及其常见，因此，有效的公共投资决策与管理需要兼顾多方并使之趋于平衡，所以引入多目标规划理论具有极强的应用价值。

本章在多目标非线性规划框架下构建了公共投资结构，优化模型，探析有限公共资源在农业、工业制造业、教育、医疗卫生、交通与通信、住房保障建设等几大类用途及区域间的合理配置。模型以改善全国平均水平的人均 GDP、居民效用、失业率、人均住房面积以及降低这 4 项指标的省际差异为目标函数，在财政预算、投资成本、利润和人力资源的多重约束下，并选取中国实际数据，应用元启发式算法和交互式决策方法选取最优解，提出公共投资结构的最优调整方案，着重探讨了各省（市、自治区）在公共支出战略上的差异性，为设计兼顾增长、民生及区域协调发展的公共财政政策体系，提供了理论性的探索。

第一节　公共投资多目标优化的文献综述

在应用多目标规划技术探索宏观经济问题的尝试中，Kooros 和 McManis（1998）使用多属性（multiattribute）优化模型研究纽约市公共投资项目的跨期分配并将其转化为分层目标规划进行求解。Kravtsov 和 Pashkevich（2004）为白俄罗斯设计了 GDP 提升、能源利用、对外贸易平衡的三目标规划模型。Andre 和 Romero（2008）将动态规划与经典的消费者均衡模型相结合，推导出经济增长和通货膨胀这两个冲突目标的均衡边界，并提出在增长和通胀之间实现折中的 Pareto 有效宏观政策。随后，Andre 和 Cardenete（2009）又在先前模型的基础上添加温室气体减排目标，设计了以可持续发展为目标的经济和环境综合政策体系。Cobacho 等（2010）将缩小墨西哥各州在增长、教育年限、婴儿死亡率、公共设施占有率上的差异为目标，运用模糊目标规划方法解决了联邦公共项目管理决策问题，并设计了利于决策者交互调整搜索方向的系统决策框架。

在主流宏观经济学领域，公共投资结构优化问题研究的传统研究范式是利用纯理论模型和数理推导方法探寻最优支出结构的原则和条件。其中 Barro（1990）贡献了里程碑似的研究：利用内生增长模型，他得出了经济增长率和储蓄率随服务性公共支出单调递减，而随生产性支出先增后减的结论，间接暗示了最优公共支出构成的存在。Lee（1992）、Devarajan 等（1996）扩展了 Barro 模型，推导出各类支出类型的最优比率取决于其相对弹性。Chen（2006）进一步指出决定最优公共支出比率的因素还包括反映国家经济特征的结构和政策参数。Ihori（1990）、Turnovsky and Fisher（1995）、Shieh et al.（2006）均认可最大化增长和福利的支出构成原则是私人消费与公共服务投资边际效用相等。进入 90 年代，不少学者开始实证地验证这些传统假说。Bennet(1993)利用 1950—1990 年间美国实证数据，证实了不同的政府投资与消费支出比例会对私人消费、投资进而宏观经济产生刺激、阻碍或者中性影响作用。Ramirez(1998)认为公共支出构成对发展中国家尤其重要，在拉美 10 国 1960—1993 年面板数据线性增长模型的基础上，验证了公共投资比重的提高既能够改善对外贸易状况，又能够增加劳动生产率，而政府消费支出则有轻微的负面效应。Fan et al.(2008)分析了东南亚国家政府支出与增长的关系，发现适当提高在农业研发、农田水利基础设施、农业道路领域的公共投资份额具有显著的增收减贫效果。Ganelli 和 Tervala(2010)建立了两国开放宏观经济模型探讨了政府面对旨在提升生产能力的公共投资与旨在提高效用水平的公共消费的权衡，发现仅仅在公共资本边际生产率较高而公共消费占居民效用比重较低的前提下，削减公共消费提升公共投资才对本国经济发展有益。Carboni 和 Medda(2011)基于改进的 Solow 模型证明政府能够通过控制财政规模及支出结构最大化通向稳定增长路径的转型动态增长率，然而这种政策效果无法在长期持续下去。

国内学者在这个领域也已经积累了丰富的成果，并且以实证为主。在国家层面上，龚六堂和邹恒甫(2001)认为政府的生产性支出的增长对经济增长没有统计学上的影响，郭庆旺等人(2003)则认为两者存在正相关。钞小静和任保平(2007)利用中国 1978—2004 年间时间序列数据估算了公共支出各成分类别的产出弹性，证明了中国公共支出的产出弹性为正，对经济增长有促进作用，而从公共支出结构对经济增长的影响来看，经济建设支出、社会文教支出、国防支出及其他支出的结构产出弹性为正，行政管理支出结构产出弹性为负。王春元(2009)基于柯布—道格拉斯生产函数的分析框架并以改进的经济模型，通过对中国 1978—2006 年相关数据的实证检验，发现仅有教育经费支出和科研支出与经济增长呈正相关关系，而其他的经济建设、国防和行政管理、医疗卫生支出都对经济增长具有一定的消极作用。彭志文和郭路(2011)研究表明增加公共资本服务支出和政府科教投入都能促进经济增长，提高稳态增长率，且前者比后者效果更明显。杨宝剑和颜彦(2012)认为行政管理类支出对促进经济增长也有较强的作用，经济建设类支出最能显著地拉动经济增长，科教文卫类支出次之，社保类支出的增长效应最小。吕志华(2012)在经典的内生增长框架中引入政府财政支出结构因素，估计了持续经济增长条件下财政消费性支出与投资性支出的最优比例约为 7∶3。

在国内实证研究中，大多数将增长或人均收入作为公共支出政策的主要目标。本章认为，经济增长、就业水平和人民生活都是经济增长质量的重要方面，三者之间相互影响制约、构成一个动态开放的复杂系统，如果就某一个问题单独研究，必然缺乏全局性、只能实现局部均衡结果。为了模拟经济、就业和福利协调发展的模式，本章将运用多目标规划理论构造系统性集成模型，兼顾发展目标的多样性，寻求公共投资在不同用途与区域间的最优分配方案。

第二节　公共投资结构优化的多目标非线性规划模型

本章建立比较静态模型，优化前后分别为 $t=0$ 和 $t=1$ 时期。省（市、自治区）h 在 $t=1$ 时期的公共投资将分配至 7 个领域：农业——包括农业补贴、基本农田水利、农业科技开发与推广、乡村道路和粮油储备；制造业和采矿业——主要是对这一产业国有企业的支持；教育——除了基础教育，也包括高等教育投入及文化体育传媒；医疗卫生；交通、运输与通讯基础设施；住房保障建设；其他。对应的投资额度分别为 GI_{h1}^{1}，GI_{h1}^{2}，GI_{h1}^{3}，GI_{h1}^{4}，GI_{h1}^{5}，GI_{h1}^{6}，GI_{h1}^{7}。由于 $t=0$ 时期的公共投资结构是实际已知的，因而能够利用增长率 $gi=(GI_{j1}^{k}-GI_{j0}^{k})/GI_{j0}^{k}(k=1,\cdots 7)$ 而非绝对投资水平作为决策变量。样本包含除去西藏、海南和重庆以外的 28 个省（市、自治区），这样，系统模型包含 196 个决策变量。

（一）目标函数系统的选择与度量

为了在促进增长的同时改善经济质量，优化系统为公共投资政策制定了两组目标。第一组旨在提高国家平均发展水平，包括最大化人均 GDP、居民效用水平、就业率、人均住房面积 4 项具体指标；第二组以促进区域公平为目的，即降低各省（市、自治区）在前面 4 项指标上与全国平均水平的标准差。其中，考虑到住房是当前民生中最为实际而困难的问题，所以将居住条件的改善也纳入目标体系。目标 1～3 的出发点是 CGE 模型（Andre 和 Cardenete，2005），目标 4 则以边际效应的计量估计为基础。

目标函数 1：最大化人均 GDP。

由于总产出无法很好地反映生产效益并有重复计算的缺点，本章设定产业增加值最大化为经济增长目标。i 部门的产值（增加值）通过 $C-D$ 函数获得：

$$VA_i = \mu_i L_i^{\alpha_i} K_i^{\beta_i} \prod_{k=1}^{7} (GI_i^k)^{\gamma_i^k} \tag{5-1}$$

其中，α_i，β_i，γ_i^k，$k=1$，…，7 是 i 部门最终产品对劳动、私人资本和各类公共投资的弹性，且 $\alpha_i + \beta_i + \sum_{k=1}^{7} \gamma_i^k = 1$。

h 省(市、自治区)的 GDP 总量为 $Y_h = \sum_{i=1}^{m} VA_i$，人口为 N_h，那么目标函数 1 可以写成：

$$\max y = (\sum_h y_h) / \sum_h N_h \tag{5-2}$$

目标函数 2：最大化居民效用。

i 部门的总产出通过 Leontief 生产函数得到：

$$X_i = \min\left\{\frac{X_{1i}}{a_{1i}}, \cdots, \frac{X_{mi}}{a_{mi}}, \frac{VA_i}{v_i}\right\}$$

其中，a_{mi} 为 i 产品对 m 产品的直接消耗系数，v_i 为 i 产品的生产要素利用系数。

假设消费者效用函数遵循线性需求系统模型(Linear Expenditure System, LES)——居民首先会将一部分支出用于必需品的消费，再把余下的支出分配到其余产品以最大化效用水平：

$$\max V = \sum_i \kappa_i \ln(C_i - B_i) \tag{5-3}$$

$$s.t. \sum_{i=1}^{m} p_i C_i = DI = (1-\tau_I)[(1-\tau_S^w) wL + rK] \tag{5-4}$$

其中，C_i 为对第 i 种产品的总消费量，B_i 则是对产品 i 的必需或最低需求量，是无论收入高低都会保证的数量，κ_i 定义为对产品 i 边际支出占总支出比重，且 $\sum_i \kappa_i = 1$。τ_I，τ_S^w 分别为所得税率和劳动者的社保缴费率。边际支出弹性 κ_i 和基本需求支出 $p_i B_i$ 可用计量方法通过观测数据估计得到，属于外生变量，而作为优化系统内生变量的实际消费水平 C_i 与 X_i 有关，并受到公共投资 GI^k 的影响。

目标函数 3：最小化失业率。

失业率的计算式为：

$$\min u_i = (L_i - X_i l_i) / L_i \tag{5-5}$$

L_i 为 i 产业的可用劳动力，li 是投入产出表中 i 产业的劳动利用系数。

目标函数 4：最大化人均住房面积。

为了建立住房条件提高的目标函数，首先需要估计 7 类公共投资增长对人均住房面积的具体影响，利用 2000—2012 年省级面板数据的模型估计结果见表 1。对住房条件指标有显著直接影响的投资类别为医疗卫生投资 GI^5，交通、运输与通信投资 GI^6、住房保障投资 GI^7。

如果用 β_5^{hou}，β_6^{hou}，β_7^{hou} 代表其估计系数、即住房指标对各项投资的弹性，那么 h 省（市、自治区）住房保障投入增加 gi_h^7 将带动住房条件改善 $\beta_7^{hou} \cdot gi_h^7$。因此，全部公共投资带来的人均居住面积增长率为：

$$\dot{H}_{jt} = \beta_5^{hou} \cdot gi_h^5 + \beta_6^{hou} \cdot gi_h^6 + \beta_7^{hou} \cdot gi_h^7 \tag{5-6}$$

表 5-1　公共投资对目标指数的影响估计

	人均住房面积	标准误
$GI1$	−0.015 3	2.192 1
	(−0.496 5)	
$GI2$	−0.033 6	1.118 5
	(−0.514 0)	
$GI3$	0.029 1	0.793 6
	(4.012 7)	
$GI4$	0.053 6***	1.218 2
	(−1.183 6)	
$GI5$	0.050 2***	1.466 9
	(−1.207 0)	
$GI6$	0.299 2***	1.960 9
	−1.315 3	
$GI7$	(0.004 1)	0.257 2
	−2.227 6	
调整 R^2	0.78	
F-统计量	26.92	
F 统计量的 P 值	0.000 0	
$D.W.$	2.15	

注：括号内是 t 统计值，** 表示在 1% 的水平上显著，* 表示在 5% 的水平上显著。

如果将各省（市、自治区）占总人口比重作为权重 $n_{ht} = N_{ht} / \sum_h N_{ht}$，那么国

家平均住房指数可由各省(市、自治区)加权平均算得,所以目标函数4如下:

$$\max \dot{H} = \beta_5^{hou}\sum_h (N_h \cdot gi_h^5)/\sum_h N_h + \beta_6^{hou}\sum_h (N_h \cdot gi_h^6)/\sum_h N_h + \beta_7^{hou}\sum_h (N_h \cdot gi_h^7)/\sum_h N_h \tag{5-7}$$

目标5-8:最小化省级样本方差。

其余四个目标函数分别最小化省际住房、效用、就业及GDP的差异:

$$\min SD(H) = \sqrt{\frac{\sum_h (H_h - \overline{H})^2}{28}},\ \min SD(U) = \sqrt{\frac{\sum_h (U_h - \overline{U})^2}{28}}$$
$$\min SD(V) = \sqrt{\frac{\sum_h (V_h - \overline{V})^2}{28}},\ \min SD(Y) = \sqrt{\frac{\sum_h (Y_h - \overline{Y})^2}{28}} \tag{5-8}$$

(二) 约束条件系统的选择与量化

首先考虑政府财政约束。对产品征收的间接税总额为:

$$R_Y = \sum_{i=1}^{m}\tau_Y\left[\sum_{i=1}^{m}a_{ji}p_iX_i + ((1+\tau_{iS}^{w})wl_i + rk_i)VA_i\right] \tag{5-9}$$

其中,a_{ji}、l_i 和 k_i 分别为 i 产业对中间产品 j、劳动力和资本的使用系数,τ_{Pi} 为对产品 i 征收的税率,τ_{iS}^{w} 为 i 产业员工的社保缴费率。

设 τ_{iS}^{c} 是 i 产业中企业的社保缴费率,则缴费总额为:$\tau_{iS}^{c}w_iL_i$

所得税率为 τ_I 时,所得税总量为:$R_I = \tau_I(wL + rK - \tau_{iS}^{c}w_iL_i)$

令 $G_{ht} = \sum_{k=1}^{7}GI_{ht}^{k}$ 代表h省(市、自治区)在时期 t 的总投资规模,那么全国公共投资总额为 $G_t^C = \sum_{h=1}^{28}G_{ht}$。所以,国家层面的公共预算限制为:

$$G_t^C \leqslant R_Y + R_I + \sum_{i=1}^{m}\tau_{iS}^{c}w_iL_i \tag{5-10}$$

同时需要强调,公共支出增长不能超过一定上限:

$$|\dot{G}| = (G_1 - G_0)/G_0 \leqslant \hat{G}$$

如果全国投资总水平有一定上限，一省（市、自治区）投资的增长可能导致其他省（市、自治区）的减少，因此以上约束实质上限定了中央转移支付在各地方政府的分配。根据 2000—2012 年间中国地方财政支出实际增长经验，设定省（市、自治区）级政府投资浮动范围 $\hat{G}$ 为 15%。

除了公共预算约束，本章还加入了与企业资本结构优化类似的效率和利润约束，以克服一直以来公共投资项目中广泛存在的资金利用效率低、管理执行机构臃肿、成本收益不对称等诟病。表 5－2 列举了具体约束条件及经济涵义，其中的变量参数定义见表 5－3。

表 5－2　模型附加约束条件

政府公务员总量不得高于实际工作所需要的有效人员数量
$L_G \leqslant l_G \cdot \min\left\{\frac{X_{1G}}{a_{1G}}, \cdots, \frac{X_{mG}}{a_{mG}}, \frac{VA_G}{v_G}\right\}$
投资成本约束
$\sum_{k=1}^{7} r^k GI^k(t) + m_i^-(t) - m_i^+(t) = KC(t)$
非盈利和盈利性投资的平衡约束
$\sum_{k=1,2,5} GI^k(t) - a[\sum_{k=3}^{4} GI^k(t) + \sum_{k=6}^{7} GI^k(t)] + m_i^-(t) - m_i^+(t) = 0$
第 7 类未定义“其他”项目中需要保证最低限度的环保和社区服务支出
$GI^7(t) - m_i^+(t) = CSEP(t)$
政府工作人员工资约束
$\sum_t w_G[\overline{L}_G(0) + \eta_G R_G(t-1)] + m_i^-(t) - m_i^+(t) = W(t)$
盈利性公共投资项目的回报不能过低
$r\sum_{k=1,2,5} GI^k(t) - [\sum_{k=3}^{4} GI^k(t) + \sum_{k=6}^{7} GI^k(t)] - m_i^+(t) = 0$

表 5－3　附加约束条件中的变量和参数

$R_G(t)$	公共部门由于投资增加新征工作人员数量	a	非盈利与盈利项目投资之比
$m_i^+(t)$，$m_i^-(t)$	约束条件 i 被超过或未达到的程度	r	投资回报率/利率
$TM(t)$	财政中用于工资支付的最高数额上限	w_G	政府部门的人均平均工资率

续表

$KC(t)$	公共项目融资能够承担的最高成本	$\bar{L}_G(0)$	初始时期 $t=0$ 政府部门的工作人员数量
$KE(t)$	资本投资总量	η_i	政府雇佣新进工作人员的平均成本
$CSEP(t)$	用于社区服务和环境保护的最低公共投资要求		

第三节　模型解法与最优解选择机制：元启发式算法

元启发式(metaheuristic)方法在求解非线性多目标规划有效前沿中的运用非常广泛，Molina 等(2007)建立了一种叫做 SSPMO 的混合元启发式算法(hybrid metaheuristic)，将分散(scatter search)和禁忌搜索(tabu search)相结合、专门适用于连续变量的非线性多目标问题，在寻找有效边界和点分布上明显优于其他方法，尤其是当有效解数量众多、密度大的时候。

在有效解集合的基础上，决策者需要根据主观偏好权衡不同目标的重要程度，通过不断地调整和折衷，在众多可行解中确定最终的"最优解"，这是一个复杂筛选过程。本章使用交互式方法(interactive method)将人类干预(决策者的偏好)纳入求解过程，通过扫描可行区域进行多次迭代运算；而决策者对每一次运算的结果进行审查，将局部偏好信息融入求解过程，在决策和计算空间之间反复切换，以找到最满意的解。

用 R_0 表示包含 M 个有效解的初始解集：$R_0=\{s_i: i=1, \cdots, M\}$。决策者将通过 p 个标准 obj 和 q 个相关方面 inf 对每个有效解 s_i 进行评价，从中选出理想的最终解。所谓"相关方面"，是指在一定程度上影响决策者的选择、但重要性又未达到可以作为独立目标程度的指标。这样，解 s_i 由 p 个目标函数值和 q 个相关信息值决定：

$$s_i=\{obj_1, \cdots, obj_p; \inf_1, \cdots, \inf_q\}$$

接下来，将通过与决策者的互动过程以缩小 Pareto 前沿规模。综合 Zionts-Wallenius 与 Tchebychev 法，本章采取过滤工具(filtering)和聚类工具(clustering)压缩解集的可选区域。

过滤工具的思路很直接——基于目标函数值 obj 和相关信息 inf 过滤掉

决策者不感兴趣的解，摒弃 Pareto 前沿中与自己的偏好或兴趣无关的部分区域，能够循环反复地使用直到满意为止。第 t 次循环的过滤过程也较简单：

① 决策者为目标函数和相关信息限定上下界限；

② 删除超出界限范围的解；

③ 余下的有效解构成简化后的解集 R_{t+1}。

聚类工具则是依照相对偏好，让决策者首先选择解作为参照、以放弃与参照解差别最大的其他解，以此循环往复。那么参照解如何选择呢？在第 t 次循环得到解集 R_t 中，建立参照集 RS_t 的步骤如下：

① 对于每个单目标规划问题 obj_k，$k=1, \cdots, p$ 独立求解，将所有个体最优解纳入参照集 RS_t；

② 从 R_t 余下的解中选择距离 RS_t 最远的解，将其纳入参照集 RS_t；

③ 这样得到参照集 RS_t（假设其中有 MR 个解）实质上是有效解集 R_t 的典型样本：它包含了 R_t 的 p 个极值点和 $\mathrm{MR}_{-\mathrm{p}}$个多样化的折中解。

参照集建立完毕后，可以开始聚类过程：

① 将 R_t 中未被归入参照集 RS_t 的解以距离最近的参照解为中心，根据加权 Euclidian 距离形成多个组别；

② 决策者根据兴趣和偏好选择其中一个聚类组；

③ 剔除距离所选组别最远的聚类组中所有解；

④ 余下未被删除的解进入下一次循环运算的解集 R_{t+1}。

通过聚类方法，决策者只需从简化后的参照集中挑选较为满意的解，进而累进性地不断降低解集的范围。这种基于容忍偏离水平的方法使决策者得以规避目标权衡、绝对量等在现实中难以判断的信息，使交互过程明晰化，便于决策者快速趋近于满意解。

综上所述，决策者从成千上万个有效解中筛选最终解的完整步骤可由流程图 5-1 体现。

第四节　公共投资的部门及区域分配优化结果

（一）优化前后目标经济变量的变动情况

以 2012 年底中国实际财政支出数据为出发点，本章应用 SSPMO 优化方法得到 33 660 个有效解，包括所有使部分目标达到最优的可行解或非劣解。图 5-2 根据改善目标的数量将这 33 660 个解进行了分组。超过 60%的解对

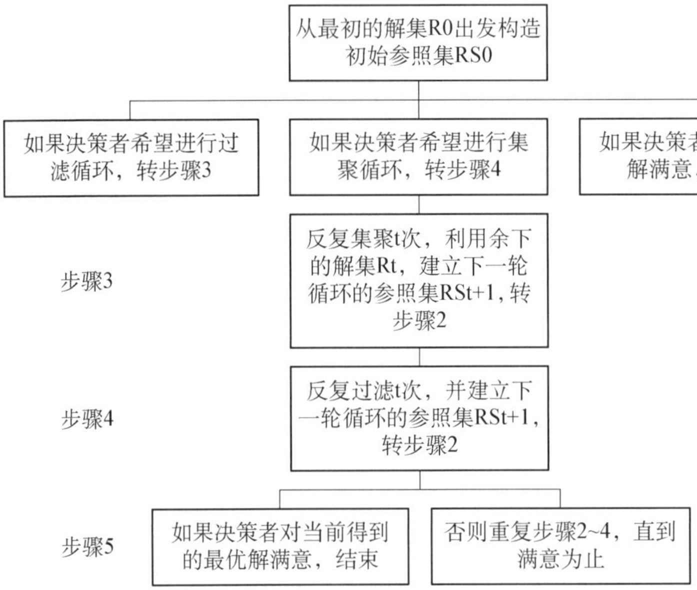

图 5－1　完整的交互式决策过程

5—6 项指标进行了优化，22%的解改善了 7 项指标，同时提高人均 GDP、居民效用、就业水平和住房条件，并缩小以上指标区域差距的解仅有 8%。表 5－4 展示了根据这 2 691 个最优有效解求得的各目标函数值的描述性统计特征。优化后平均增长幅度最低的是效用水平，提升了 0.787 1；最低的是失业率，下降了 0.167 9；其他指标的改善率基本落在[0.4，0.55]区间。最后一行给出了所有最优解下全国预算支出总额 G^C 增长率的统计值。值得注意的是，同时实现促进增长和改善民生的目标并非一定需要大规模地扩张公共支出，公共投

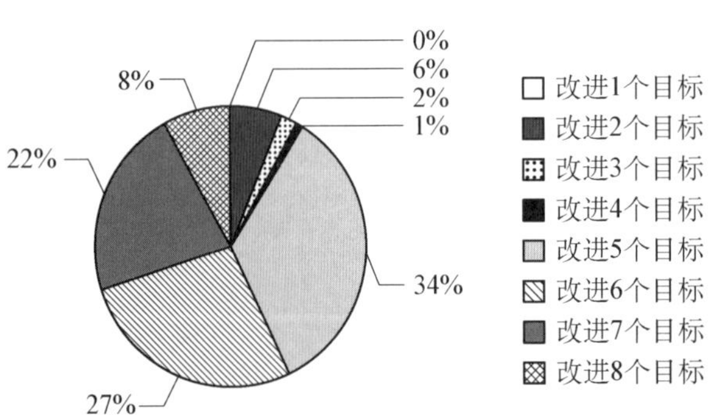

图 5－2　根据改进目标数目的有效解分布

资的平均增长率仅为 4.5%，范围在 2.83%和 16.95%。这暗示着，当前中国公共支出的问题并不在于总量不足，调整的重点应该是结构优化和区域分配。

表 5－4　　目标函数值变动率的描述性统计（取同时改善所有指标的有效解时）

	均值 mean	方差 SD	最小值 min	最大值 max
GDP	0.372 4	1.681 3	0.000 6	1.126 2
效用	0.787 1	0.127 7	0	0.038 2
失业率	0.167 9	0.688 3	−0.542 2	−0.000 3
人均居住面积	0.405 7	1.534 2	0.000 1	0.716 8
SD(GDP)	0.503 9	0.000 4	−1.117 5	−0.000 7
SD(效用)	0.541	0.000 7	−0.322 7	−0.000 2
SD(失业率)	0.405 8	0.005 9	−0.526 5	−0.000 1
SD(人均居住面积)	0.538 7	1.845 1	−1.613	0
公共投资总额	4.49	0.029 4	−2.83	14.95

表 5－5 选取了部分有效解作为实例，其共同特点是能够取得某些指标的极值。表内目标函数值均经过规范化(normalized)处理，取值范围为[0, 1]，加黑的数值代表优化后目标函数值有所提高。倒数第二行计算了各情景下的国家预算支出增长率，最后一行则代表被改进的指标的数目。以第 28295 号解为例，如果遵循这个公共支出方案，不仅能够同时实现居民就业、住房和消费的最高水平(1)，同时能够显著地提升人均 GDP(0.962)，并缩小各省(市、自治区)在就业率上的差异；然而如果以其余的 3 个标准来衡量，却不是明智的选择。更重要的是，在这种投资策略下，国家财政总支出将大幅度提高 14.95%，已经接近财政能够允许的上限 15%。

表 5－5　　极值有效解下的目标函数值

	27204 号解	28295 号解	1765 号解	927 号解	2435 号解	1129 号解
GDP	**1.000 0**	**1.000 0**	**0.376 2**	0.243 6	0.180 0	0.098 4
效用	**0.973 2**	**1.000 0**	0.340 5	**0.347 1**	**0.493 7**	**0.384 1**
失业率	**0.999 8**	**1.000 0**	**0.375 9**	0.243 6	0.161 3	0.099 7
人均居住面积	**1.000 0**	**0.982 5**	**0.259 9**	**0.253 3**	**0.274 2**	0.183 6
SD(GDP)	0.135 5	0.135 5	0.143 6	**0.874 1**	**1.000 0**	**0.764 4**
SD(效用)	0.247 3	0.234 8	0.196 4	**1.000 0**	**0.647 6**	0.371 5

续表

	27204 号解	28295 号解	1765 号解	927 号解	2435 号解	1129 号解
SD(失业率)	**0.952 1**	**0.952 1**	**1.000 0**	**0.415 2**	0.011 4	0.325 3
SD(人均居住面积)	0.000 0	0.035 5	0.219 7	**0.499 4**	**0.888 7**	**1.000 0**
公共投资总额	14.95%	14.95%	3.31%	12.59%	10.94%	−1.86%
优化指标数量	6	6	5	5	5	3

在运用多目标规划模型时，需要从国家自身特点和发展水平出发寻求最优决策；政府对各个发展目标偏好程度的改变将直接带来截然不同的政策选择结果。由于交互式决策法可能因主观偏好判断不同产生千千万万个“最优解”，本章只能对政府的政策导向做出如下特定假设、并以在此基础上得到的政策选择结果为例进行分析：

① 将 0 作为人均 GDP、效用和人均居住面积这 3 项指标的下界，对于失业率和 4 项偏差值则将 0 作为上界，确保通过过滤、仅保留同时改善 8 项目标函数值的解；

② 剔除降低国家公共投资总额的解，因为出去政府遇到财政困难或债务危机的特殊情况，正常条件下公共支出总水平至少不应当随时间推移而降低；

③ 决策者将缩小区域偏差值的目标置于提高全国平均水平的目标之上；

④ 面对产生相同(相近)目标函数值的解，决策者优先选择有利于低收入省(市、自治区)发展的解。

经过交互式的过滤与聚类筛选程序，决策者的最终选择为第 17945 号解，相应的 8 个目标函数值在优化前后的变动率见图 5-3。依据最终确立的投资策略，政府能够通过增加 11.8%的公共投资，同时实现改善居民居住、教育和健康状况，保持经济增长，并且缩小地区差距的多重目标——在全国水平上，人均 GDP 提升 0.497 1 个百分点；消费水平上升 0.721 5%；人均住房面积增幅约为 0.415 3；失业率略微降低，但幅度较低(0.150 9%)。同时 4 项指标方差的降幅基本都在 0.5 左右、均处于中间位置，因此可以说，本章选取的是兼顾全局、较为折中的多目标公共投资政策。

(二) 优化前后公共投资的省际产业间再分配

从表 5-6 中可见 28 个省(市、自治区)各项投资在优化前后的变动率。在

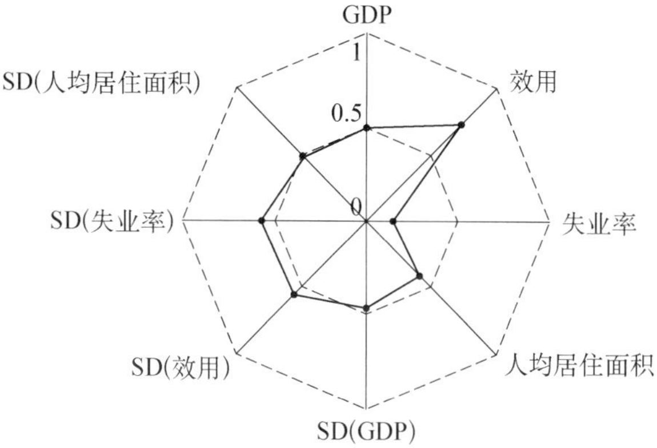

图 5-3　最终解对目标函数的改进率

最终选择的公共投资优化方案下，与实际情况相比公共投资总额降低的仅有 3 个省市，分别下降 0.14，0.73 和 1.42 三个百分点；其余各省(市、自治区)均经历了总投资规模的上升。由于发展阶段和公共服务水平差异较大，各省(市、自治区)在公共支出规模和支出结构优化上也呈现出巨大分异，可以归纳为以下几点：

表 5-6　各地区不同类别公共投资优化前后的增长率

地区	农业	工矿业	教育	医疗	交通运输通信	住房保障	其他	总量
变动率	gi1	gi2	gi3	gi4	gi5	gi6	gi7	
北京	−0.06	−0.90	−0.13	0.13	−0.34	0.30	0.03	−0.97
上海	−0.04	0.02	−0.08	0.13	−0.13	0.36	0.01	0.28
广东	0.00	0.01	−0.05	0.14	0.01	0.26	0.02	0.39
江苏	0.01	−0.74	−0.02	0.09	0.00	0.32	0.02	−0.32
浙江	0.05	−0.66	−0.01	0.09	0.02	0.29	0.03	−0.19
福建	0.09	0.03	0.01	0.09	0.06	0.19	0.02	0.49
山东	0.15	−0.78	0.03	0.08	0.07	0.18	0.04	−0.24
辽宁	0.11	−0.37	0.01	0.05	0.17	0.21	0.03	0.21
四川	0.17	0.27	−0.03	0.46	0.31	0.13	0.01	1.31
湖南	0.29	0.11	0.05	0.16	0.22	0.13	0.01	0.98
湖北	0.03	0.05	−0.03	0.05	−0.09	0.06	0.01	0.08
黑龙江	0.10	−0.34	0.11	0.15	0.19	0.03	0.01	0.25
河北	−0.12	0.02	0.02	0.14	−0.06	0.08	0.02	0.10
天津	−0.04	−0.33	−0.01	0.10	−0.03	0.12	0.01	−0.17

续表

地区	农业	工矿业	教育	医疗	交通运输通信	住房保障	其他	总量
河南	0.16	0.25	0.02	0.26	−0.04	0.09	0.02	0.77
安徽	0.09	0.22	0.01	0.06	0.01	0.05	0.01	0.45
陕西	0.05	−0.09	0.01	0.11	0.04	0.06	0.02	0.21
广西	0.30	0.05	0.19	0.15	0.24	0.09	0.03	1.06
云南	0.16	0.16	0.31	0.26	0.33	0.11	0.03	1.36
吉林	−0.09	0.21	0.02	0.24	0.21	0.11	0.01	0.73
山西	−0.02	−0.45	0.01	0.20	0.09	0.15	0.03	0.00
江西	0.04	0.09	0.02	0.26	0.05	0.05	0.01	0.52
甘肃	−0.09	0.10	0.19	0.25	0.19	0.09	0.01	0.73
内蒙古	0.17	−0.02	0.09	0.20	0.05	0.05	0.02	0.56
宁夏	0.18	−0.05	0.11	0.25	0.13	0.08	0.01	0.71
青海	−0.11	−0.30	0.20	0.37	0.23	0.12	0.03	0.54
贵州	−0.11	0.23	0.19	0.23	0.31	0.15	0.02	1.02
新疆	0.26	−0.28	0.26	0.28	0.23	0.19	0.03	0.97

生产性和建设事务支出的变动存在着显著的地区差异性。优化后工矿制造业公共投入比优化前下降的省(市)共有12个,其中北京、浙江、江苏均属中国最为发达地区,山东、辽宁、黑龙江、天津、山西则可归入工业制造业基础较好、资本积累程度较高的省(市);投资降幅最高的前三位是北京、山东和江苏。以上地区之所以出现生产建设投资方向变动,是约束条件与目标函数共同作用的结果:一方面,发达地区在经历了过去十几年的资本积累和深化后,生产性资本和基础设施已经比较充足,甚至过度,厂房设备、运输、动力等资本性公共产品可能接近饱和,导致生产性公共资本边际产出即投资回报率的下降,在系统优化模型中财务及盈利性约束条件的限制下,这类投资再无增长空间;另一方面,省际人均收入公平化的目标函数也要求避免在发达地区重复投资,引导产业与基本建设投资更多地倾向于资本稀缺而边际收益较高的落后地区,以促进后进省(市、自治区)的物质基本积累、从而带动经济增长。余下的4省(市、自治区)为内蒙古、宁夏、青海、新疆,上榜理由多半是产出对公共生产性投资的弹性(公式5-1中的γ^2)较低。此外,同属经济强省(市)的上海、广东、福建等地生产性投资并未明显降低,不仅由于该地区在国家经济总量和就业中所占的比重较高,更重要的在于,这些省市资金和盈利约束条件都是松弛

的，说明其公共资金利用效率和公共投资回报率仍旧较高。

对于多数发展中和欠发达省（市、自治区），支持工矿企业的生产性支出和基础设施建设支出仍对包括经济增长在内的各项社会发展指标具有积极的效应。四川、河南、贵州、安徽、吉林是制造业公共投资提升规模最大的前 5 个省；而交通电信建设投入优化前后增幅最大的包括四川、云南、贵州、广西和湖南。生产型经济建设支出能够对经济增长产生正向的影响，说明私人部门的生产活动仍需政府提供必要的外部条件和基础配套设施。现实状况往往是，越是落后的地区，基本建设费用越得不到保障，水电设施、交通运输、仓储设施、产品市场及服务设施等基础设施越落后，越不利于当地的经济发展和居民增收。在这种情况下，公共部门的固定资产投资不仅能够直接驱动地区内的经济增长，更能对拉动民间资本起到重要的正外部效应，所以在不发达地区，公共经济建设投资及政府的参与对经济发展的作用十分重要，生产性公共支出无论对经济增长还是居民生活仍具有显著推进作用，与在经济发达地区的负向变动形成鲜明对比。值得注意的是，在少数市场化程度较低、公共财政收入能力较弱、资金利润率不高的偏远省、自治区，如宁夏、青海、新疆、甘肃等，工业生产性投资的提升率远低于其他发展中省（市、自治区）。

在农业占总产值比重较高、农村人口基数大的省、自治区，如广西、河南、湖南和新疆等，公共投资结构优化非常强调农业和基础设施建设投入。政府支农投入的力度加大，尤其是强化农业科研与农业科技推广投资，将直接促进农业生产率的提升和农业现代化的进程，帮助农业大省（市、自治区）从地区发展的颈瓶挣脱出来，追赶经济强省（市）的步伐，同时缓解增收及就业能力不足并缩小地区差距；而农田水利、电信和道路等基础设施投资在广大不发达地区依然存在可观的边际报酬率，是改善农村地区的经济实力和发展质量的基础。

优化之后医疗卫生投资在大多数省（市、自治区）都有提高，作为推动全要素生产率增长的重要因素，这类投资对提高人力资本积累和社会就业水平有不可或缺的影响。从投资增长的区域差别来看，较发达省（市、自治区）的增长幅度低于发展中和农业大省（市、自治区），从中不难推测，不发达地区在医疗条件与有效劳动力方面仍和全国水平存在较大差距，且由于农村医疗卫生资源的匮乏，农民有病无钱医治，无条件医治的情况更为普遍。如果无法提高落后地区医疗卫生投入水平，建立完善的农村社会保障体系，提高医务资源和医疗从业者的质量，人力资本素质和健康水平可能成为制约整个国家经济、居民就业和福利水平进一步增长的软肋。

同为人力资本积累推动力的教育投资在变动上的地区性差异更为引人注目。公共教育投入在大部分省(市、自治区)的增长幅度很小,个别发达省(市、自治区)甚至负向变动,仅在小范围民族地区较高的提升,从表面上看,这样的结果似乎与内生经济增长理论预期及政府对教育的重视程度相悖。虽然劳动力在接受良好教育后能产生更高的生产效率,但由于滞后期较长,其改善生产要素质量的长期效应很难在本章的两期模型中充分体现,反而,政府教育投入的增加会降低居民可支配收入,对提高当期增长率和消费水平的目标造成阻碍,因而形成了"教育支出在全国范围内广泛地压缩"的结果。这是本章研究方法上的局限性,不应当抹煞教育和人力资本对国家长期发展的战略性意义及其在持续性经济增长中所发挥的重要作用;未来如果能在现有模型的基础上延长考察年限,将比较静态转化为动态分析,可能会得到不一样的结论。

绝大多数发达省(市、自治区)住房保障的公共投资增长率不仅为正,而且要明显高于其他地区,这与富裕省(市、自治区)在住房上的强烈需求有关。现实中,发达地区大中城市房价飞涨的幅度已经远远超过了普通居民的消费能力,亟须政府大力加强廉租住房、经济适用住房和政策性租赁住房等社会保障性住房建设,改善人民群众的居住条件,缩小发达地区居民在人均居住面积上与其他省(市、自治区)的差距。

表 5 - 7 计算了各省(市、自治区)在人均 GDP、效用、就业率和住房条件这 4 个指标上的表现。在全部 28 省(市、自治区)中,个别省(市、自治区)由于公共资源的省际重新分配而导致部分发展指标值降低。例如,青海的人均 GDP 略微降低,但居民消费却随着公共产品供给增加而有所提高;天津仅仅提高了人均居住条件。大多数省(市、自治区)则在全部 4 项指标上有所改善。如果根据指标划分,住房条件改善的省(市、自治区)数最多(28 个),居民消费水平提升的有 27 个,人均 GDP 和就业率提高的省(市、自治区)数均为 26 个。优化前人均收入较低的贵州在增长指标上的进步幅度最大,人均 GDP 增长了1.65个百分点,在所有省(市、自治区)中排名第 1,同时其住房、效用和就业水平也分别提升了 0.35%、1.49%和 0.36%。总体看来,发展水平较低的省(市、自治区)将在最优公共投资战略的推动下、获得高于发达省(市、自治区)的发展速度,因此,区域差距也会随之缩小。

表 5 - 7　　各地区优化后 4 项指标增长率　　单位:%

地区	GDP	效用	失业率	人均居住面积
北京	0.09	0.43	—0.05	0.68

续表

目标函数变动率	GDP	效用	失业率	人均居住面积
上海	0.37	1.61	−0.22	0.87
广东	0.14	0.95	−0.31	0.43
江苏	0.04	0.21	−0.06	0.40
浙江	0.05	0.23	0.03	0.36
福建	0.25	1.03	−0.27	0.49
山东	0.04	0.12	−0.06	0.19
辽宁	0.02	0.06	0.02	0.08
四川	1.58	1.66	−0.31	0.35
湖南	1.13	1.42	−0.23	0.25
湖北	0.72	0.91	−0.15	0.16
黑龙江	0.01	0.03	−0.01	0.17
河北	0.61	0.87	−0.08	0.06
天津	−0.03	−0.02	0.05	0.13
河南	1.07	1.52	−0.16	0.23
安徽	1.32	1.26	−0.09	0.27
陕西	0.16	0.10	−0.17	0.20
广西	1.36	1.70	−0.28	0.30
云南	0.99	0.89	−0.22	0.21
吉林	0.95	1.18	−0.33	0.06
山西	0.11	0.07	−0.12	0.14
江西	0.26	0.16	−0.28	0.32
甘肃	0.08	0.09	−0.03	0.02
内蒙古	0.38	0.47	−0.13	0.12
宁夏	0.02	1.21	−0.13	0.26
青海	−0.06	1.27	−0.02	0.32
贵州	1.65	1.49	−0.36	0.35
新疆	0.62	1.10	−0.27	0.37

末了，以上结果对公共投资政策制定的启发可以归纳为以下几点：

第一，作为基本公共服务的提供者、生产活动的协调者和一定程度上的干预者，评价政府职能的标准并不是简单的经济增长率或者效率，而需要综合考虑社会福利总水平的改善程度和地区间福利发展的均衡，促进地区公共服务公平化与经济协调发展。因此，公共投资的职能实质上是提供基本公共产品与适配性的公共服务，而非专注于生产性财政支出、简单地通过支出竞争增加生产性投入。在增长和民生多目标提下形成的公共支出规模和结构的平衡和优化,不但能够使地方政府规避陷入恶性税收与财政竞争的陷阱,而且可以提高中央及各级政府的政策预期与宏观调控能力。从根本上讲,公共投资水平与分配的优化过程也是政府在职能转变上的积极尝试,有助于公共部门经济和政治资源的扩展和深化,改善政府的社会治理能力。

第二,公共支出结构的优化有助于明确地界定各省(市、自治区)政府主要的公共支出责任,对强化政府的主体地位和责任感具有积极的效应。现行的分权框架是在理论和经验的基础上形成的,在执行力、可信度和灵活性上均有待完善与补充。多目标优化模型从形式和内容上清晰地计算出各省(市、自治区)政府在经济、产业与社会保障的发展中的义务,提供了明确有效的职能边界,大大压缩了地方政府行政不作为、低效率和执行的寻租空间。而一旦地方政府能够依据最优方案保质保量地提供公共产品,中央在将在返权方面更有信心,执行更加规范的财政转移支付制度,赋予地方更多的资源和权利以提高公共服务的质量;另一方面,在明确自身责任的基础上,地方政府能够制定并实施合理的收入分配及地方举债政策等。

第三,各省(市、自治区)公共支出需要与地区开发政策相匹配,保证投资政策方向与资源财力的一致性,避免地方政府之间盲目与恶性竞争导致的资源浪费。地方财政支出可以与本身的基本发展情况、财政能力、地区功能定位有机地结合,具体情况具体分析,实施相应的发展策略,整体推进政府投资与服务、产业、土地、环境、人口政策的协调与配套,对与目标体系相冲突的项目减弱支持力度,对与整体利益相和谐的产业要给予财政扶持与帮助,提高公共支出方向的精度,充分发挥财政政策的矫正外溢性效用,以实现地区经济的协调繁荣发展。当前,政府职能正向公共品和公共服务领域逐步回归,而在这一过程中,只有充分了解并掌握各地的特殊需求,才能因地制宜地增加和改善公共品供给的战略规划。

本章小结

国家的发展是一个多元化的目标体系,并且国家内部不同区域间也存在目标差异和利益冲突,而有限公共资源的分配和使用需要兼顾各方并使之趋于一致,因此将多目标决策模型引入公共投资管理十分必要。基于这一研究思路,本章构建了财政预算、投资成本、盈利性和人事约束下的公共投资多指标规划模型，确立了两个层次的优化目标——在提高国家总体的经济和社会发展水平的同时，还要缩小区域间差异。在发展指标选择上，从经济增长、居民生活、就业和居住这四方面出发，选取人均 GDP、效用、失业率和人均住房面积作为优化目标，同时兼顾降低以上 4 项指标的省(市、自治区)际方差。这样能够较好平衡不同发展目标及不同地区之间的关系，有效防止公共政策追求单一目标导致的发展困境。

本章进一步将上述决策机制应用于中国的省(市、自治区)际实际数据，模拟了公共决策者完整的交互式抉择过程，通过反复集聚和过滤，最终在多样化的有效解集中选择出最满意的公共投资方案。由于规划模型的非线性特征，本章运用基于元启发式算法的 SSPMO 方法进行求解，得到包含 33 660 个解的有效集。为了协助决策者从中选择最终解，反复使用过滤和集聚工具，利用决策者的局部偏好不断缩小 Pareto 前沿面积直到找到最满意的解。根据最终确定的投资方案，政府能够通过扩张公共投资总规模约 11.8%，同时实现人均 GDP、消费、就业和住房这 4 类指标的水平提升连同方差降低。改善效果最明显的是平均消费水平，提升了 0.7%；GDP 增长效果稍低，提高了 0.5%；其余 6 项指标提升幅度均在 0.2—0.5 之间，因此可以认为这是一个平衡了增长与发展、总量与公平的折中性方案。公共投资优化策略下的区域发展与实际情况相比，93%的省(市、自治区)同时提高了人均 GDP 和就业率，居民消费水平上升的占 96%，而全部省(市、自治区)都或多或少实现了居民住房条件的改善。通过优化，多数原本人均收入较低的省在目标函数提升幅度上超过了发达省(市、自治区)，在一定程度上达到在保持经济增长的同时，提高区域间的公平度。

虽然多目标规划模型能够涵盖并融合不同目标，但是目标函数的设立包含着大量的主观成分，所以政府自身素质和能力的培养，以及对国家和区域发展特点的识别性和敏感性的提高，对制定合理的预期发展目标至关重要。同时，在寻找最优解的过程中，决策者偏好直接影响着求解结果，因而需要决策者积极地发挥主观能动性，正确认识并传达自身的偏好信息，并将其在模型中合理体现。这些都是将多目标规划模型正确应用于公共投资决策管理的关键。

第六章 公共财政与政府债务：基于动态 CGE 的中国公共债务情景预测与风险分析

表面看来，债务问题似乎不会对中国政府造成困扰——根据《预算法》，地方政府既无财政赤字也无自主债务，而 2013 年国家外债余额仅占 GDP 的 9.6%。然而，尽管当前中国公共财政状况尚无近忧，但仍需未雨绸缪：政府或有债务（contingent liabilities）和隐性债务（implicit debt）长期存在，构成了财政稳定的潜在威胁；面对全球金融危机和人口老龄化等不利的外部条件，中央政府将扩张性财政政策看作刺激经济平稳增长的强心剂，以致赤字和发债偏好继续增强，而地方早已视举债为推动地区经济增长的重要手段；未来经济乃至财政收入可能长期保持"常态"甚至"低"增长。以上各种不利因素共振，使得全面评估和预测公共债务风险成为必要。

鉴于此，本章在动态 CGE 框架下，利用 World Bank 设计的 DSA（Debt Sustainability Analysis）模型，对中国未来 10 年间的经济增长、税收和公共债务演化路径进行描绘，并基于 Monte Carlo 随机模拟、估计未来宏观经济波动对债务水平的冲击。此外，作为中国最重要的税制改革之一，营业税改增值税无疑将与公共债务水平息息相关：它不仅直接影响着国家税收收入以及预算平衡，更将通过国民收入→税基、投资需求→利率、国民收入→储蓄/消费→利率等各种错综复杂的传导途径和回路作用于债务水平。想要全面窥探增值税扩围的影响，仅仅从静态层面测算营业税的减幅和增值税的增幅是不够的；而将其纳入一般均衡框架，才能从关联互动的动态视角、探析税制改革对整个经济系统的后续影响。因此，本章建立两类政策情景——全面营改增和无税制改革，比较分析不同情景下债务风险的动态差异。

基于上述分析方法，在考虑地方政府债务的基础上，本章测得中国公共债务警戒值约为 GDP 的 72%。为了考察未来 10 年的公共债务动态，将 World

Bank 债务可持续性分析 DSA 模型与动态 CGE 相结合，模拟出债务—GDP 之比将由 2014 年的 40.07%提高到 2025 年的 65.53%；全面实施增值税扩围改革将引发 GDP 和税收收入暂时加速增长及总量抬升并降低利率，使 2025 年债务减至 48.68%。将宏观经济风险引入后的随机 Monte Carlo 模拟描绘了预测期各年的公共债务概率分布，增长、利率和汇率冲击可能导致债务水平波动、并将其超过警戒值的概率最高提升至 10%；而营改增则能使债务路径在整个预测区间内保持在警戒值以下。

第一节　公共债务风险及可持续性的文献综述

在中国财政及债务的可持续性研究方面，已有不少学者在计量检验方面作出了贡献。周茂荣和骆传朋(2007)基于 1952—2006 年时间序列分析，得出"中国财政在 1%的显著性水平可持续"。郭玉清和杨栋(2008)的三变量误差修正模型检验得出中国政府预算支出与收入之间存在长期以支定收的平稳因果联系，所以赤字和债务规模尚能维持。李辉文(2009)基于结构突变 *BP* 法证实中国公共财政目前尚可持续，但是政府对未来可能的财政隐患反应不足。邓晓兰等(2013)指出中国政府债务水平仍处于比较合理的水平，并且是中国经济长期增长的重要因素。黄显林(2014)认为中国现今政府赤字水平较低，能够扩大赤字规模、货币化公共债务以刺激经济发展。这类方法通常将"跨期预算约束"作为债务持续与否的标准，通过单位根或协整检验以考察赤字和债务的均值回归(mean-reversion)特征，重要缺陷包括：第一，研究结果往往因方法和样本而异，因而很难就债务的平稳性得出盖棺定论；第二，时间序列计量方法无法考虑地方政府的隐性和或有负债(因为目前仅有 2010 和 2012 两年的官方地方政府债务统计数据)，只能将政府赤字和显性债务作为研究对象，进而得出相对乐观的结论。

从一般均衡模型对公共债务的应用研究来看，Arellano(2008)将 DSGE 模型应用于主权债务危机的分析，但是其中的外生利率更适合小型开放经济体，而非中国这样的大型"闭合"经济。Doi 等(2011)建立动态 CGE 预测了不同给定利率与增长率组合情景下的公共债务状况。Erceg 和 Lindé(2013)基于开放 CGE 模拟了增税和减支对于欧洲诸国缓解债务危机的可行性，提出了增强财政可持续性的最优策略。Tourinho 等(2013)预测，拉美国家至少需要占 GDP3.09%的财政盈余才能维持 40%的债务与 GDP 之比，而超过这一水平的债务都将是不可持续的。以上大部分研究将利率作为外生变量——这一假定显然外生更适合小型开放经济体,而非中国这样的大型“闭合”经济;虽然Sakuragawa 和 Hosono(2011)将 CGE 模型中的利率内生化,但却未能详解内生经济增长对财政可持续发展的意义。

CGE 框架一直是分析税收影响的主要工具。Diamond 和 Zodrow(2013)从 1998 年至今便致力于将 CGE 与 OLG 模型结合,动态地审视美国近 10 年来各主要税收调整措施的经济和福利效果,包括改个人资本所得税附加为消费税、降低赤字弥补专项税、州收入税改零售营业税、企业所得税削减、2014 年 Chairman Camp 税制改革草案。TOH 和 Lin(2005)分析了中国 1994 年税制改革,尤其是工业企业产品税改增值税,对中国行业产出、经济效益、价格水平等的影响。Giesecke 和 Tran(2010)比较了单一税率增值税与多重税率、多层减免与返还的复杂增值税体系,认为前者有助于提升整体经济效益,而后者则有益于分配公平。Radulescu 和 Stimmelmayr(2012)建立动态 CGE 模型,模拟了德国企业所得税改革对企业跨期投资决策的影响,以及 GDP、国民消费和居民效用等宏观经济变量所受的波及。程子建(2012)利用投入产出方法测得,增值税扩围改革将改善居民福利,但具有累退性。蒋云赟(2013)关注代际均衡,认为增值税扩围的同时需要提高营业税税率,才能缓和中国目前的代际不平衡状况。田志伟和胡怡建(2014)使用 CGE 模型,动态地预测增值税扩围将使国家税收收入先下降再回升,并在短期内提高经济增长速度、在长期内提高经济总量。然而,大部分研究的重点在于税收的产业及宏观经济影响,对政府财政的关注度较低(通常将财政支出作为给定变量、仅考虑收入变动),对债务动态发展的探讨更少。

基于上述三类研究,本章的边际贡献在于:第一,相较于计量方法对历史数据的过度依赖,本章“向前看”——将截至 2012 年底的地方政府债务余额考察范围、利用 DCGE 模型预测未来公共债务的走势。第二,将利率和增长率内生化,而非作为外生变量:近年预算赤字与公共债务不断累积,政府债券实际利率却长期保持低位、没有积极应对,公共债务的利率效应并不明显;内生化利率意在探究政府债务与利率之间的相关性,模拟利率不受管制的完善市场环境,为中国利率市场化改革提供公共债务角度的测评。第三,将 CGE 模型的关注重点从对产业和增长扩展至公共财政和债务,使公共投资与产业变动挂钩,不再将政府行为全盘外生化。

中期财政预算框架(Medium-Term Fiscal Framework, MTFF)的概念由

世界银行提出，旨在为预测经济发展前景、评价财政政策的可行性提供决策性的基础。与现有的政府年度预算体系相比，中期财政预算的主要不同点在于：①规划时间长，一般为 10 年左右，可以将价格波动、结构调整及经济周期的因素包括在内。②以总量指标为主要关注对象，充分考虑宏观经济环境、公共收支、政府投融资及借贷之间的关联与反馈，具有全面性和战略指导性。③将一般政府预算中无法体现的政府隐性负债，或有负债纳入考察范围，全面评价其债务安全及财政稳定（World Bank，2010）。综上，中期预算有助于政府规划财税改革，编制财政法规，控制支出规模和结构，制定投融资框架、策略及方案。

中期预算的核心在于公共债务的可持续性：政府能否在未来 5 到 10 年间维持稳健的财政能力，在切实满足各方面必要的支出需求的前提下，避免由于债务累积而造成的负担或波动。公共债务可持续性分析着眼三个方面——现有的公共收入、支出的总量和结构，由财政赤字、债务清偿所带来的政府融资需求，最佳的融资手段和策略（World Bank，2012）。政府的偿债能力和融资手段的使用对经济和社会生活有着深刻的影响：增加货币供给可能会导致通货膨胀；动用外汇储备不仅可能带来本国货币的升值，甚至可能导致私人资本外逃；举借外债可能造成主权债务危机；增发国内债务又会抬高利率挤出私人投资。欧债危机给我们的启示是，政府一方面要从民生出发扩大和完善公共服务，另一方面也要防止过度的财政赤字和公共债务。中国财税体制改革方案的各个组成部分，无论是税制改革、支出结构调整，还是转移支付体制、国有资产管理制度的改进，都将影响中长期内公共债务的动态；因此，维护中期财政预算的稳定性和平衡性，也应该是“十二五”期间财税改革的目标之一。

中期财政预算框架模型可以分解为 3 个子模型。宏观经济模型，涉及经济增长、价格水平、利率、汇率、人口增长等指标和变量；预算与融资模型，主要研究政府税收和非税收收入、经常性支出（工资、养老金、转移支付、利率支付）和资本性支出、融资需求和融资方式等；债务模型，包括各种债务工具，以及政府的或有债务。在模型的具体构建上，首先掌握宏观经济环境、公共财政、政府债务这 3 大模块之间联系和反馈的规律，然后在此基础上，对未来中期内的关键经济和财政指标进行合理的预测，尤其重点对公共债务的存量、债务变动状况、政府偿债能力、财政平衡情况进行展望和评估，最后通过敏感度分析和随机模拟，考察财政能力的稳定性和抗风险性，即：当出现诸如经济增速放缓、汇率变动、生产原材料成本上涨、工资上升或养老金需求增加、重大自然灾害等情景时，政府的财政压力和债务负担会与预期情景发生什么样的偏差。

第二节　中国公共债务风险警戒值的初步估计

2010年11月末，中国人民银行、银监会和审计署从不同统计口径公布的地方政府债务规模分别为14万亿元、9.09万亿元和10.72万亿元，而全国地方政府的实际收入为72 960亿元，债务率高达146.89%（朱孟楠、叶馨蔚，2012）。这是政府负有偿还责任，负有担保责任，以及可能承担一定救助责任的债务总和（审计署，2011），即政府的显性和或有负债。除此之外，大量的隐性负债也使不少地方政府财政举步维艰。隐性债务来源繁多，大致包括国有企业亏损的转嫁、对国有银行和其他金融机构不良资产以及呆坏账的救助、社会保障欠款和养老金收支缺口，以及粮食企业亏损挂账（刘少波、黄文青，2008）。表6-1粗略估算了中央和地方政府公共债务的各种可能来源。欧盟《马斯特里赫特条约》规定，各国政府公债占名义GDP的比重不得超过60%（刘蓉、黄洪，2012），中国的显性、隐性及或有债务之和，已经接近这一水平，如果这些债务缺口无法得到很好的弥补，将会对宏观经济产生显著负面影响，威胁中国经济安全与社会稳定。

考虑到或有及隐性债务的惊人规模，本章将政府对国企亏损救助、国有商业银行的不良资产和政府融资平台（城市投资开发公司）的债务纳入中期预算框架；而其他或有隐性债务，由于信息记载和披露的不透明性，统计困难，数据无法精准掌握，将留待后续研究再作考虑。在进入中期财政框架债务预测模型之前，本章首先利用国际通行的规则对中国公共债务的风险状况和警戒值进行初步的预估，为后文的预测提供参照系。

表6-1　　中国公共债务风险可能来源（2010年底）

来源	估算方法	债务规模（亿元）	数据来源
中央财政债务国内债务	官方发布	71 410.8	《中国统计年鉴》
全国外债余额（美元）	美元余额（6 950）* 汇率	44 480	《中国统计年鉴》
中央和地方财政支出—收入缺口	中央和地方财政支出（89 874.16）—中央和地方财政收入（83 101.51）	6 772.65	《中国统计年鉴》
融资平台公司政府性债务	审计署官方发布	49 710.68	全国地方政府性债务审计结果，审计署104号文件

续表

来源	估算方法	债务规模(亿元)	数据来源
财政部代理发行的地方政府债券(2009、2010)	官方发布	4 000	《2009、2010年地方政府债券预算管理办法》
地方政府使用的国债项目配套资金	1998—2003长期建设国债9 100亿元,与配套资金之比1∶2.7,假设地方政府承担50%	12 285	人大公报《关于长期建设国债投资使用情况的报告》
国有企业亏损缺口	国企累计亏损7 531亿元,假设政府承担50%	3 765	中国国家统计局统计数据发布
粮食企业亏损挂账	粮食企业亏损挂账2 400亿元,假设政府承担50%	1 200	赵文先,2010
金融机构的不良资产	全国国有银行不良贷款约3.5万亿元,假设政府承担10%	3 500	银监会统计信息
社会保障资金缺口	养老金收支缺口	37 000	《中国养老金发展报告2011》
债务总额		232 724.84	
债务—GDP之比		58.31%	

注：本章估计的政府债务率之所以高于各类官方统计,是因为包含了国企累积亏损、隐性社保债务这两大项,这些缺口并不会完全转化为政府债务负担,但确实存在着一定的可能性,因此计算在内。

2012年,IMF和世界银行国际发展联合会(The International Development Association)设计了对中低收入国家公共债务警戒值(thresholds on public debt)的估计方法,一旦国家债务超过这个警戒值,便有可能在未来陷入债务困境或危机。IMF-IDA(2004、2012)利用Probit模型,将债务指数、国家政策与治理(Country Policy and Institutional Assessment, CPIA)评级以及其他宏观经济控制变量作为自变量,来评价一个国家出现主权债务危机的可能性——债务指数越高、制度建设水平越低,主权债务清偿的能力越低(Pradelli, 2012)。本章将这个模型应用于21个主要中等收入及以上国家2000—2014年面板数据,具体形式如下：

$$P(Y_{it}=1)=F(\beta_0+\beta_1 DEBT_{it}+\beta_2 HIC_{it}GROWTH_{it}+\beta_3 CREDIT_{it}+\beta_4 GROWTH_{it}) \quad (6-1)$$

其中,如果国家遭遇债务困境,则$Y=1$,否则$Y=0$;P代表出现债务困境的某一可能性。F代表累积分布函数,$DEBT$为公共债务占GDP的比重,

CREDIT 为标准普尔 2012 年国家信用风险等级(由于 CPIA 评级仅针对中低收入国家),GROWTH 为实际 GDP 增长率,HIC 为代表中等收入国家的虚拟变量。

表 6-2　　债务危机影响因素模型结果

	distress		distress
debt	1.566***	growthhic	−6.960***
	(1.73)		(−0.55)
growth	0.041*	_cons	0.267
	(0.23)		(0.20)
credit	−0.753***	N	210
	(−1.93)		

注:t statistics in parentheses; * $p<0.05$, ** $p<0.01$, *** $p<0.001$。

模型估计结果如表 6-2 所示,公共债务占 GDP 比重每增加 1 个百分点,债务危机的可能性将会增加 1.6 个百分点;国家信用等级的提升对债务危机有显著的抑制效应。值得注意的是,经济增长并未像预期的那样起到缓解债务压力的作用,相反却推波助澜,主要原因可能是大多数(发展中)国家经济的高速增长主要是依赖于借贷投资;这点清晰体现在 GROWTHHIC 变量的系数中——增长率和高收入国家虚拟变量的乘积——高收入(发达)国家由于经济结构合理、消费需求是经济增长的主要驱动力,因此增长能够显著地降低公共债务负担。这个结论也从公共债务方面说明了中国转变经济增长方式、改变对投资(尤其是公共投资)过度依赖的必要性和迫切性。

模型对债务困境在各国爆发的可能性预测结果如图 6-1 所示。中国 12%的概率虽然远远低于债务稳定性极差的国家如意大利、西班牙、巴西、印度尼西亚等,但是在大国范围内,却比美国、德国、英国、澳大利亚甚至俄罗斯等主要经济体高得多。

根据 IMF 的调查,2006—2008 年间有 37 个国家出现了公共债务困境,其中 2/3 国家的公共负债率仅在 15%—20%之间,仅有少数几个达到 70%—80%的高水平。因此,我们将 15%作为债务警戒值概率,对模型求反函数,并代入各国 2014 年具体的 GDP 增长率和信用等级,即可得到一国的债务警戒值(见式 6-2)。表 6-3 展示了主要国家债务警戒值的计算结果,根据中国目前经济形势,公共债务警戒值约为 72%,高于当前实际的债务比重;然而,如果

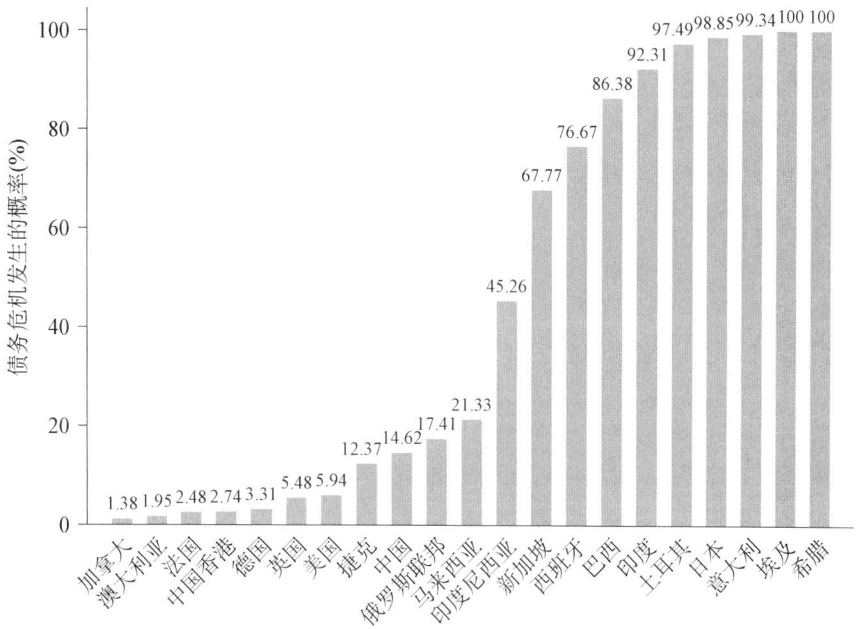

图 6－1　各国(地区)发生政府债务危机的可能性

再加上各种城投债等隐性负债,可能实际债务负担已经越过了这道警戒红线。

$$\overline{DEBT_{it}} = (F^{-1}(P(Y_{it} = 1)) - (\beta_0 + \beta_3 CREDIT_{it} + \beta_4 GROWTH_{it}))/(\beta_1 + \beta_2) \qquad (6-2)$$

表 6－3　各国公共债务警戒值比较

国家	公共债务占 GDP 比重警戒值(%)	GDP 增长率(%)	标普国家信用评级
中国	72	7.4	AA－
印度	68	10.09	BBB－
日本	91	3.96	AA－
埃及	77	5.15	B
加拿大	89	3.22	AAA
美国	90	3.03	AA＋
巴西	65	7.49	BBB
法国	79	1.38	AA＋
德国	90	3.56	AAA

续表

国家	公共债务占 GDP 比重警戒值(%)	GDP 增长率(%)	标普国家信用评级
希腊	—	−4.35	SD
意大利	62	1.3	BBB+
俄罗斯联邦	59	4	BBB
西班牙	54	−0.15	BBB−
英国	88	1.35	AAA
澳大利亚	87	2.68	AAA

第三节　动态 CGE 框架下的公共债务模型结构

本章将标准动态 CGE 模型与 World Bank 提出的 DSA 模型相结合，对 2016—2025 年间的公共债务水平进行预测。选择 CGE 模型的理由在于：①避免了计量方法对公共债务时间序列数据的依赖，仅依靠 $t=0$ 时期的初始值，根据生产者和消费者最优决策内生性地逐年递推求解产出、市场利率、财政收入与支出、政府债务等关键变量；②作为 CGE 数据基础的 Leontief 投入产出分析严格地区分了中间产品投入和创造新增价值的劳动资本投入，因而便于模拟增值税和营业税、调整两税种的产业覆盖范围；③能够在②的基础上建立具体的税制改革情景，预测分析改革对产业及经济结构的影响。①

一、生产部门

产品总产出 X 计算自 Leontief 生产函数，增加值 Y 则利用 CES 生产函数：

① 需要承认，新古典 CGE 方法在反映中国制度因素、特殊情况等方面有局限性。例如，由于所有内生变量的求解均服从经济主体最优选择，实质上模型包含了产品要素市场完全竞争的隐含假设；由此解得的利率和政府收入没有体现中国利率非市场化和土地财政等突出国情。但是，自由利率和不考虑政府土地收入只可能使政府债务问题更加突出和恶化；既然本章的目的在于预警，那么考虑最坏的情况比考虑较好的情况可能更加具有警醒意义。此外，本章将政府对各产业的生产性投资内生化，而非像以市场化或发达国家为对象的国外文献那样将其作为外生变量，在一定程度上体现了中国政府引导下的产业结构变动，以及政府投资在经济增长中的重要地位。

$$X_{j,t} = \min\{Y_{j,t}/a_{oj}, DI_{1j,t}/a_{1j}, \cdots\},$$
$$Y_{j,t} = \phi_j[\delta_j L_{j,t}^{(\rho_j-1)/\rho_j} + (1-\delta_j)K_{j,t}^{(\rho_j-1)/\rho_j}]^{\rho_j/(\rho_j-1)} \tag{6-3}$$

其中，DI：中间产品投入。由普通 CES 生产函数得到的 Y 仅是由劳动和资本等生产要素所创造的新增价值（最终产品）而非总产出；总产出 X 还包含生产过程中消耗的其他产业产品（中间产品），而这部分价值无法由 CES 函数体现。根据 Leontief 投入产出技术关系，增加值 Y 除以要素消耗系数 a_0 即可得 X，同时中间投入 DI 除以中间产品直接消耗系数 a 也可得 X；如果投入配比合理，则有 $DI_{1j,t}/a_{1j} = DI_{2j,t}/a_{2j} = \cdots = Y_{j,t}/a_{0j}$；但某些投入可能过剩，所以取最小结果。这种将最终产品转化为总产出的处理方法在 CGE 分析中比较常见（International Food Policy Research Institute，2002；Jung 和 Thorbecke，2003；New Zealand Treasury，2007；Andre，2009；Zhang，2013；林伯强和牟敦国，2008；查冬兰和周德群，2010）。

资本存量 K 由上期资本存量与当期投资 IND 决定：

$$(1+n)K_{j,t+1} = (1-\delta_j)K_{j,t} + IND_{j,t}$$

上式中，n：人口增长率，δ：折旧率。投资总量包括私人投资 IND^P 与公共投资 $GINV$：

$$IND_{j,t} = IND_{j,t}^P + GINV_{j,t}$$

政府对 j 产业的投资额不受市场利率影响、只随该产业产出水平变动：

$$GINV_{j,t+1} = GINV_{j,t}(X_{j,t+1}/X_{j,t})$$

私人投资由企业最大化利润减去投资成本的决策决定：

$$\max \sum_{t=1}^{T}(1/r_t)^t(r_{j,t}K_{j,t} - Kp_t IND_{j,t}^P)$$
$$s.t.\ r_{j,t}K_{j,t} = Pp_{j,t}X_{j,t} - w_t L_{j,t} - \sum_i Fp_{i,t}DI_{i,j,t} - \tau_K r_{j,t}K_{j,t}$$

Kp——资本价格；

Pp——生产者价格；

Fp——要素价格；

$DI_{i,j,t} = a_{i,j}X_{j,t}$——中间投入；

τ_K——资本税率。

企业要素跨期优化的 F. O. C. 为要素边际产品等于价格：

$$\frac{L_{j,t}}{K_{j,t}} = \left[\frac{\delta_j}{1-\delta_j}\frac{r_{j,t}(1+\tau_K)}{w_t}\right]^{\rho_j} \tag{6-4}$$

企业最优投资规模通过均等化投资边际成本与资本边际收益 mb 决定。mb 是实物资本现在及未来边际收益的贴现总和：

$$mb_{t+1}(1-\delta) = mb_t(1+r_t) - r_{t+1}(1-\tau_{K,t+1}) - Kp_{t+1}(1+IND_t/K_t)$$

这样，可以通过两个渠道影响企业投资决策：资本品购买价格和生产者价格分别对私人投资需求产生抑制和积极作用。

资本平均价格为：

$Kp_t = \prod_i (Fp_{i,t}/\gamma_i^{INV})^{\gamma_i^{INV}}$，$\gamma_i^{INV}$：资本品 i 在固定资本形成总额中所占的固定比重。

二、居民部门

假定居民具有对数形式的即时效用函数，最大化跨期效用如下：

$$\max u = \sum_{t=1}^{T}(1+\rho^H)^{-t}\ln(C_t/Cp_t) \tag{6-5}$$

ρ^H——时间偏好率；

Cp——消费者价格；

C——总消费。

预算约束为：$S_t = (1-\tau_i)w_t LS_t + \lambda_H \sum_j r_{j,t}K_{j,t} + GT_t + D_t r_t - C_t$。其中，$S$：储蓄，$LS$：劳动供给，$\lambda$：居民接受的资本收入占比，$GT$：政府转移支付，$D$：公共债务，$\tau_i$：劳动收入所得税率。

根据 F. O. C.，居民最优消费路径取决于利率与贴现率之比：

$$C_{t+1}/C_t = (1+r_t)/(1+\rho^H) \tag{6-6}$$

最优总消费决定之后，利用线性需求系统模型（linear expenditure system）计算消费支出在各类产品上的分配 Ci：

$$C_{i,t}Cp_{i,t} = \alpha_{i,t}^C Cp_{i,t} + \gamma_i^C(C_t - \sum_{ij}\alpha_{i,t}^C Cp_{ij,t})$$

其中，α_i^C：产品 i 的必需消费支出，γ_i^C：产品 i 在居民消费预算中的边际份额。

三、税收部门

本章将多种税收引入模型(尽管有些并未被使用到)，以便模拟各类税制改革情景。设 τ_j 为行业 j 的法定税率，设产业 m 征收营业税、其余则征收增值税，则产业 j 的税负额 Ti 为：

$$
\begin{aligned}
T_j &= \tau_j Pp_j X_j,\ j = m \\
T_j &= \tau_j Pp_j (1 - a_{jj}) X_j - \sum\nolimits_{j \neq k} \tau_k Pp_k a_{kj} X_j,\ j \neq m
\end{aligned}
\tag{6-7}
$$

其中，Pp：生产者价格，X：行业总产出，FG：最终产品。加总所有纳税行业，则流转税收入总额如下：

$$
\begin{aligned}
T &= \sum\nolimits_j T_j = \sum\nolimits_{j \neq m} \tau_j Pp_j (1 - a_{jj}) X_j - \sum\nolimits_{j \neq m} \sum\nolimits_{k \neq j} \tau_k Pp_k a_{kj} X_j + \tau_m Pp_m Q_m \\
&= \sum\nolimits_j \tau_j Pp_j X_j - \sum\nolimits_{j \neq m} \sum\nolimits_k \tau_k Pp_k a_{kj} X_j \\
&= \sum\nolimits_j \tau_j Pp_j FG_j + \sum\nolimits_j \sum\nolimits_k \tau_k Pp_k a_{kj} Q_j - \sum\nolimits_{j \neq m} \sum\nolimits_k \tau_k Pp_k a_{kj} Q_j \\
&= \sum\nolimits_j \tau_j Pp_j FG_j + \sum\nolimits_j \tau_j Pp_j a_{jm} Q_m
\end{aligned}
$$

四、政府部门与公共债务：世界银行 DSA 模型

政府行为采用 World Bank 债务可持续性分析 DSA(Debt Sustainability Analysis)框架，精准地对公共负债率进行调整。该模型旨在对公共财政指标(财政收入、支出、预算平衡和公共债务等)进行展望和预测，其本质是为政府制定中期财政预算。其特点在于：①规划时间长，一般为 5—10 年左右，远超标准年度预算，能够充分考虑经济的周期和结构以及政策变化的影响；②关注宏观经济环境、公共收支、政府投融资及债务之间一般均衡性的关联与反馈；③将一般预算中无法体现的政府隐性负债，或有负债纳入考察范围，全面评价一国的债务安全及财政稳定。

DSA 模型研究 3 大模块之间的相互联系和影响：宏观经济模块，涉及经济增长、价格、利率、汇率等；预算模块，涉及公共财政和政府基金预算，主要研究政府税收和非税收收入、经常性支出(工资、养老金、转移支付、利率支付)和资本性支出、融资需求等；债务模块，计算用于国家信用水平和流动性评估的债务指标(如债务余额—GDP 比、偿债支出—财政收入比等)。

模型包含 3 个模块，构成如下：

一是宏观经济模块。

通货膨胀率由 GDP 平减指数 $GDPD$(GDP deflator)表示：

$$GDPD = Y_t/Y_{t-1}, \; Y_t = \sum_j Y_{j,t}$$

国内利率由 DCGE 模型内生计算：$r_t^d = r_t$

国外利率和汇率则外生决定：$r_t^f = \bar{r}^f \quad e_t = \bar{e}_t$

二是预算模块。

政府的内债和外债利息支出 DS(debt service)分别为：

$$DS_t^d = r_t^d D_{t-1}^d, \; DS_t^f = \bar{e}_t \bar{r}_t^f D_{t-1}^f$$

政府财政基本余额 PB(primary balance)为财政收入 GR 与经常性支出 $\bar{G}$、资本性支出 $GINV$、转移支付 TR、以及利息支出 DS 之差：

$$PB_t = GR - TR_t - \bar{G}_t - DS_t^d - DS_t^f - GINV_t, \; GINV_t = \sum_j GINV_{j,t}$$

政府融资需求 GFN(gross financing need)为基本余额加上对国内外债务的本金分期偿付 AM(principal amortization)：

$$GFN_t = - PB_t + AM_t^d + e_t AM_t^f$$

三是债务模块。

债务总额为内外债余额之和：

$$D_t = D_t^d + e_t D_t^f$$

国内债务余额包括现有地方政府债务余额 LD，以及通货膨胀和利率变动对名义债务额的影响：

$$D_t^d = \frac{r_t - DGDP_t}{1 + DGDP_t} D_{t-1}^d + GFN_t + LD_t - AM_t^d$$

国际债务余额包含汇率变动的影响：

$$D_t^f = \frac{1 + \hat{e}_t}{1 + DGDP_t} D_{t-1}^f e_{t-1} - e_t AM_t^f$$

债务动态增量为：

$$\Delta D = \bar{G}_t + TR_t + GINV_t - GR + r_t^d D_t^d + r_t^f e_t D_t^f$$

债务负担指数为公共债务与 GDP 之比：

$$d_t = D_t / Y_t$$

债务指数的动态为：

$$\Delta d = \Delta \frac{D}{Y} = \frac{\Delta D}{Y} - \frac{D}{Y}\frac{\Delta Y}{Y}$$

$$= \frac{\overline{G}_t + TR_t + GINV_t - GR + r^d D^d + (r^f + \Delta e/e) eD^f}{Y} - \frac{dDGDP}{(1 + DGDP)}$$

第四节　政策实验：公共债务动态路径的情景模拟

各情景假设如下：

情景 1（基准情景）：假设政府沿用目前的财政和债务政策。

情景 2（“营改增”税制改革）：新一轮税制改革的重点措施之一是扩大增值税征收范围，因此假设，从 2015 年开始服务行业全部由营业税改为增值税，租赁服务适用 17％税率，交通运输和物流服务业适用 11％税率，包括金融、房地产在内的其他服务业适用 6％税率。

CGE 模型基本数据结构来自 Purdue University 开发的 The GTAP 8 Database，利用 2010 年中国投入产出延长表进行更新，并根据研究本身的简化需要重新将产业部门合并为 25 个。模型从 2010 年出发进行预测，相当于首先对 2011—2013 年历史变量进行校准：模型预测 3 年间 GDP 增长率为 8.06％，与实际值 8.2％基本一致；其余重要变量误差不超过 2％，在一定程度上反映了模型设置及参数选取的可靠性。2015 年根据税制改革分支出 2 类情景，为突出政策影响，后文主要给出 2014 年以后情景预测结果。财政类历史数据主要取自《中国统计年鉴》、《中国财政统计年鉴》、中国人民银行《中国区域金融运行报告》、审计署《全国地方政府性债务审计结果》。对于汇率，利用 Logistic 生长曲线拟合其长期趋势函数、找到极限值为 6.05，将其作为未来 20 年的均衡汇率。需要承认的是，本章的汇率预测不够精确，但是①中国外债占比较低，②后文会利用随机冲击产生汇率波动，因而汇率取值不会对预测结果产生较大影响。由于表 6－1 中国有企业亏损缺口、粮食企业亏损挂账、金融机构的不良资产和社会保障资金缺口的数据来源并不权威，所以模型中的债务总额仅包括前 6 类。

模型运算是通过 GAMS 和一款系统决策与风险分析软件——ANALYTICA 实现的。ANALYTICA 提供了独立的系统动力学仿真、风险分析和灵敏度分析功能，尤其是其内置的高效 Monte Carlo 模拟器能够允许我们快速评估风险和不确定性。同时，ANALYTICA 支持随时间变化的动态建模，能够很好地体现中期预算的长期性和动态性。最后，它具有结构化构模方式，能够实现模型的分层，从而将复杂的系统集成为几个大的模块，而每个模块又可以继续分解和整合下去，因此，非常适合规模庞大、数据众多、内在联系密切的宏观经济系统建模。

一、财政收支与政府债务演进轨迹的预测与模拟

CGE 模型解得的变量均为以当年价格计算的名义值，但可以根据价格动态、利用 GDP 平减指数调整为以 2014 年为基期的实际值；图形中均为实际变动率。图 6-2 刻画了未来 10 年间的 GDP 动态演进。增值税降低了服务行业的平均生产成本，刺激企业扩大生产的积极性，根据中国当前商业服务业经营者的要素投入特征，其对劳动（包括劳动者的技术和知识）的需求迅速扩张，并推动利率—工资率之比降低；而随着劳动力成本提高，资本品价格即利率相对压低。结果是，改革初年第三产业乃至 GDP 首先是在减税的鼓励下缓慢扩张，随后投资需求便在低利率的推动下迅速攀升，增速逐渐加快。另一方面，公共投资也随着政府税收收入的增长而扩大。基于新古典增长理论，社会资本的加速积累必然会带来经济增长速度的暂时性提高；所以 2016 年以后的 4—5 年间，经济处于短暂的高速增长阶段，GDP 增速提高并在 2017 年左右达到最大值。而后资本的增长效应逐渐减弱消失，GDP 增长速度放缓并回到与情景 1 相同水平，进入稳态（steady state）增长，但是整个路径已经有所升高，2025 年 GDP 水平比情景 1 提高 3.16%。

对债务：税制改革提升了政府税收收入，是对公共债务负的最直接缓解

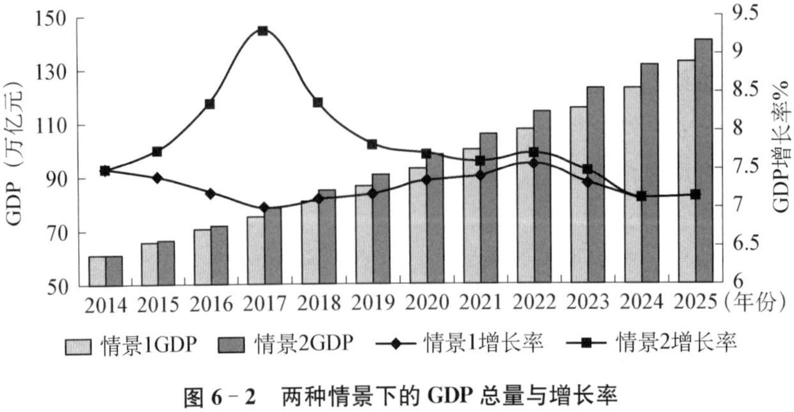

图 6-2 两种情景下的 GDP 总量与增长率

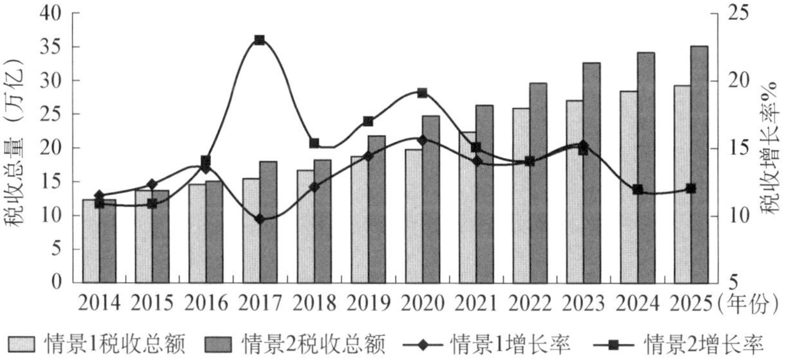

图 6－3　两种情景下的税收收入总量与增长率

效应。除此之外的间接影响也不容忽视。免除了对中间投入的课税之后，服务行业生产成本降低、平均生产者价格水平下降；但是由于增值税相对较高的税率，消费者价格的降幅并不明显、部分行业甚至不降反升，因而改革对消费领域的拉动作用不大。国民收入增长的同时消费并无显著提高，结果便是社会储蓄水平即资本供给量提高，对利率产生下行压力。低利率降低了政府的债务利息支出，减轻了公共债务负担；但另一方面，经济增长态势的良好、财政收入的充实与市场融资成本的下降也可能吊高了政府加剧公共投资、追求更快增长目标的胃口，导致公共投资需求进一步扩张——税制改革对总产出带动最强的部门分别为，公共管理和社会保障 3.74%、交通运输和电信 3.19% 以及与国有资本联系密切的金属采矿 2.98%——在一定程度上稀释了税制改革对公共债务的积极效力。以上三种效应汇总，情景 2 的债务—GDP 之比如图 6－4 所示，首先于 2015 年随着税收总收入的下落而略微抬升，而后在 GDP

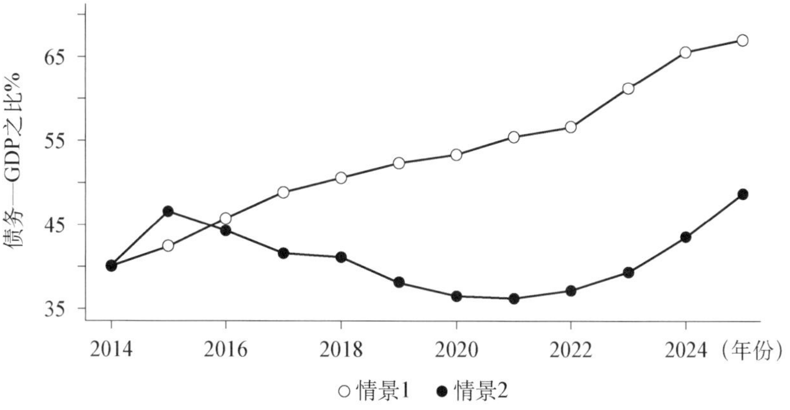

图 6－4　两种情景下的公共债务指数

与税收收入加速增长及市场利率降低的共同驱动下逐渐回落，并下降到情景 1 以下，下降趋势持续到 2021 年左右，之后便显露出上升势头，但始终低于情景 1。到 2025 年，情景 2 下公共债务从 2014 年 GDP 的 40.07%上升到48.68%、低于基准情景 1 的 65.53%。

二、公共债务风险的影响预测与模拟

情景分析属于未来可以预见的变化，除此之外，各种不确定的冲击随时可能威胁着国家的财政稳定和债务安全。虽然未来的经济增长和利率变动路径已由 DCGE 模型解出，但是仍然存在波动或偏离的可能。在为了将预料之外的宏观经济经济增长、利率、汇率冲击具体化，可以利用 ANALYTICA 软件的 Monte Carlo 模拟技术，构造随机冲击，令其影响模型的原始预测值，在此基础上模拟债务的变动轨迹。本章假设随机性来自经济增长、利率及汇率波动，随机模型设计步骤为：①以上述三个经济变量在不同历史时期的相互关联为依据，构建 1980—2012 年 GDP 增长率、国内利率、汇率的 VAR 模型；②对模型进行估计取得残差的协方差矩阵；③利用协方差矩阵构造服从 Guassian 分布的随机变量；④将随机变量作为外生冲击加入原本的 CGE - DSA 模型增长率和利率之解以及给定的汇率演变路径，进行 10 000 次模拟运算，预测公共债务水平的概率密度函数。可见，本章的随机变量选取并非是随意、无根据的，而是反映着中国经济主要变量之间联动关系的历史特征；因此可以说，对未来债务动态的预测是基于实际的历史演变趋势的。

本章的 VAR 模型结构见式(6 - 8)。其中 y，r，e 分别代表 1980—2012 年间实际 GDP 增长率、实际利率、实际汇率变动率的观测值，y^* 是由 DCGE 模型解得的未来 20 年实际增长率期望值，$\hat{y}$ 是在 y^* 基础上加入冲击后的随机值，shock 代表随机冲击。在进行参数估计之前，使用 AIC 和 Schwarz 信息准则，判定三变量的最优滞后阶数选择都是 1 阶。VAR 估计结果见表 6 - 4。

$$
\begin{aligned}
y_t &= c_1 + \theta_{11} y_{t-1} + \theta_{12} r_{t-1} + \theta_{13} e_{t-1} + \varepsilon_{1t} \\
r_t &= c_2 + \theta_{21} y_{t-1} + \theta_{22} r_{t-1} + \theta_{23} e_{t-1} + \varepsilon_{2t} \\
e_t &= c_3 + \theta_{31} y_{t-1} + \theta_{32} r_{t-1} + \theta_{33} e_{t-1} + \varepsilon_{3t} \\
\hat{y}_t &= y_t^* + shock\_y_t \\
\hat{r}_t &= r_t^* + shock\_r_t \\
\hat{e}_t &= e_t^* + shock\_e_t \\
shock\_y_t&,\ r_t,\ e_t \sim Multivariate\ N[0,\ cov(\hat{\varepsilon}_1,\ \hat{\varepsilon}_2,\ \hat{\varepsilon}_3)]
\end{aligned}
\tag{6 - 8}
$$

表 6-4　VAR 模型估计结果

	y	e	r
lag y	0.523 2***	0.108 4***	0.277 6***
	(2.722 7)	(0.347 8)	(0.297 4)
lag e	−0.149 2*	−0.467 9***	−0.789 9***
	(−0.476 9)	(−1.256 8)	(−2.136 6)
lag r	0.223***	0.097 1**	0.239 8***
	(0.981 4)	(0.283 4)	(0.681 8)
c	−0.534 7*	−4.117 9	0.467 7**
	(−0.152 5)	(−1.104 6)	(0.118 6)
R2	0.347 3	0.182 1	0.460 5
调整后 R2	0.065 7	0.157 6	0.214 2
SSR	90.154 7	142.687 6	152.610 4
S. E.	2.537 8	3.196 8	3.211 7
F 统计量	1.251 6	0.517 1	1.923 1
残差协方差行列式(Determinant resid covariance)		123.160 4	
对数似然值		−139.110 4	
Akaike criterion		15.443 4	
Schwarz criterion		16.267 7	

注：括号里为 t 统计量。* $p<0.1$，** $p<0.05$，*** $p<0.01$ 分别代表在 10%、5%和 1%水平上显著。

图 6-5 给出了 VAR 的 AR 特征多项式逆根图，由于所有逆根均落在单

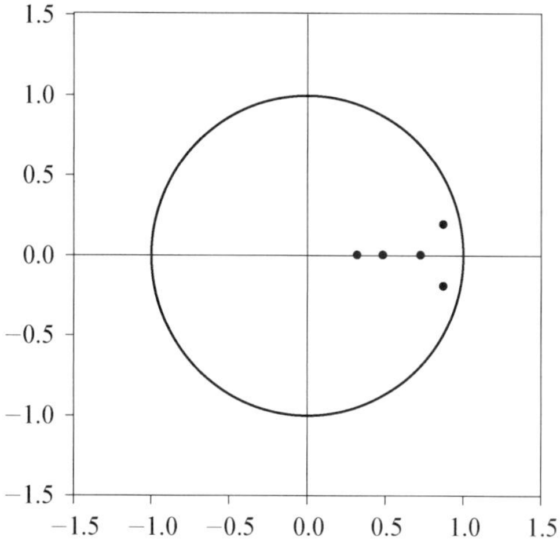

图 6-5　VAR 模型的 AR 根检验

位圆以内，所以 VAR 系统具有稳定性(stability)。进一步地，残差协方差矩阵估计结果见表 6－5。

表 6－5　　VAR 模型残差估计值的协方差矩阵　　单位：%

	实际 GDP 增长率	实际汇率变动率	实际利率
实际 GDP 增长率	6.570 3	－1.324 6	－1.773 5
实际汇率变动率	－1.328 5	10.073 8	6.407 4
实际利率	－1.773 5	6.317 6	10.823 5

图 6－6 通过扇形图(fan chart)，描绘了预测区间内各年的公共债—GDP 之比概率分布的百分位数(percentiles)。纵坐标代表百分位数，即债务水平的实际值；不同标记的折线则代表相应的百分位，即不同债务水平发生的概率：例如，由上至下第二条圆点折线为 99 百分位，说明有 99%的可能性债务水平低于该年份对应的纵坐标值。所以，2014 年以后发散开来的各条曲线，代表公共债务率遵循各种路径发展的概率。情景 1 中(图 6－6)，债务水平取值上限为 100%。在经济增长、利率和汇率随机波动的不确定情况下，公共债务比重的峰值可能出现在 2018，并导致公共债务占 GDP 的比重最高有可能超过 80%，虽然发生的概率仅为 1%；然后在波动中渐渐回落，到 2021 年在此攀上一个小高峰，此时债务水平也有 1%的概率接近 80%。因此，根据经济发展的历史走势，2018 年和 2021 年有可能是国内外宏观经济环境最恶劣年份。2015 年公共债务—GDP 之比超过 72%警戒值的概率尚不足 1%，2016 年则接近

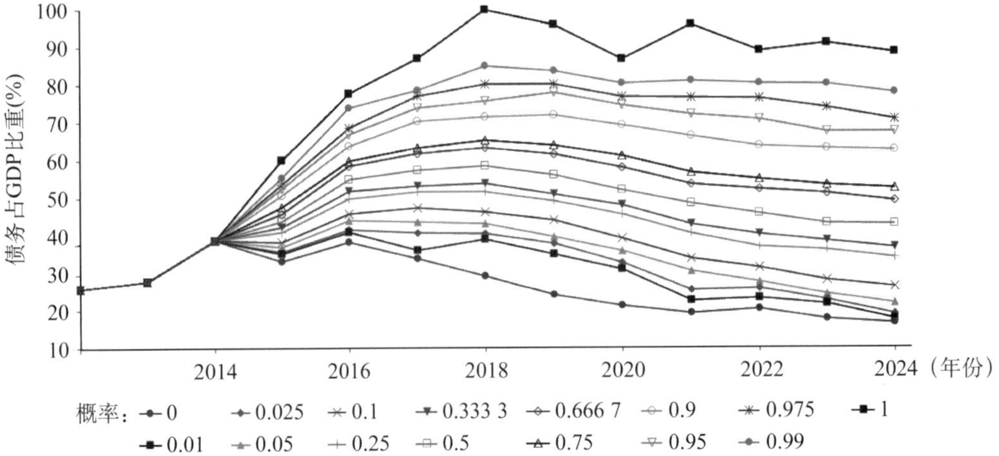

图 6－6　随机冲击下公共债务—GDP 之比的各百分位数

2.5%，但到了2018年，72%的公共债务率对应的百分位数是90%，说明这一年公共债务率超过警戒门槛值的可能性已经上升到10%。到2024年，公共债务率超过警戒值的概率降低到5%；根据先前预测结果，情景1中2024年公共债务率约为65.53%，这就表明，即使已经趋近于稳态，债务水平仍有5%左右的可能性在国内外宏观经济冲击下提高6.5个百分点。这样，随机模拟产生的概率化结果提供了公共财政面对冲击的风险路径预览，为政府对公共债务进行全面监控、预警和管理提供了有效的工具。

图6-7描绘了税制改革情景2的公共债务风险路径。显然，在增长、利率和汇率的波动干扰下，营改增对债务负担的缓解效应被推后延迟：图6-4中债务—GDP之比从2016年已经开始下降，而图6-6中上行趋势则一直延续到2018年。然而，在财政增收和利率下降双重效应作用下，纵轴百分位数的取值范围整体降低，说明各个概率水平下的债务指标都有明显下降，上限值也由100%下降到72%—73%左右，从而保证整个预测期内的债务水平都不会超过GDP72%的警戒门槛值。2018年债务—GDP的最高值也仅为65%左右，且发生概率为1%；并且从2018年以后，各概率（百分位）对应的百分位数值几乎都随时间单调递减，没有出现如情景1一样、再次升高的情况。因此，税制改革显著地降低了国家债务深化的风险，增强了公共财政抵御宏观经济冲击的能力。

一般均衡框架下的DSA风险模型为中国公共财政和债务的适应性及应

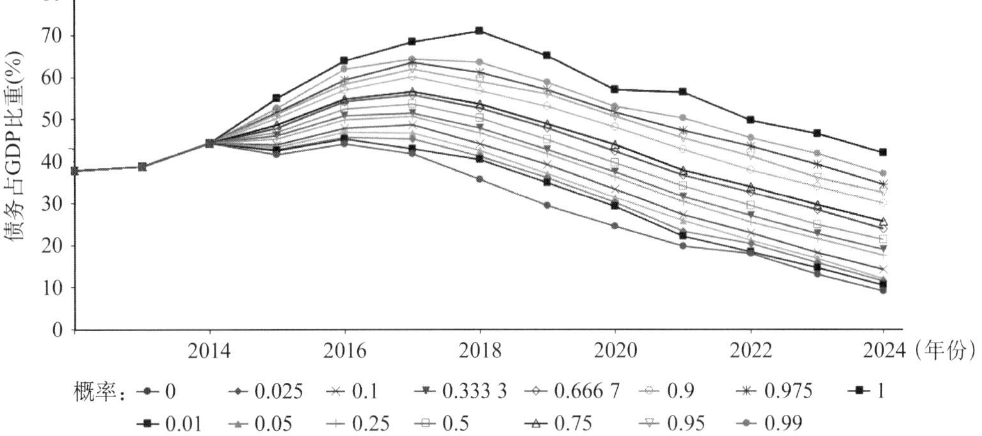

图6-7　随机冲击下“营改增”情景公共债务—GDP之比的各百分位数

对能力做出了全面的评价，因为它模拟了各个时间、各种不同的预期以外的冲击影响，而且是在充分考虑经济系统中所有经济变量之间关系的情况下。冲击的影响取决于冲击规模、相应的密度分布以及经济和公共财政对风险的暴露程度。在市场日益国际化和自由化的今天，对于任何一个开放经济体来说，冲击的规模和概率基本都可算作外生、不可控制的；所以，为了提高财政的抗风险能力和稳健性，公共政策应当从缩小不可预见事件的影响面入手。具体说来，地方融资平台的兴起、国有金融机构呆坏账的累积、养老保险账户的亏空缺口等等，其危害程度都会受利率风险影响，尤其是当中国进行利率市场化改革后；而中国经济对出口的较高依存度，也会使得汇率风险的作用效果加强。因此，针对以上问题，适当地放缓公共投资步伐、实施财政整固、提高国内需求对经济增长的驱动作用，有助于稳定并降低风险环境下的公共债务路径。

本章小结

本章将 World Bank 的 DSA 模型与 CGE 相结合，利用 ANALYTICA 系统决策分析软件，评估了中国 2014—2025 年间的公共债务状况。根据 World Bank 和 IMF 的公共债务警戒评估标准，发现中国的债务风险概率远远大于美国、德国、英国、澳大利亚等经济稳定的发达国家，同时，计算出中国的债务警戒线为 72%。如果将国企亏损、国有金融机构不良资产和政府融资平台债务纳入考察范围的话，2012 年底中国公共债务占当年 GDP 的 44%，离警戒线尚有一段距离。如果沿用当前的财政和税收政策，到 2025 年政府债务与 GDP 之比大概上升到 65%。如果全面推行服务业营改增的税制改革，尽管改革伊始会导致税收收入小幅度降低、公共债务率暂时提高；但接下来随着国民收入和税收收入的加速增长以及利率的降低，债务负担将稳步回落；再后来，在 GDP 增长速度放缓及公共投资需求扩张的推动下，债务水平虽然略有反弹，但 2025 年仅上升到当年 GDP 的 48%，远远低于不实施增值税扩围改革的情景。

在情景分析的基础上，本章利用 Monte Carlo 随机模拟考察了宏观经济环境中的不确定性对国家公共债务的冲击。将利用经济增长率、利率和汇率 VAR 模型生成的随机变量引入基本模型后，预测结果表明，在最为恶劣的增长、投资和贸易条件下，2014—2025 年间国家公共债务水平超过 72%警戒值的概率最高可能上升到约 10%，估计发生于 2018 年和 2021 年左右；如果政府采加快增值税扩围税制改革步伐，则将有效地降低债务风险，维持未来 10 年公共债务指数位于警戒门槛值以下，改善公共财政的稳健性。

基于上述结论，可得若干思考性启示：

虽然政府债务是近年学术界较为关注的问题，然而现有多数文献，尤其是计量实证分析，受制于数据缺乏，只能仅凭财政基本赤字和中央政府债务等指标判断中国公共财政前景。本章引入官方发布的地方政府债务之后，虽然估计得出当前及 10 年后政府债务水平低于主权债务风险的门槛警戒值；但社保基金缺口、银行不良资产、金融债、政府担保的企业债，以及政府承担的自然灾害支出、稳定本国金融市场的维稳支出等意外支出，由于数据来源缺乏精确性，仍然未纳入考量范围。当前国家政府财务透明度较差、信息披露不力，既不利于政府加强对或有债务的管理、健全政府财务体制，又不利于学术界进行该领域研究、为财政风险预警提供理论支持。所以，当务之急是对地方财政、预算外收支和其他隐性政府债务进行历史清查核算，进行总体而全局性把握，正视痛处、解决问题。

模型预测显示，在税制改革带来的低利率诱导下，公共投资将会扩张、进而推高债务水平；因此政府投资饥渴症是政府债务不断累积的重要推手之一。这就需要改革以大量要素投入驱动为主要特征的粗放型增长，由投资型财政向消费式财政转变，以扩大国内不同层次居民的消费需求为目标进行经济结构性调整。此外，财政资金的使用要有策略性，不能简单地堆砌资本增量，更需要引导私人资本、技术等要素，发挥债务对要素的引导与杠杆作用，优化经济增长要素的合理配置，才能提升地方政府债务的边际报酬水平。

不确定性是考察政府债务可持续性的关键；本章的风险因素，虽然以历史规律为基础，但仍是全国性的、抽象的。未来研究需要从以下几个方面进行改进：第一，充分考虑地方经济运行的不确定性预期，把握地方经济的过去和现在规律、预测未来走势，判断地方政府债务将形成实际产出，还是会转化为风险；第二，考虑经济、财政与金融的动态关联，全面评价债务在未来的短期和长期收益，逐年估算地方政府担保债务转化为实际负担的概率，更加准确地评估政府实际债务余额。

根据营改增情景模拟结果，税制改革的好处不限于降低整体税负，推动服务业壮大、优化产业结构调整；而且有助于增强政府财源，形成政府增收的强劲动力。但是，本章没有继续深入的关键问题在于，营业税是地方政府财政收入的主要来源,增值税扩围一旦全面实施,可能导致地方财政收入大幅减少、加剧本已沉重的地方债务负担。因此在评价增值税扩围的债务影响时,还需要明确营改增对地方收入的冲击和影响,建立科学的地方收入风险预警系统,对改革进程中不同阶段下地方财政收入风险进行预测,确定中央对地方财政弥补(转移支付和税收返还)的力度。

第七章　公共支出、经济增长与福利发展：基于 MRS 的动态非线性关联分析

纵观一国公共福利发展与经济增长轨迹，总会出现预期之外的结构性突变。那么，福利和增长的拐点之间是否存在某种动态联系？1978—2014 年间，中国 GDP 提高了 109 倍，同期社会保障支出总额也增长了 667 倍——容易观察的总量增长长期趋势背后，隐藏在表象之下的跌宕起伏以及两者的内生性关联更加引人深思。为此，本章首先构建理论模型，推导经济增长和公共福利在相互作用下发生结构性状态转变的原理及机制；之后以 1980—2014 年间的季度数据为基础，利用 Markov 状态转换向量自回归模型，识别中国经济增长与福利发展的阶段性，探究增长与福利拐点的出现时机与对应关系；并基于脉冲响应分析不同经济发展水平下公共福利支出效应的差异性，以及社会保障政策调整对宏观经济运行的影响。

公共福利的结构突变是否引致经济增长拐点？后者又如何反作用于前者？在政府偏好假设的基础上，本章推导出增长和福利的非线性内生关联：福利扩张导致增长减速，福利收缩则带来高增长；增长发生由高向低的结构突变后，公共福利将出现下行拐点，并以更快的速度收缩，最终拉动增长回升。利用 Markov 状态转换 VAR 模型对中国 1980—2014 年季度数据的实证研究发现，经济增长拐点与公共福利政策调整有关，增长发生显著结构突变之前总存在公共福利的状态转换。模型预测，未来 3 年中国经济仍处于“低增长低福利”阶段，但有逐渐回春的趋势。

第一节　公共支出影响增长与福利的文献综述

20 世纪 60—70 年代，学界开始关注增长和福利在结构突变上的内生关联

性。那时，多数发达工业化国家经历了明显的增长放缓，很多研究怀疑这与非生产性公共支出有关，指出用于提高社会福利和公平的政府消费和转移支付可能导致增长的结构性突变（Turnovsky 和 Fisher，1995；Tanzi 和 Zee，1997；Ghate 和 Zak，2002）。在详细考察了过去 60 年间典型发达国家用于社会再分配的公共预算支出变动情况后，Barr（2002），Hansson 和 Stuart（2003）观察到欧洲国家福利支出占 GDP 的比重与 GDP 增长率之间存在明显的非对称相互作用关系。在国内，郭庆旺（2007）等揭示出中国财政支出政策（包括转移支付等社保政策）的相机抉择变化比较符合凯恩斯经济周期理论所强调的“逆势而动”的特点。

如果不考虑结构变化、断点存在以及非线性特征，社会福利与经济增长的关系研究相当充实，取得的结论大致分为如下几类。第一类，如 Kormendi 和 Meguire（1985）认为政府消费性支出与实际 GDP 平均增长率不存在显著关系。第二类得出经济增长率与政府福利支出之间存在显著负相关关系（Grier 和 Tullock，1997；Landau，1993；Barth 和 Bradley，1997；Engen 和 Skinner，2002）。第三类则是正向关联的支持者，如 Hosoya（2003）通过建立两部门内生增长模型，发现政府所提供的社会保障公共产品的外部性对保持稳健的经济增长率相当重要。Gupta 等（2005）对低收入国家样本的研究表明，增加社会保障等转移支出在公共支出的比重能够促进经济增长。Belltini 和 Ceroni（2007）说明社会保障支出有助于形成人力资本，与经济增长呈正相关性。Fujiwara 和 Teranishi（2009）将社会保障看作是一种投资，能够帮助缓解周期性经济波动带来的不利影响。Gokan（2009）通过考察 1972—2006 年亚洲 12 个国家发现社会福利与经济增长具有双向因果关系。Kunze（2012）认为社会保障能够促进人均收入增加，而经济增长对社会保障水平的影响不明显。

还有一类研究结果表明，福利与增长的关系因样本不同存在异质性。比如，一定收入范围内，社会福利与经济增长同步上升；但在收入或增长水平超过一定程度后，福利质量和经济增长之间并不存在明显相关性（Cummins，2000；Graham，2008）。Barro（2000）研究显示有社会保障与经济增长的关系因经济发展阶段而异，发达国家为正而发展中国家为负。Davies（2008）以 HDI 作为福利度量指标，测度出发达国家 HDI 随 GDP 的增长而下降，而发展中国家的经济增长总是有利于福利水平的提高。

国内的研究大多在忽视结构变化关系与动态变化过程的前提下，通过计量模型考察两者线性关系。正向关联的支持者包括：董拥军、邱长溶（2007）

基于省际数据发现中国社会保障与经济增长间存在长期正向协整关系和双向因果关系。孙文基、李建强(2011)认为经济发展将促进人均社会保障支出的增加，而社会保障在两三个时滞期后才反作用于国民经济和收入分配。还有研究从个人消费出发，指出来自社保的转移性收入不仅对消费支出的影响为正，而且弹性最小，可以减少个人负担，增加消费能力，从而促进经济增长(杨宜勇、池振合，2009；杨聪敏，2009)。

持相反意见的则有：于文革(2007)分析了政府社会保障支出对经济增长的影响，得出的结论是政府社会保障支出与产出呈明显的负相关关系。王群(2010)认为社会保障支出并不促进经济增长，而经济增长是社会保障支出的 Granger 原因。胡小菊(2011)以省(市、自治区)为例，得出不发达地区社会保障支出水平偏高可能会对社会经济发展产生负担的结论。贾俊雪等(2011)的观点是社会保障对长期经济增长具有抑制作用，但是儒家文化有利于遏制这种不利影响。逯进等(2012)测度出 2003—2009 年间中国社会福利与经济增长协调度的下降，且福利拐点即将到来并恶化两者的耦合趋势。赵建国、李佳(2012)跳出线性假设，用 STR 模型经验分析得出中国财政社保支出对经济增长的影响呈现出非线性特征，且为负面影响。

本章以 Fic 和 Ghate(2005)的制度模型为基点，探究如下问题：福利和增长是否具有显著地阶段性和结构性？如果有，福利的结构性增长是否将带来经济的结构性下降？那么反过来，增长又是如何影响福利的？为了证明福利和增长的结构性突变之间存在映射关系，采用 Hamilton Markov 状态转换模型(Regime switching model)，以中国 1980 第 1 季度—2012 第 4 季度实际 GDP 增长率和公共福利为对象，分析两个序列的波动性特征以及发生阶段性状态变迁的可能性，实证分析两者的非线性动态关系，并对未来 3 年内经济增长和福利发展的可能运行趋势变化进行粗略的预测。

第二节 公共支出决策中的增长与福利目标冲突

普通家庭一生的效用函数遵循以下形式：

$$U = \int e^{-\rho t}\left[(c^{\alpha} g_c^{1-\alpha})^{1-\sigma} - 1\right]/(1-\sigma)dt$$

或者：

$$U=\sum_{t=0}^{\infty}\rho^{t}[\alpha\ln c_{t}+(1-\alpha)\ln g_{ct}]$$

ρ 是贴现率，居民的私人消费 c 和政府公共消费 g_i 都对居民的效用水平产生影响。同时，政府公共资本 g_k 也作为一种外生要素进入生产函数：

$$y=Ak^{\beta}g_{k}^{1-\beta}$$

这里区分了资本存量和流量(投资)，在假设资本折旧率为 1 的情况下，私人资本和公共资本积累动态如下：

$$k_{t+1}=i_{t},\ g_{k,\,t+1}=g_{i,\,t}$$

政府预算为：

$$g_{c}+g_{i}=(\tau+\theta)y$$

其中 τ 和 θ 是公共投资和公共消费占国民收入的比重，因此 $\tau+\theta$ 是有效税率。

最后，整个国家的资源约束条件为：

$$s.t.\ c+i=(1-\tau-\theta)y$$

和居民一样，政府也需要在公共投资和消费之间进行决策，通过动态规划方法解出经济均衡状态为：

$$Euler\ Eq.:\ i/y=\rho\beta(1-\tau-\theta)/[\rho(1-\alpha)-\rho(1-\beta)+\alpha]$$

在平衡增长路径下，人均收入、资本、消费及公共支出均以相同的速度 θ 增长：

$$y_{t}=y_{0}e^{\phi t}$$

$$\phi=\ln A+\beta\ln\{\rho\beta(1-\tau-\theta)/[\rho(1-\alpha)-\rho(1-\beta)+\alpha]\}+(1-\beta)\ln\tau$$

从上式可见，公共投资率 τ 和公共消费率 θ 会直接影响经济增长速度 θ。由于 θ 对 τ 的二阶导小于 0，当公共消费率一定时，最大化经济增长率的公共投资率为：

$$\tau^{G}=(1-\beta)(1-\theta)$$

不难看出，在公共投资率达到 τ^{G} 之前，经济增长速度随政府投资占国民收入的比重增加而增加，而后随 τ 的增加而下降。原因很简单，公共投资对增长有截然相反的两种效应：提高生产效率和挤出私人投资，当公共投资占比较小时前者占主导，而当公共投资达到一定规模后，后者发挥主要作用。

另一方面，由于增长速度对公共消费的偏导为负，所以最大化增长率的公共消费率为：

$$\theta^G = 0$$

增加政府消费不会直接提高私人生产效率，反而高税率会对生产起到抑制作用，因此经济增长速度是公共消费率的减函数。

如果政府通过选择 τ 和 θ 寻求居民的最大福利，将增长公式代入效用函数，得到：

$$\begin{aligned} U &= [\alpha \ln c_0 + (1-\alpha)\ln g_{c0}]\sum_{t=0}^{\infty}\rho^t + \phi\sum_{t=0}^{\infty}\rho^t t \\ &= \frac{1}{1-\rho}\left\{\left[\alpha \ln \frac{(1-\rho)\alpha(1-t-\theta)}{\alpha+\rho(1-\alpha)-\rho(1-\beta)}\right.\right. \\ &\quad \left.\left. + (1-\alpha)\ln\theta + \ln A + \beta \ln k_0 + (1-\beta)\ln g_{k0}\right]\right\} \\ &\quad + \frac{\phi\rho}{(1-\rho)^2} \end{aligned}$$

相应地，福利最大化的公共投资率和消费率分别为：

$$\tau^W = (1-\beta)\rho$$
$$\theta^W = (1-\rho)(1-\alpha)$$

以上分析说明，实现福利最高和增长最快的公共投资率是不相同的。将最大化经济增长和居民福利的不同政府投资和消费率进行对比，可以发现，最有利于经济增长的公共消费率为 0，然而最有利于福利提高的公共消费率则是一个正值，换句话说，公共消费虽然不会对当前的增长率提高有什么贡献，但是在直接提高居民效用水平方面却发挥着较大的作用。当公共消费的边际效用等于其边际成本时，就实现了最高的效用水平。

另一方面，最大化增长率的政府投资率为 $1-\beta$，大于最大化福利水平的政府投资率 $(1-\beta)\rho$。公共投资不仅有促进生产和阻碍私人投资的双重影响，当考虑到居民的效用水平时，还必须将其对私人消费的影响计算在内。在有限的社会资源约束约束下，公共投资比重的提高无疑会挤出私人消费，从而降低居民的福利水平。为了实现最大化福利水平，政府需要平衡公共投资所带来的以上三种影响(一种正面影响和两种负面影响),因此所需要的公共投资率要小于增长最大化下的投资率。

以上分析揭示了经济增长与公共支出结构、社会福利与公共支出结构的关系,那么进一步,社会福利和经济增长这两个均可以作为公共政策目标的指标之间,又存在什么关联呢? 回答这一问题的关键在于,福利最大化的公共支出结构是在经济增长率随 τ 和 θ 的上升还是下降阶段。根据前面的计算,明显看出 θ^W 处于增长速度随 θ 递减的范围,公共消费导致经济增长速度下降,这点和大部分实证研究的结论相一致。

当 $\theta = \theta^W$ 时,增长速度先随 τ 增加直到 $\tau = (1-\beta)[1-(1-\rho)(1-\alpha)]$ 后再下降,由于 $\tau^W = \rho(1-\beta) < (1-\beta)[1-(1-\rho)(1-\alpha)]$,也就是说福利最大化的公共投资小于其临界值,所以当政府调整 τ 和 θ 以实现社会福利水平最高时,τ^W 是处在增长率上升的阶段。因此,不难解释政府公共投资往往与增长速度存在正向关系。

Barro(1990)认为政府可以选择一个最为合理公共支出结构,同时实现经济的快速增长和居民福利的最大提高。然而本章的分析却显示,政策目标不同,最合理的公共支出结构也不尽相同:为了使居民获得最高的福利水平,需要增加公共消费,减少公共投资;然而这样的公共支出安排恰好使得经济处于增长的下行区间。产生这种差别的根源在于生产函数的形式:本节的生产函数将公共资本存量作为投入的生产要素,而非公共投资流量。将公共投资流量作为投入可能会对当前消费产生相反的两种影响——一方面,公共投资会挤出消费;另一方面,公共投资通过增加当前收入提高消费水平。如果将公共资本存量作为投入的话,后一种收入效应就不存在了。

第三节 增长与福利的动态关联的理论分析

假设政府在政策制定上面临两种选择——倾向于促进经济增长,还是倾向于公平与福利? 那么政府的即时效用函数 W 是这两种政策的集合。设参数 $\theta \in [0, 1]$ 衡量政府偏好:当 $\theta = 0$,政府只看重经济增长;当 $\theta = 1$,政府只侧重再分配(社会福利);当 $0 < \theta < 1$,政府同时实施两类政策,并在两个目标之间进行"孰轻孰重"的权衡;因此,θ 越大,政府越偏好消费性而非建设性投资。

增长导向型政策主要是通过生产性公共投资 G_p 加速资本深化,因此,政

府效用 U_p 完全取决于资本积累程度：

$$U_p = K(t+1)/K(t) \tag{7-1}$$

另一方面，公共消费和对居民的转移支付 G_c 也能带给政府一定的效用（如民众的支持度、政权的稳定性等），这部分效用用 U_c 表示。由于公共消费的边际效用递减，因此可假设 U_c 呈现幂函数形式：

$$U(G_c) = [\rho_c G_c(t)]^\mu,\ 0 < \mu < 1 \tag{7-2}$$

在现实中，无论是公共投资还是公共服务项目，都会由于政府的官僚主义、管理机制、办事效率等因素产生资金的浪费，因此，本章用 ρ_p 和 ρ_c 分别表示生产性和消费性公共投资的有效使用率。

公共投资的来源仍是对收入征税 $T = \tau Y$。生产函数沿用 Cobb-Douglas 形式：

$$Y = K(t)^\alpha [\rho_p G_p(t)]^{1-\alpha},\ 0 < \alpha < 1 \tag{7-3}$$

综合上述两类目标，公共政策的优化问题如下：

$$\begin{aligned} \max W &= (1-\theta)\frac{K(t+1)}{K(t)} + \theta U[G_c(t)] \\ s.t.\ C(t) &= K(t)^\alpha [\rho_p G_p(t)]^{1-\alpha}(1-\tau) + \rho_c G_c(t) - I(t) \\ I(t) &= K(t+1) - (1-\delta)K(t) \\ \tau K(t)^\alpha [\rho_p G_p(t)]^{1-\alpha} &= G_c + G_p \end{aligned} \tag{7-4}$$

其中，I：社会总投资额；δ：资本折旧率。

衡量公共福利的指标很多，为了使理论分析简单化，本章将公共福利规模或水平近似地定义为非生产性公共投资（政府消费和转移）与生产性公共投资之比：

$$\varpi = \frac{G_c(t)}{G_p(t)}$$

因此政府预算约束可以写成：

$$\tau K(t)^\alpha [\rho_p G_p(t)]^{1-\alpha} = [1 + \varpi(t)] G_p$$

构造 Lagrange 并解得以上优化问题的一阶条件为：

$$(1-\theta)\{(1-\alpha)\rho_p^{1-\alpha} K(t)^\alpha G_p(t)^{-\alpha} - [1-\rho_c]\varpi(t) - 1\}/K(t) + \theta\mu\rho_c^\mu \varpi(t)^\mu G_p(t)^{\mu-1} = 0$$

$$(1-\theta)[(\rho_c-1)G_p(t)]+\theta\mu\rho_c^{\mu}\,\overline{\omega}(t)^{\mu-1}G_p(t)^{\mu}=0$$

根据方程(7－9)可以解得最优公共福利规模$\overline{\omega}^*$：

$$\overline{\omega}=\left[\frac{\mu\theta\rho_c^{\mu}}{(1-\theta)(1-\rho_c)}\right]^{1/(1-\mu)}K(t)^{1/(1-\mu)}/G_p(t) \tag{7－5}$$

方程(7－5)左右两边同时乘以G_p，可得最优公共消费、公共投资和政府规模：

$$G_c^*(t)=\left[\frac{\mu\theta\rho_c^{\mu}}{(1-\theta)(1-\rho_c)}\right]^{1/(1-\mu)}K(t)^{1/(1-\mu)} \tag{7－6}$$

$$G_p^*(t)=[(1-\alpha)\rho_p^{1-\alpha}]^{1/\alpha}K(t) \tag{7－7}$$

$$T^*(t)=G_c^*(t)+G_p^*(t) \tag{7－8}$$

以上最优条件揭示了政策制定者所面对的目标取舍。公式(7－6)显示，为了实现最优福利水平，政府公共消费的增长速度应当快于资本积累；但是，当政府偏好由福利转向增长时($\theta\rightarrow0$)，最优公共消费水平也趋近于0。公式(7－7)表明，当公共项目管理成本保持一定时，生产性公共投资的增长与资本存量的提升成正比。而从公式(7－8)可以看出，税收总量将以高于资本积累的速度而增长。

为了考察公共福利状态转变对经济增长的影响，将资本市场均衡条件代入以上最优解，得到资本的动态方程如下：

$$K(t+1)=s\left[\alpha\rho_p(1-\alpha)^{\frac{1-\alpha}{\alpha}}K(t)-\left[\frac{\mu\theta\rho_c^{\mu}}{(1-\theta)(1-\rho_c)}\right]^{\frac{1}{1-\mu}}K(t)^{\frac{1}{1-\mu}}\right]+(1-\delta)K(t) \tag{7－9}$$

其中，$\alpha\rho_p(1-\alpha)^{\frac{1-\alpha}{\alpha}}K(t)-\left[\frac{\mu\theta\rho_c^{\mu}}{(1-\theta)(1-\rho_c)}\right]^{\frac{1}{1-\mu}}K(t)^{\frac{1}{1-\mu}}$为税后产出。定义$\nu_{t+1}=\frac{K_{t+1}}{K_t}$为资本增长率，则：

$$\nu_{t+1}=s\alpha\rho_p(1-\alpha)^{\frac{1-\alpha}{\alpha}}+1-\delta-\left[\frac{\mu\theta\rho_c^{\mu}}{(1-\theta)(1-\rho_c)}\right]^{\frac{1}{1-\mu}}K(t)^{\frac{\mu}{1-\mu}} \tag{7－10}$$

至此，公式(7－5)和(7－10)共同描绘了公共福利和经济增长的内生性动态关联。

那么$\overline{\omega}_t$是如何影响ν_{t+1}的呢?从公式(10)可以看出，$\frac{\mu\theta\rho_c^{\mu}}{(1-\theta)(1-\rho_c)}$对$\theta$

的一阶导大于 0，那么：

$$\frac{\partial \nu_{t+1}}{\partial \dfrac{\theta}{1-\theta}} < 0 \tag{7-11}$$

公式(7-5)(7-10)和(7-11)共同表明：公共福利提升导致的结构突变将带动经济增长的发生状态转移。

假设 θ 由 θ_L 上升到 θ_H。$\varpi(t)$ 在 t 时期内由低水平发展转换到高水平发展状态；而且由于 $\mu>0$，因此 ϖ 的增长快于资本和产出，国家经济进入福利扩张阶段。同时代际增长函数(7-10)显示，θ 的升高将降低 $t+1$ 时期的资本增长率 $\nu(t+1)$，导致经济从高增长 ν_H 转换到低增长 ν_L 状态。值得注意的是 ϖ 的升高对当期 t 的资本水平没有影响，这也暗示着公共福利的结构性突变通常发生在增长的状态转换之前。

上述结构性状态转换背后的经济含义是什么？随着政府政策偏好由生产投资变为转移支付，需要增加税收 $T(t)$ 为扩张 G_C 提供资金支持，其结果则是减少了居民可支配收入、储蓄投资以及资本积累，降低了下一期的增长速度。进一步，根据公式(7-10)，经济增长速度 $\nu(t+1)$ 的降低又拉低了 $t+1$ 期的资本储备，进一步又降低了政府消费和转移支付 G_c。但是，由于 G_c 的下降速度要略快于产出且 G_p 与产出同比例变动，所以 ϖ 将比增长更快地收缩。根据资本市场出清条件，这将提高 $t+2$ 期的可支配收入和经济增长速度。如果将 ϖ 相对于 y 下降称作公共福利的紧缩阶段，那么在这一阶段，ϖ 的不断降低将换来经济增长速度的逐渐回升。

公式(7-9)说明，当 θ 趋近于 1、$[\mu\theta\rho_c^{\mu}/(1-\theta)(1-\rho_c)]^{1/(1-\mu)}$ 趋近于 ∞ 时，公共政策的再分配导向最强，长远来看，将会导致总产出减少到 0。反之，当 θ 趋近于 0、$[\mu\theta\rho_c^{\mu}/(1-\theta)(1-\rho_c)]^{1/(1-\mu)}$ 趋近于 0 时，经济将收敛于平衡增长路径，除去折旧的净增长率为 $s\alpha\rho_p(1-\alpha)^{(1-\alpha)/\alpha}-\delta$。所以可以说，政府偏好 θ 决定了一国经济的总体动态和演变趋势。

综上所述，公式(7-5)(7-10)和(7-11)展示了公共福利对经济增长的动态影响，以及二者结构突变之间的内在关联。最开始，经济增长为公共福利的扩张提供了资金保证，当政府的政策倾向从低值 θ_L(增长偏好)转换到高值 θ_H(福利偏好)时，福利参数 ϖ 经历结构突变，带来了增长驱动下的高福利水平。之后，由于政府消费扩张要求增加税收，高税收则阻碍了下一期的资本积累和经济增长，也就是说，福利的上行拐点将引发下一期的增长下行拐点。而当产出增长放缓乃至下降时，公共福利水平也将以更快的速度收缩，最终又为经济复苏创造条件。经济增长发生结构性突变之前，总会先行存在有相反方向的公共福利状态转变。据此，归纳出如下 5 个关于增长和福利动态演化的待检验假说：

H1：经济增长率 ν 的提高将导致公共福利水平 ϖ 的提升，因此，高增长状态伴随着高福利状态；但是随后，福利水平 ϖ 的扩张又将导致经济增长率 ν 的下降，因此，高福利状态则伴随着低增长状态。

H2：经济增长率 ν 的下降将导致公共福利水平 ϖ 的降低——低增长状态伴随着低福利状态；但是随后，福利将以超过经济放缓的速度收缩，又将带动经济增长率 ν 的回升——低福利体制则伴随着高增长体制。

H3：在经济增长发生结构突变之前，会出现公共福利水平 ϖ 的状态转换。例如当 ϖ 由低水平转向高水平时，会诱使经济增长发生由高向低的结构突变。

H4：在福利水平发生结构突变发生之前，会出现经济增长 ν 的状态转换。例如当 ν 由高增长转向低增长时，会诱使福利水平同样发生由高向低的结构突变。

H5：经济增长和公共福利之间存在非线性的内生联动关系。

第四节　实证研究的基础：Markov 状态转换模型

本节利用 Markov 状态转换模型（Markov regime switching model, MRS）对上一部分的理论分析进行实证检验。MRS 模型对本章的适用性在于：

首先，经济增长可能会出现较快与相对缓慢两种状况，公共福利水平有高低两种状态，因此，线性模型可能无法准确刻画两者之间的关系。根据 MRS 的思想，本章认为可观测的时间序列向量（ν_t，ϖ_t）取决于不可观测的状态变量 α_t（α_t 即表示经济系统处于不同发展状态），进一步计算出不同状态下的经济增长率和福利提升速度，同时解得经济在增长（福利）的高、低阶段之间发生结构突变的概率。

其次，由于结构性状态转变发生的时间是未知的，因而无法在零假设中进行定义，这样就为一般的假设检验方法带来理论困难；而 MRS 模型则避开了事前估计结构突变发生时机的难题。另外，在状态转换模型中，不需要对因果关系的方向做出推论，变量的变动仅仅取决于它们的体制；而回归模型则需要通过模型设定建立先验的因果联系的方向。

再次，假如利用普通回归模型评价公共福利政策对经济增长的影响，即使取得统计上的显著性，也无法在经济意义上令人信服。主要原因是大部分财政指标和经济变量间存在内生关联，消除内生性的方法之一是加入外生工具变量作为代理自变量，但是由于自变量的多重性，某一自变量对增长产生影响并不意味着其他变量不发生作用。这样，使用线性回归可能导致模型设定错误；非线性模型的估计结果又依赖于对模型结构的具体假设，因而不具有普遍意义。

最后，面对成千上万与经济增长相关的变量，对增长模型进行标准回归无法回避解释变量选择的多样性问题。而体制转换模型的最大优点在于，只需将注意力集中在前文理论模型中出现的、对增长和福利的动态演变发挥驱动作用的变量即可。

本章的模型框架借鉴 Hamilton(1994)，重点考察两个时间序列：经济增长率和福利水平。以下模型的构建以增长为例，福利的状态转换模型基本类似。假设有一组 GDP 增长率的时间序列观测值 $\tilde{y}_t = n_t + \tilde{z}_t$，$z_t$ 代表 GDP 增长率变化中的随机成分，n_t 代表 Markov 趋势变量，则它服从：

$$n_t = \alpha_0 + \alpha_1 s_t + n_{t-1} \tag{7-12}$$

其中 $s_t = 0$ 或 1 为状态变量(regime variable)，代表经济增长过程中观测不到的隐性状态。根据习惯，令 0 代表低速增长状态，1 代表高速增长状态，体现在状态参数上就是 $\alpha_1 + \alpha_0 > \alpha_0$，$\alpha_1 > 0$。状态间相互转换的概率服从一阶 Markov 过程：

$$\text{Pr}ob = \begin{bmatrix} q & 1-q \\ 1-p & p \end{bmatrix}$$

因变量 $\tilde{y}_t$ 的观测值都取自两种随机分布：前 m_1 个观测值来自状态 0(低增长)，接下来的 m_2 个来自状态 1(高增长)……以此类推。但是，每一个 m_i 均为未知，$i=1, 2, \cdots, M$，M 代表拐点总数量。为此假设 $\tilde{z}_t$ 服从 0 均值的 ARIMA(r, 1, 0)过程。

$$\tilde{z}_t - \tilde{z}_{t-1} = \phi_1(\tilde{z}_{t-1} - \tilde{z}_{t-2}) + \phi_2(\tilde{z}_{t-2} - \tilde{z}_{t-3}) + \cdots + \phi_r(\tilde{z}_{t-r} - \tilde{z}_{t-r-1}) + \varepsilon_t \tag{7-13}$$

其中 εt 是一个 i. i. d. 标准正态分布 $N(0, \sigma^2)$序列，且与 nt 相互独立。对

$\tilde{y}_t = n_t + \tilde{z}_t$ 求一阶差分并带入 $y_t = \tilde{y}_t - \tilde{y}_{t-1}$，$z_t = \tilde{z}_t - \tilde{z}_{t-1}$ 可得：

$$y_t = \alpha_0 + \alpha_1 s_t + z_t \tag{7-14}$$
$$z_t = \phi_1 z_{t-1} + \phi_2 z_{t-2} + \cdots + \phi_r z_{t-r} + \varepsilon_t$$

这时，通过对 y_t 观测值进行估计能够得到对不可观测变量 st 的概率推断，模型的目标包括估计参数 α_0 和 α_1（用以计算不同体制下 y_t 的平均值）以及随机成分的方差。

Hamilton 利用 Kalman 过滤（filtering）方法对状态空间模型进行参数估计，输入变量是联合条件概率：

$$P[S_{t-1} = s_{t-1},\ S_{t-2} = s_{t-2},\ \cdots,\ S_{t-r} = s_{t-r} \mid y_{t-1},\ y_{t-2},\ \cdots,\ y_{t-r+1}]$$

输出变量是

$P[S_t = s_t,\ S_{t-1} = s_{t-1},\ \cdots,\ S_{t-r+1} = s_{t-r+1} \mid y_t,\ y_{t-1},\ \cdots,\ y_{t-r+1}]$。例如 $r = 4$，则输出结果 $P[S_{t-1} = 1,\ S_{t-2} = 0,\ S_{t-3} = 1,\ S_{t-4} = 1]$ 表示在整个观测期内，经济增长由高转低，再回升，之后一直保持高增长状态的概率。这样，通过观察 $t-1$ 时期内的 y_t，可以对状态变量 $[S_{t-1},\ S_{t-2},\ S_{t-3},\ S_{t-4}]$ 进行推断。推断算法的过程如下：

1. 计算：

$$P[S_t = s_t,\ S_{t-1} = s_{t-1},\ \cdots,\ S_{t-r} = s_{t-r} \mid y_t,\ y_{t-1},\ \cdots,\ y_{t-r+1}]$$
$$= P[S_t = s_t \mid S_{t-1} = s_{t-1}] \times P[S_{t-1} = s_{t-1},\ S_{t-2} = s_{t-2},\ \cdots,\ S_{t-r} = s_{t-r} \mid y_{t-1},\ y_{t-2},\ \cdots,\ y_{t-r+1}]$$

2. 计算 y_t 和 S_t 的联合条件密度分布：

$$P[y_t,\ S_t = s_t,\ S_{t-1} = s_{t-1},\ \cdots,\ S_{t-r} = s_{t-r} \mid y_{t-1},\ y_{t-2},\ \cdots,\ y_{t-r+1}]$$
$$= f(y_t \mid S_t = s_t,\ S_{t-1} = s_{t-1},\ \cdots,\ S_{t-r} = s_{t-r},\ y_{t-1},\ y_{t-2},\ \cdots,\ y_{t-r+1})$$
$$\times P[S_t = s_t,\ S_{t-1} = s_{t-1},\ \cdots,\ S_{t-r} = s_{t-r} \mid y_{t-1},\ y_{t-2},\ \cdots,\ y_{t-r+1}]$$

其中，已知密度函数为

$$f(y_t \mid S_t = s_t,\ S_{t-1} = s_{t-1},\ \cdots,\ S_{t-r} = s_{t-r},\ y_{t-1},\ y_{t-2},\ \cdots,\ y_{t-r+1})$$
$$= \frac{1}{\sqrt{2\pi}\sigma}\exp\left\{-\frac{1}{2\sigma^2}[(y_t - \alpha_1 s_t - \alpha_0) - \phi_1(y_{t-1} - \alpha_1 s_{t-1} - \alpha_0) - \cdots - \phi_r(y_{t-r} - \alpha_1 s_{t-r} - \alpha_0)]^2\right\}$$

3. 作为以上过程的附带结果，y_t 的条件似然值如下：

$$f(y_t \mid y_{t-1},\ y_{t-2},\ \cdots,\ y_{t-r+1})$$
$$= \sum_{s_t}\sum_{s_{t-1}}\cdots\sum_{s_{t-r}} f(y_t,\ S_t = s_t,\ S_{t-1} = s_{t-1},\ \cdots,\ S_{t-r} = s_{t-r} \mid y_{t-1},\ y_{t-2},\ \cdots,\ y_{t-r+1})$$

4. [1, t]期内 St 的条件概率为：

$$P[S_t = s_t,\ S_{t-1} = s_{t-1},\ \cdots,\ S_{t-r} = s_{t-r} \mid y_{t-1},\ y_{t-2},\ \cdots,\ y_{t-r+1}]$$
$$= \frac{f(y_t,\ S_t = s_t,\ S_{t-1} = s_{t-1},\ \cdots,\ S_{t-r} = s_{t-r} \mid y_{t-1},\ y_{t-2},\ \cdots,\ y_{t-r+1})}{f(y_t \mid y_{t-1},\ y_{t-2},\ \cdots,\ y_{t-r+1})}$$

5. 综上，目标输出变量可得：

$$P[S_t = s_t,\ S_{t-1} = s_{t-1},\ \cdots,\ S_{t-r+1} = s_{t-r+1} \mid y_t,\ y_{t-1},\ \cdots,\ y_{t-r+1}]$$
$$= \sum_{s_{t-r}=0}^{1} P[S_t = s_t,\ S_{t-1} = s_{t-1},\ \cdots,\ S_{t-r} = s_{t-r} \mid y_t,\ y_{t-1},\ \cdots,\ y_{t-r+1}]$$

平滑指的是通过对时刻 T 为止的所有观测，估计在时刻 $t<T$ 的状态。如果想得到状态变量平滑转换概率，可以将过滤过程中的输入变量替换成：

$P[S_{t-1} = s_{t-1},\ S_{t-2} = s_{t-2},\ \cdots,\ S_{t-r} = s_{t-r} \mid S_\tau = \hat{s}_\tau,\ S_{\tau-1} = \hat{s}_{\tau-1},\ \cdots,\ S_{t-r} = \hat{s}_{\tau-r+1},\ y_{t-1},\ y_{t-2},\ \cdots,\ y_{t-r+1}]$ 其中，$\tau \leqslant t-1$，如果 $s_\tau = \hat{s}_\tau$ 则 $P=0$，否则 $P=1$。

那么平滑后的状态 St 转换概率如下：

$$P[S_\tau = \hat{s}_\tau,\ S_{\tau-1} = \hat{s}_{\tau-1},\ \cdots,\ S_{t-r} = \hat{s}_{\tau-r+1} \mid y_{T-1},\ y_{T-2},\ \cdots,\ y_{T-r+1}]$$
$$= P[S_\tau = \hat{s}_\tau,\ S_{\tau-1} = \hat{s}_{\tau-1},\ \cdots,\ S_{t-r} = \hat{s}_{\tau-r+1},\ y_{T-1},\ y_{T-2},\ \cdots,\ y_{T-r+1}]$$
$$\times \prod_{\tau=1}^{T} \frac{f(y_\tau \mid S_\tau = \hat{s}_\tau,\ S_{\tau-1} = \hat{s}_{\tau-1},\ \cdots,\ S_{t-r} = \hat{s}_{\tau-r+1},\ y_\tau,\ y_{\tau-1},\ \cdots,\ y_{\tau-r+1})}{f(y_{\tau+1} \mid y_\tau,\ y_{\tau-1},\ \cdots,\ y_{\tau-r+1})}$$

通过步骤 3 得到样本的条件似然对数：

$$\sum_{t=1}^{T} f(y_t \mid y_{t-1},\ y_{t-2},\ \cdots,\ y_{t-r+1}) = \log f(y_T,\ y_{T-1},\ \cdots,\ y_1 \mid y_0,\ y_{-1},\ \cdots,\ y_{t-r+1})$$

将上式进行最大化，得出未知参数(α_1, α_0, p, q, σ, ϕ_1, ϕ_2, $\cdots$, ϕ_r)的最大似然估计值，利用估计值在以上过滤过程的基础上得到转态变量 s 的概率推断。

第五节　增长与福利状态转换的实证分析

模型选取的样本区间为 1980—2014 年的季度数据。经济增长率以不变价格计算的 GDP 自然对数之差计算得到，公共福利水平用政府消费加转移与投资之比表示，为避免数据包含与长期趋势增长无关的经济和政治周期因素，需要首先对其进行 Hodrick-Prescott 过滤，分解成趋势成分和周期成分。当本章研究对象由两个时间序列（ν_t，ϖ_t）组成时，MS－AR 模型转化为 MS－VAR 模型；由于模型中的均值受 s_t 影响，因此本章所使用的属于 MSM(M)-VAR(p)模型。

一、经济增长路径的结构突变与状态转换

从 1980 年第 1 季度到 2014 年第 4 季度 GDP 的环比增长率来看，中国经济总体上保持了一个稳定增长态势，局部波动相对剧烈的情况间或出现，例如，伴随着 90 年代初房地产热和股票投机热带来的经济过热特征以及之后的“软着陆”调整，季度增长率在 1991—1994 年间的波动相对剧烈；由于 2008 年前后的全球金融危机对中国实体经济的冲击，以及后来中国经济的自我调整，2008—2010 年间的波动程度也相对较大。接下来，需要利用 Markov 状态转换(MRS)模型，来考察中国经济增长动态路径在何时、何种条件下发生结构性变化。

进行 MRS 估计之前需要对时间序列平稳化处理，如果序列是非平稳的，可以通过 d 阶差分变化使其满足平稳性条件。本章采用 ADF 单位根检验方法，发现原序列 ν_t 和ϖ_t 的 ADF 统计量值均大于 1%显著水平下临界值，因此它们均不能拒绝“存在单位根”的原假设，即两变量的原序列为非平稳序列；对各变量进行一阶差分处理之后，差分序列已经变成了平稳序列，因此原序列均为一阶单整。接下来，在 AIC 和 SC 信息准则基础上，确定最优滞后阶数 $p=3$，这样，本章所使用的是一个 2 状态 3 阶滞后的 Markov 状态转换模型：MSM(2)- VAR(3)。采用最大似然估计法得到模型各参数的估计值、对数似然值、滤子(filtered)概率以及平滑(smoothed)概率序列等计量结果见表 7－1。表 7－1模型中各变量的标准残差和残差平方序列的 Ljung-Box Q 检验显示各变量的标准残差和残差平方序列均不存在显著的序列相关，这表明模型设定较为合理。

表 7-1　经济增长与福利发展的 MRS 状态转换向量自回归模型的估计结果

参数	经济增长				公共福利			
	状态 0		状态 1		状态 0		状态 1	
	估计值	标准差	估计值	标准差	估计值	标准差	估计值	标准差
α	0.135 3*	0.857 7	2.669 5**	1.240 5	1.032 4*	0.271 6	0.967 4*	0.327 1
	(1.781 3)		(2.137 4)		(1.717 4)		(2.081 5)	
ϕ_1	−0.079 6	0.153	−0.374 6	0.142 6	−0.657 3*	0.135 2	−1.071 2*	0.026 8
	(−0.315 5)		(−2.855 7)		(2.021 3)		(3.012 6)	
ϕ_2	0.441 8**	0.112 7	0.248 3**	0.085 2	−0.535 8**	0.143 6	0.649 1**	0.054 8
	(3.245 9)		(2.014 7)		(1.533 2)		(2.776)	
ϕ_3	0.475 2**	0.106 1	0.413 5**	0.092 6	−0.728 9**	0.141 2	−1.487 1**	0.071 3
	(3.522 6)		(4.980 1)		(2.160 5)		(1.764 2)	
σ	0.052 1**	0.007 2	0.167 3**	0.054 8	0.020 6**	0.001 1	0.118 4**	0.000 7
	(0.275 9)		(0.681 3)		(0.685 4)		(1.282 1)	
转移概率矩阵		0.965 1	0.179 4			0.945 8	0.398 1	
		0.034 9	0.820 6			0.054 2	0.601 9	
Ljung-Box Q		1.352	(0.046)			3.307	(0.032)	
对数似然值		−85.7				−304.2		

注：** 和 * 分别表示在 5% 和 1% 显著性水平下显著，括号中数值为对应参数的 t 统计值，ϕ_i 为自回归系数。Ljung-Box Q 统计值括号里为 p 值。

从结果上看，各参数估计值均合理而显著，同时基于不同状态设定下，模型的均值参数、自回归系数以及方差之间都存在较大程度的差异，这表明 1980—2014 年间的实际 GDP 增长率序列可以分解为 2 种随机趋势——模型在“低速增长状态”以及“高速增长状态”下的均值参数分别为 0.14 和 2.67，这与 MSM 模型中关于不同状态的均值设定思想相吻合；模型在低速以及高速增长状态下方差估计值分别为 0.05 和 0.17，说明低速增长波动性较小。进一步算得低速增长和高速增长状态的平均季度增长率分别为 1.27% 和 3.19%，那么平均年度增长率分别为 5.18% 和 12.76%。

经济增长在不同状态间的转换机制或概率如下：

① 当经济系统处于低增长状态时，其保持低增长状态的概率是 96.51%，而从低增长转换到高增长的概率为 3.49%。这表明，经济一旦处于低增长阶段，就将以很大的概率保持这种状态。根据公式 $\sum_{k=1}^{\infty} kq^{k-1}(1-q)=(1-q)^{-1}$，可以求出经济处于低增长状态的可能平均持续期大约为 28 个季度。

② 当经济系统处于高增长状态时，其保持高增长状态的概率为 17.9%，从高增长转换到低增长的概率为 82.1%，这表明，经济维持在高增长阶段的可能性较小，在外生因素的影响下，经济扩张的平均持续期一般不会超过 2—3 个季度，然后会以大概率转换到低增长状态，产出增长率不会无限放大。

平滑状态转换概率实际上是一种条件概率，它反映了在所有可观测信息集的条件下，所得到的每一个时期处于特定状态的概率，图 7－1a 刻画了中国季度经济增长率在高增长状态下的平滑概率曲线：经济系统在 1991 年第四季度到 1992 年第三季度以大约 56% 的概率处于高增长状态；1995—1996 年正好是中国经济表现过热时期，经济以接近于 1 的概率处于高增长状态；2003 年第四季度、2005 年第三、四季度以及 2007 年第一、二季度均以超过 99% 的概率处于高增长状态。在所考察的 128 个样本中，经济以较大概率处于高增长的比重是 20.44%。

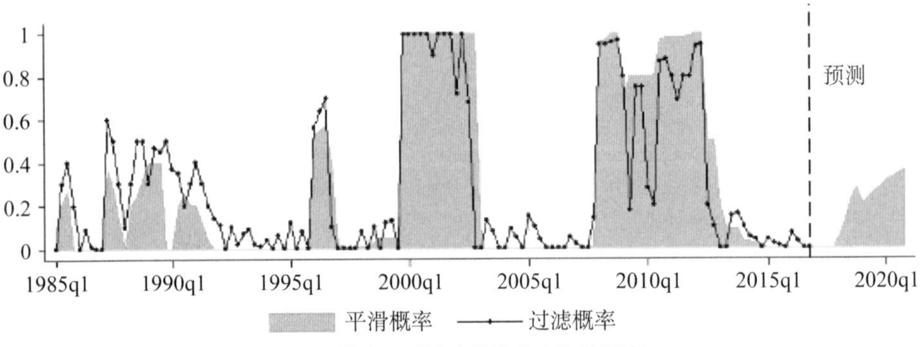

(a) 经济处于“快速增长状态”的概率

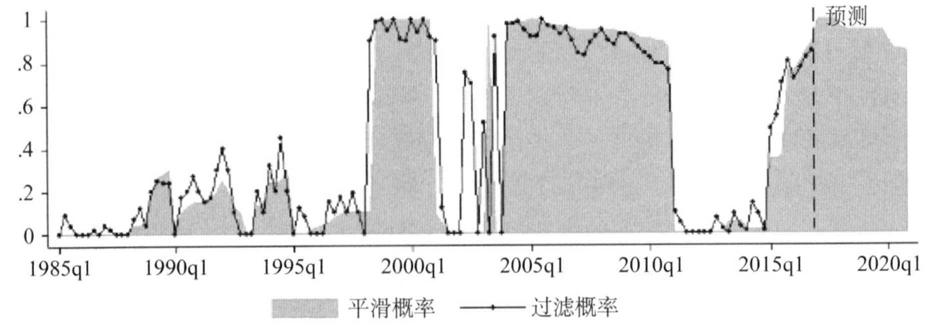

(b) 公共福利处于“低发展水平”的概率

图 7－1　经济增长(a)和公共福利(b)的状态转换特征

总体而言，1994—1996 年是经济增长速度较高的阶段，到了 1997—2001 年经济增长速度相对放缓，而后 2002—2007 年再次进入较高增长水平，在步入 2008 年后一直处于低速增长阶段。1994 年、2002 年以及 2007 年左右中是国家经济发展的重要转折点。通过下一节的分析，可以发现，已识别出的经济发展的结构突变与公共政策尤其是社会保障改革的时机基本一致。

二、福利发展路径的结构突变与状态转换

下面转向福利发展的阶段识别。与经济增长类似，福利水平状态转换模型估计的均值参数、自回归系数以及方差估计值在不同区制下的差异很大，并具有较高的显著性水平，模型能够准确刻画福利发展动态过程当中存在显著的低速和高速状态。在模型转移概率矩阵中，p 较 q 的概率值更大，这意味着低水平福利状态具有较强的持续性和稳定性。

图 7－1b 给出了 MSM(2)－AR(3)模型在状态变量 $S=0$ 处取值的平滑概率，概率值越大，经济在 $t=1, 2, \cdots, T$ 时刻处于低福利状态的可能性也就越大。1993 年第四季度为福利水平由高向低转换的第一个拐点；而后 1996 年则是再次转向高福利体制的相反转折点；但是高福利并未维持太久，1997 年下半年便再次下降；这与下一次福利发展结构突变的发生，足足相隔 9 年。

从累积角度看，“低福利水平阶段”主要发生在 1993 年第三季度至 1995 年第一季度、1997 年第三、四季度、1999 年第一季度—2005 年第四季度以及 2010 年第二季度以后，累积时期共为 71 个季度，占样本总数的 55.47%。“高福利水平阶段”集中在 1994 年以前以及 2006 年第一季度至 2009 年第四季度。福利处于“低速发展阶段”和“快速发展阶段”的平均持续期大致相同。

同时，模型估计结果还能够标示出不同区制的持续期：低福利状态得以维持的概率 p 为 94.58%，平均持续期为 18 季度，此时公共消费转移支出平均增长率为 11.22%；高福利状态得以维持的概率 q 为 39.81%，平均持续期约为 2 个季度，此时公共消费转移支出平均增长率为 31.27%。这表明福利水平在不同阶段的持续长度具有一定程度的非对称性特征——持续期和转移概率均有较大差异。此外，低福利水平状态占据主导地位，同时也是目前中国社会发展所处的阶段。

三、增长与福利结构突变的映射与关联

通过对比经济增长和福利发展的状态迁移可以发现，二者在结构突变上

表现出明显的相互承接和呼应，下面进行具体分析：

1994 年第一季度左右是福利发展轨迹第一次状态转变的拐点，国家福利由相对高水平向低水平转移，为 90 年代中开始的高速经济增长创造了条件。1980—1993 年期间，中国处于从计划经济向市场经济转轨的初期，社会保障制度处于过渡期，沿袭了计划经济国家办福利的传统（政府偏好参数 θ 较大），财政支出中仍有固定的比例主要用于抚恤和社会福利——国家对于涉及城镇职工的主要社会保障项目的教育费用、医疗费用和养老费用实行低标准的财政统包制度，在广大的农村实行义务教育、合作医疗和五保户方式的养老制度——使得国家每年必须在较低水平的财政总预算中支付 10%左右的社会保障费用。因此在这段时间，低福利状态的概率维持在 50%以下，一直到 1993 年第三、四季度才上升到 100%。1994 年以后，社会保障制度改革进入实施阶段，开始更加强调个人责任，同时医疗、住房、教育等市场化改革加剧了居民的风险，政府政策偏好 θ 迅速降低，财政社保支出逐渐收缩，保障制度从间接由国家负全部责任转变为由国家、企业、个人共同负担。

低水平的公共消费和转移支出使得政府积累了充分的资金用于生产性公共投资，例如，国务院从 80 年代开始发行总额 40 亿元的国库券用于国家经济建设，与此同时，减轻了社保包袱的政府得以放开手脚探索经济体制改革，引导国有企业向独立的商品生产者和经营者转变，改革过去指令性计划生产与调拨。所以在 1994 年第三季度—1996 年这段时间中国经济增速明显加快，从供给不足、需求过剩的低增长状态转换到投资扩张、供给扩张的高增长状态，增长率经历了由低到高的结构突变，而这一转变恰好发生在福利由高到低的结构突变之后。上述过程证明了假设命题 H2——低福利体制引致高增长。

随着经济的扩张，城乡居民曾经几十年缓慢增长的收入水平，也伴随着社会产品的扩张而开始快速增加起来，不断增加的收入和日渐盈余的供给（包括公共产品），使得 1996 年第二季度低福利体制继续维持的概率迅速降低到接近 0，即将发生结构性提升，正印证了假设命题 H1——高增长状态伴随着高福利水平。

假设命题 H1 的预测，福利上行性结构转变将带来经济增长的下行拐点。1996—2002 年中国经济进入高速增长以后的调整期。首先，为了遏制高通货膨胀水平和扭转经济过热局面，实现宏观经济"软着陆"，政府出台了一系列宏观经济改革措施，以降低固定资产投资；1997 年亚洲金融危机的爆发使国家出口贸易受到了较为严重的冲击。如图 7－1 所示，进入 1998 年第一季度后，经济再次以 100%的大概率进入低增长阶段。与此同时，政府紧缩财政支出规模，相应的，福利指标ϖ继续走低，经济处于低福利体制的预期概率由 0 再次上升到 95%以上。这正符合假设命题 H3——低增长体制必然带来低福利体制。

根据模型(7－5)，收缩期的福利降低速度快于资本存量的减少速度，这样便相对增加了资本积累，有助于提升下一期的经济增长。在经历了长期的低福利体制之后，2003—2008 年期间，中国经济进入新一轮的强经济增长周期，由低增长转换到高增长状态的概率接近 100%。随着社会保障基本制度逐渐趋于完善，经济增长带动福利水平再次进入相对较高的发展状态，为假设命题 H4 提供了依据。这一影响大概在 2006 年左右开始显现——面对城镇职工基本养老保险个人账户资金被大量挪用，个人账户空账运行，农村社会保障制度严重滞后，国家出台多项社会保障政策，调集大量人力财力，推动建立城乡统筹的社会保障制度。2007—2010 年政府的政策取向 θ 再次向福利倾斜，具体表现在，扩大基本养老保险覆盖面至城镇各类企业职工，个体工商户和灵活就业人员将个人账户规模由原来的 11%减小到 8%，建立农村新型合作医疗制度减少农民医疗支出，建立农村最低生活保障制度。在社会保障上的支出超出了经济发展的速度，当然这可能是由于之前国家在社会保障投入上较低而导致社会保障支出的金额小，因此加大投入的时候就会呈现出社会保障水平超出了经济发展的水平；也可能是由于适逢北京奥运会的举办以及相关自然灾害，导致国家在转移支付上面投入了大量的财力和物力。

根据模型估计，福利指标ϖ的结构性上升之后，即将出现经济增长的下行结构转变。2008 年以来，伴随世界范围内石油价格的剧烈波动和美国次贷危机的影响，最终爆发了全球性的金融危机，而经济高增长的概率也于 2008 年下半年下降到接近 0。面对此次全球性金融危机，虽然国家采取了积极的财政政策和适度宽松的货币政策，但是经济一直处于“低速增长阶段”。在这一阶段，由于收入水平增长较慢、医疗保障体制的变迁、教育支出以及住房价格的增长，经济转向低福利体制的概率预计将再次上升到接近 100%。

综上所述，经济增长和公共福利有较强的联动性，每一次的福利调整都对应着经济增长的状态变迁。社会保障支出随经济的波动而增加或减少，自动地影响社会需求的变化，进而反作用于经济增长。当经济处于衰退时，国民收入水平随之下降，社会保障负担水平相应下降，这会刺激消费与投资，防止通货紧缩，促进经济的早日摆脱衰退。在经济繁荣时，国民收入水平提高，社会保障负担水平随之提高，这将会抑制社会总需求，防止通货膨胀与经济过热。

显然，正如假设命题 H5 所述，两者之间存在的这种内生联动关系是非线性的。

四、增长与福利相互影响的脉冲响应分析

基于 MSM(2)- AR(3)模型的参数估计结果，可预测未来 3 年经济处于不同增长和福利状态的概率值，并进一步获得经济增长率预测值，结果见图 7 - 1(预测部分)。2015—2017 年，经济仍处于“低速增长状态”，但概率值逐渐减小，而转换到“快速增长状态”的概率值逐渐升高。GDP 增长率预计在 2016 年第三季度降到最小值 1.637 9%以后逐渐增大，并在 2017 年第二季度达到最大值 2.173 5%。2017 年以前“低福利状态”的概率值始终保持在 95%以上，随后有小幅的降低。国家福利支出增长率预计在 2015 年第一季度降至最小值 1.019 2%，随后逐渐提高。因此，预测结果表明，尽管在中国经济增长率总体表现出逐渐上升的趋势，但是，未来 3 年中仍将处于“低增长和低福利并存的阶段”。

有了模型的估算结果，可以通过估算脉冲响应函数，具体刻画和比较各状态下社会福利政策对经济增长的动态影响。由于 Markov 状态转变向量自回归模型本质上是一种非线性模型，因而，这里采取 Krolzig(1997)提出一种新脉冲响应函数，它不仅能够考察非线性动态模型高斯创新(Gaussian Innovation) u_t 的脉冲响应(Koop、Pesaran 和 Potter，1996)，也可以考察状态 s_t 转变带来的冲击影响。

系统脉冲响应曲线上的点来自 $MA(\infty)$ 函数的系数 ϕ_i，将模型表达为矩阵形式如下：

$$\Delta y_t = \sum_{i=0}^{\infty} MP'^{i} y_{t-i} + \sum_{i=0}^{\infty} \Phi_i u_{t-i},\ \Phi_0 = 1$$

其中，P 为转换概率矩阵，M 为状态均值向量，Φ 作为无限滞后多项式 $\Phi(L) = \alpha(L)^{-1}$ 的系数，通过以下方法计算得到：

$$\Phi_i = \sum_{j=1}^{i} \Phi_{i-j}\alpha_j$$

可以解释作经济增长率 Δy_t 对 i 时期之前的冲击 u_{t-i} 的响应，进一步，根据不随时间变动的 AR 过程可得高斯新息的脉冲响应函数。

如果存在状态转换，经济系统将瞬时移动到新的水平。由于 Markov 链具

有平稳性，系统状态的条件分布将收敛于遍历性分布（ergodic distribution）。这样，能够得到经济增长的有限及长期预测区间：

$$E[\Delta y_{t+h} \mid \xi_t] = MP'^h \xi_t$$

$$\lim_{h \to \infty} E[y_{t+h} \mid \xi_t] = M\bar{\xi} = \bar{\mu}$$

其中，$\mu = vec(M)$，ξ_t 代表系统中不可观测的状态信息。在本章的二维 *Markov* 链中，状态变量的绝对概率分布计算如下：

$$\bar{\xi}_1 = \frac{1-p}{1-p+1-q}, \bar{\xi}_2 = \frac{1-q}{1-p+1-q}$$

以上状态概率的预测值收敛于遍历性 Markov 链的绝对概率分布 $\bar{\xi} = (\bar{\xi}_1, \cdots, \bar{\xi}_M)'$，其中 $\bar{\xi} = P'\bar{\xi}$。

如果分别对经济增长和公共福利支出施加一个标准差冲击，不同状态下其他变量会受到怎样的影响？图 7－2a 为福利政策受到经济增长波动的脉冲响应函数曲线，横轴代表追溯期数，纵轴表示因变量对自变量的响应大小。假定给定经济增长一个标准差的正冲击，在低福利状态下，国家福利支出将作出正向响应，第 1 期提高 0.16 个百分点，然后开始缓慢增加，到第 7 期增至最大值 0.41%，随后缓慢下降到 0.06%左右；在高福利状态下，经济增长在第一期对福利支出的提升作用是较为强劲，达到 0.25 以上，但这种响应从第 3 期以后就迅速缩减，并在接近第 10 期时变动为负。这表明，经济增长有利于改善公共福利水平，同时，福利政策具有一定的相机抉择性，并且影响力度随福利发展状态提高而增强。

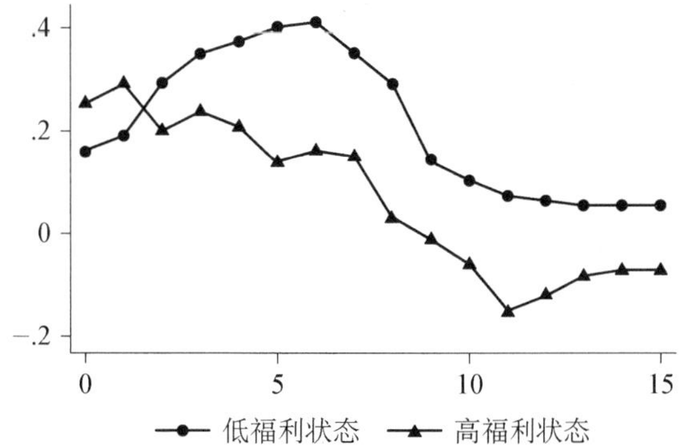

(a) 福利政策受到经济增长冲击的脉冲响应函数

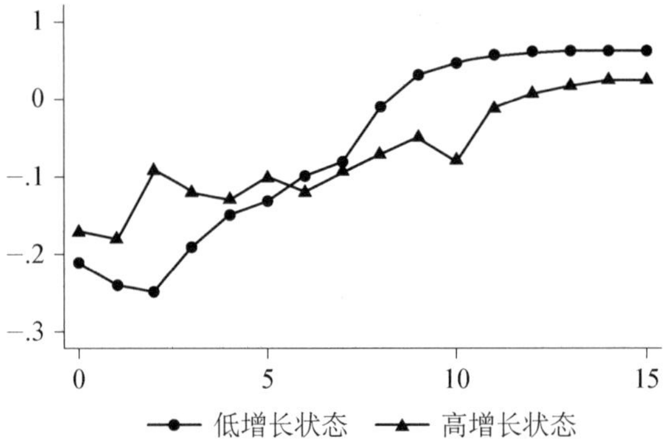

(b) 经济增长受到福利政策冲击的脉冲响应函数

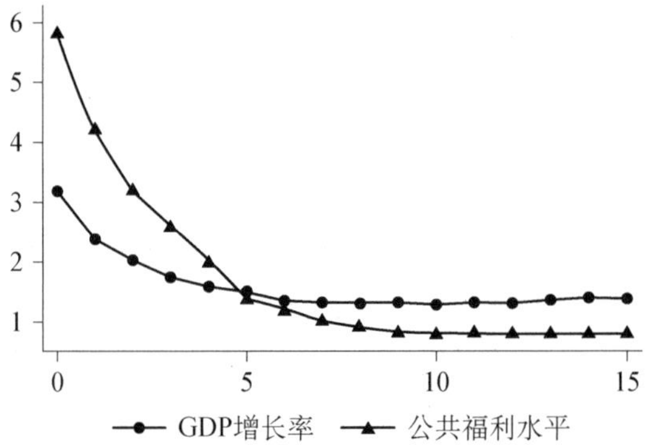

(c) 低增长向高增长转变的冲击

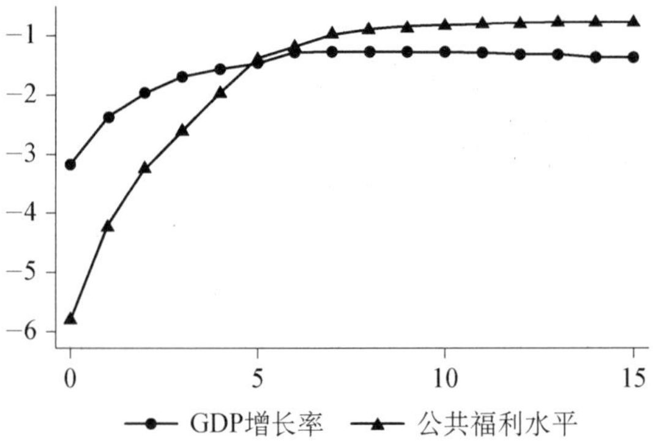

(d) 高增长向低增长转变的冲击

图 7-2　脉冲响应分析

图 7 - 2b 刻画了宏观经济波动受到福利政策变化的脉冲响应函数。如果对国家福利支出 1 单位的负向冲击，在低增长状态和高增长状态下，公共消费和私人消费的减少都会拉低经济增长率。但在 10—12 期后增长将出现明显正向反应，即紧缩福利支出政策开始有助于经济增长，主要原因是税收的降低促进了私人资本积累，这种增长效应在低增长状态出现的时间早于高增长状态。

图 7 - 2c 和图 7 - 2d 描绘了状态转变对国家福利政策力度和宏观经济波动的冲击影响。当经济由高增长向低增长转变时，GDP 增长率和福利支出水平最初均呈现出跳跃性下降，而福利水平下降速度会逐渐快于前者，随着两者下降势头明显趋缓，大约 2 年后基本上已经处于停滞状态，之后经济增长渐渐开始呈现回升的趋势(图 7 - 2d)。当经济由低增长向高增长转变时，各经济变量波动水平和变化情况与前一种转变时形成一种对称的镜像关系[见图 7 - 2c]。

本章小结

本章公共福利发展与经济增长轨迹为对象，探究二者发生结构性突变的机制，挖掘了增长拐点和福利拐点之间的关联。为此，本章基于政府公共政策偏好的假设，通过构建包含公共支出和资本积累的理论模型，分析了福利水平和经济增长之间的动态联系。理论分析结论表明，由于社会资本存量的动态变动使得以政府消费和转移支付水平为衡量的公共福利与 GDP 增长率联系在一起，两者的联带演化规律可以归纳为：高速经济增长将带动公共福利水平的提升；然而随着时间的推移，福利水平的扩张将导致增长放缓甚至下降；从长期来看，经济增速过低也将限制公共福利的发展；而在经济萎缩期，福利水平将以更快的速度降低，进而拉动经济的回升；低福利体制将诱发高增长体制，而低增长体制往往伴随着低福利体制。

为了实证检验上述理论结论，文章采用 Hamilton 提出的 Markov 体制转换模型 MSM(2)- AR(3)研究了 1980—2012 年中国各季度的 GDP 增长率与公共福利之间的非线性动态关系。研究发现，1980 年以来中国公共福利政策出现了“低—高—低—高”的交替，与此呼应地，经济增长进程也发生了“高增长—软着陆—软扩张—低增长”之间的变更。与模型的估计一致，历史上每一次经济增长拐点之前必然有公共福利在增长趋势上的结构性调整，同时，公共福利政策的结构性调整又归咎于经济增长趋势的结构性突变——例如，经济增速降低之后必然使福利从高水平突变为低水平，而随着政府削减公共消费、转移支付和税收，又将迎来经济增长新的上行拐点。经济增长和公共福利之间的动态影响与反馈过程说明两者之间存在联动的内生性和非线性联系，但同时其作用形式也是可以预测的。

模型对中国未来经济所处状态的平滑概率值的预测结果表明，未来3年我们仍将处于“低速增长与低福利并存阶段”，但随着时间的推移，向“快速增长阶段”变迁的可能性逐渐增大，公共福利也将呈现出逐渐回升的态势。通过进一步脉冲响应函数分析发现，在各自不同的发展状态下，经济增长和公共福利的动态影响规模也不尽相同。首先看福利对增长冲击做出的响应：在低福利水平下，经济增长能够稳定且持续地推进福利条件的改善；如果福利水平已然很高，那么经济增长在最初几期给予福利一个强劲的提升作用后，在长期以后将降低福利发展。再看增长对福利冲击做出的响应：负向的福利冲击对经济增长都有先抑后扬的作用，只不过在低速增长阶段经济上行出现的时间略早于高速增长阶段。最后，经济系统发生状态转换时，公共福利会比经济增长更快地做出响应，并且在速度和规模上都要高于后者，这样，将会逐步带动增长发生结构转变。

需要指出的是，本章并未考虑，当全球金融和债务危机发生后，国加经济内生化的运行趋势受到了强烈的外部冲击，宏观经济环境以及经济周期阶段发生了显著变化，为此，政府需要在现行社会保障体制和市场基础上全面地审视和思考经济所受冲击的途径和渠道。本章对于经济增长和公共福利动态演化关联的探索，为政府在不同时期经济运行风险下进行相应的福利政策调整，通过社会保障适应经济的波动、促进经济的稳定，提供了理论依据。

下　编

公共产品分析

第八章　中国医疗保险的改革研究：基于动态 CGE 的政策实验模拟

社会医疗保险制度的改革研究是中国政府和学术界高度重视的热门课题之一，也是当前社会保障体系中难度最大的一个险种：第一，随着人口结构老龄化和退休人数增加，医疗保险资金筹集和制度的设计都面临新的挑战，医疗保障基金的支付压力降越来越大；第二，资金来源主要是用人单位和个人，国家资金投入和责任承担不够，以预防保健为主要内容的公共卫生事业发展明显不足；第三，医疗机构"以药养医"，药品流通环节存在暴利，致使药品价格过高，直接受害的是普通消费者。针对以上三类问题，本章设计了相应的改革方案，利用 Auerbach 和 Kotlikoff 提出的动态 CGE 模型分别模拟其经济和福利效果，试图通过定量分析为完善中国医疗保险制度提供参考。

面对老龄化带来的医保支付压力，实验 1 模拟实施阶梯式共同负担率，此措施不仅能减少不必要的医疗服务需求，降低居民社保缴费和税收负担，还将通过鼓励私人储蓄刺激经济增长，提高各世代居民福利指标。针对政府医疗投入不足的问题，实验 2 模拟政府扩张公共卫生支出，此举将扩大有效劳动供给、进而提高居民要素回报和整体福利水平。对于药价虚高问题，实验 3 模拟降低药价 5%，效果是在使居民要素收入和转移支付收入上升的同时，带动社会总福利增长近 1 亿元。

第一节　中国社会医疗保险体系结构简述

中国的医疗保险属于社会医疗保险模式，主要特点是国家法律规定强制实施，通过缴费筹集医疗保险基金，医保基金采用合同结算并专款专用、医疗服务费用的支付采用社会定价收费并以医保给付为主。基本公共医疗保障体系由城镇职工基本医疗保险制度（还包括事业单位医疗保险制度，部分地区还有公务员补充医疗保险制度)、城镇居民医疗保险制度、农村新合作医疗制度这三个各自独立的体系构成,其覆盖对象和筹资机制如图 8-1 所示。

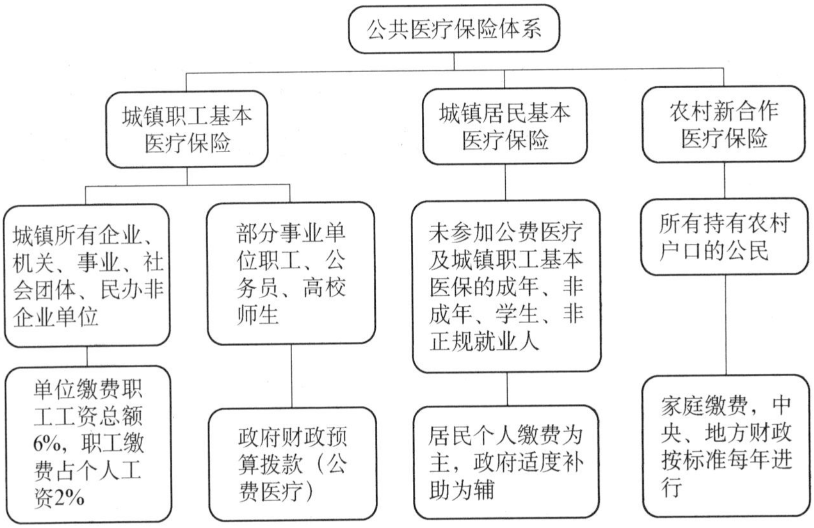

图 8-1 中国社会医疗保险体系结构

从筹资方面看,城镇职工医疗保险人均筹资额最高,筹资以职工和用人单位共同缴费的方式为主,国家财政补贴比重较小。城镇居民基本医疗保险和新型农村合作医疗中,虽然由中央财政、地方财政和农民共同筹资,但享受最低生活保障的人、丧失劳动能力的重度残疾人、低收入家庭 60 周岁以上的老年人等,所需家庭缴费部分由政府给予补助。作为以上三大系统的补充,国家从 2005 年开始实行了大病医疗救助制度,包括城市大病医疗救助及农村大病医疗救助,救助对象为城市及农村低保对象、五保户及其他低收入及特困人群。筹资方式为财政补助,救助方式为"资助参合参保、基本诊疗费用减免、特殊门诊定额救助、住院医疗救助、重病慈善救助"等。

在支付方面,医保支付要符合《基本医疗保险药品目录》、《基本医疗保险诊疗项目目录》和《基本医疗保险服务设施和支付标准目录》的范围,应在定点医疗机构和定点药店就医取药,不同地区根据本地实际情况设置不同的起步标准、最高支付限额和共付比例。中国的支付方式以按服务项目付费为主,但此方式已被证实是造成医疗费用上涨、医疗资源浪费的原因之一,因此这几年各地在积极试点向预付制改革,包括按人头付费、按病种付费、总额预算等方式以实现有效的控费;并且,根据不同的医疗机构等级、不同的医疗服务来进行不同的支付方式组合。

虽然目前医疗保险制度构建已初成规模，但医疗保障体系的发展和完善，仍旧面临诸多难题。例如，各级政府责任划分不明，财政支持缺乏明确的责任分担机制，造成政府对基本医疗保险的投资不足；覆盖程度低，大多数农民工、相当多民营企业和三资企业的职工、个体工商户、外来劳动者还没有参保；医药费用增长过快，看病贵已成为社会热点；个人账户和统筹基金的费用配置没能充分体现公平与效率的原则，又未能解决单位参保积极性不高和保险费筹集困难等问题；医疗保障与公共卫生缺乏有效的结合机制，预防保健供给不足；医疗服务和保障水平城乡之间、地区之间、社会阶层之间存在严重不均衡等等。虽然已经有相当多的文献对我国医疗保险制度存在的问题和弊端进行反思，并提出改革建议，但绝大多数还是限于论述性分析，有限的实证研究也仅止于医院运行、居民花费等微观层面：如沈炳珍、陈畴镛根据代理和契约理论，从激励效应的角度分析了医疗支付成本高、医疗服务市场效率低的原因，并设计了能够在风险完全分担和提供克服“过度消费”和“诱致需求”的激励机制之间平衡的途径；黄丞、李玮利用基本医疗保险体系的简化模型和个人收入弹性，计算了消费者的最优共保率，以抑制社会医疗费用的过快增长；王海燕、尹盼盼通过供需理论、博弈论、道德风险与逆向选择及路径依赖等经济学原理对社会医疗保险存在的问题进行分析。与以往研究不同，本章将从宏观经济的层面，在动态一般均衡的框架下，对各种具体医保改革措施进行情景模拟，定量考察医改政策对经济增长和代际福利的影响。

第二节　包含医保模块的动态 CGE 模型框架

本章在动态 CGE 模型基础上增添了“健康”因素，将居民健康状况与有效劳动力供给挂钩，从而将医疗支出和医疗保险与产品生产、要素分配以及价格形成等市场过程联系起来。

一、劳动供给

第 t 年里第 i 代居民的有效劳动供给函数由以下两个方程构成：

$$LE_i(t) = \overline{L}_i(t) - WL_i(t)$$
$$WL_i(t) = \eta \overline{L}_i(t) \tag{8-1a}$$

其中,LE:有效劳动供给;$\overline{L}$:潜在劳动供给量;WL:由于生病无法工作的劳动者人数,占总劳动人口的比重等于 η。

疾病导致的劳动不参与率 η 被定义为居民健康指数的不变弹性函数:

$$\eta_i = HC_i^{-\varepsilon_i} \tag{8-1b}$$

其中,HC:健康指数;ε:弹性参数,$\varepsilon_i = -(\partial WL_i/\partial HC_i)(HC_i/WL_i) > 0$,代表了因病无法劳动人数随健康指数的变动率,$\varepsilon$ 越高,健康指数提升带来的有效劳动供给越高,因此 ε 衡量了医疗服务供给或治疗的效率。

健康指数 HC 用于衡量劳动力的健康状况,采取 Cobb-Douglas 生产函数形式,作为政府公共卫生投入 G_m 和居民医疗支出 H_i 的产出:

$$HC_i = G_m^{\beta}(\sum_i H_i)^{1-\beta} \tag{8-1c}$$

由于因病导致的非劳动人口 WL 对健康指数的一、二阶导数分别小于、大于 0:

$$\frac{\partial WL_i}{\partial HC_i} = -\varepsilon_i HC_i^{-(\varepsilon_i+1)}\overline{L}_i = -\varepsilon_i WL_i/HC_i < 0$$

$$\frac{\partial^2 WL_i}{\partial HC_i^2} = \varepsilon_i(\varepsilon_i+1)HC_i^{-(\varepsilon_i+2)}\overline{L}_i = \varepsilon_i(\varepsilon_i+1)WL_i/HC_i^2 > 0 \tag{8-1d}$$

因此,劳动参与率随医疗投入增加带来的健康指数提升而上升,但是速度却越来越慢。

二、居民部门

假设一般居民从 20 岁起进入市场成为决策者,并于 90 岁死亡。在给定工资、利率条件下,居民通过选择跨期消费方案以最大化一生效用,那么第 i 代(出生于第 i 年)居民毕生的期望效用函数如下:

$$E(U_i) = \sum_{t=i}^{i+70}(1+\rho)^{-(t-i)}\frac{(c_i^t - h_i^t)^{1-\theta}}{1-\theta} \tag{8-2}$$

其中 c、ρ、θ 分别代表人均消费、贴现率以及相对风险厌恶指数,h 衡量了消费中的基本医疗卫生服务支出——只有在保证基本健康之后的净消费支出 $c-h$ 才能为居民产生效用。

如果将税收、养老、医疗系统作为外生制度,则第 i 代居民在第 t 年需要满足预算约束:

$$a_i(t)=(1+r)a_i(t-1)+(1-\tau_y-\tau_s)[w(t)+r(t)] \\ +(1-\phi)h(t)+ps_i(t)+\frac{GT(t)}{N(t)}-c_i(t) \tag{8-3}$$

其中 w 是有效工资率，r 是资本回报率，GT 为政府对居民转移支付总量，N 为居民数量。τ_y，τ_s 分别表示平均所得税率和社保贡献率（个人收入中用于缴纳社会保险的比重）。社保账户由养老和医疗保险构成，因此居民缴纳的社保费用最终将分配为这两种用途；ps 代表人均养老保险福利金，$(1-\phi)h$ 代表医疗支出中由公共医疗保险覆盖的部分，ϕ 表示医疗支出中由居民自身承担的比重（即下文提到的医保共付率或自付率）。以上预算约束强调，居民第 t 年的财富等于上一年财富本息和、交纳水费后的工资资本收入、政府福利、养老保险金、医疗保险金的总和减去当年消费。从总量来看，居民收入包括两个来源——提供要素的报酬和政府转移支付，如下所示：

$$I_i(t)=\sum_i FE_i(t)P_F(t)+GT_i(t)$$

其中，FE：居民有效要素供给（包括有效劳动和资本）；PF：要素价格；GT：政府对居民转移支付。假设政府对居民转移支付 GT 在政府转移支付总额 TR 中的比重 λ 保持不变，则：

$$GT_i(t)=\lambda_i TR(t),\ \sum_i \lambda_i=1 \tag{8-4}$$

除了预算约束，居民的储蓄还需要满足产业的投资需求：

$$INV_k(t)=A_{I_k}(t)x_k(t) \tag{8-5}$$

其中，A_I：投入产出表中的资本投入系数；x_k：k 部门总产出。

如果用 η 表示养老金替代率——劳动者退休时的养老金领取水平与退休前工资收入水平之间的比率，用 T 表示劳动者开始领取养老金的年龄，那么根据居民退休后领取的养老金总额如下（Friedman 和 Warshawsky，1990）：

$$ps_i=\begin{cases}0, & t-i<T \\ \eta\left(\frac{1}{T}\sum_{t=T}^{90}A_i w(t)\right), & t-i\geqslant T\end{cases} \tag{8-6}$$

概括起来，居民优化问题由目标函数（8-2）以及约束条件（8-3）（8-4）（8-5）组成，根据一阶条件推导出的 Euler 方程如下：

$$\left[\frac{c_i(t)-h_i(t)}{c_i(t+1)-h_i(t+1)}\right]^{-\theta}=\frac{1+[1-\tau_y(t+1)]r(t+1)}{(1+\rho)}\frac{1+\tau_y(t)}{1+\tau_y(t+1)} \tag{8-7}$$

根据上式，一旦给定初始消费值，便可推导出最优消费路径。

三、生产部门

企业在给定工资和利率水平下最大化利润，其生产函数采取的 CES 形式，k 部门的最终产品 y（增加值）和总产出 x 为：

$$y_k(t)=B_k[\gamma_k(t)L_k(t)^{-\rho_k}+(1-\gamma_k(t))K_k(t)^{-\rho_k}]^{1/\rho_k} \tag{8-8}$$

$$x=(I+A)y \tag{8-9}$$

其中，A：投入产出系数矩阵；B：CES 生产函数规模参数。产业 k 对劳动力的需求取决于商品和要素的相对价格以及行业的增加值，定义如下：

$$L_k(t)=B_k(t)^{\gamma_k-1}(\alpha P_k(t)/\overline{w_k}(t))^{\rho_k}y_k(t) \tag{8-10}$$

令 Px 为产品价格，则工资率和利率分别等于劳动和资本的边际产品价值（VMP）：

$$w_k(t)=P_{xk}(t)\frac{\partial x_k(t)}{\partial L_k(t)}$$

$$r_k(t)=P_{xk}(t)\frac{\partial x_k(t)}{\partial K_k(t)} \tag{8-11}$$

四、价格形成

那么 k 产业的最终产品价格和生产者价格为：

$$P_{yk}(t)=\frac{\sum F_k(t)P_F(t)}{y_k(t)} \tag{8-12}$$

$$P_{xk}(t)=A(t)P_{yk}(t)+\sum_j A_{kj}(t)P_{y_j}(t)$$

其中，P_F 是要素价格，A 是中间投入矩阵，A_{kj} 代表每单位 k 产品需要的 j 部门产品投入系数。

五、政府部门

社保基金模型依据 Hirte。假设政府拥有一个一般账户和一个社会保险账户。一般账户支出包括政府的公共消费、投资、债务利息、对居民转移支付与对社保基金的转移支付，资金来自税收。社保账户包括公共养老金和公共医疗保险，定义政府对社保基金转移支付金额与社会保险金总额之比为 μ，那么其余 $1-\mu$ 由居民和企业缴纳。政府收入来自对生产要素征收的直接税（所得税）和对产品征收的间接税（生产税）：

$$G(t)=\sum_k \tau_g P_{x_k}(t)x_k(t)+\sum_i \tau_y P_F(t)FE_i(t)$$

其中，τ_g，τ_y 分别为生产税和所得税税率。政府将以上收入用于产品购买、对居民转移支付、对社保账户转移支付：

$$G(t)=\sum_k GEXP_{xk}(t)+TR(t)$$

政府购买支出等于政府消费量 GC 与产品消费者价格（本章不考虑消费税，因此等于生产者价格）之积，并假设第 t 年的政府购买支出为基准年份的正数倍：

$$GEXP_k(t)=\xi GEXP_k(0)=P_{x_k}(t)GC_k(t)(\xi>0)$$

因此，政府需要满足预算约束：

$$\sum_k \tau_g P_{x_k}(t)x_k(t)+\sum_i \tau_y P_F(t)FE_i(t)=\sum_k P_{x_k}(t)GC_k(t)+GT(t)+\mu S(t) \tag{8-13}$$

其中，S 代表社会保险金总量。另外，社保账户平衡如下：

$$PS(t)=r(t)PS(t-1)+\tau_s(t)w(t)L(t)-(1-\mu)S(t) \tag{8-14}$$

在上式中，P 是到第 t 年为止社保账户的总余额，在本章中作为已知参数。

六、福利

本模型采用等价性变化 EV 作为居民福利测度指标，由于居民私人消费改变产生的福利变化计算如下：

$$EV_i(t)=\frac{U_i^t-U_i^0}{U_i^0}I_i^0 \tag{8-15}$$

其中，t 和 0 代表某一政策改革实施前后的均衡状态。

但是，居民效用同样于政府公共消费相关，尤其是当政府公共（医疗卫生）

产品供给变化时,居民福利也会受到影响。假设政府购买 GC 中有 β_G 部分能够为居民所享用,则调整后的 EV 为:

$$\overline{EV}_i(t) = EV_i + \sum_k \beta_{Gi}\left(\frac{G_k^t - G_k^0}{G_k^0}\right) GEXP_k^0 \tag{8-16}$$

七、市场出清条件

要素市场均衡需要满足要素有效供给等于要素需求:

$$FE_i(t) = \sum_k F_{D_k}(t) \tag{8-17}$$

产品市场的均衡条件为:

$$Y(t) = C(t) + [K(t+1) - K(t)] + G(t) \tag{8-18}$$

资本市场的均衡条件为:

$$[(1-\tau_y-\tau_s)(w(t)+r(t)) + (1-\phi)h(t) + ps_i(t)]N(t) + PS(t-1) = K(t) \tag{8-19a}$$

以及总储蓄等于总投资:

$$\sum_k INV_k(t) \cdot P_{x_k}(t) = P_s(t) \cdot TS(t) \tag{8-19b}$$

在以上整个模型系统中,除了求解基本内生变量如 y、x、p、w、r 等,社保缴费率和所得税率也需要内生化以满足约束及均衡条件。

第三节　医保改革实验情景的建立

针对现行医疗保险制度安排的突出问题,本章设计以下三种政策实验情景。

一、政策实验 1:实行阶梯制共同支付率

自 1998 年建立适应市场经济的新型社会医疗保险制度以来,中国的社会医疗支出迅速上升(见图 8-2),而老龄化速度的加快无疑将加剧此趋势;避免国家医疗费用飙升,将是未来社会经济发展面临的严峻问题。根据年龄划分,人均医疗消费曲线类似 U 形(见图 8-3)——儿童和老年的平均医疗消费高于中青年,且 70 岁以上老年人占总医疗费用比例最大。因此,为满足居民差

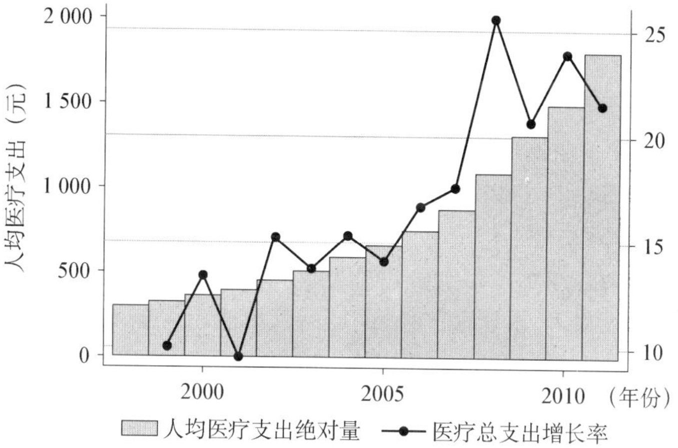

图 8－2　中国医疗支出增长情况

资料来源：历年《中国统计年鉴》、《中国卫生统计年鉴》。

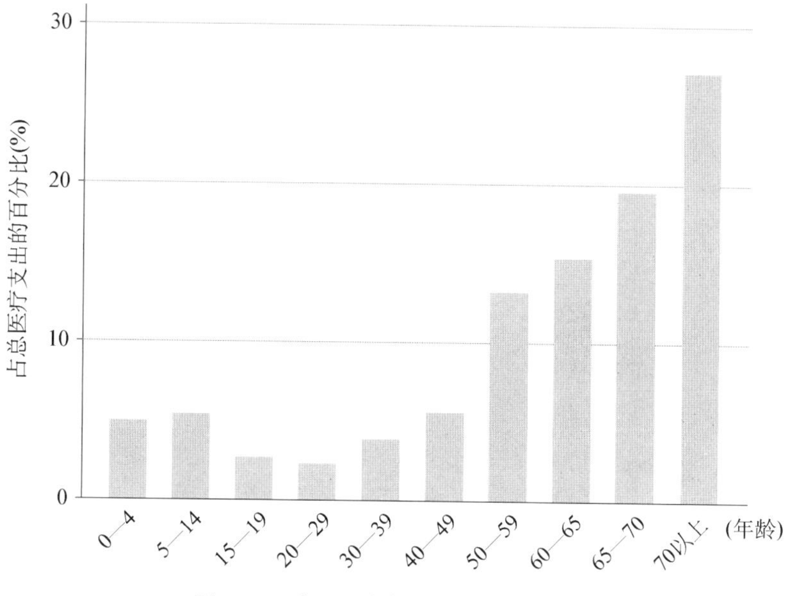

图 8－3　中国医疗费用支出的年龄差异

资料来源：历年《中国卫生统计年鉴》。

异化的健康需求，同时降低不必要的过度医疗消费，可以对不同年龄组设定不同的医保共同支付率。根据现有研究，医疗支出中的个人支付比率的最优值约为 25％左右，如果采用阶梯式自付额——令 20—60 岁居民自己承担 35％，60—65 岁承担 20％，65—75 岁承担 10％，75 岁以上仅需承担 5％——这样整体平均值基本接近合理水平。

二、政策实验 2：扩大公共卫生服务财政投入

表 8－1 展示了 2001—2014 年间政府财政对医疗卫生的投入情况，虽然 10 年内公共医疗卫生支出增长了近 10 倍，但是在财政支出总额与 GDP 中仍然只占很小的比例；在 2012 年，据财政部发布的《2012 年公共财政收支情况》，医疗卫生支出 7 245.11 亿元仅占 GDP 的 1.41%。医疗费政府负担率为 17%，仅为实行商业保险的美国政府的 1/3，更是远远低于实行社会医疗保险的德国和国家医疗保险的英国。因此，政府不仅应当扩大投入总量，使医疗卫生支出不落后于国民经济的发展速度和国家财政支出增长幅度，更需要合理化投入结构，将重心由病后治疗转到预防，更多承担起发展预防保健和公共卫生事业发展的主要责任，以提高群众的健康基础，降低医保基金的负担。

表 8－1　　中国政府医疗卫生投入情况

年份	医疗卫生财政支出（亿元）	占财政总支出比重（%）	占 GDP 比重（%）
2001	527.69	2.79	0.48
2002	635.04	2.88	0.53
2003	778.05	3.16	0.57
2004	854.64	3.00	0.53
2005	1 036.81	3.06	0.56
2006	1 320.23	3.27	0.61
2007	1 989.96	4.00	0.75
2008	2 757.04	4.40	0.88
2009	3 994.19	5.23	1.17
2010	4 804.18	5.35	1.20
2011	6 429.51	5.89	1.36
2012	7 245.11	5.75	1.41
2013	8 279.90	5.91	1.46
2014	10 176.81	6.70	1.60

资料来源：《中国统计年鉴》，财政部《全国公共财政收支情况》。

三、政策实验 3：降低医药平均价格

药品价格虚高已经成为严重的社会问题，形成原因主要有：①药企低水平重复建设现象严重，研发投入不足，多数仿制进口药，导致产品本身质量低，却需要投入相当多的交易成本进行虚假差异化的竞争，无形之中推动了药品

价格的攀升；②流通环节中增加了推销人员的费用、中间商利润、医院的合理利润、医生开处方的提成、投标费用、招标代理费用、各个环节的公关费用等；③价格监管部门与制药企业之间信息不对称，无法了解药品生产成本的真实构成；等等。由于后两个原因无法在本章的动态 CGE 模型中体现，因此，这里仅从生产领域出发，将生产成本控制作为降低药价的主要手段。

四、数据来源及假设条件

由于部分数据的可得年限，本章预测的时间区间为 2010—2050 年，其间人口变动趋势如表 8—2 所示：

表 8-2　人口总量及结构趋势预测　单位：10 万人

年份	60＋	65＋	70＋	75＋	总人口
2010	1 759.8	1 198.7	802.2	481	13 328.4
2015	2 204.7	1 442.8	924.4	575.5	13 478.6
2020	2 586.6	1 845.9	1 136.5	674.1	13 752.1
2025	3 115.6	2 185	1 491.8	852	13 987.4
2030	3 786.8	2 662.4	1 783.4	1 153.6	14 511.2
2035	4 346.2	3 267.4	2 201.1	1 391.9	14 926.1
2040	4 641	3 761.6	2 734.2	1 746.7	15 145.8
2045	4 906.6	4 001.9	3 160.4	2 202.8	15 487.6
2050	5 267.8	4 207.3	3 337.9	2 548.3	15 535.6

资料来源：全国老龄办《中国人口老龄化发展趋势预测研究报告 2010》。

此外，针对预测区间的政府预算情况进行如下假设：

① 1998—2013 年间政府债务占 GDP 比重的平均增长率约为 5%，因此假设 2014 年的公共债务指数同样增长 5%；

② 假设 2014 年以后公共债务指数增长率逐年降低 0.5%，直至 2020 年；

③ 2020 年后公共债务占 GDP 比重保持稳定。

社会保险体系包含公共养老金和公共医疗保险，社保缴费率（贡献率）τ_s 为公共医疗和养老保险缴费率之和，主要数据来自国民经济核算体系（System of national accounts, SNA）。国家统计局于 2002 年制定了《中国国民经济核算体系(2 002)》，最近的一次更新是根据 2008 年 SNA 完成了对国民经济核算体系的修订和重大改进，尤其在社会保障缴款分类上发生了变化，将其主要按养老金和非养老金进行分类。从 SNA 中可获得相关信息，包括政府一般账户对社保基金的转移支付金额、计算出公共社保基金占总量比重 μ 以及养老金替代率 η，等。

在模型中，社会养老保险金总额是给定的外生变量，2014 年之前的实际数据可从历年《中国统计年鉴》获得，2014 年以后，假设养老金替代率以及公共养老金与 GDP 之比保持 2014 年的水平不变。

2014 年以前各年人均医疗消费支出 h 来自 World Bank Database，在保持图 8-3 所示年龄支出结构不变的前提下，利用 ARIMA 模型对 2014 年后 h 的变动趋势进行预测。对于中国，合理的医保个人支付比例 ϕ 约为 25%左右，同样假设这一比率在预测期间保持不变。除此以外，本章还假设未来平均所得税率 τ_y 同样维持在 2014 年水平。

第四节　医保改革试验的模拟结果及分析

基于以上假设，在政府延续现有的公共支出方案和社会保险体系，没有任何政策调整或改革基准情景下，主要指标的预测结果见表 8-3。随着老龄化的深化，人均医疗消费支出越来越高；如果将社会养老金支付额和医保支付总额之和占 GDP 比重定义为社会保障负担比例，那么这一指标呈不断提升的趋势。2014 年以后，医疗保险支出将每 10 年增长 1%，到 2050 年社会保障负担整体比重几乎在 2010 年的基础上翻倍。2013 年和 2014 两年的指标预测值与可得的实际值比较接近，说明模型具有一定准确性。

表 8-3　　基准情景下主要指标模拟结果

年份	人均医疗消费支出(元)	个人社保缴费率(%)	社会保障负担比例(%)	综合所得税率(%)
		实际值		
2013	1 801.22	10.00	3.87	10.09
2014	N/A	10.00	N/A	11.31
		预测值		
2013	2 197.49	10.18	3.90	12.57
2014	2 652.02	10.26	4.49	13.16
2015	3 200.56	12.85	4.82	13.63
2020	3 862.56	13.94	5.03	13.72
2025	4 661.49	14.20	5.16	13.74
2030	5 625.68	16.87	5.35	13.78

续表

年份	人均医疗消费支出(元)	个人社保缴费率(%)	社会保障负担比例(%)	综合所得税率(%)
2035	6 789.29	17.03	5.63	13.91
2040	8 193.59	17.88	5.86	14.06
2045	9 888.35	18.66	6.04	14.19
2050	11 933.65	19.85	6.27	14.53

资料来源：实际值来自《中国统计年鉴》、《社会保障绿皮书：中国社会保障发展报告》及《中国社会保障改革与发展报告》。

一、实验 1：阶梯式医保共付率对经济与福利指标的影响

在以上基准情景模拟中，人口结构的变化导致未来 50 年内社会医疗保险成本迅速增加，同时居民医疗支出自付率相对降低，那么，医保共付率的阶梯制改革能否缓冲老龄化带来的负面冲击呢？图 8－4 对比了基准和实验 1 的模拟结果：阶梯式共同支付率意味着增加了 20—60 岁居民的医疗成本，从而

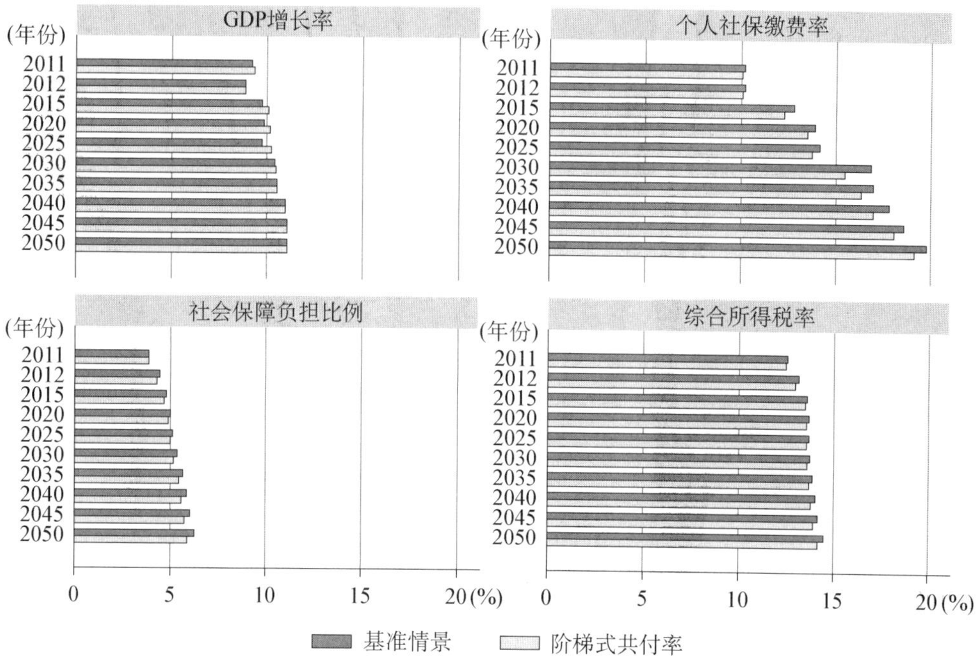

图 8－4　政策实验 1 模拟结果

降低其医疗服务需求以及人均医疗支出 h_i。同时，社会医疗保险金的支付总额减小，与基准情景相比（见图 8－4），居民社保缴费率、社保负担比重下降、以及平均所得税率也稍有降低。

由于占人口总量 60%以上的劳动人口需要更多地为看病吃药埋单，一定的收入和福利损失在所难免。但是，积极的方面是，中青年居民会尽可能减少去医院看病的频率，削减当前不必要的医药花费，为年老后应对健康风险和医疗保健需求进行储蓄。储蓄率的提高意味着更高的投资和国民收入，从图 8－4 可以看出阶梯式共付率在 2030 年之前对经济增长的刺激作用，虽然这种增长效应会随着时间慢慢减弱，但是仍旧对各个世代福利都有积极影响（见图 8－5），图 8－5 计算了三项政策实施前与 2015 年后居民的等价性变化 EV（Equivalent variation），横轴代表居民出生年份即世代。可以看出，在政策实验 1 中，各代居民的福利改善规模从 10 万元到 800 万不等，且老年居民由于医疗支出的相对降低而得到更多的收益，其中，65—75 岁居民福利增长最大。

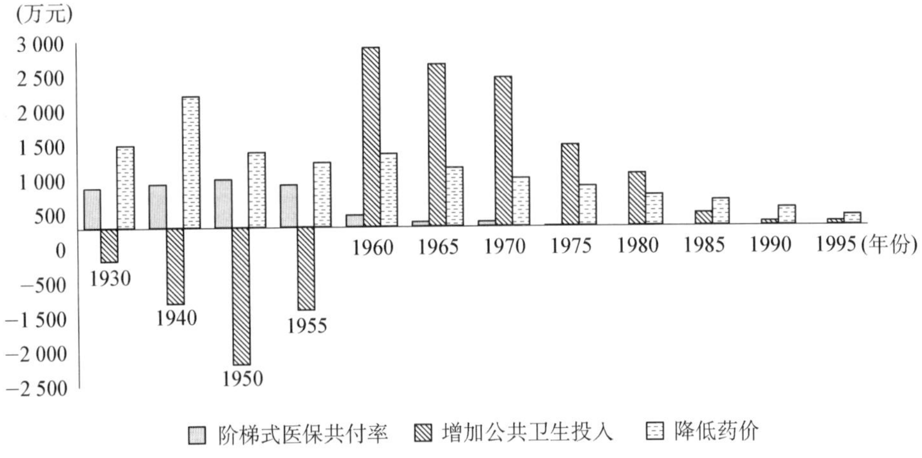

图 8－5　三种政策情景下以 EV 衡量的福利效应

注释：1930：85 岁以上，1940：75—85 岁，1950：65—75 岁，1955：60—65 岁，1960：55—60 岁，1965：50—55 岁，1970：45—50 岁，1975：40—45 岁，1980：35—40 岁，1985：30—35 岁，1990：25—30 岁，1995：20—25 岁。

以上结果证明，在阶梯式共同支付率下，储蓄投资的正面效应超过个人支出提高带来的负面效应，因此，这项改革措施最终将扩大国家 GDP，提高居民福利水平。不仅如此，还具有以下意义：

第一，有助于遏制患者的过度及诱致需求，降低医疗服务成本。由于医疗保险的存在，患者只需支付医疗费用的一部分，那么，理性经济人将比完全由自己支付医疗费用时消费更多的医疗服务，引起居民过度使用医疗服务资源的道德风险。阶梯式共同支付率提高了 20—60 年龄段健康状况较好人群的医疗自付比重，诱使其避免在并不紧要的时候过度耗费和透支医疗保险基金，以便将资源集中起来转移到最需要的时候和转移给最需要的人，通过这种转移来分散人们患病时入不敷出的财务风险，提高社会福利。

第二，能够应对人口结构变化和退休人数增加对医疗保险资金筹集制度的压力和挑战。人口老龄化增加了慢性病患病率和老年护理需求、扩大社会医疗保险金数额，为了缓解资金可持续性压力，提高工作人口的自身负担率是不可规避的趋势。

第三，提高了医疗保障体系的多层次性。美国和日本对于高龄居民都有特殊的医疗优惠制度，而中国对于老年人的医疗保障体系还比较单一，所以应当借鉴发达国家，建立针对不同年龄层次人群设计医疗保险，特别减免 65 岁和 75 岁以上老年人的保险费或医疗费用，以减轻老年人的负担，保障老龄人口的医疗服务权利。

二、实验 2：增加政府公共卫生投入对经济与福利指标的影响

在实验 2 中，政府将用于公共卫生的财政投入增加 10%，加强疾病预防服务以达到降低居民医疗支出的目的。在各产业之间的投入产出联系的传导作用下，2015—2050 年间各个变量的年均变动率如下：

最直接的影响包括，医药产品、医疗器械的需求各上升了 5.9%和 2.1%。随着需求扩张，医疗服务、药品、医疗器材的价格略有上升，又导致医疗服务供给规模下降了 0.5%。

此外根据模型（公式 8－12），在税收收入不变的前提下，政府购买 GC 提升 10%直接减少政府对居民转移支付 GT 约 3.6%，从而导致居民总体收入有所下降：20—60 岁工作人口由于较少依赖国家福利，收入仅降低 0.21%；60 岁以上老年人收入降幅相对较大，约为 0.47%。另一方面，根据模型（公式 8－1），公共卫生的加强提高了劳动者健康指数 HC、降低了劳动不参与率 η、增加了有效劳动供给 FE，不仅使整个经济的总产出水平增加 0.63%，而且改变了要素回报率：工资率和资本回报率各上升 0.13%和 0.18%，缓解了政府津贴减少对居民收入水平的负面影响。

再看福利度量指标 EV（见图 8－5 第 2 列）。政府转移支付的减少和平均价格水平的上升使得 60 岁以上居民遭受 2.49 亿元损失，工龄居民损失则约

为 9 450 万。但是，公共产品（尤其是公共卫生防疫）供给的增加，又将老年居民的福利损失降低到−5 147 万元，工龄居民非但无损失反而获益近 1.03 亿元。因此，社会总体福利水平提高了近 5 216 万元。

由于卫生公共支出的增长，居民人均医疗支出 hi 向下平移 4.46%，与情景 1 类似，社保负担指数、社保缴费率和所得税率等经济负担指标都有下降（见图 8－6），尤其是前两个指标的降幅甚至明显略高于政策实验 1。政策 2 的增长效应也较政策 1 更为明显，因为公共投资需求的扩张和劳动技术效率的提高均是产出增长的源泉。从 2015—2035 年，GDP 年均增长率从 9.4%提高到 12.3%；虽然由于个人医疗卫生支出降低，居民为年老所进行的预防性储蓄也有所下降，随着私人储蓄的减少，GDP 增长率的提升速度逐渐降低，2035 年以后逐渐回落，于 2050 年降到 11.6%左右，但还是要高于基准情景的水平。

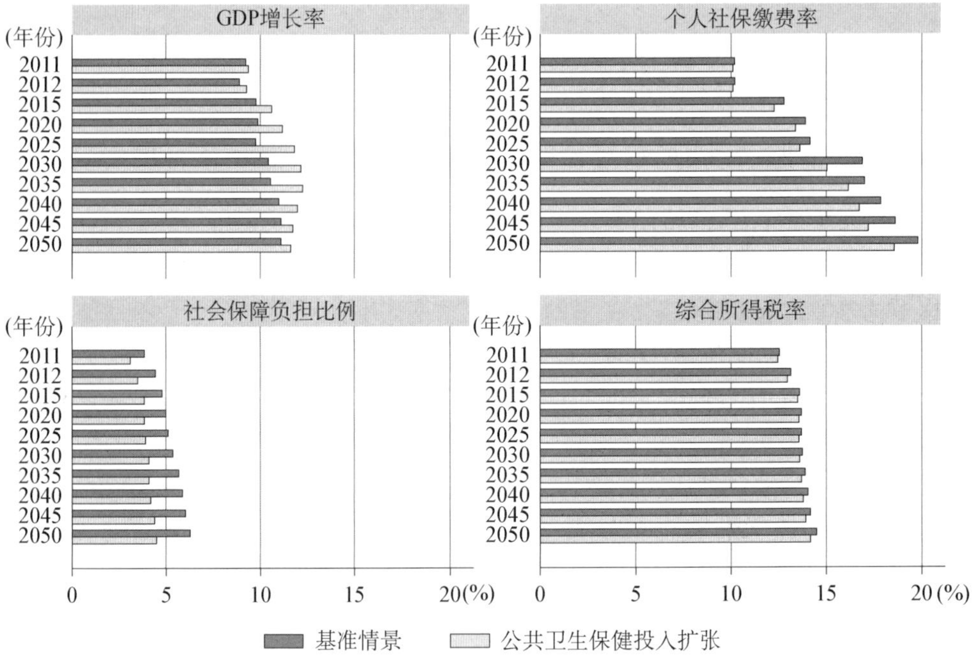

图 8－6　政策实验 2 模拟结果

综上所述，这项政策改革的意义在于，现有的医疗保险制度建立后，中国的公共卫生建设质量不升反降，主要原因就是预防保健不属于基本医疗保险项目，企业不予提供，全部成为个人的负担。因此，政府应当承担起建立覆盖城乡的公共卫生体系的责任，通过各种措施预防疾病，并尽可能使疾病在初发阶段得到有效控制，尤其是个人常见病、传染性疾病。

适当将财政投入重心从“大病统筹”转移到重视预防保健，例如，提高民众健身意识，鼓励居民定期体检，提供定期防疫服务，是控制重大疾病发生和发展的最有效方法，既能降低某些疾病的患病率和死亡率，提高民众的生活质量及人力资本素质，有助于解决民生问题，同时也解决了中国现阶段医保面临的资金问题：国家尚不富裕，从源头上控制疾病，可以减少医疗支出，遏制医疗费用的上涨，降低医保体系的负担和压力。

三、实验3：控制药品价格对经济与福利指标的影响

价格在模型中属于内生变量，为了保持其属性不变，不能通过政府强制药品降价；本章假设，国家通过鼓励医药部门改进研发和制造工艺水平、提高生产效率、降低成本从而实现企业提高利润并降价的目的。模型显示，在预测区间内，当技术进步率提高24%时，国内医药价格平均每年将下降5%。药价下降带来的其他主要变量年均变动如下：

首先，以药品为中间投入的医疗服务价格降低了3.16%，提高居民对医疗服务的需求约2.27%，带动医疗服务产出水平增长1.64%。

其次，医疗产出水平的上升带动健康指数*HC*上升1.67%，劳动力和资本回报率也提高0.2%到0.3%。随着居民工资和资本收入的提升，政府税收收入增加0.37个百分点，为了保持预算约束平衡，需要增加对居民转移支付0.18个百分点。最终，居民的平均收入水平提高约0.6%：20—60岁居民72%的收入增加得益于有效劳动禀赋和劳动报酬率的提高，而60岁以上居民收入增加中超过50%的部分是来自政府津贴与资本收益的提高。相应地，药品乃至总体消费者价格水平的下降加上医疗服务供给的提高为工龄劳动人口和老年人口各带来5 735万元和5 021万元的福利增长，社会总福利水平提高约为1.08亿元(见图8-5)。

医疗保险改革难，不是难在本身，而是难在医院和医药。降低药品价格，提高制药企业的劳动效率还远远不够。中国的药品费用高是有其特定条件的，如药品流通环节中招标、采购的不正当竞争，以及药品批零差价作为医院合法补偿和收入主要来源的政策，而后者则是药价难于抑制的根本原因。医院作为非营利性机构，要维持日常运转，国家财政拨款只能满足它50%的需要，另外50%则主要靠卖药。一般小病居民不必去综合性大医院，而现在恰恰是大医院过多，建设成本高，收回成本的愿望就更强烈。在利润指标压力下，

医生违反临床路径，采用大检查、不开药或者少开药，对患者揽住院、多手术、加康复等过度服务，强迫患者过度消费。消除医院“以药养医”的现象是降低个人疾病治疗和医疗保险成本的必要途径。不过，这些因素无法通过本章模型进行量化模拟。

本章小结

本章在动态 CGE 框架下，进行了三项有关中国医疗保险体制改革的实验，考察了各项政策对经济增长和居民福利的影响。模拟情景和外生变量的设置反映了国家人口特征、老龄化趋势以及社会经济焦点，以求为现实中的医保调整和改革提供参考体系。

政策实验 1，采取阶梯式医保共同支付率。60 岁以下、60—65 岁、65—75 岁、75 岁以上居民的医药支出自付比率分别设定为 35%、20%、10%和 5%。一方面，工龄人口的医疗成本有一定增加，但另一方面，也通过鼓励私人储蓄进而提高经济增长、改善福利水平。由于这项政策带有世代间转移支付性质，因此对年长居民更有利，也能够在一定程度上缓解老龄化对社会医疗保险施加的资金压力。同时，人均医疗支出有所下降，减轻了社会医疗保险和个人税收负担。

政策实验 2，增加政府的预防性公共卫生投入。第一，尽管在一定程度上挤占了其他部门资源，但却通过改善劳动者质量和效率提高了工资率和资本回报率，弥补了居民转移支付收入减少的损失。公共产品供给增加的正面效应抵消了价格上升的负面效应，最终带来社会总体福利水平的上升。第二，公共支出扩张和劳动效率提升都增加了总产出水平和经济增长率，但是这种刺激作用会随着私人储蓄的降低和利率的抬高而逐渐削弱。第三，加强疾病预防对未来经济负担缓解效果显著，国家负担比率、社保缴费率和所得税率的下降幅度比政策实验 1 更加明显。

政策实验 3，降低药品价格 5%。医疗部门的需求和产出同时增长，带来劳动者健康和技术效率的改善，进一步扩大了总产出和经济增长。居民的三种收入——劳动报酬、资本回报、政府转移支付——都有提升，福利水平显著提高。需要承认的是，本章为保证价格变量的内生性而采取提高技术、降低成本的方法，并不时解决中国药价过高的根本途径，解决医院不合理的“以药养医”的补偿机制才是根源。

第九章　中国养老保险体系的可持续性研究：基于 OLG 的情景预测

随着中国人口老龄化问题的日益突出，养老金的统筹账户已经给财政造成巨大负担。中国社科院编撰的《中国养老金发展报告 2015》显示，从 1997 年各级财政开始对养老保险转移支付算起，补贴规模迅速扩大。2000 年各级财政补贴金额为 338 亿元，2006 年为 971 亿元，2010 年 1 954 亿元，2011 年新增补贴高达 2 272 亿元，截至 2014 年底，财政累计补贴金额达 1.252 6 万亿元，占基金总收入的 64.9%。这意味着，近 2/3 的养老保险累计结余，来自财政转移支付。再加上空账运行的个人账户，未来中国养老金将对国家财政造成极大的挑战似乎已经是不争的事实。

随着养老保险带来的财政支付压力的增加，国家的公共债务很可能水涨船高（例如欧洲福利国家的主权债务危机）；然而，如果公共债务水平能够在长期逐步降低或者收敛于某一合理的均衡稳态，那么可以认为国家财政乃至养老保险账户具有一定的可持续性（World Bank，2005）。因此，本章将养老保险运行与未来长期公共债务的关系作为研究对象。以往相关研究大多局限于人口变动对养老保险基金收支的影响，往往从局部均衡的视角出发将养老保险看作独立的系统；而本章则是在一般均衡框架下，全面考察养老保险与消费储蓄、生产活动和政府政策的交互作用——例如，人口增长和结构变化不仅直接影响养老金的缴纳发放和财政收支，更将波动总产出、国民收入、税收等，进而对公共债务和养老保险产生更加深远的效应。在这样的复杂动态均衡系统中，养老保险如何影响政府债务水平？

本章在世代交叠模型（OLG）框架下考察养老保险和公共债务的关系。理论分析表明，当人口增长率大于投资收益率时，公共债务才能逐渐减少或收敛于长期稳态；而提高养老保险具有增加居民终生期望收入，提高出生率，进而间接地降低长期债务水平的效果。因此，一国的养老保险制度对其公共债务的稳定性和长期可持续性有积极作用。但是,政府补贴养老金缺口时,必须将公共债务指标维持在警戒值以下。如果假设长期公共债务分别收敛于欧盟和世界银行指定的不同警戒值,本章基于动态 CGE 情景分析,模拟了 2010—2070 年中国养老保险运行状况,结果显示:均衡债务水平越高,养老保险收支缺口出现越早,赤字累积越大;高债务虽然随着时间推移可能有助于资本积累和收入增加,但同时,还将提高未来利率和税收负担率,降低大多数世代的福利水平。

第一节 养老保险体系可持续发展的文献综述

步入老龄化社会以后,养老保险的资金平衡将是制约一国财政可持续发展的重要因素。当前许多陷入主权债务危机的欧洲国家社会保障(包括养老和医疗)的可持续性正在受到质疑——不少人认为,保险待遇水平过高、支出费用过大,才造成政府无法承担的财政和债务压力。中国的基本养老保险体系是否有朝一日同众多发达国家一样,面临收不抵支的局面,从而加剧国家的债务负担?

中国养老保险的负担能力也面临着老龄化的严峻挑战:中国是世界上唯一一个老年人口过亿的国家,并且老龄人口仍在以年均 2.7%的速度增长,其中 80 岁以上高龄人口增长速度更是接近 5%。在养老保险从"现收现付"到"部分积累"的转轨过程中,出现了保费拖欠、个人账户空账运行、隐性债务显性化、负担率高等问题,使得政府用于弥补资金缺口的各级财政补贴逐年增加(平均年增幅近 15%),也引起国人对养老保险体系可持续能力的担忧。

如何评价养老保险的可持续性呢? 欧盟委员会(2010)、世界银行(2005)、中国 2011 年《社会保险法》都认为,一个可持续的养老金体系应该保证充足的资金支付能力、避免付出超出人们支付能力的高成本。但是纵观全球,真正实现养老保险账户自身平衡的国家极少,绝大多数政府需要对养老保险资金缺口进行补偿,从而造成了财政负担和公共债务问题。因此本章提出一个更加宽松而实际的养老保险可持续性度量指标:养老金的筹集和发放必须考虑到未来 50—60 年内的公共债务状况,养老保险的收支差异不会导致国家的公共债务超过某一警戒值。

在对养老保险制度可持续发展的研究上,已有文献大多集中于养老金体系收入和支出等基本财务测算。Sin(2005)在财政部和世界银行的支持下,利用PROST数据库和来自七省市的调查数据，估计出中国城镇企业未来75年的养老金缺口为2001年GDP的141%。郭永斌(2013)建立了养老保险资金缺口精算模型，估算出从2025年中国养老保险系统开始出现资金缺口(618亿元)，到2054年达到8万亿元，然后到2089年降到最低值4.9万亿元，之后又将上升到2111年的7.5万亿元；且缺口随着养老金替代率和养老金调整指数升高而增加，随贡献率提高而减少。王晓军、任文东(2013)同样通过建立精算评估模型，得出的未来赤字却高得多：2035年左右开出现赤字，未来50年的长期综合精算平衡为－13.67%，未来总赤字达到67.3万亿元。学者们对组成养老保险体系的具体账户也进行了预测。艾慧等(2012)估计中国养老保险统筹账户年度支付危机会在2018—2036年之间出现，如果没有外源性融资，仅靠制度本身的资金支持，统筹账户的财务可持续性难以为继。劳动和社会保障部社会保障课题组(2008)认为如果不采取提高缴费率和适当降低退休金水平的措施，城市养老保险体系不可持续，保险基金存量将于2031年枯竭。杨勇刚、姜泽许(2010)估算出中国城镇基本养老保险制度支出水平的适度界限为GDP的46.7%—154%，这样，既能够保障劳动者退休后的生活水平，也不会加重个人、企业和政府的负担，损害养老保险制度的可持续运行。钱振伟、卜一、张艳(2013)对新型农村社会养老保险可持续发展进行了仿真评估，认为未来30年左右养老金将会收不抵支，且通过调整基金收支约束变量以缓解基金缺口会与养老金的福利刚性发生冲突。薛惠元(2012)则要乐观许多，通过模拟预测中央、地方财政对新农保的年补助数额分别占中央、地方财政收入的比重，发现2010—2053年间，只要中国经济能够实现持续稳定增长，中央和地方财政都可以负担得起新农保的财政补助。

国外学者已经开始关注社保系统与公共债务的关系。Kato(2002)以日本为例对未来60年进行预测，结论是养老金支出占GDP比重的增长率与公共债务均衡值成正比、同时与各世代居民福利水平成反比。Ono(2003)指出政府通过发行债务为老龄化压力下的社保系统筹资时，可能使经济进入两种不同的均衡状态，因此养老保险改革措施在不同均衡下将对公共债务存量产生截然不同的影响。Groezen等(2003)认为实施养老保险必须伴随着生育津贴，才能保证代际转移的公平性和长期的财政收入来源，避免未来公共债务滚雪球似的积累。Yakita(2008)认为公共债务初始水平存在一个门槛值，如果低于门槛，政府可以长期通过赤字政策和债务手段维持社保系统的运行。

第二节　包含公共债务和养老保险的世代交叠模型

模型以世代跨期交叠(overlapping generations, OLG)模型(Diamond, 1965)为基础,结构类似 Auerbach 和 Kotlikoff(1987),选择 40 年作为时间跨度。假设居民只存活两个时期——成年期和老年期,40 年为一个时期,幼年期抽象为成年期的支出负担。T 代表时期,t 代表具体年份,第 t 年人口数量为 L_t,且 $L_t=(1+n)L_{t-1}$;上标 A 代表成年居民(21—60 岁),O 代表老年居民(61—100 岁);在每一年 t 中成年和老年居民共同存活。

一、居民部门

居民 21 岁开始工作,60 岁退休;20 岁以下完全依赖父母(作为额外消费负担且不产生效用);成年居民作为唯一的劳动供给者,将时间在养育孩子和工作之间分配,将收入在消费和储蓄之间分配;老年居民没有劳动收入,储蓄与养老金是其主要消费来源。居民在毕生收入的约束下最大化效用,瞬间效用函数采取相对风险厌恶不变(Constant relative risk aversion, CRRA)形式:

$$u(c_T^A,\ c_{T+1}^O)=u(c_T^A)+\beta u(c_{T+1}^O)=\frac{(c_T^A)^{1-\theta}}{1-\theta}+\frac{1}{1+\rho}\frac{(c_{T+1}^O)^{1-\theta}}{1-\theta}\quad(6-1)$$

其中,c_T^A: 成年期消费;c_{T+1}^O: 老年期消费;$\rho>-1$: 贴现因子或时间偏好率(Rate of time preference);θ: 跨期消费替代弹性的倒数(Inverse of the intertemporal elasticity of substitution)。成年人的储蓄和消费不能超过税后工资收入: $s_T+c_T^A=w_T(1-\tau_i-\tau_s)$;老年人的消费不能超过储蓄、利息收入和养老金: $c_{T+1}^O=(1+r_{T+1})s_T+ps$。将两者结合在一起,出生于 T 时期居民的代际预算约束为:

$$c_T^A+\frac{c_{T+1}^O}{1+r_{T+1}}=\sum_{t=1}^{40}w_t(1-\delta n_t)(1-\tau_i-\tau_s)+\frac{ps}{1+r_{T+1}}\equiv A_t\quad(9-2)$$

其中,τ_i: 所得税率;τ_s: 社会保障缴费率;n: 人口增长率(近似出生率);δ: 居民工资中用于抚养幼年的比重;A_t: 出生于 t 年的居民一生财富,ps: 养老金按照工资的一定比例 η 发放。以上预算约束对现收现付型和积累型养老保险均适用,保险类型将影响变量 ps、τ、w、r。

居民优化问题的 Euler 方程如下:

$$\frac{u'(c_T^A)}{u'(c_{T+1}^O)}=\left(\frac{c_{T+1}^O}{c_t^A}\right)^\theta=\frac{(1+r_{T+1})}{1+\rho} \tag{9-3}$$

进一步解出成年的最优消费量和储蓄率：

$$c_T^A=\frac{(1+\rho)^{1/\theta}\left[\sum_{t=1}^{40}w_t(1-\tau_i-\tau_s)+ps\right]}{(1+\rho)^{1/\theta}+(1+r_{T+1})^{(1-\theta)/\theta}}$$

$$s_T=\frac{(1+r_{T+1})^{(1-\theta)/\theta}(1-\tau_i-\tau_s)\eta^{1/1-\theta}}{(1+\rho)^{1/\theta}+(1+r_{T+1})^{(1-\theta)/\theta}} \tag{9-4}$$

以及最优人口增长率：

$$n_t=\frac{(1-\rho)(1-\tau_i-\tau_s)}{\delta w_t}+\frac{ps}{1+r_T} \tag{9-5}$$

由优化解可以看出，工资一定时，储蓄率 s 关于利率 r 递增，随税率 τ 和养老金 ps 增加而减少，因此养老保险对私人储蓄具有挤出效应。在本章中，抚养孩子的机会成本是工资收入，因此，工资率 w 越高，越是加重育儿的机会成本，人口增长率和出生率越低；相反，养老金越高，出生率越高，因为居民毕生的期望收入随养老金增加。

二、生产部门

生产采取包含公共投资 G 的 Cobb-Douglas 生产函数：$Y_t=A_tK_t^\alpha L_t^{1-\alpha}G_t^\beta$，则最大化利润的一阶条件同时决定了要素实际回报率：

$$\begin{aligned}w_t&=\alpha A_tL_t^{1-\alpha}(G_t/K_t)^{1-\alpha}\\ r_t&=(1-\alpha)A_tL_t^{1-\alpha}(G_t/K_t)^{1-\alpha}K_t\end{aligned} \tag{9-6}$$

三、养老保险

中国现阶段实行的是个人账户和社会统筹相结合的养老保险系统。个人养老金账户实行基金积累制(funded pension system)。居民在成年时期 T 向社保基金缴费 $\tau_sw_TL_T$，交纳的社保金用于购买资本，$T+1$ 时期进入老年，积累的资本总额为$(1+r_{T+1})\tau_sw_TL_T$，则每户居民得到的平均养老金为：

$$ps=(1+r_{T+1})\tau_sw_T \tag{9-7}$$

统筹账户实行现收现付制(PAYG)，没有资本积累，T 期老年人的养老金

由 T 期的成年人支付，平均每人领取金额为 $ps=(1+n_T)\tau_s w_T$，n_T 为 T 期平均人口增长率。

由此可见，积累制养老金的收益取决于资本市场利率，而现收现付制养老金则依赖人口增长，即退休时有多少成年人进入劳动市场并缴纳养老保险。所以，现收现付体系对人口变动更加敏感：人口增长 n 降低时，工龄居民的社保缴费率需要提高，否则退休居民的养老金收入将会降低。

四、政府部门

除了支付养老金，假设政府一般支出为 G（本章只考虑生产性投资，假设不存在影响居民效用的公共消费），则公共债务额 D 为：

$$D_{t+1}=(1+r)D_t+G_t+L_{t-1}ps-L_t(\tau_i+\tau_s)(1-\delta n_t)w_t \tag{9-8}$$

上式两边同时除以 L，得人均公共债务额为：

$$d_{t+1}=\frac{1+r_t}{1+n_t}d_t+g_t+\frac{ps}{(1+n_t)(1+n_{t-1})}-(\tau_i+\tau_s)\left(\delta-\frac{1}{n_t}\right)w_t \tag{9-9}$$

如果人口增长率 n 在各期保持不变，则：

$$d_{t+1}=\frac{1+r}{1+n}d_t+g_t+\frac{ps}{(1+n)^2}-(\tau_i+\tau_s)\left(\delta-\frac{1}{n}\right)w_t$$

$$d_0=d_t\left(\frac{1+r}{1+n}\right)^{-t}-\sum_{s=1}^{t}\frac{ps}{(1+n)^2}-(\tau_i+\tau_s)\left(\delta-\frac{1}{n}\right)w_{t+s-1}\left(\frac{1+r}{1+n}\right)^{-s} \tag{9-10}$$

在上式中，$g_t+\frac{ps}{n^2}-(\tau_i+\tau_s)\left(\delta-\frac{1}{n}\right)w_t$ 是政府当年的人均基础财政收支余额(primary balance)的相反数。这样，即使政府实现了预算平衡，只要 $1+r>1+n$、资本回报率高于人口增长，人均债务仍将上涨。因此，当前大多数发达国家人口的停滞甚至是负增长，也是其政府债务不断积累的原因之一。

五、均衡条件

资本市场的均衡条件为，劳动者的储蓄与养老保险缴费之和等于下一年的资本存量：

$$k_{t+1} + d_{t+1} = \frac{sy_t + \tau_s w_t}{1 + n_t} \tag{9-11}$$

产品市场的均衡条件为，总需求等于总供给：

$$y_t = c_t + g_t + k_{t+1} - k_t \tag{9-12}$$

第三节　养老保险对公共债务动态路径的影响：理论分析

根据公式(9－10)债务曲线的斜率和截距，人均公共债务的长期演化分为四种情况：

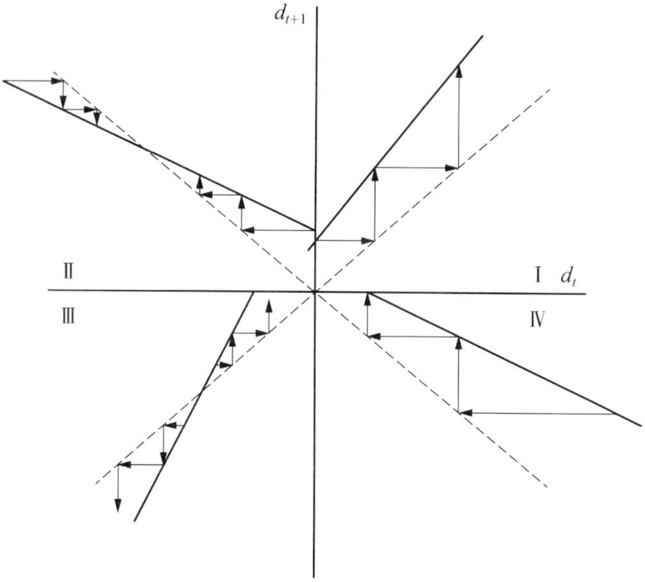

图 9－1　公共债务的 4 种演化动态

① 如果 $\frac{1+r}{1+n} > 1$ 且 $\frac{ps}{n^2} - (\tau_i + \tau_s)\left(\delta - \frac{1}{n}\right)w_t > 0$（基础财政赤字），曲线 d 和 45 度线无限发散，不存在稳定均衡状态。如果人口增长率小于利率且财政基本收支余额为负，公共债务将持续增长，政府预算无法满足非庞齐博弈条件，因此，需要降低养老金支付额或者提高税费率以保证社会保障体系的可持续性。

② 如果$\frac{1+r}{1+n}<1$且$\frac{ps}{n^2}-(\tau_i+\tau_s)\left(\delta-\frac{1}{n}\right)w_t>0$（基础财政赤字），曲线$d$和45度线相交，公共债务存在稳态长期均衡。即使政府存在赤字，如果人口增长超过利率，那么公共债务也能够收敛于一个长期均衡值。

③ 如果$\frac{1+r}{1+n}>1$且$\frac{ps}{n^2}-(\tau_i+\tau_s)\left(\delta-\frac{1}{n}\right)w_t<0$（基础财政盈余），曲线$d$和45度线相交，公共债务存在不稳定的均衡状态，其变动趋势取决于债务的初始水平。当初始债务d_0低于均衡值，债务d_t将不断减少，最终成为负值，财政出现盈余；相反，当初始债务d_0高于均衡值，债务d_t将持续增加。这说明，即使政府财政收支余额为正，由于利率相对较高，对本息的支付也可能造成公共债务积累。

④ 如果$\frac{1+r}{1+n}<1$且$\frac{ps}{n^2}+(\tau_i+\tau_s)\delta w_t-\frac{\tau_s w_t}{n}<0$（基础财政盈余），$d_{t+1}$和45度线不相交，不存在稳态。政府财政存在基本收支盈余，并且人口增长率大于资本回报率，公共债务持续减少。

综上，第2、4两种情况代表了公共债务可持续发展。当$1+n>1+r$，来自未来成年人的税收收入相对高于对包括养老金在内的社会资本的支付，人口增长对债务的稀释作用超过债务的还本付息，因此，随着时间的推移，人均债务量趋向稳定或不断降低。而人口增长率取决于居民的期望收入水平，由式（9-5）可知，居民领取的养老金ps越高，人口增长率n越高。这样看来，提高养老金替代率将产生两种效应：一方面直接增加了公共债务存量水平，这是一种即时、直接影响；另一方面，通过提高居民一生期望收入从而促进出生率和人口增长率的增加，随着中青年居民相对于老年居民数量增长，税收收入也相对于养老金支付额有所增长，所以，还存在一种降低公共债务的间接效应。因此，提高出生率、进而提高人口增长率，是应对老龄社会对公共财政压力的一种对策。

沿着情景3-4-2-1的顺序，养老金ps的增加改变着人均公共债务额的动态演化。当ps很小时，人口增长率相对较低（见图9-3），公共债务可能增加或降低，取决于其初始水平；当ps逐渐提高，人口增长率相对上升（见图9-4），公共债务持续下降。当ps继续增加并超过政府收入（见图9-2），公共债务将长期存在，并收敛于一个均衡值；随着ps持续上升，资本存量达到相当高的水平，利息支付额也随之高涨，财政赤字加剧（见图9-1），公共债务也呈现不断增长的趋势，社保体系不可持续，必须调整养老金支付数量或者替代率。

对于国家经济发展来说，完全不存在公共债务并非好事。因此，相对于情景 4，情景 2 更加理想——人均公共债务能够稳定在一定的合理水平，那么财政和社保体系便是可持续的。以上分析说明，尽管在传统印象中，养老保险会加重财政和社会负担，但另一方面，它也能鼓励人口增长、扩大中青年劳动力规模，从而增加税收收入，减轻人均公共债务负担。如情景 1 和 3 所描述，养老金过低导致人口增长率过低，反而可能造成公共债务的不断积累，破坏财政的可持续性。因此，社会需要为居民提供充足的养老支持和保障，这样居民才能有足够的期望收入进行生养。

如果公共债务收敛于长期稳态，那么，养老保险是如何影响均衡状态的债务值呢？

综合式(9－10)(9－11)，将 d 和 k 写作它们一阶滞后值的线性函数：

$$\begin{aligned} d_t &= B_1 d_{t-1} + B_2 k_{t-1} \\ k_t &= -B_1 d_{t-1} + B_3 k_{t-1} \end{aligned} \tag{9-13}$$

其中，$B_1 = \dfrac{\rho\delta[(1+r)(1-\tau_i-\tau_s)+\eta]}{(1-\rho)\left(1-\tau_i-\tau_s+\dfrac{\eta}{1+r}\right)\left[\rho(1-\tau_i-\tau_s)-\dfrac{(1-\rho)\eta}{1+r}\right]}$

$$B_2 = \frac{\delta\left[\dfrac{(1-\alpha)(1+r)(\tau_i+\tau_s)}{\alpha} - \dfrac{\eta}{(1+\rho)(1-\tau_i-\tau_s)+\dfrac{\rho\eta}{1+r}}\right]}{\rho\left(1-\tau_i-\tau_s+\dfrac{\eta}{1+r}\right)} + \frac{(1-\alpha)(1+r)}{\alpha}$$

$$B_3 = \frac{\delta\left[\dfrac{\eta}{(1+\rho)(1-\tau_i-\tau_s)+\dfrac{\rho\eta}{1+r}} - \dfrac{(1-\alpha)(1+r)\left(1+\rho+\dfrac{\rho\eta}{1+r}\right)}{\alpha}\right]}{\rho\left(1-\tau_i-\tau_s+\dfrac{\eta}{1+r}\right)} - \frac{(1-\alpha)(1+r)}{\alpha}$$

两式相除，得到债务-资本比：

$$\left(\frac{d}{k}\right)_t = \frac{B_1\left(\dfrac{d}{k}\right)_{t-1} + B_2}{-B_1\left(\dfrac{d}{k}\right)_{t-1} + B_3} \tag{9-14}$$

令$\left(\frac{d}{k}\right)_t=\left(\frac{d}{k}\right)_{t+1}$，得稳态值$\left(\frac{d}{k}\right)^*=[B_3-B_1+((B_1-B_3)^2-4B_1B_2)^{1/2}]/2B_1$

由于$k=y^{1/\alpha}$，则公共债务—GDP比的长期均衡值与公共债务—资本之比成正比。$\left(\frac{d}{k}\right)_t$对养老金替代率的一阶导如下：

$$\frac{\partial(d/k)^*}{\partial\eta}=\left[\frac{(1-\alpha)(1+r)}{\alpha}\right]^2\frac{\delta\frac{1-\tau_i-\tau_s}{1+r}}{(1-\rho)\left[1+\frac{B_1(B_2+B_3)}{(B_3-B_1)^2}\right]}>0 \tag{9-15}$$

由此可见，养老金替代率的上升将抬高公共债务率的长期均衡稳态值。即使公共债务满足长期收敛，仍需要将均衡值控制在某一警戒线之下，才能保证养老保险和财政的可持续运行。

第四节　养老保险与公共债务的关系模拟：数据说明与假设条件

2010年底，中国中央和地方政府债务规模为GDP的39%。那么，未来中长期内，公共债务的走向将如何影响养老保险的平衡、经济发展和福利呢？这是接下来的模拟预测期待解决的问题。从2000年到2014年，中国人口自然增长率从7.58%下降到4.79%；而在过去10年，资本市场的真实回报率相对较低，全国社保基金的投资收益率基本为2.18%——粗略看来，满足公共债务收敛于长期稳态的条件。公式(9-15)说明，养老金支出的高低决定了长期债务均衡水平，如果换一种思路，假定公共债务的发展路径已知，在此基础上即可预测养老金的未来运行状况。预测区间设定为2015—2071年。

欧盟《马斯特里赫特条约》为各成员国制定了债务不得超过GDP60%的规则；世界银行在对债务可持续性进行研究时指出，类似美、中、加等不过分依赖他国、经济独立性较强的大国，债务警戒门槛值可以适当提高到72%—75%左右(世界银行，2011)。因此，本章假设中国公共债务在2015—2071年间将分别达到60%和75%的稳态值，在这两种情景下，即使养老保险存在收支缺口，也不会过分损害财政的可持续发展。作为参照，本章还建立基准情景：假设公共债务在预测期内基本维持在2013年底的水平。

中国现在正处在经济转型的过程中，资本市场相对不完善，假设在 2020 年之前真实贴现率为 2%，2020 年之后一直维持在 3%。以下是对各关键变量所作的必要假设。

一、人口预测基础数据

虽然上文模型通过居民最大化效用的决策来推导人口增长率 n，但是为了反映现实的老龄化趋势，在预测中扔然将其作为外生变量。未来 70 年间中国人口数量和结构变动的预测值来源于 World Bank 的 PROST 软件分析结果（Sin，2005），见表 9 - 1。

表 9 - 1　　预测期人口结构变化

年份	2015	2020	2030	2040	2050	2060	2070
总人口(万人)	137 462.7	144 926.7	148 291.5	151 227.6	151 200.6	150 356.0	148 642.2
0—19(%)	20.0	20.3	17.7	18.1	18.3	18.1	18.0
20—60(%)	58.3	52.3	50.1	46.7	45.3	45.1	44.9
60 以上(%)	21.7	27.4	32.2	35.1	36.4	36.8	37.1
老年抚养比(%)	37.2	52.5	64.3	75.2	80.3	81.4	82.6

注：老年抚养比 =（65 岁以上人口数 /15 − 64 岁人口数）× 100%。
资料来源：Sin，2005。

二、宏观经济条件假设

实际经济增长率由模型内生决定，同时在一定程度上决定了实际工资增长率：假定 2011 年实际工资增长比 GDP 快 5 个百分点，而这种差异将到 2070 年匀速消失殆尽。通货膨胀率在预测期内保持在 3%。社保缴费率 τs 设定为工资的 28%，而代表政府财政政策的关键变量——平均综合税率 τi 则作为内生变量。

三、政府债务假设

公共债务包括中央和地方政府债务。审计署 2013 年底公布的地方政府债务规模为 10.72 万亿元，由于缺乏精准估计地方债务变动趋势的机制，本章假设地方债务实际值在未来保持不变。其他难以确定的隐形债务和或有债务，如国有企业亏损的转嫁、对国有银行和其他金融机构不良资产以及呆账、坏账的救助以及粮食企业亏损挂账等，本章不予考虑。根据人社部 2015 年发布的《2014 年度人力资源和社会保障事业发展统计公报》，2014 年末基本养老保险基金累计结存 39 937 亿元，因此预测期以前公共债务也不含社会保障欠款和养老金收支缺口。

过去 2000—2014 年间，公共支出占 GDP 比重维持在 GDP 的 20%左右，假设这一比例在预测期内仍将延续；2013 年末中国公共债务实际水平为 GDP 的 39%。模型预测依据公共债务水平分为三个情景：公共债务—GDP 之比的长期稳态均衡值分别收敛于 41%、60%、75%（见表 9－2），具体变动情况见表 9－2。

表 9－2　　　　公共债务—GDP 之比的三种情景

公共债务- GDP 比	债务水平不存在明显提升	逐步上升但低于 EU 规定的警戒值	逐步上升但低于 World Bank 计算的警戒值
（年份）	情景 1	情景 2	情景 3
2010	39	39	39
2011	39	42	48
2015	40	47	55
2020	40	51	62
2025	40	55	68
2030	41	57	71
2035	41	58	72
2040	41	59	73
2045	41	60	74
2050	41	60	75
2055	41	60	75
2060	41	60	75
2065	41	60	75
2070	41	60	75

一般政府支出包括中央和地方政府消费、公共投资和转移支付，但对社保账户的转移不包含在内。假设政府消费、转移支付的增长与人口老龄化的速度保持一致。

第五节　养老保险与公共债务的关系模拟：预测结果分析

本节比较了三种不同长期公共债务水平下的宏观经济发展路径。情景 1

假设未来公共债务—GDP 之比收敛到 120%，这代表将债务指标长期稳定维持在当前的水平。情景 2 假设公共债务—GDP 之比将增长到更高的稳态值 150%，高于当前的实际值，反映了政府在未来中长期最可能面对的局面。情景 3 假设公共债务—GDP 之比将逐渐下降至 90%，低于当前的实际值，代表政府降低公共投资以减少未来的赤字和债务。

模拟结果显示，人均收入的最高值出现在债务水平最高的情景 3 中；但未来高额的利息支付也提高了税率和利率，因此，这种伴随着高赤字的高增长既无法持续，也没有提高未来世代的福利。下文详细分析了税收、利率、人均 GDP 等主要内生变量，以及养老金收支、效用指标在预测区间的变动情况。

一、公共债务水平对利率和人均 GDP 的影响

利率的未来变动趋势决定了资本边际生产率、投资水平、消费代际替代规模以及政府利息支出。图 9－2 说明，未来均衡状态的利率高低与政府债务水平成正比——债务比重为 75%、60%、41%时对应的长期均衡利息率分别为 2.44%、2.31%和 2.15%——当政府债务较高时，公共投资和生产性公共资本存量也比较高，私人资本占资本总量比重则较低，私人资本会被政府赤字或债务所挤占。

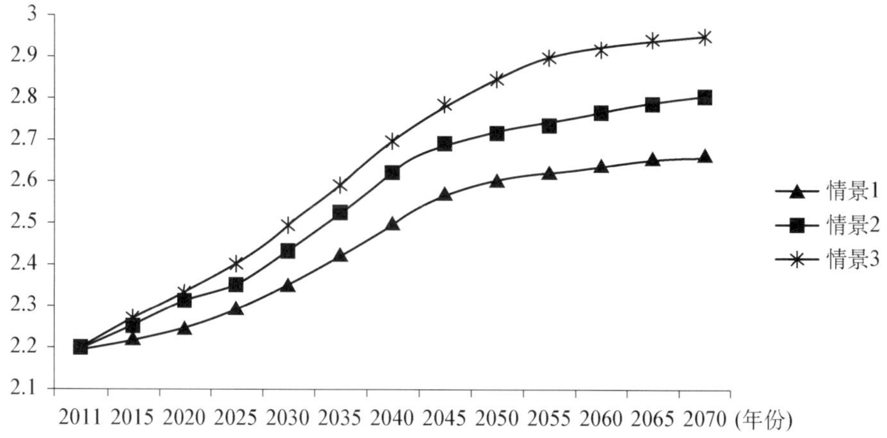

图 9－2　三种情景下的利率

人均收入的变化相对复杂。如图 9－2 所示，三种情景在初期都经历了人均 GDP 的稳定增长，其中情景 3 在公共投资的驱动下增速最快，情景 2 次之；但增长仅持续到 2020—2025 年左右，之后便逐渐下滑。原因有二：首先，老龄

化深入带来的劳动力供给减少而(本章假设不存在技术进步);其次,财政赤字对私人投资的挤出效应逐渐取代了公共投资的增长效应。情景 1 由于公共债务负担较轻,因此增长期持续到 2030 年。根据传统的宏观经济分析思路,公共债务水平越高,国民储蓄越低,对私人投资的挤出作用越强,导致资本积累乃至国民收入越低。图 9-3 恰恰印证了这一点:进入老龄化高峰期以后,代表最高债务指数的情景 3 的人均收入水平降到另外两个情景之下。然而这一趋势在未来远期又发生转变,大约在 2050 年以后,情景 3 人均收入重新超过情景 2,并逐步逼近情景 1。这里可以作这样的解释:在 OLG 模型中,居民为了实现一生的效用贴现值最大,需要在当前(中青年)消费和未来(老年)消费间进行决策,高利率意味着养老金收益的现值降低,故而居民将增加中青年时期的储蓄;面对大量的公共债务及待偿还利息,政府必须提高所得税率以增加支付能力,考虑到老年期退休收入不交所得税,年轻居民愿意将更多的收入进行储蓄,以提高终生财富和消费水平,这样高税率和利率对资本供给以及积累能够产生一定的刺激作用。随着时间推移,情景 3 中上述积极效应足以抵消大规模代偿公共债务带来的负面影响,便会对未来增长速度下滑起到一定的抑制作用。

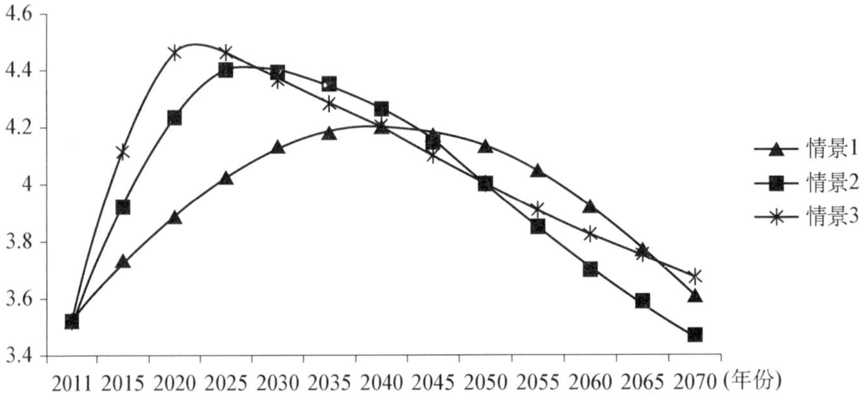

图 9-3　三种情景下的人均收入

二、公共债务水平对税收负担率的影响

为了长期维持高额财政赤字及债务,政府需要连续提高税率用于支付大量利息,所以税收负担与政府的债务政策息息相关。图 9-4 描绘了不同情景

下的逐年税收负担系数——税收总量与 GDP 之比。在预测期最初几年，各情景的税负系数并未产生明显差异；2035 年以后，由于 GDP 在所有情景中下降最快，情景 3 的税负系数显著提高，增速也不断加快；情景 1 的税负系数最低，情景 2 居中；2050 年之后，情景 3 的税负系数增速逐渐放缓，但仍高于其他两个情景。情景 1、2、3 税收负担在预测期内最高将分别上升到 29%、34%和 39%左右。

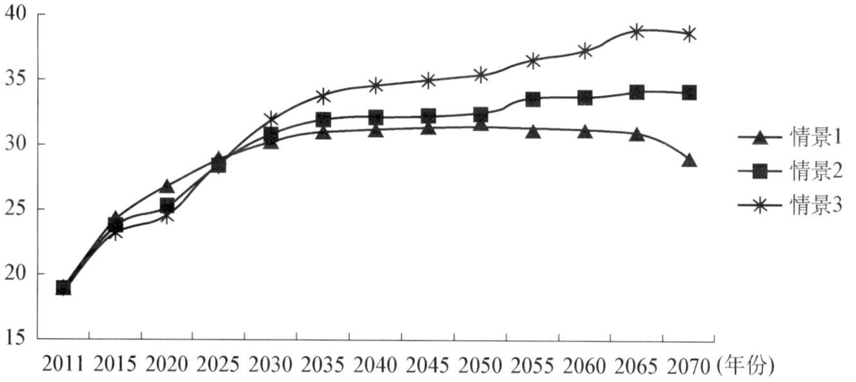

图 9－4　三种情景下的税收负担率

三、公共债务水平对养老保险基金收支的影响

在通过假设给定各年公共债务和公共支出比重的前提下，根据公式(9－10)可算得养老金给付数量 ps。图 9－5 展示了各情景下养老保险账户缴费收入、发放额度以及收支余额占名义 GDP 的比重，公共债务长期均衡值越高，养老金给付水平越高，对应着预测期内养老保险收支缺口越大，因为政府需要更多地通过发债为养老金支付进行融资。

情景 1 中，2011 年到 2030 年，养老保险收入和支出均稳定增长，且前者速度快于后者，每年都有结余；之后由于 GDP 增速下降导致缴费额增长放慢，而发放额增长继续，盈余渐渐缩小，并于 2040 年首次出现收不抵支，赤字将在 2070 年扩大到 34.8 万亿元。

情景 2 中，预测区间内，养老保险收入由 2011 年的 1.65 万亿元扩大至 45.6 万亿元，增长大约 30 倍，而支出规模则由 2011 年的 1.32 万亿元增加至 121.7 万亿元，增长幅度接近 100 倍。随着时间的推移，账户将在 2031 年左右出现收不抵支的状况，此后收支逆差逐年加大，2070 当年形成 76.2 万亿元的账户赤字。

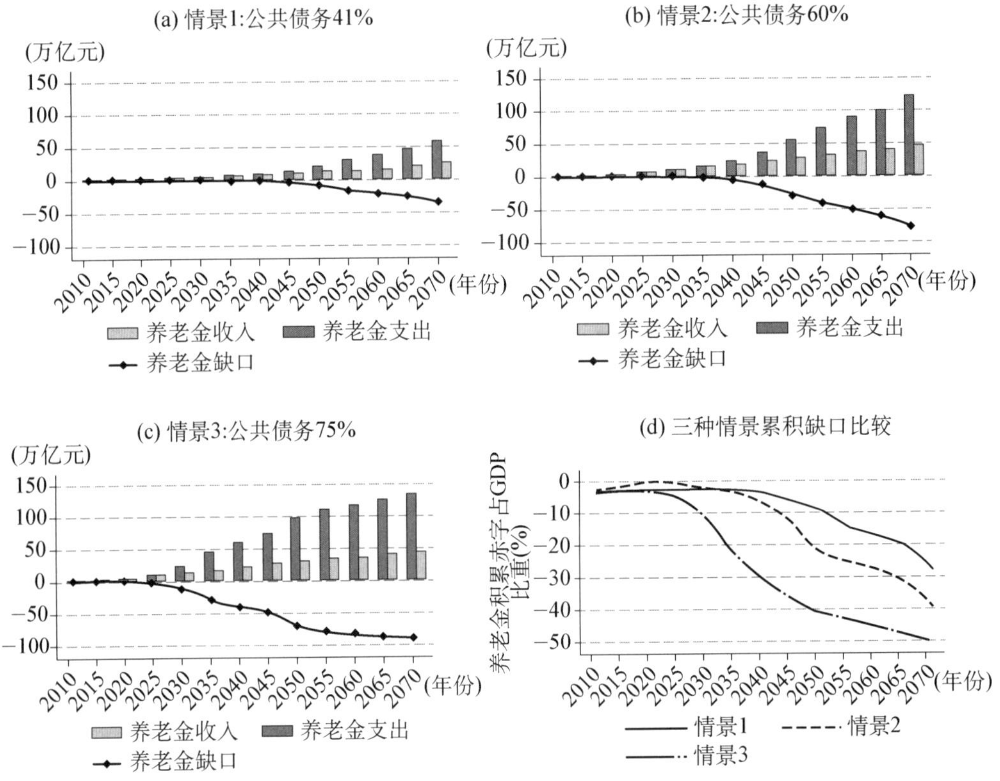

图 9－5　三种情景下的养老金收支及缺口

情景 3 中,除了最初 10 年略有盈余,养老保险体系将在整个预测期内遭遇收支缺口,并且 2050 年之前以不断升高的速度持续扩大,2050 年基金当年亏损数额已高达 67.5 万亿元,以后政府每年需要投入占 GDP6%—8%的补贴进行弥补。而后随着 GDP 下降放缓,养老金缺口扩张减慢,到 2070 年缺口稳步升高到 90.5 万亿元。

如果将预测期间所有年份的资金缺口通过贴现加总折算成累积现值,那么情景 1、2、3 的累积缺口分别相当于 2010 年 GDP 的 77.9%、105.7%和 164.2%。假使不依赖债务等外源性融资手段、仅靠社保缴费来弥补以上资金缺口,需要将有效缴费率从当前占工资 31%,分别调整到 37%、29%和 43%,以避免在未来年份出现赤字。

图 9－5(d)比较了各情境下各年养老金累积赤字额占当年 GDP 的比重。情景 1 中 2011 年的累计结余为 GDP 的 0.7%,以后结余逐年缓慢增加,到

2030 年增加到最高值占 GDP1.72%，以后结余基金逐年消耗，到 2045 年后消耗殆尽转为赤字，截至 2070 年累计赤字达到 GDP 的 27.11%。

情景 2 最大结余额曾经累积到 GDP 的 4.5%左右，出现在 2020—2025 年间；而后于 2035—2040 年期间发生累积赤字，约为 GDP 的 4.02%，而后随着 GDP 的迅速滑落，累积赤字呈现加速上升的局面，2070 年已经占到 GDP 的 41.03%。

情景 3 是所有情景中最早出现累积资金缺口的，2025 年赤字为 GDP 的 0.35%；随着养老金支付的不断增加与国民收入的减少，累积资金缺口不断加速扩张，到 2054 年达到 43.42%；随后缺口扩张速度降低，到 2070 年占 GDP 的比重为 53.2%。

综上所述，虽然前几十年内得益于人均收入增长，养老保险收入大于支出，基金出现盈余，但随着人口老龄化逐步加剧、劳动供给减少、经济增长下滑，养老金支出不断递增而缴费额不断递减，并最终收不抵支。公共债务的长期均衡值越低，养老保险基金的收支逆差越延后。

四、公共债务水平对居民效用福利的影响

t 世代居民的效用水平指数为：

$$EV_t = \frac{m(p^b;\ p^a,\ y^a)}{m(p^b;\ p^b,\ y^b)}$$

$$m(p^b;\ p^a,\ y^a) = E(p^b,\ V(p^a,\ y^a))$$

其中，m：货币度量(money metric)间接效用函数；E：支出函数；V：间接效用函数；p：价格向量，包含利率、工资率、税率；y：收入；上标 b 和 a 分别代表基准(baseline)情景和或然(alternative)情景，本章的基准为情景 1(债务指数 41%)：如果 $EV>1$，说明或然情景下的债务水平更有益于世代 t 的效用。这样，EV 衡量了不同公共债务政策对某一世代的福利影响。如图 9 - 4 所示，横坐标代表居民出生年份，纵坐标则表示情景 2 和 3 对情景 1 的相对效用，结果说明，如果以 41%的均衡债务水平为基准，债务比率升高将使绝大多数世代福利受损。

在情景 2 和 3 中，2056 年以前出生居民福利均有所降低，损失幅度随世代推移呈现 U 型，最低点出现在 2030 年左右。根据前文分析结果，2020 年以前，高水平的公共债务虽然能够贡献较高的人均收入，但偿债压力和税率升高

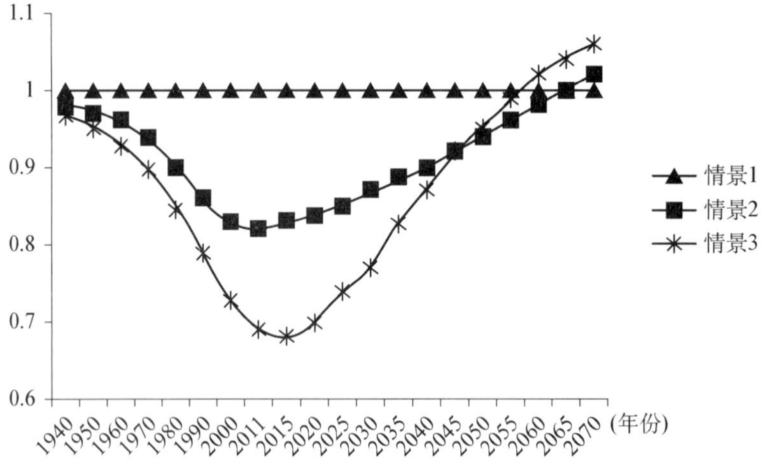

图 9－6　三种情景下的效用水平

带来的负面影响却最终降低了实际可支配收入；之后，资本积累的降低导致人均收入下降，进一步损害了居民效用。

但是，高公共债务政策的好处在未来远期内将逐渐显现。2056 年以后情景 3 的福利逐渐超过情景 2，2060 年以后甚至跃升到情景 1 之上；而情景 2 也在接近 2070 年的时候由福利损失转为福利提高。由于高利率对私人资本集聚能够产生一定的刺激作用，经过长时期的积累，其正面效应超过税率上升和偿付公共债务利息的负面效应，进而提高了未来世代居民的收入，高债务水平下的效用将最终得以提升。

本章小结

在人口内生化的三期 OLG 模型中，公共债务的动态将呈现四种不同路径：当基础财政出现赤字时，如果人口增长率小于利率，公共债务将持续积累，如果人口增长率大于资本回报率，公共债务将收敛于长期均衡稳态。当基础财政出现盈余时，如果人口增长率大于投资收益率，公共债务将持续下降；反之，公共债务存在不稳定的均衡状态，其初始水平决定了债务规模是不断扩张还是收缩。因此，作为决定人口增长率的重要因素之一，人均养老金支出也制约着公共债务的收敛或发散。养老金是居民终生收入的构成部分，养老金给付额越高，居民的期望收入越高，因此越有动力进行生育抚养，从而推动人口增长率的提升；当人口增长率大于利息支付率，意味着未来的税收收入将超过债务的利息支付，随着时间的推移，人均公共债务趋向稳态或不断降低，财政和社保体系将是可持续的。

鉴于此，日本、意大利、北欧等国家实施“育儿津贴”制度，期望通过鼓励生育以稀释公共债务存量；但许多学者已经指出，“育儿津贴”和“养老保险”相辅相成，才能发挥预期的效果（Brauninger，2005；Groezen 和 Meijdam，2008；Fanti 和 Gori，2009）。本章以上结论无疑为国家“二胎政策”提供了理论依据。

如果公共债务长期将收敛于稳态，那么必须控制稳态值低于警戒线。2013 年底中国公共债务占 GDP 的 39%，欧盟《马斯特里赫特条约》规定各国政府公债占名义 GDP 的比重不得超过 60%，2012 年世界银行国际发展联合会（The International Development Association）指出经济具有较强独立性的大国主权债务门槛值为 75%。据此本章将中国公共债务—GDP 之比的长期均衡值分别设定为 41%、60%和 75%，并预测了三种情景下 2015—2070 年间的宏观经济发展。结果显示，公共债务均衡值的提升将带来预测区间税收负担率和利率的持续上升。虽然根据宏观经济理论，公共债务越高，对私人投资挤出效应越强，但是 75%的均衡债务水平对应的人均收入却不是三种情景中最低的，这主要得益于税率和利率提高对居民代际分配决策的影响——随着时间推移，对储蓄的刺激作用超过对投资的挤出作用，则将缓解人均收入的下滑趋势。尽管如此，过高的公共债务比重还是降低了预测期内各世代的效用水平。

各情景下的养老金的平衡状况均是先盈余，再随着人口老龄化逐步加剧、劳动供给减少、经济增长下滑，最终收不抵支出现亏损。公共债务收敛于 41%时，逆差最早出现在 2040 年，2070 年扩大到 34.8 万亿元；收敛于 60%时，2031 年首次发生赤字，此后逐年加大到 2070 年的 76.2 万亿元；收敛于 75%时，缺口出现的年份最早，到 2070 年升高到 90.5 万亿元。

需要承认的是，本章的局限性也很明显：假设技术进步率 $\dot{A}/A=0$，忽略了科技发展和人力资本积累对延长人口红利、缓解老龄化冲击的积极效应；只考虑生产性公共投资，未探讨公共消费对居民行为选择的影响；没有将现存的养老金隐性债务纳入公共债务范围。如果研究进一步在以上方面扩展，无疑将会使模拟结果更具有现实说服力。

第十章　公共教育与人口红利：基于动态投入占用产出模型的预测分析

本章定量预测了通过加大人力资本公共投资以延长人口红利的可行性。假定政府扩张教育投入至GDP4.5%，施行高中义务教育，虽然在短期内由于挤占经济建设投资，会导致经济增速下降，但从长期视角看，人力资本积累终将使实际GDP增长率回升，成为人口红利拐点后新的增长源泉。高中和研究生学历人力资源迅速扩张，显著提升现代制造、服务业和科学研究领域生产率，为产业结构升级打下基础。居民和企业相对收入提高，有利于经济增长模式转变。

第一节　通过教育挖掘"第二次人口红利"的可能性

根据人口预测，中国人口红利拐点似乎已经到来：2011年中国适龄劳动人口比重首次下降0.1%，2012年又比2011年减少了345万人，由于目前占比最高的35—49岁年龄段人口将在二三十年后步入老年，从而将进一步加速老龄化的过程。另一方面，农村剩余劳动力增长速度在明显放缓，2012—2014年农民工年增长率分别为5.4%、4.4%和3.9%（周景彤和张旭，2015）。有效劳动力不断减少，劳动对经济增长的贡献将不断减小，劳动力价格还将持续上涨——人口红利衰减下的中国经济能否继续保持高增长？

在人口年龄结构变化的情况下，仍可以挖掘一些有利于经济增长的人口因素，创造第二次人口红利。所谓"第二次人口红利"，即利用新的人口结构特征，在老龄化条件下，创造新的制度环境，挖掘经济长期可持续增长的源泉（蔡昉和王美艳，2012）。随着人口结构老化，为应对老龄化的风险，居民将加快资本和财富的积累，不仅将推动整个经济的资本深化，提高资本要素供给，而且将通过税收的形式扩充公共财政，这样，政府就有更加宽裕的资金进行公共投资，提供公共服务，这其中，深化公共教育对应对人口红利消失的挑战尤为重要。

加大人力资本投资，提升全社会的人力资本水平，继续提高劳动生产率，使人口红利从规模型向质量型转变，是我国应对人口红利衰减的关键。为了消除劳动力数量不足对中国经济的制约，最直接的途径便是完善加强教育公共产品的供给和配置。政府不断扩大公共教育投入规模，可以创造人力资本要素供给和劳动生产率提高的条件，提高潜在增长率，加大人力资本对经济增长的贡献，在此基础上保持长期增长的可持续性。

目前在中国，虽然政府承担了基础教育，但是在高质量人力资本形成的关键阶段——高中和大学阶段——政府预算内经费支出比重较低，家庭支出负担过重，使得这两个阶段成为未来教育发展的瓶颈。这时就需要政府发挥更积极的作用，提高公共教育支出额度，把义务教育延伸到高中甚至大学阶段(蔡昉，2010)。而人口结构变化促使居民积累财产进而增加政府收入，使这种假想有可能实现。

为了验证上述分析，本章进行了一项政策实验模拟：假设未来 10 年政府深化公共教育投入，实施包括职业和普通高中在内的 12 年义务教育，利用社会核算矩阵(*SAM*)和包含教育时滞的动态投入产出模型，预测其对人力资本规模、经济增长、生产率以及收入分配的影响。

第二节　公共教育对经济增长的即时与长期影响

公共教育支出作为公共消费的一部分，其增减直接影响经济系统的最终需求，进而波及产出、增加值以及各类要素的收入；同时，在公共预算约束下，如果政府增加教育支出，势必会减少其他用途的投资，又将对基础设施建设、生产活动等产生影响，进而带来新一轮联动的社会经济效应。这些影响主要涉及政府投资及转移支付，又能够在公共教育支出变动后的短时间内显现出来，因此统称为投资及转移支付效应(Investment and transfer effects)，或者是即时效应(Immediate effect)。对于即时效应，通过 Miller 和 Blair(1985)提出的混合内生外生变量 I-O Leontif 模型和 Roberts(1995)提出的社会核算矩阵(SAM)乘数扩展(Extended Multiplier analysis)分析法很容易估算各行业产出和居民收入受到的波及作用：将公共教育支出总量作为经济体系的外生性注入，根据传统的 Leontief 矩阵法和乘数分析，按照基准年份价格水平估算计算其引致的产出、收入、就业的年均变动率。在分析即时效应时，SAM 模型的技术（直接投入和完全投入）系数和要素使用系数保持不变。

然而由于人力资本培养的时滞因素，教育投资对经济增长的作用更多地表现在未来，本章将这种影响称作能力提升效应（Capacity-adjustment effects），属于非即时影响。基本上，各类公共投资都具有潜在的能力提升效应，能够使经济活动摆脱现有的能力限制与条件约束，开拓生产进一步提升的空间和潜能（Psaltopoulos， et al.， 2000）。对于这一类支出，除了分析即时（直接、间接及引致）效应外，更重要的是考虑其在未来长期内带来的资源容量扩大和生产要素质量提升，及对整个经济系统的影响。例如，公共道路、港口的建设投资一方面能够通过产业和分配主体的互动和传导产生即时的产出和收入效应（这一部分影响算作“投资及转移支付效应”），另一方面，当这些设施完工并运营之后，无疑会为经济社会活动提供更广阔的发展空间（这一部分影响将计作“能力提升效应”）。再例如，用于教育、培训、医疗、文化事业的公共支出，等等，在短期内不会直接影响生产和分配，需要通过几年甚至更长时间来提高生产要素的质量，改变生产的技术关系，而 SAM 乘数分析是无法涵盖这一部分的影响的。因此，本章根据 Leontief（1953）、Stone（1968）、Ahmavaara（2004）提出的包含了人力资本生产的动态投入产出模型估算教育投资提升在中长期内对人力资本产出、行业产出、劳动生产率等指标的影响。

第三节　包含教育时滞的人力资本投入占用产出模型

人力资本的生产具有时滞因素，劳动者需要接受几年至十几年的教育时间才能真正成为有效生产要素。Leontief 动态投入产出模型为研究具有时滞性的生产活动提供了基础。其公式如下所示。

$$x_n = A_n x_n + B_n \Delta x_n + y_n \qquad (10-1)$$

其中，n 代表年份，x 为各产业总产出向量，A 为直接投入系数矩阵，B 为新增投入系数矩阵，y 为各产业最终产品向量。

在 Stone 模型基础上，付雪和陈锡康（2006、2009）的多年时滞教育经济投入占用产出模型将国民经济的生产部门分为非教育和教育部门两类：非教育部门提供固定资本到非教育部门和教育部门，教育部门提供人力资本给非教育部门，而教育部门的流动资本（资金投入）则来自居民和政府，教育部门的初始投入(学生来源)来自居民。

由于存在生产时滞和投资时滞，为了在第 n 年生产 x^h 数量的人力资本，需要提前 s 年一次性投入：

$$x_n^h = \sum_{s=0}^{t}\sum_{j} A_{ij}^{hh}(n-s)x_j^h(n-s) + \sum_{s=0}^{t}\sum_{j} B_{ij}^{hp}(s)\Delta x_j^p(n-s) + \sum_{s=0}^{t}\sum_{j} B_{ij}^{hh}(s)\Delta x_j^h(n-s) + y_n^h \tag{10-2}$$

政府在第 n 年投入的教育资金 x^e 取决于第 $n-s$ 年教育投入的产出价值：

$$x_n^e = \sum_{s=0}^{t}\sum_{j} A_{ij}^{ep}(n-s)x_{ij}^p(n-s) + \sum_{s=0}^{t}\sum_{j} A_{ij}^{eh}(n-s)x_{ij}^h(n-s) + y_n^e \tag{10-3}$$

初始劳动者经过 s 年教育后就能形成生产能力，则生产部门第 n 年的经济总产出为：

$$x_n^p = \sum_{s=0}^{t} A^{pp}(n)x_n^p + \sum_{s=0}^{t} A^{ph}(n)x_n^h + \sum_{s=0}^{t} B^{pp}(s)\Delta x_n^p + \sum_{s=0}^{t} B^{ph}(s)\Delta x_n^h + y_n^p \tag{10-4}$$

方程(10－2)代表了教育部门的人力平衡关系，方程(10－4)代表了生产部门的价值平衡关系。i、j 代表生产部门和教育部门的种类，即具体产业(农业、制造业、服务业等)和具体教育种类(初中、高中、大学、研究生等)。p、h、e 分别代表一般产品、人力资本、资金。A、B 涵义与基本 Leontief 动态投入产出模型相同。

如果已知人口增长速度、出生率、各类型教育入学率等基本人口统计信息，通过上述模型可以估计教育部门的产出，即人力资本总规模。这里的人力资本总数量是根据各年度的产业增加值和总产出得来的，因此可以理解为国民经济对人力资本的总需求量。如果除去中间投入的人力资本数量(从这个教育部门进入下一个教育部门需要培养的学生数量)，那么净需求量为：

$$D_h = y_n^h = \sum_{s=0}^{t} B_{n+s+1}^{hp}\Delta x_{n+s}^p + \hat{B}^p A_n^{hp} x_n^p \tag{10-5}$$

再看人力资本的供给方面。人力资源作为教育部门的产出，虽然被各生产部门所使用，但是它的投资者却主要是政府部门（在中国），其次是家庭。在2012年，居民和公共部门对教育的投资分别占教育总投入的17.3%和77.5%，而生产部门对教育的投入只占教育总投入的5.7%，其他部门对教育的投入与政府财政相比也是很小的一部分。所以，政府部门对人力资本的投资决定了其供给。

为了简化模型，假设正规教育的投入全都来源于公共投入，$g(n)$，设$W(n)$是政府对各类人力资源生产部门在n年度投入的人均培养费用列向量，则人力资本供给规模为S_h：

$$g(n) = W'_n x_n^h \tag{10-6}$$

$$S_h = (W'_n)^{-1} x_n^h \tag{10-7}$$

于是，当劳动力供求平衡时，动态投入产出分析基本模型与教育生产投入产出分析模型连接起来的基本平衡方程即为

$$S_h = D_h \tag{10-8}$$

为了检验公共教育投资扩张能否在未来提高人力资本规模以及潜在经济增长率，进而挖掘新一轮人口红利的潜力，本章模拟时间区间定为2013—2023年，建立如下两种情景——公共支出结构不变情景和教育支出扩张情景：

1. 不变情景假设政府继续沿用当前的公共支出结构；生产性和服务性公共支出的比例维持现状不变，公共教育支出份额保持稳定。由于不存在任何的公共政策变化或调整，也可称为基准情景。

2. 教育支出扩张情景中，教育公共投资于2013—2023年间完全覆盖高中教育（包括普通高中和职业教育）；同时，保持公共支出总量增长率和不变情景一致，为了维持预算平衡，假设相应减少生产性和经济建设公共支出。

3. 为了普及十二年义务教育，公共教育支出需要增长多少呢？2012年中国高中教育经费总量为3 360.65亿元，其中国家财政性经费为2 290.11亿元，已经占到68%，其余则来自民办学校办学、社会捐赠、事业收入等。如果将国家财政承担率提高到100%，中国公共教育总支出占GDP比重也仅仅上升0.4%—0.5%，因此，如果将免费义务教育延伸至高中，不会过多增加财政负担，具有一定可行性。在2012年教育投入4%的基础上，本章的教育支出扩张情景假设2013—2023年教育公共投资保持在4.5%。

张红霞(2004)设计了1999年教育-经济投入产出表(15个非教育部门和5个教育部门),付雪和陈锡康(2009)编制了2000年教育经济投入占用产出表(40个非教育部门和5个教育部门),并通过RAS法和时间序列每三年更新一次数据。为了和SAM部门划分保持一致,本章综合以上两表并通过拆分合并,形成了24个产业和5个教育部门(小学、初中、高中、本专科、研究生)的投入产出表。未来10年人口总量预测值取自段克峰(2012),人口结构变动预测根据李晖和陈锡康(2013)。其他数据来自中国统计年鉴》、《中国教育统计年鉴》、《中国财政年鉴》、《中国教育经费统计年鉴》、《中国劳动统计年鉴》、《中国人口年鉴》等。

本章所用SAM来源于2007中国SAM基本结构,经过合并,包括24个生产行业,5个教育部门,3类生产要素——资本、土地、劳动力,1类居民账户,2个公共部门账户——公共投资、公共消费,2个资本账户——私人资本形成、公共资本形成,2类居民需求账户——私人消费需求、公共产品需求。

第四节　公共教育支出扩张的即时产出效应

表10-1估计了公共教育支出扩张对宏观经济的即时投资和转移支付效应,比较了两个情景下总产出、劳动收入和企业利润的年均变动百分比(以2014年为基期,以基期不变价格计算)。在基准情景下,总产值年均增加6.5%,其中矿产、建筑、金融地产增长率最高,企业利润提升3.1%,居民收入上升2.3%。这说明假使未来10年公共财政政策保持不变,根据现有技术水平和投入产出结构,经济增长率明显放缓,企业利润提升有限,可能会抑制私人投资积极性;同时,居民收入增长幅度远低于经济增长,使得居民占国民收入比重进一步下降,从而对消费产生负面影响。

教育支出扩张情景的影响和效应相对来说较为复杂。一方面,政府支出中生产性投资的削减对总产出有明显的负面效应,尤其是一些以前大量接受政府资金支持的产业,受到的冲击最为严重,例如煤炭、石油、天然气开采,石化,供电供水等行业的总产出均有所下降。另一方面,这些行业产品又是大多数产业的重要中间投入,因而会立即对其他产业产出施加的抑制效应。因此,公共教育投资的扩大,的确会暂时以牺牲经济增长为代价(总产值增长率由6.5%降为5.4%)。

表 10－1　即时投资及转移支付效应

（主要经济指标以 2014 年为基期的年均变动率）　单位：%

产业	财政支出结构不变情景			公共教育投资扩张情景		
	总产值	居民收入	企业收入	总产值	居民收入	企业收入
农业	2.45	0.24	0.05	2.36	0.20	0.04
煤炭开采和洗选业	5.78	2.35	4.89	3.85	1.96	3.49
石油和天然气开采业	7.47	2.68	5.02	4.98	2.23	3.59
金属矿采业	6.21	2.84	4.23	4.14	2.37	3.02
非金属矿采业	7.39	3.01	3.11	5.24	2.51	2.22
食品制造与烟草加工业	5.37	1.07	3.26	3.81	0.89	2.33
纺织业	2.15	0.65	2.17	5.07	0.54	1.55
木材加工及家具制造业	3.39	1.01	1.01	2.40	0.84	0.72
造纸印刷及文教用品制造业	4.34	1.32	1.96	3.08	1.10	1.40
石油化工	6.92	3.27	4.79	4.07	2.73	3.42
非金属矿物制品业	5.38	2.94	3.88	3.82	2.45	2.77
金属冶炼制品业	5.32	3.82	2.37	3.77	3.18	1.69
机械、电气设备制造维修业	6.22	2.70	2.95	4.41	2.25	2.11
其他制造业	7.73	2.48	3.19	5.48	2.07	2.28
电力供应业	3.04	2.17	4.58	1.69	1.81	3.27
水供应业	2.18	1.41	0.82	1.21	1.18	0.59
液化气供应业	4.95	2.24	2.27	2.75	1.87	1.62
建筑业	7.41	3.71	4.81	5.26	3.09	3.44
运输邮电业	3.89	3.03	4.26	2.76	2.53	3.04
商业贸易	9.97	3.16	4.87	8.27	2.63	3.48
餐饮业	4.32	2.09	3.72	3.06	1.74	2.66
金融及房地产业	10.23	4.76	5.12	8.26	3.97	3.66
科教服务业	3.58	1.42	2.27	5.54	1.18	1.62
其他社会服务业	2.34	1.17	1.62	4.66	0.98	1.16
其他服务业	3.36	2.10	2.37	2.38	1.75	1.69
平均	6.46	2.31	3.18	5.37	1.92	2.27

资料来源：作者的计算。

从积极的角度来看，教育投入增加最明显的影响是提高了科教文卫及社会服务业的产出水平，而这种改善最直接的受益者是居民——减轻了居民获得公共教育产品的成本负担，也有利于促进个人可支配收入的提高。表 10－1 最后一行显示，相较于总增加值和企业收入，居民收入下降幅度最小。图 10－1 比较了两个情景下居民收入占 GDP 之比。虽然公共教育投资扩张暂时会降

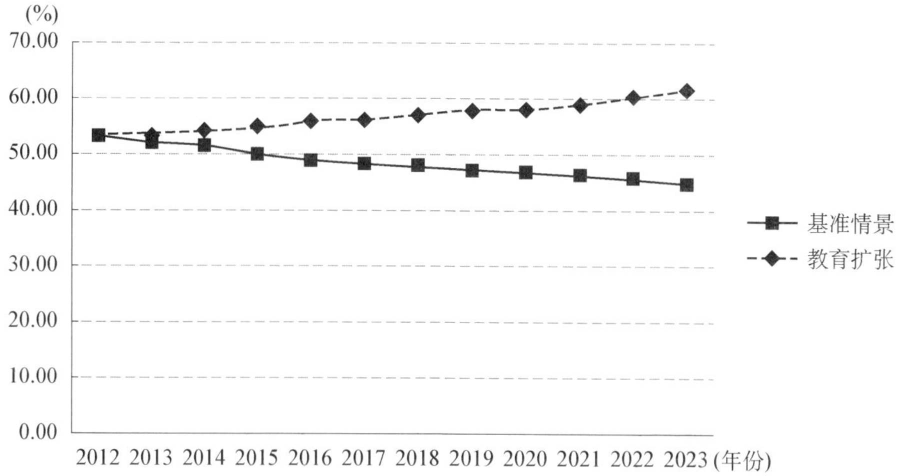

图 10－1 居民收入占国民收入份额比较

资料来源：《中国统计年鉴》和作者的计算。

低经济增长速度，但是由于政府消费的提高直接转化成转移支付带动了居民收入的增长，因此居民收入在国民财富中所占的比重提高了。

第五节 公共教育支出扩张的长期生产能力提升效应

一、公共教育投资增长下的各产业部门长期扩张

上一节对产值、居民收入的分析仅限于即时影响，没有考虑教育带来的新增人力资本扩张以及技术进步效应。长期内，教育培训能够提升劳动者的技术水平、熟练程度、工作效率，而劳动者素质的提高能够进一步提高资本的利用效率，这样不仅能够带来生产活动产出的增长，更能够减少生产要素的投入量，提高要素的边际生产率和报酬率。本节利用包含人力资本生产时滞的动态投入产出模型，大致估计这种长期能力提升带来的生产和收入效应。

表 10－2 预测了 2013—2023 年间公共教育投入扩张情景下各类人力资本的产出规模。估算步骤为：将公共教育投资、人口出生率、人口结构变动作为教育部门的外生注入，利用人力资本投入矩阵推算各年度各类人力资本需求，再由动态 Leontief 逆矩阵推出各年度的教育产出总量。得益于义务高中

教育的推行，高中毕业生数量稳步增长，10 年间平均增长率约为 6.9%，高于初中（1.2%）和大学生（3.6%）。研究生规模扩张最为迅速，年均增长率高达 7.8%。这样的人力资本结构对未来经济增长比较有利：在中级人力资本市场上，高中学历人力资本的快速积累，既能为大学教育输送人才，又能满足劳动力市场的需求，因为现代工业制造业的发展，首先需要大批高质量高熟练程度的技术工人；在高级人力资本市场上，大量高学历研究生的积累为现代服务业和科技研发领域提供了高素质的复合人才和实用人才。

表 10－2　公共教育投入扩张情景下中国 2013—2023 年人力资本总量

年份	公共教育经费		人力资本规模（毕业生，万人）			
	总量（亿元）	占 GDP 比重（%）	初中	高中	本专科生	研究生
2013	18 079	4.5	2 214.50	1 483.50	613.20	54.90
2014	19 562	4.5	22 464.00	1 496.50	663.80	70.10
2015	21 245	4.5	2 413.50	1 579.40	725.10	88.30
2016	55 525	4.5	2 438.96	1 843.40	737.36	92.17
2017	61 789	4.5	2 451.00	1 995.00	769.50	99.75
2018	74 488	4.5	2 461.32	2 146.50	801.36	107.33
2019	86 716	4.5	2 471.64	2 399.20	804.72	109.21
2020	99 336	4.5	2 480.24	2 551.40	821.94	111.03
2021	106 289	4.5	2 488.84	2 704.60	839.26	112.87
2022	113 730	4.5	2 497.44	2 858.80	856.68	114.71
2023	121 691	4.5	2 504.32	2 912.00	873.60	116.48
年均增长率（%）			1.24	6.98	3.60	7.81

资料来源：作者的计算。

得到各年度劳动力市场的人力资本产出水平后，根据模型（10－4），可以规划各年度各产业的增加值和总产出。表 10－3 列 1 计算了各个产业 2015—2023 年行业年均产值较 2014 年基期增加的百分比。结果显示，生产者能力的提升使得总产值年均增长 7.74 个百分点，其中现代工业和服务业的增产效果最为显著，主要得益于高中和研究生类人力资本的迅猛增长（见表 10－2）。因此，随着生产要素（特别是劳动力素质的提高），随着公共教育投入的增加，未来经济增长率不仅不会下降，反而会超过基准情景下的平均水平。

表 10-3　包含人力资本增长的长期能力提升效应　单位：%

产　业	总产值	完全劳动生产率	劳动者报酬	居民收入	企业利润
	1	2	3	4	5
农业	2.67	1.97	0.24	0.27	0.04
煤炭开采和洗选业	6.30	3.46	3.14	3.53	3.53
石油和天然气开采业	8.14	7.56	3.58	4.02	3.62
金属矿采业	6.77	7.81	3.79	4.26	3.05
非金属矿采业	8.06	7.09	4.02	4.52	2.24
食品制造与烟草加工业	5.85	6.33	1.43	1.61	2.35
纺织业	7.79	5.01	0.87	0.98	1.57
木材加工及家具制造业	3.70	5.27	1.35	1.52	0.73
造纸印刷及文教用品制造业	4.73	3.84	1.76	1.98	1.41
石油化工	7.54	8.29	4.37	4.91	3.46
非金属矿物制品业	5.86	7.13	3.92	4.41	2.80
金属冶炼制品业	5.80	6.99	5.10	5.73	1.71
机械、电气设备制造维修业	6.78	9.25	3.60	4.05	2.13
其他制造业	8.43	7.12	3.31	3.72	2.30
电力供应业	3.31	3.92	2.90	3.26	3.30
水供应业	2.38	2.48	1.88	2.12	0.59
液化气供应业	5.40	2.97	2.99	3.36	1.64
建筑业	8.08	2.50	4.95	5.57	3.47
运输邮电业	4.24	3.49	4.05	4.55	3.07
商业贸易	10.87	8.12	4.22	4.74	3.51
餐饮业	4.71	6.26	2.79	3.14	2.68
金融及房地产业	11.15	9.26	6.35	7.14	3.69
科教服务业	3.90	10.06	1.90	2.13	1.64
其他社会服务业	2.55	5.53	1.56	1.76	1.17
其他服务业	3.66	6.32	2.80	3.15	1.71
平均	7.74	6.29	3.08	3.46	5.42

资料来源：作者的计算。

二、公共教育投资增长下的完全劳动生产率的提高

人力资本的增加带来技术进步，在投入产出分析中，其影响具体表现为，劳动投入系数的降低——劳动消耗系数愈低，意味着劳动生产率愈高，国民经济中生产效率提高。因此，完全劳动投入系数的变化是衡量经济结构变动效

率的一个重要指标，可以对劳动投入系数的变化进行分析，以反映技术进步的作用和生产率的变化；近似地，完全劳动生产率等于完全劳动投入系数的倒数。

在投入产出和SAM中，第n年的完全劳动投入系数向量为：

$$\begin{aligned}T_n^L &= L_n(I-A_n)^{-1} = L_n(I-A_n)^{-1} - L_n + L_n \\ &= L_n[(I-A_n)^{-1} - I] + L_n = L_nD + L_n\end{aligned} \qquad (10-9)$$

再根据产品价格形成方程：

$$P = PA + L\hat{Y} \leftrightarrow P = L\hat{Y}(I-A)^{-1}$$

由于价格向量P的第j个元素为$p_j = \sum_i l_i y_i b_{ij}$，同理$T$向量的第$j$个元素为：

$$t_j = \sum_i l_i b_{ij}$$

因此：

$$\frac{p_j}{t_j} = \frac{\sum_i l_i y_i b_{ij}}{\sum_i l_i b_{ij}} = \sum_i \left(\frac{l_i b_{ij}}{\sum_i l_i b_{ij}} y_i \right) \qquad (10-10)$$

式(10-10)说明，产业j的劳动投入系数越低，该行业的劳动生产率越高，进而行业总产值越大。上述关系可以表示为：

$$Y = k^{-1}(T+b)^{-1} \qquad (10-11)$$

其中，k是影响增加值和劳动投入系数之间数量关系的外生系数。

Nakajima(2009)估计，美国和日本经济的k约为1.5—1.8，并指出，k值随着一国技术水平的提高而降低。假设未来10年，随着教育投入和人力资本的增加，中国的科技能够达到美日的平均水平(1.6)，那么，根据上一节计算出的y值，可以倒推各产业部门的劳动投入系数T、L。第n年对基期第0年的完全劳动生产率增长率也可以根据以下公式计算得到：

$$\eta = \left[\left(\frac{T_0 x_n}{T_n x_n} \right)^{1/n} - 1 \right] \times 100\% \qquad (10-12)$$

表10-3列2展示了人力资本积累下各行业完全劳动生产率的增长率，

高中和研究生人力资本的扩张为机械制造、石化、采矿、金融、地产、贸易、科教等现代行业带来明显的效率提升。劳动投入系数的变动在SAM表中将会进一步，产生更大的收入分配效应，如表10-3第3-5列所示。这三列计算了劳动要素回报、居民收入、企业利润的年均增长率：劳动力报酬大幅增长，促使居民收入快速增长；私人企业收入也有所上升，很大程度上归功于劳动生产率和资本使用率的提高；同时，企业和居民收入增长率与GDP平均增长率之间的缺口有所缩小，不仅对于刺激居民消费和企业投资有着重要意义，而且可能改善政府不断挤占私人部门收入的现状。

本章小结

公共政策需要如何调整以应对人口红利衰退的挑战，创造条件延长人口红利期？人口红利消失的主要影响是各种生产要素及其生产率的减少，所以导致经济增长率下降。然而，通过扩大公共教育投资、加强教育培训，可以提升劳动者能力，降低各行业的劳动投入，实则增加了有效劳动力。因此，改善人力资本，既是增加要素供给，也是提高生产率特别是全要素生产率的条件，对于经济可持续增长具有非同寻常的意义。

尽管教育不是纯粹公共产品，但政府在深化教育供给方面仍然承担着最重要的责任。2012年中国已经实现财政性教育支出占GDP4%的目标，但仍落后于北美和西欧5.7%、拉美5.0%甚至中东欧4.9%，而邻国印度已经计划增加教育投入至6%。中国政府收入占国民总收入份额自2004年起一直稳定上升，国民储蓄持续居高，同时人口结构老化也促使居民积累财产、导致资本快速积累——这一切条件，都使公共教育支出水平大幅度提高成为一项可操作性强的措施。

基于SAM和人力资本动态投入产出模型，本章对2015—2023年中国宏观经济进行了情景预测。如果不调整公共政策，随着劳动力和人力资本要素供给遭遇瓶颈，未来10年平均经济增长将明显回落（平均GDP增长率为6.46%），更严重的是，企业投资和居民消费也都呈下降趋势，将成为经济增长方式由贸易和公共投资拉动向内需劳动转变的最大障碍。如果提高公共教育支出至4.5%，将义务教育扩展至高中，由于经济建设支出削减，将会造成经济增长下降至5.4%的短期影响；但如果考虑到长期劳动者技能的培养及整体人力资本的积累，实际经济增长率将会提高到7.7%，同时，完全劳动生产率的提高还会改善居民和企业在国民收入分配中被公共部门挤占的状况，提升居民可支配收入和企业利润，更好地刺激消费和投资。因此，从更加长期的视角来看，扩大公共教育投入，对于经济增长可持续性具有无以比拟的重要性。

最后需要强调几点：第一，政府能否进一步强化其教育的责任和义务，继续加大教育投入，关键在于稳定的财政收入能力与合理的支出结构。鉴于中国经济增长将逐步由高增长步入常态化增长，财政收入的增幅将因此下降，因此政府有必要加快税制、收入分配体系和公共行政体系改革的步伐，从职能上精兵简政，从制度上降低行政成本，从而保证持续有效的公共产品供给。第二，政府收入归根结底来自私人部门，要保证财政收入的稳健性，需要真正让消费者和投资者增收，其中，完善社会保障、医疗保健、养老保险等公共服务制度，与提高居民和企业的潜在收入最为相关。第三，加强培训和教育只是开发人力资本的一方面，只有发育和完善劳动力市场，消除劳动力供给制度障碍(蔡昉，2013)，才能真正实现人力资本的价值。

第十一章　公共减排政策的选择：基于 OLG–CGE 的碳税与可再生能源比较分析

近年来中国开征碳税的消息不断，从理论、政策到技术层面一直处于不断酝酿之中；而此时，部分发达国家对碳税的兴趣却有所减弱、对可再生能源建设的倡导正在兴起——澳大利亚认为碳税对减少碳排放的作用微乎其微，已决定将其废除，转向 90%可再生能源目标，其中电力行业 100%安装可再生能源系统；法国计划用碳税所得来补贴可再生能源，并逐渐将气候政策重点从环境税转向能源转型；美国更是一直对碳税持保留态度，但对太阳能、风能等可再生能源则广泛支援。那么对于仍在挣扎于碳税可行性研究的中国，“碳税 *VS* 可再生能源目标，究竟孰优孰劣？”这一问题的回答显得尤为重要。诚然评判标准并不唯一，但经济和福利影响确是其中最重要且不容回避的一环。因而，本章致力于比较两种减排方式——征收碳税与发展可再生能源——对经济增长和代际福利的动态影响。

基于 OLG–CGE 情景模拟，本章比较了征收碳税与发展可再生能源在未来 50 年对经济增长及居民福利的动态影响。研究发现，两类政策都将抬高平均能源价格，但其宏观经济效应恰恰相反。如果中国逐步提升可再生能源份额至 35%，短期内能源推动型价格上涨将抑制消费、投资及产出增长，长期内这种负面效应将随资本与劳动供给增加以及能源节约型技术进步而减弱。碳税影响取决于其收入循环方式，如果用于扩大公共转移支付将提高当前收入和消费，但对长期资本深化与技术进步作用有限；如果用于降低所得税不仅能够改善短期收入，还将通过生产要素积累与能源效率改善产生持久增长效应。在福利再分配上，发展可再生能源对年轻及未来世代损害较大；碳税则具有利于年轻世代的再分配特征。研究表明，征收碳税的同时降低扭曲性税收不但增长成本较低，而且有益于代际公平，是当前中国应对气候变化的最优政策选择。

第一节 碳税与可再生能源政策效果比较的文献综述

为了剖析以上两种减排政策——征收碳税与发展可再生能源——对能源部门产出和宏观经济的作用，本章采用包含能源模块的 CGE 模型架构，并将其与跨度为 60 代、包含公共财政模块的时代交叠 OLG（Overlapping Generation）模型相结合，进行跨期代际福利分析。其中，碳税收入的去向与用途（西方文献称之为“碳税循环”，carbon tax recycling）决定着它的宏观经济效应。成功推行碳税的国家，一般都遵照税收中性原则，使碳税收入“取之于民用之于民”：或者用于对中低收入家庭的补贴，以抵消碳税征收所带来的累退性；或者综合考量碳税征收后的企业和家庭负担，适度减少所得税等其他税目的征收规模。相应地，本章设置两种碳税循环模拟情景：将碳税收入用于提高政府对私人的转移支付，或者等比例降低要素收入所得税。

CGE 模型在评价能源和碳税的经济影响领域应用已久。Knopf 等（2010）将能源部门纳入 CGE 框架，评价了可再生能源比重不断上升的长期经济成本。Ciaschini（2012）认为碳税改革的“双重红利”效应能否实现，取决于当地经济发展水平。Orlov（2012）发现碳税对就业和产出的作用还依赖于劳动供给弹性及劳动资本能源三要素间的替代弹性。王灿等（2005）运用 TED－CGE 模型论证中国实施减排政策有助于能源效率的提高，但也将对经济增长和就业带来负面影响。胡宗义等（2011）分析了一般均衡下不同碳税收入返还机制对各行业产出的主要影响。梁伟等（2013）利用 CGE 模型检验中国环境税的“双重红利”，认为返还方式合理的碳税能在减少 CO2 排放同时实现就业和 GDP 增长。杨翱（2014）等建立 DSGE 模型，比较碳税和其他两种减排方式（排放上限、排放强度）的优劣。在 OLG 应用方面，John 等（2005）模拟了碳税、人口与资本密度的内生关联。Bovenberg 和 Heijdra（2008）探讨了环境税老年和工龄人口的再分配。Chiroleu-Assouline 和 Fodha（2006）指出环境税循环将通过提高资本密度对经济增长产生“第二红利”。然而以上研究：①未能逐年考察能源或碳税改革的动态经济效应以及相应的代际福利再分配效果；②理论基础大多为 Diamond 两世代 OLG 模型——仅包括抽象的老年和青年两代，因而对各世代的决策调整以及福利影响缺乏较精确的刻画。本章正是基于这两方面进行了合理延伸。

需要特别强调的是，本章的目的并非将碳税与发展可再生能源对立起来，进行二选一的选择。可再生能源的推广是国家能源乃至产业结构升级的要求和趋势，也是政府必须协力推广的事业。问题是，中国应该效仿发达国家，在未来 20—50 年间人为地设定可再生能源目标吗[①]？如果在中短期内迅速提升可再生能源份额，强制实行能源消费结构升级，是否会给经济发展及公众福利带来较大的负担？如果答案是肯定的，无疑需要将其与碳税进行权衡比较，确定在当下及未来中期，中国将哪个作为应对气候变化的主要手段，才能避免过高的经济及福利损失。

第二节　包含碳税与能源模块的 CGE－OLG 模型框架

能源结构和税收政策的变革直接作用于能源价格，经济主体对价格信号的反应连同人口变动一齐，影响能源需求总水平和未来能源结构；在生命周期框架下，经济主体面对能源和财政政策变动，调整自身的优化决策行为，进而影响劳动力供给和资本积累，最终反过来波及总产出和居民收入——上述机制构成了本章模型动态的驱动力。

一、生产函数

生产函数采取两层嵌套式 CES。第一层连接资本 K 与劳动力 L 得到复合生产要素 F：

$$F_t = [\gamma K_t^{1-1/\eta} + (1-\gamma)(A_t\zeta_t H_t L_t)^{1-1/\eta}]^{\frac{1}{1-1/\eta}} \tag{11-1}$$

其中，γ：要素权重参数，η：资本与劳动的替代弹性，A：Harrod 中性劳动扩张型技术，ζ：联系劳动力生产率与劳动力平均年龄的参数，H：平均劳动时间，HL：工作总时间，$A_t\zeta_t H_t L_t$：有效劳动力供给总量。与劳动力市场有关的公共政策（如养老保险和医疗）会改变劳动参与率，因而属于模型考虑范围。均衡资本利率和工资率由利润最大化过程决定。

第二层引入能源总需求 D_t 得到最终生产函数：

$$Y_t = [\gamma(A_t^e D_t)^{\eta_e} + (1-\gamma)(F_t)^{\eta_e}]^{\frac{1}{\eta_e}} \tag{11-2}$$

---

① 澳大利亚提出 2020 年实现 25％可再生能源的目标，丹麦的目标是 100％，德国的目标是 80％；到 2050 年，丹麦、苏格兰和德国提出官方目标，实现 100％可再生能源发电，并为此正在实施政策。

其中，η_e：F 与能源的替代弹性，A^e：能源效率。模型中，当 F_t 提高时，D_t 也随之增长；当能源服务价 格 $p_t = A_t^e p_{e,t}$ 上升时，或能源效率 A^e 提升时，能源需求 D_t 降低。能源结构由能源需求量和能源价格共同决定，前者取决于一般均衡框架下的部门产出，后者将触发各类能源相对需求量的改变。

二、能源部门

设能源终端使用实际价格向量为$\{p_{e,t}\}$，是天然气（$i=1$）、石油产品（$i=2$）、煤（$i=3$）、电力（$i=4$）和可再生能源（$i=5$）外生价格 p_i 的加权平均：$p_{e,t}=\sum_{i=1}^{5} d_{i,t-1} p_{i,t}$，权重 d_i 为能源需求量。其中，电力终端价格是工业用电和居民用电实际价格的加权平均：$p_{4,t}=\sum_{j=1}^{2} a_{4,j,t} p_{4,j,t}$（$j=1$ 居民，2 工业企业；$a_{4,j,4}$ 为根据需求观测数据计算的权重系数）；$p_{4,j,4}$ 是电力生产价格（内生决定）、电力分销传输网络成本（外生）与各种税收（VAT、碳税、上网电价其他税收）之和。长期来看，可再生能源的实际生产价格既不存在 Hotelling 上升趋势，也不受碳税影响。

在所有能源中，电力最为特殊，它既是生产要素和其他能源生的产出，也是其他产品部门的投入。为了既避免电力价格在 CGE 模型中循环使用，又反映其价格受到能源结构调整的影响，与 SAM 中其他产业部门不同，电力生产价格为各种技术发电成本的加权：$q_{el,t}=\sum_{x=1}^{8} a_{el,x,t}\kappa_{el,x,t}(1+a_{el,import,t})/(\sum_{x=1}^{8} a_{el,x,t}+a_{el,import,t})$，其中 x 代表发电技术：1——煤；2——天然气；3——石油；4——核电；5——水电；6——风力；7——太阳能光伏；8——生物质能。κ_x 为发电技术成本；a_x 为技术的边际份额。发电成本为可变成本与固定成本之和：$\kappa_{el,x,t}=(\kappa_{el,x,t,fuel}+\kappa_{co2,t}*\kappa_{co2,t,em})/\kappa_{el,x,t,therm}+\kappa_{el,x,t,ops}+\kappa_{el,x,t,fix}$，其中，$\kappa_{el,x,fuel}$：发电技术 x 的燃料成本，$\kappa_{co2,t}$：外生 CO2 价格，$\kappa_{co2,t,em}$：发电技术 x 的排放强度，$\kappa_{el,x,t,therm}$：热效率 %，$\kappa_{el,x,t,ops}$：电站运营维护成本 —— 以上为可变成本。固定成本通过年金公式计算：$\kappa_{el,x,t,fix}=\frac{\kappa_{el,x,t,inv}*\kappa_{el,x,t,cap}/(1+\kappa_{el,x,t,learning})}{[1-(1+\kappa_{el,x,t,cap})^{-\kappa_{el,x,t,life}}]\kappa_{el,x,t,utilization}}$，其中 $\kappa_{el,x,t,inv}$：资本隔夜成本，$\kappa_{el,x,t,cap}$：资本实际成本（实际利率），$\kappa_{el,x,t,life}$：发电设备 x 的平均生命周期，$\kappa_{el,x,t,utilization}$：设备利用率，$\kappa_{el,x,t,learning}$：可再生能源发电技术的“干中学”技术进步率。以上外生参数均可在 IEA 和中国 NEA 数据库中找到。

三、居民决策

OLG 模型假设每年都有 60 个世代共同存活、各世代均由一个典型个体代表。生于 t 年、年龄为 T 的居民最大化其终生效用 U_t：

$$U_T = \frac{1}{1-\theta}\sum_{j=T}\left\{\frac{1}{(1+\rho)^j}\left[c_{t+j,\,j}^{1-1/\theta} + \mu(A_j(1-l_{t+j,\,j})^{1-1/\theta})^{1/(1-1/\theta)}\right]^{1-\theta}\right\}$$

(11－3)

即时效用函数采用 CRRA 形式，包含消费和闲暇两个变量。居民在工龄得到工资报酬并支付比例所得税、退休后领取养老金并享受闲暇；能源支出贯穿终生。$l_{t+j,\,j}$：年龄为 j 的工作居民在 t 年的平均劳动时间占比，$c_{t+j,\,j}$：年龄为 j 的工作居民在 t 年的人均消费，ρ：主观体现因子，θ：相对风险厌恶系数，$1/\theta$：消费和闲暇的替代弹性，μ：（与消费相比）对闲暇的偏好，A_j：劳动者的效率（由年龄决定且增长速度同 TFP）。

20 岁以上工作居民的跨期预算约束为：

$$l_t w_t + \sum_{j=1}\left[l_{t+j,\,j} w_{t+j,\,j}\prod_{i=1}^{j} 1/(1+r_{t+i})\right] = c_t + \sum_{j=1}\left[c_{t+j,\,j}\prod_{i=1}^{j} 1/(1+r_{t+i})\right]$$

(11－4)

其中，税后人均收入定义为：$w_{t+j,\,j} = w_t\zeta_T(1-\tau_{t,\,ps}-\tau_{t,\,l}-\tau_{t,\,g})+g_t-\exp_{t,\,e}$。$\zeta$：联系劳动力平均年龄与其生产率的参数，$w_t$：人均工资，$\tau_{t,\,ps}$：养老保险缴费率，$\tau_{t,\,l}$：劳动收入所得税，$g_t$：养老保险以外的公共服务支出，$\tau_{t,\,g}$：为 g_t 提供资金的比例税率，$\exp_{t,\,e}$：人均能源支出。

令消费和闲暇的边际效用之比等于二者价格之比，可得期内一阶条件（Intra-temporal First-Order Condition）：$(1-l_{t,\,T}^{*})A_{t,\,a} = (\mu/w_{t,\,T})^{\theta}c_{t,\,T}^{*}$，$l^{*}$ 和 c^{*} 代表最优劳动时间和消费水平。如果单位化产品价格为 1，闲暇的价格（机会成本）则等于净有效人均工资 $w_{t,\,T}$。由此可见，税后工资率 $w_{t,\,T}$ 越高、劳动投入时间 $l_{t,\,T}^{*}$ 越长、闲暇 $1-l_{t,\,T}^{*}$ 越少，因此模型捕捉到税收对劳动供给的扭曲效应。

在预算约束（11－4）下最大化（11－3）可得跨期优化一阶条件（Inter-temporal First-Order Condition），其 Euler 方程如下：

$$\frac{c_{t,\,T}^{*}}{c_{t-1,\,T-1}^{*}} = \left(\frac{1+r_t}{1+\rho}\right)^{1/\varepsilon}\left(\frac{1+\mu^{\theta}w_{t,\,T}^{1-\theta}}{1+\mu^{\theta}w_{t-1,\,T-1}^{1-\theta}}\right)^{(1-\theta\varepsilon)/\varepsilon(\theta-1)} \tag{11－5}$$

如果税后人均工资 $w_{t,T}$ 保持稳定且资本实际回报率 r_t 高于主观贴现率 ρ，人均消费 $c_{t,T}$ 将随时间增长。如果税后工资率 $w_{t,T}$ 保持上升、r_t 保持稳定且不低于贴现率 ρ，$c_{t,T}$ 也将不断增加。相对风险厌恶系数 θ 决定了居民是否允许消费量在不同时期发生变化：风险偏好型居民 θ 较小，跨期消费替代弹性较大，随着消费的上升，边际效用下降越慢，因此居民越愿意允许消费随时间而增长；此时如果实际利率大于贴现率，居民将从资本回报率与利率的差额中获益。

将 Euler 方程代回预算约束可得人均消费的最优初始值 $c_{t,0}^{*}$（在 t 年 20 岁世代的消费水平），而 $c_{t,0}^{*}$ 连同 Euler 方程一道决定了人均消费的最优发展路径 $c_{t,T}^{*}$。在 $c_{t,T}^{*}$ 基础上，利用期内 F. O. C. 即可求得最优劳动供给路径 $l_{t,T}^{*}$。居民人均能源支出为 $\exp_e = C_{age}\dfrac{\sum_T[w_t\zeta_T f_{t,T} + ps_{t,T}(1-f_{t,T})]L_{t,T}}{\sum_T L_{t,T}} \times \dfrac{p_{e,t}E_t}{A_t}$，$L_{t,T}$ 是 t 年年龄为 T 的人口总数，$f_{t,T}$ 是 t 年年龄为 T 的世代中工龄人口的比重，$ps_{t,T}$ 为 T 世代退休人员的养老金收入，$p_{e,t}E_t/A_t$ 为能源支出占收入比重，C_{age} 是反映能源支出占收入比重随年龄增长的常数，其取值：30 岁以下为 6.2%，30—45 岁为 6.5%，45—60 岁 7%，60 岁以上为 8%。

这样，模型将消费、储蓄与人口结构联系起来。国民储蓄率与年长劳动者占人口总量的比重正向相关。

四、公共财政

公共财政模块包括：养老金保险、医疗保险、其他公共服务支出和公共债务。养老保险资金由社会缴费提供，与劳动收入成正比 $\tau_{t,ps}\cdot w_t\zeta_j$。养老金发放额 $ps_{t+j,j}$ 与退休前工资成正比、并取决于个人年龄以及领取全额养老金的法定年龄 TP_t。假设缴费率自 2013 年后保持在 $\bar{\tau}_{t,ps}$ 不变，2014 年开始征收碳税：如果碳税收入被用于减税，则政府需要提高 $\tau_{t,ps}$ 以维持养老平衡；如果碳税收入被用于增加公共服务支出，则政府能够提高养老金发放水平 ps_t。

医保缴费率为：

$$\tau_{t,h} = \frac{\sum_T C_h h_T A_t L_{t,T}}{\sum_T l_{t,T} w_t \zeta_T f_{t,T} L_{t,T}}$$

h_T 代表用于 T 世代医疗支出相对水平，C_h 是校准常数，A_t 仍是多要素生产率。在所有情境中，医保体系均通过调整缴费率保持平衡。模型不降医疗支出作为现金转移支付，而是通过提高居民的预期寿命而增加其效用；即医保对效用的贡献与收入无关。

其他公共支出的资金来自对劳动和养老金收入课征比例税 $\tau_{t,g}$，这样每人（无论年龄与健康状况）都能获得一笔现金转移支付：

$$g_t = \tau_{t,g}\sum_T[l_{t,T}w_t\zeta_T f_{t,T} + ps_{t,T}(1-f_{t,T})]L_{t,T}/\sum_T L_{t,T}$$

假设政府从 2013 年开始偿还 2012 年底前累积的公共债务存量 B_{2012}，并计划于 2020 年底偿还所有本金和利息；公共债务利率约等于生产性资本的长期利率 r_t 减去通货膨胀率 3%。为了偿还债务，政府将被迫减少其他公共服务支出，所以 g_t 变为：

$$g_t = \{\tau_{t,g}\sum_T[l_{t,T}w_t\zeta_T f_{t,T} + ps_{t,T}(1-f_{t,T})]L_{t,T} - B_{2012}/41 - (r_{t-1} - 3\%)B_{t-1}\}/\sum_T L_{t,T}$$

在所有情景中，均假设公共债务—GDP 之比在自 2020 年后稳定在门槛警戒值 60%。

五、主要假设与政策情景

根据 Hotelling 法则，假设 2050 年以前化石能源的实际价格以 2%/年的速率持续上涨：2050 年布伦特原油将价格为 187 美元/桶，天然气生产价格为 18 美元/MBTu，之后价格保持不变。根据以往观察，假设中国能源效率每年改善 1.5%。需要强调的是，以上假设不会影响分析结果，因为本章计算的是不同情景下 GDP 和福利之差、而非绝对水平。

本章设立以下 4 个模拟情景：

情景 1：能源部门不存在变革，未来可再生能源在“干中学”效应的推动下自然发展，并且国家不征收碳税。

情景 2：根据 2009 年 9 月中国在联合国气候变化峰会上的承诺，可再生（非化石）能源份额从 2013 年的 9%逐步上升，达到 2015 年 11%、2020 年 15%，直至 2050 年 35%。

情景 3：在情景 2 的基础上于 2014 年底引入碳税，初始碳税率约为人民币 10 元/吨、2020 年升至人民币 15 元/吨，到 2040 年达到上限值人民币 20 元/吨并不再变动。从 2015 年底开始碳税收入完全用于增加公共服务支出，全部地返还回私人主体。

情景 4：与情景 3 的唯一区别在于，政府保持公共支出不变，而是在征收碳税的同时降低其他直接收入所得税的税率。

通过计算情景 2 和 1 的结果之差，即可量化“制定量化目标，发展可再生能源”这一举措对增长和福利的动态影响；将情景 4 或 3 于情景 2 进行对比，即可窥探征收碳税与推广可再生能源在作用效果上的差异；情景 3 和 4 还可用于验证环境税的“双重红利(double dividend)”假说中的“第二红利”——碳税作为“不良行为”税，是否不仅能够控制污染、改善环境(第一红利)，而且可以投入环境以外的领域，提高居民生活标准，或者减轻税制的扭曲作用、降低额外负担，促进投资和产出(第二红利)，成为一种更好的财政收入来源。

第三节　对能源部门动态影响的模拟与比较

情景 1 中，可再生能源虽然没有特殊的政策支持，但其发电生产成本在“干中学”效应的推动下自然下降，到 2050 年风力光伏等新能源含税上网电价(tax financed feed-in tariffs)由当前的人民币 0.64 元/KWh 逐渐降低到人民币 0.55 元/KWh。但另一方面，在没有碳税压力的环境下，火电仍将占据电力市场的头号份额；化石能源价格根据前文假设以年均 2%的速度提升，引发能源终端使用价格的总体上扬(2050 年比 2013 年提高了约 28%)。由于能源总需求基本保持稳定、而传统能源价格的持续走高，因此，可再生能源在能源结构中的份额由 2013 年的 9%有限地上升到 2050 年的 17%。

表 11－1　　主要变量模拟预测结果

	适用于所有情景的假设 Assumptions applied to all scenarios	
所有货币单位都以 2013 年不变价格计算	2013	2050
天然气生产价格(￥/MBTu)	61.2	110.1
石油生产价格(￥/桶)	660.8	1 144.2
煤生产价格(￥/t)	495.6	862.7

	情景 1		情景 2		情景 3		情景 4	
	2015 年	2050 年	2015 年	2050 年	2015 年	2050 年	2015 年	2050 年
碳税税率(￥/t)	0.0	0.0	0.0	0.0	0.0	20.0	0.0	20.0

续表

	情景 1		情景 2		情景 3		情景 4	
	2015 年	2050 年	2015 年	2050 年	2015 年	2050 年	2015 年	2050 年
碳税总收入(亿¥)	0.0	0.0	0.0	0.0	0.0	164.0	0.0	164.0
电力生产价格(含可再生能源)(¥/KWh)	0.4	0.4	0.4	0.6	0.4	0.6	0.4	0.6
对输电线路成本的影响(2013 = 100)	1.0	1.6	1.0	6.1	1.0	1.6	1.0	1.6
可再生能源占电力需求比重%	18.0	33.0	18.0	69.0	18.0	41.0	9.0	41.0
可再生能源上网电价(¥/KWh)	0.6	0.6	0.6	1.0	0.6	0.8	0.6	0.8
可再生能源占能源结构比重	9.0	17.0	9.0	35.0	9.0	20.0	9.0	20.0
气价-居民(¥/m3)	2.3	2.4	2.3	2.5	2.3	2.5	2.3	2.5
气价-工业企业(¥/m3)	3.2	3.3	3.2	3.4	3.2	3.4	3.2	3.4
电价-居民(¥/KWh)	0.4	0.5	0.4	0.8	0.4	0.9	0.4	0.9
电价-工业企业(¥/KWh)	0.7	0.8	0.7	1.1	0.7	1.2	0.7	1.2
能源终端使用价格(2013 = 100)	100.0	128.0	100.0	167.0	100.0	178.0	100.0	178.0
能源需求(2013 = 100)	100.0	102.0	100.0	98.0	100.0	95.0	100.0	95.0
	情景 1		情景 2		情景 3		情景 4	
	平均		平均		平均		平均	
储蓄率(情景 1 = 100)	100.0		112.5		105.8		131.7	
实物资本存量(情景 1 = 100)	100.0		126.6		114.2		139.5	
私人主体收入(情景 1 = 100)(包括能源支出)	100.0		97.6		103.9		112.2	
实际 GDP 增长率(情景 1 = 100)	100.0		82.9		120.6		128.2	
	情景 1		情景 2		情景 3		情景 4	
	2015 年	2050 年	2015 年	2050 年	2015 年	2050 年	2015 年	2050 年
有效人均资本(2013 = 100)	100.0	136.2	100.0	192.9	100.0	151.1	100.0	224.4
生产性资本平均成本(2013 = 100)	100.0	69.8	100.0	42.5	100.0	60.5	100.0	37.9

情景 2 中，由于政府为可再生能源的发展制定了较高的量化目标，2020 年太阳能光伏与风能发电总量达到 0.31 TWh(Tera Watt Hour)。随着供给量大幅度提高，2050 年可再生能源电力生产价格比 2013 年降低人民币 0.27 元/KWh；而电网建设成本上涨人民币 0.51 元/KWh，再加上各种税金和运营，上网电价最终从 2015 年的人民币 0.64 元/KWh 提高到人民币 1.04 元/KWh。结果，到 2050 年工业用电的平均零售实际价格比 2013 年增长了 59%，名义价格则提升了 180%；能源终端使用实际价格则激增 67%——远高于情景 1 中的自然增长。能源价格水平飞涨导致能源总需求 50 年后降低了 2%。

情景 3 中碳税对能源价格的提升作用更加明显：从 2015 年到 2050 年，工业用电零售实际价格上升 63%，能源终端实际使用价格更是提高了 78%，而能源总需求更是减少 5%。2050 年可再生能源比重仅为 19.8%，与不采取任何能源结构优化措施的情景 1 基本相同。这说明，在化石能源价格持续走高的未来 50 年间，碳税征收将极大地影响着能源需求(包括价格和实际消费量)，但在改善能源结构，推动可再生能源发展方面作用极其有限——因此，强征碳税未必有既节能减排又鼓励新能源的“一石二鸟”之效。2015 年和 2020 年的碳税总收入预计分别为人民币 112 亿元和人民币 138 亿元，这些收入从 2015 年起将以现金转移的方式再分配给居民；未来 50 年间情景 3 年均公共支出水平比情景 1 和 2 高出约 1.7 个百分点。情景 4 对能源行业的影响与情景 3 相同，只不过将碳税收入用于减税、间接返还给私人主体，年均收入所得税比前 3 个情景下降了 1.3 个百分点。

第四节　对经济增长动态影响的模拟与比较

图 11-1 描绘了不同情景下的经济增长动态，从中不难觉察以下 3 个事实。

结论 1：比较情景 2 和 1 发现，政府通过制定数量指标以推广可再生能源，会对短期内的经济增长造成负担。直观上讲，提高可再生能源比重将极大抬升私人主体面对的能源价格水平，迫使企业和居民为这种无可替代的生产生活必需品支付更高的价格，挤压消费品与投资需求；再加上能源实际需求量受到抑制，生产活动规模减小，GDP 增长速度放慢。

另一方面，资本和劳动力积累会随时间推移而缓缓上升。面对可再生资源的推广，能源价格上涨，可支配收入减少的居民将调整生命周期的优化行为决策——减少消费，提高储蓄率，从而对未来资本供给产生提升效应。最优工

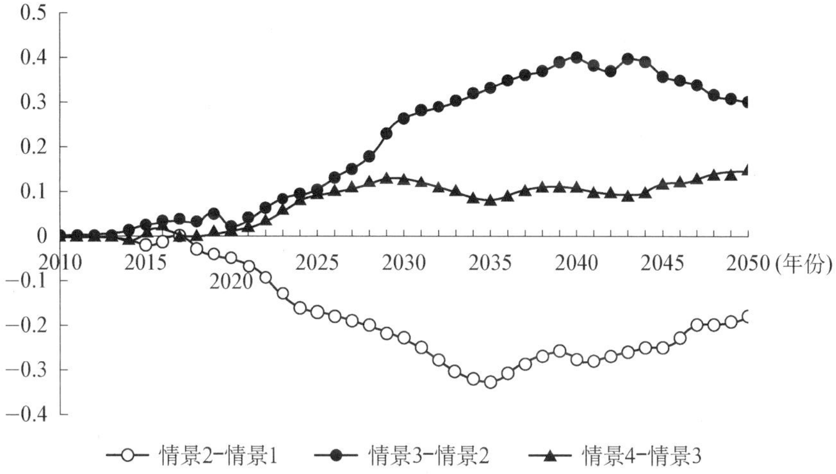

图 11－1　各情景下 GDP 增长率之差

作时间的决定(劳动供给)同样受到影响：工作居民的期内 F. O. C 可以写成，其中为最优闲暇；能源价格的提高增加了能源支出，因而闲暇减少，最优工作时间延长。比较而言，资本深化效应高于劳动扩张效应——因为年长人群的能源消费和储蓄倾向均较高，为应对能源价格上涨，年长者将加速储蓄；而年轻劳动者根据能源支出变动而对工作时间的调整有限——结果，整个社会的人均资本水平逐渐提高，并将带动先前遭受负面冲击的经济重新增长。

综上所述，可再生能源目标本质上是一种负面供给冲击，因为它将推动能源价格以更快的速度上涨，从而挤压生产活动与总产出，削减居民可支配收入。从短期来看，它的经济增长效应完全是负面的；然而这种消极影响也会随时间逐渐得以缓解。理性居民为了应对生产负面冲击将调整自身的跨期优化决策，开始提高储蓄率、并增加劳动力供给；随着这种效应渐成规模，经济系统的人均资本积累加速，经济增长回升。至于资本深化效应何时显现，经济下滑何时停止，则取决于人口结构。老年人尤其是已退休世代由于对能源消费的依赖相对较重，更多地承担了价格上涨对收入造成负担，在加速储蓄中扮演着关键角色；因此，人口老龄化程度越高，可再生能源发展的资本深化效应越强，经济下行的时间越短。根据计算，中国经济约在 2035 年左右开始回弹。

结论 2：比较情景 3 和情景 2 发现，完全循环的碳税有益于近期收入和 GDP 增长。一方面，与情景 2 类似，碳税将推动能源价格水平上涨，但恰恰由于情景 3 的能源降低幅度高于情景 2，所以私人能源支出的增长及可支配收入的下降比较有限；另一方面，作为现金转移支付的碳税收入甚至高于能源花费的增加，所以居民收入反倒增加，随之而来的是消费水平提高，在一定程度上弥补了能源涨价对总产出的负面影响。然而，碳税的代价将在未来逐渐显现。由于居民在政府转移支付的支持下收入不降反升，因而没有积极性提高储蓄率和延长劳动时间；所以从长期来看，情景 3 的生产要素尤其是资本积累要略低于情景 2，约在 2040 年以后，增长势头逐渐消失。

老年群体的存在，无论是对收入提升、还是资本抑制，均发挥反向作用。人口老龄化程度越高，经济的能源消费刚性越强，即使存在公共服务支出扩张，私人收入仍将受到能源涨价的损害；于是，居民仍将留足储蓄以防风险。这样，既弱化了碳税循环的增收效应，同时又缓解了其对资本深化的抑制效应。因而人口结构越老化，经济增长越低，而资本存量水平越高；如图 11－1 实心圆折线显示，2030 年与 2020 年相比，经济增长速度已经逐渐放缓；但由于仍然有一定的资本深化，所以 2040 以后并没有出现增长迅速下落的动荡局面。

结论 3：比较情景 4 和 3 发现，降低要素所得税比扩大公共支出更有益于经济增长；这得益于用碳税代替所得税所带来的再分配效应。换句话说，与提高直接转移支付相比，减轻扭曲性税收更能够促进生产活动。这也为环境税“第二红利”假说提供了支持。

与情景 3 将碳税所得平均分配不同，情景 4 通过降低比例税、将更多收入返还给高薪人群；一般来说，高薪群体主要是较年长、有资历的劳动者，他们不仅生产效率与技术经验普遍高于年轻人，而且（依据生命周期理论）拥有比年轻人更高的储蓄倾向。如此，情景 4 同时提高了有效劳动力和资本供给，因而产出比情景 3 更高。

结论 4：尽管不同政策对宏观经济的作用方向和程度不尽相同，但总的来说，其影响规模均比较有限。到 2050 年，最强提升效应约为当年 GDP 的 0.5%（情景 4），而最大损失也不超过当年 GDP 的 0.4%（情景 2）。这基本符合能源经济学著名的“象兔寓言（Fable of the Elephant and the Rabbit）”相一致：鉴于能源部门在整个大国经济中的绝对比重，其变动调整至少在一定时期内难以对宏观经济施加大规模影响。正因如此，Knopf 提议，无论使用何种手段降低温室气体排放、应对气候转变，大可不必过度忌惮其宏观经济成本。

第五节　对代际福利再分配影响的模拟与比较

图 11 - 2、图 11 - 3、图 11 - 4 通过绘制 Lexis 表面(Lexis surface)展示了不同情景下各世代在未来各年的当期福利得失。Lexis 表面由年份、居民年龄和效用三根坐标轴构成，以 3D 形式描绘了给定年份 t、给定年龄 T 的群体的当年即时(instantaneous)效用函数 ut, T 值，而效用水平主要取决于最优消费 c^* 和闲暇 $1-l^*$。出于比较的目的，这里的效用坐标轴代表两情景下的效用变动率。在 2014 年改革以前，居民福利水平在各情景下相等，对应的 Lexis 表面为平面；2014 年以后，Lexis 表面发生上凸或下凹，说明碳税及能源部门的改革开始对各代福利发生作用。

结论 5：制定可再生能源发展目标的做法将引发福利的代际再分配。图 11 - 2 计算各年份各世代的(u 情景 2/u 情景 1)，结果显示，随着可再生能源比重的上升，所有世代在未来几乎都将遭受福利损失，但是当前已经退休的人群受到的损害较弱。究其原因，一方面，余下的寿命越短，能源结构变动对居民终生决策行为的影响越小；所以当前年龄越大，可再生能源发展(及导致的能源价格永久上涨)对其永久收入降低程度越低——本章称之为“永久收入效应”。另一方面，由于能源消费随年龄而增长，因而能源价格上涨的负担也相

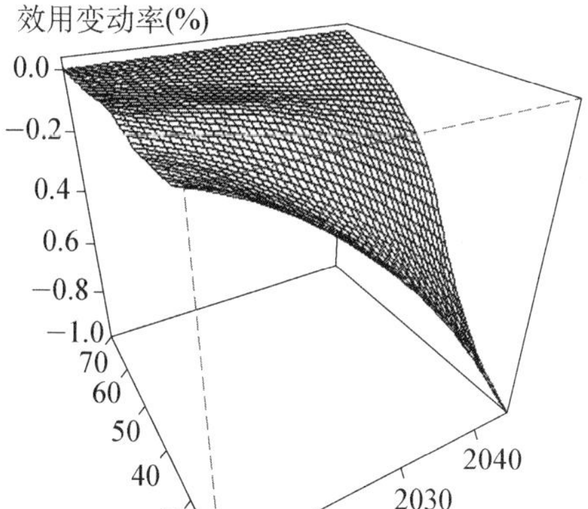

图 11 - 2　情景 2 对情景 1 的即时效用变化率

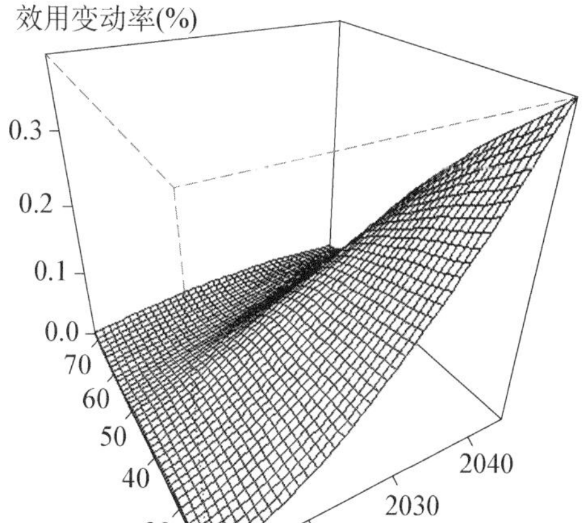

图 11 - 3　情景 3 对情景 2 的即时效用变化率

对集中在老年群体身上——称作“能源消费效应”。以上两种效应作用方向相反，根据计算，永久收入效应高于能源消费效应，所以老年及退休人口的福利下降程度略低于年轻世代。

结论 6：完全循环的碳税具有有利于年轻世代的代际再分配特征。图 11 - 3显示，与情景 2 相比，各年龄层居民的效用在情景 3 下均有上升且年轻群体提高规模较大。用于公共支出的碳税将通过两种渠道使年轻及未来世代受益：首先仍旧是永久收入效应——居民余下的寿命长，其决策行为受公共支出增长的积极影响越大；因此，居民的当前年龄越小，碳税循环对其终生永久收入的提升效应越明显。第二是能源消费效应——由于碳税征收引发的能源价格走高对年轻世代的作用要低于老年世代，所以年轻群体不承担价格上涨的主要负担。因此，通过公共支出进行碳税循环，年轻世代的整体福利涨幅要明显高于老年。

结论 7：降低比例性所得税较之增加公共支出能为年轻世代带来更大的福利提升。图 11 - 4 中与情景 3 比，情景 4 提高了 50 岁以下各世代年均福利水平，且 30 岁世代在未来 20 年内效用增幅最高；同时降低了 50 岁以上群体的福利。回顾上节结论 3——情景 4 的资本深化水平高于情景 3，在完全竞争市场，资本回报率接近其边际产品，因而资本存量越高、资本回报率越低，所以情景 4 下有效利率降低，储蓄倾向高、资本持有量大的老年世代的资本收入及

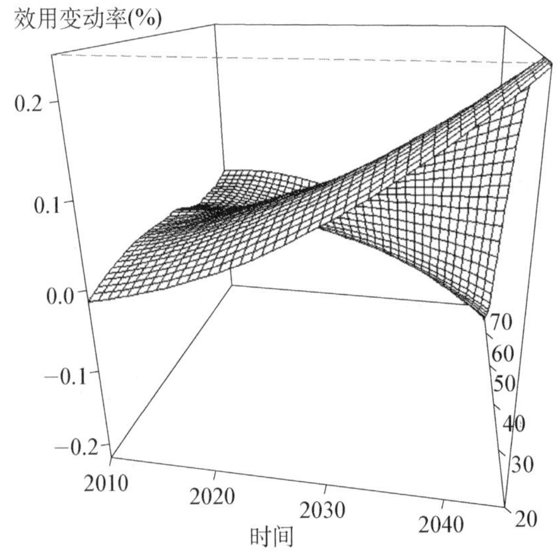

图 11 - 4　情景 4 对情景 3 的即时效用变化率

终生收入下降。因而相对于情景 3，情景 4 实质上是将效用从老年转移到年轻群体，进行了对年轻世代有利的代际福利再分配。

上述计算考察的是不同减排政策的代际福利再分配效应（intergenerational re-distributive effects）；接下来，以每世代（代表个体）的完整生命周期为对象，计算其一生所得效用，以考察不同环境政策对各世代跨期（intertemporal）福利的影响。计算结果见图 11-5，其中横轴代表居民出生年份，纵轴仍是不同情景下各年龄居民的终生效用贴现值（present value of discounted total life-time utility）的变动率。

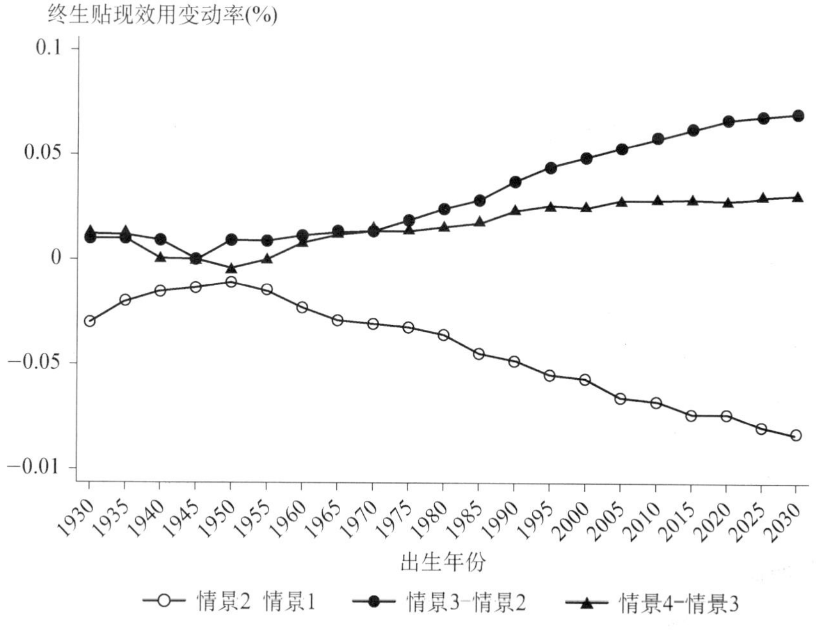

图 11-5 居民终生效用的情景间比较

结论 8：代表情景 2—情景 1 的空心圆折线显示，提高可再生能源比重为年轻及未来世代带来的终生福利损失高于中老年。由于居民的跨期福利取决于其消费和闲暇，所有世代都将在能源平均价格上涨的冲击下，遭受一定效用损失；而这种价格上涨是永久性的，所以正处于青年阶段和尚未出生的人口，将在余下较长的生存时期内持续承担高能源价格的负担。

结论 9：可再生能源比重上升带来的福利损失可以通过征收碳税，并将所得收入完全返还的公共财政政策进行弥补甚至抵消。代表情景 3—情景 2 的实心圆折线说明，利用碳税收入扩大公共转移支付，与单纯的可再生能源目标手段相比，几乎改善了所有1970年后出生世代的福利水平；而利用碳税收入降低所得税则能够在此基础上，进一步扩大效用提升的幅度（三角折线）。无论采取何种方式循环碳税，受益最多的都将是年轻和未来世代；尤其是降低比例所得税的政策，将产生比增加公共支出更有益于中青年群体的再分配效应。根据图形，情景4超过情景2的幅度大于情景2低于情景1的幅度，因而，当通过减税的方式返还碳税收入时，居民的福利水平甚至将高于完全不实施减排政策的情景1。

本章小结

推广可再生能源与征收碳税，都是颇具潜力的减排措施；只不过前者能够促进资本积累，而后者由于遵循税收中性原则、一般通过减税或补贴的方式进行返还，因此二者对经济增长和居民福利的影响必定不尽相同。本章利用OLG框架下的CGE情景模拟挖掘这种差异。主要结论归纳如下：

① 提高可再生在能源消费结构中的比重不利于短期经济增长，但有助于长期资本深化。可再生能源的推广将抬高能源价格，增加私人主体的能源使用成本；尽管这样降低了能源需求，但同时也刺激居民积极储蓄和工作、逐渐抬高未来资本和有效劳动存量。相比之下，完全用于扩大公共支出的碳税则对短期GDP和收入有拉动作用：由于碳税抑制了能源总需求，所以能源总支出的增长幅度低于用于再分配的碳税总收入；居民收获的额外公共转移支付超过能源花费增长，因而可支配收入提高。随之而来的是，消费与总产出得以扩张，而储蓄及有效人均资本却受到挤压，因而增长提升效应无法长期持续。

② 在碳税收入的循环方式上，既可以扩大公共支出，增加对私人的转移支付，也可以利用碳税所得削减收入所得税，而后者通过减轻非环境税收对高收入、高技术劳动力的“剥削”，缓解了税收制度特有的扭曲性，鼓励更有效率的生产活动和储蓄，因而对经济增长的积极贡献更强。这是财政政策对居民收入和生命周期储蓄—消费行为、连同税收的资本深化效应，共同作用的结果。然而，从作用大小上看，碳税和可再生能源目标对宏观经济的影响规模最高不超过当年GDP的＋0.5％和－0.4％。从这个意义上看，无论中国选择何种方式应对气候转变，可能引发的宏观经济波动都是非常有限的。

③ 提高可再生能源份额将触发代际再分配效应：各世代居民都将遭遇福利损失，而当代老年群体的损失较小，年轻及未来人口损失较大；即福利成本

更多地发生在未来而非当下——该作用是永久收入效应和能源消费效应的共同作用结果。碳税如果完全循环，则将呈现有利于年轻世代的福利再分配特征；不仅足以抵消可持续能源比重提升带来的终生福利减少，而且能更加显著地提升未来世代的效用水平。当使用降低比例税的方式返还碳收入时，这一效果更加强大。

根据以上比较分析，征收碳税的同时降低扭曲性税收无疑是当前最合理的减排措施，它不仅能够缓和能源价格上涨对经济的负面冲击，维持居民收入和消费稳定，而且能够改善税收体系的固有扭曲性，促进有效劳动力和人均资本水平的增长，更能在代际再分配中兼顾青年群体及未来世代的福利公平。然而，如同引言部分所强调，本章的政策启示并不在于支持碳税而反对优化能源结构，扩大可再生能源利用。相反，考虑到化石燃料供应的不稳定性，尽早开始并适应能源过渡应才是明智选择。单纯地提高碳税、并不能自动地鼓励可再生能源建设的发展——先前研究显示，税率低于 100 €/t 的碳税几乎无法引发能源结构的明显变动。根据本章计算结果，人民币 20 元/t 的碳税，对可再生能源比重的提升率仅为 3%左右。那么，将碳税与制定可再生能源发展量化目标相结合，各取其长，是否能够在改善能源结构的同时，兼顾增长、福利和代际公平呢？这需要在征收碳税的同时，设计一套兼容两种方式的收入循环制度——既减征个人所得税和企业所得税，又将一部分收益用于补贴支持可再生能源，推动国家的能源转型。在这一过程中，碳税收入在两种用途之间分配的最优比例如何计算，是后续研究中值得深究的关键技术难题。

第十二章　碳税政策的边际福利成本及分配影响：基于 IO－LES 的测度

本章利用投入产出和线性需求模型分析了碳税的价格影响、福利成本以及再分配效应。征税后中低收入居民福利损失最大，因为占其支出份额较高的电力、热力、供水、燃气、房屋、公共交通、食品等基本消费品价格提升最高，城镇低收入居民和农村居民中等收入家庭的等价变动和补偿变动最高，因而效用下降最大，基于 Atkinson 公平指数测量的贫富差距有所扩大，因此，碳税具有一定累退性。但是，通过政府转移支付和收入补贴等手段能够缓解碳税对收入差异的加剧。

第一节　碳税影响福利及收入公平的文献综述

作为一种被广泛提倡的碳减排政策工具，碳税实质上是对人类行为的环境外部成本内生化过程，通过价格干预，对经济主体的自主行为形成正确的导向激励，鼓励其降低高排放能源与产品的需求，开发更经济节能的生产技术。目前，国内外学者针对碳税对经济增长，尤其是 GDP 的影响，以及节能减排效果方面，已经积累了丰富的研究成果。但是，开征碳税的福利效应却较少被定量考察。一方面，在碳税政策作用下，价格变动影响着可支配收入，从而促使经济主体出于自身利益调整消费总量和结构；另一方面，由于中国二元结构的存在，统一的碳税政策对消费和收入分配的影响必然存在城乡及贫富差异，进而导致税收负担在居民间的分配不均。对这种差异性的福利效应进行研究，是制定最优碳税政策的基础性工作，也是本章亟待探讨的命题。

现有研究中，少部分学者支持碳税对福利及公平的积极影响。Jaeger (1995)评估了全球碳税的社会福利效应，认为如果遵循税收收入中性原则，通过降低所得税等其他税收负担，碳税会产生正的净福利效应。Greedy 和 Sleeman(2006)研究了碳税对新西兰消费品价格和社会福利的影响，结果表明由碳税引起的超额边际负担很小，最终可以通过收入的再分配得到补偿。Callan 等(2009)研究了在爱尔兰实行碳税的效果，得出结论认为将税收回报用于公益事业将有利于缩小收入差距。Bureau(2010)使用面板模型分析不同收入群体对碳税的影响，结论是不管按每户收入还是家庭人数返还碳税都会使穷人受益。在中国，刘洁、李文(2011)的情景分析证明碳税将减小劳动和资本要素之间的收入分配差距，能有效地调整要素间收入分配。王文举、范允奇(2012)认为碳税有增加财政收入，减少税制扭曲，实施和监管成本较低等特点，因此利于提高经济效率，促进社会公平，获得公众支持，避免滋生寻租。

相反的声音更加普遍。Cornwell 和 Creedy(1997)将新西兰碳税分析框架应用于澳大利亚，却发现了对立的结论——碳税对于收入分配具有累退的结果。Zhang 和 Baranzini(2004)认可碳税税负转嫁对收入分配的负面影响，但认为可以通过税制的设计以及相应财政收益的使用方式来弥补。Ekins 和 Dresner(2010)认为，在开征碳税的同时，给低收入家庭提供津贴和贷款，才能低收入家庭的税负增量，减少分配的累退性。国内学者张明文等(2009)利用 1995—2005 年的面板数据计量模型，得出了征收碳税将扩大资本所有者和劳动者的收入分配差距的结论。苏明等(2009)在 2005 年的投入产出表数据的基础上进行了可计算一般均衡(CGE)模型分析，发现开征碳税会带来城镇和农村居民的可支配收入下降，并且随着碳税税率的增加而减少，城镇可支配收入减少的幅度小于农村可支配收入减少的幅度。朱永彬、刘晓、王铮(2010)指出高税率碳税的征收可以导致政府收入增加，劳动需求和居民收入下降。彭红枫、吴阳(2011)从区域视角，运用 2007 年地区投入产出表分析了税负水平，他们指出，不发达地区居民承担的碳税负担比发达地区更高，尤其是随着碳税水平提高，不发达地区的税负水平上升幅度也要大于发达地区。

与以上多数研究依靠(人均)GDP 判断福利水平不同，本章运用补偿变量 CV(Compensating Variation)和等效变量 EV(Equivalent Variation)衡量碳税的社会福利成本。CV 指新的价格水平下，为了使消费者保持原来的效应水平，对其收入进行的增减；EV 指原来的价格水平下，为达到现在的效用水平，应如何调节消费者的收入。这两个概念能够完全通过货币收入的数额变动反映价格变动对消费者福利的影响，并且能够为政府制定转移支付政策提供参考体系。CV 和 EV 的计算方法由线性需求系统模型(Linear Expenditure

System, LES)推导,有效碳税率及其带来的商品价格变动则由包含碳排放的投入产出模型测度。本章将居民根据城乡和收入水平进行分组,定量地揭示中国碳税政策福利效应的差异性及其对公平度的影响。

第二节 Leontief 投入产出碳排放模型的建立

通常,碳税的征收依据为某种产品生产过程中产生的 CO_2 数量,为了考察碳税征收对价格进而对消费者福利的影响,需要将这种以 CO_2 数量为税基的税种转化成对最终消费者每货币单位支出征收的税,而转化的桥梁是产品的碳强度。

如果定义碳强度 c_i 为每单位产品 i 最终消费 y_i 带来的 CO_2 吨数,那么对 CO_2 征收、税率为 τ(实际碳税率)的碳税相当于对产品 i 征收的、税率为 t(有效碳税率)的商品税:

$$t_i = \tau c_i \tag{12-1}$$

在生产活动中,CO_2 排放量的 90%以上源自中间投入和最终产品的制造过程中化石能源的燃烧,由于投入产出模型在刻画产业间技术联系和关联作用上有独特的优势,因而能够应用于各种能源消耗、碳排放以及贸易含污量实证分析。

c_i 的大小可以通过投入产出关系进行如下量化:

$$x_i = \sum_j a_{ij} x_i + y_i \tag{12-2}$$

其中 x、y 分别代表行业总产出和净产值向量,a 是中间投入系数,i、j 指代产业部门,用矩阵表示可以简化为

$$x = Ax + y \Leftrightarrow x = (I - A)^{-1} y \tag{12-3}$$

这样,Leontief 逆矩阵$(I-A)^{-1}$即代表以上描述的乘数效应。假设一国有 n 个产业,需要 k 种化石能源,令 E 代表 $n \times k$ 维能源投入矩阵,C 代表 k 维碳排放向量(燃烧 1 单位化石能源所排放的 CO_2 数量)。这样,某一行业每单位产出包含的碳排放量可以表示为:

$$C'E' = (c_1 \quad K \quad c_k) \begin{pmatrix} e_{11} & K & e_{n1} \\ M & O & M \\ e_{1k} & K & e_{nk} \end{pmatrix} \tag{12-4}$$

所有产业的碳排放总量 e 为：

$$e = C'E'x = [C'E'(I-A)^{-1}]y \tag{12-5}$$

其中，中括号内的行向量元素即为各产业的碳排放系数或碳强度 c_i，代表单位最终产品生产导致的 CO_2 排放量。得到碳强度之后，可以通过公式（12－1）将实际碳税率转化为有效碳税率。

令 p^0 指代商品的税前价格，$\bar{t}$ 代表碳税以外其他综合税率，那么税后商品价格 p^1 为：

$$p^1 = p^0(1+\bar{t}) \tag{12-6}$$

从实际作用效果来看，对每吨 CO_2 征收 τ 税率的碳税相当于对消费者每单位最终需求征收 $t=\tau c$ 税率，结果是使商品价格由 p^1 上升到 p^2：

$$p^2 = p^0(1+\bar{t})(1+t) \tag{12-7}$$

因此对于商品 i，包括碳税在内的平均综合税率 $\tilde{t}$ 为：

$$\tilde{t} = (1+\bar{t})(1+t) - 1 = \bar{t} + t(1+\bar{t}) \tag{12-8}$$

第三节　线性需求系统 LES 模型的建立

本节根据人口统计特征将居民划分为不同群组，从微观角度对其需求建模，并进一步研究碳税带来的差异性的福利影响。

一、福利成本的测度方法

消费者理论中最常见的效用函数是 Cobb-Douglas 形式，其主要不足在于假设①消费者对各种产品的支出弹性是相同的；②某种商品消费占总支出比重保持恒定。相比之下，线性需求系统模型（Linear Expenditure System，LES）在刻画消费者偏好方面具有更大的灵活性。另外，线性需求系统把各种商品的需求纳入一个系统内综合考察，不但考虑每种需求自身的变化，而且还考察各种需求之间的约束关系。更重要的是，这种模型经济意义清楚，形式简明，并能适用于计量估计方法。因此本章采用线性需求系统来对碳税造成的居民福利变动进行分析。

在 Klein 和 Rubin（1949）、Samuelson（1948）、Geary（1950）以及 Stone

(1954)线性需求系统模型中，居民首先会将一部分支出用于必需品的消费，再把余下的支出分配到其余产品以最大化效用水平：

$$U = \sum_i \alpha_i \ln(Q_i - \mu_i)$$
$$\text{s.t.} \sum_i p_i Q_i = y \tag{12-9}$$

其中，Q_i 代表对产品 i 的实际消费水平，μ_i 则是对产品 i 的必需或最低需求量，是无论收入高低都会保证的数量，α_i 定义为对产品 i 边际支出占总支出比重，且 $\sum_i \alpha_i = 1$ 。

求解上述优化问题得到一阶条件，可以作为对产品 i 的需求函数：

$$p_i Q_i = p_i \mu_i + \alpha_i (y - \sum_i p_i \mu_i)$$
$$Q_i - \mu_i = \frac{\alpha_i (y - \sum_i p_i \mu_i)}{p_i} \tag{12-10}$$

由于 $\sum_i p_i \mu_i$ 代表居民为维持生计的必需或基本支出，那么 $y - \sum_i p_i \mu_i$ 被称为额外支出，$Q_i - \mu_i$ 则是对产品 i 的额外需求。

将(12-10)带入(12-9)中可得由价格和收入表示的间接效用函数：

$$V(p, y) = \sum_i \alpha_i \ln\left[\frac{\alpha_i}{p_i}(y - \sum_j p_j \mu_j)\right] = (y - \sum_j p_j \mu_j) \prod_i \left(\frac{\alpha_i}{p_i}\right)^{\alpha_i} = \frac{y - a}{b} \tag{12-11}$$

其中，定义 $a = \sum_i p_j \mu_j$，$b = \prod_i \left(\frac{p_i}{\alpha_i}\right)^{\alpha_i}$ 。

令 $E(p, V)$ 代表在价格 p 下获得效用 V 所需的最小支出，得到支出函数：

$$E(p, V) = a + bV \tag{12-12}$$

前文所述，征收碳税使价格水平由 p^1 上升到 p^2，补偿变量 CV (Compensating Variation)的经济含义是，如果要把消费者的税后福利水平恢复到征税前的状态，政府在征税后必须支付给消费者 CV 的收入，其计算方法如下：

$$CV = E(p^2, V^1) - E(p^1, V^1) = a^2 + b^2 V^1 - y^1$$
$$= a^1 \left[\frac{a^2}{a^1} + \frac{b^2}{b^1}\left(\frac{y^1}{a^2} - 1\right)\right] - y^1 \tag{12-13}$$

等效变量 EV(equivalent variation)的经济含义是，消费者最多愿意付出代价 EV 以换取政府取消税收，其计算方法如下为：

$$\begin{aligned} EV &= E(p^2, V^2) - E(p^1, V^2) \\ &= y^2 - (a^1 + b^1 V^2) \\ &= y_2 - a_1\left[1 + \frac{b_1}{b_2}\left(\frac{I}{a_1} - \frac{a_2}{a_1}\right)\right] \end{aligned} \tag{12-14}$$

根据定义，$\frac{a_2}{a_1} = 1 + \sum_i \frac{dp_i}{p_i}\left(\frac{p_{1i}\mu_i}{\sum_i p_{1i}\mu_i}\right)$是 Laspeyres 价格指数，$\frac{b_2}{b_1} = \prod_i \left(\frac{p_{2i}}{p_{1i}}\right)^{\alpha_i}$ 是相对价格的加权几何平均数，所以 CV 和 EV 均为相对价格的函数，因此避免了获取实际价格水平数据的不便之处。

二、收入差距的测度方法

为了探讨碳税对居民之间的收入差距的影响，本章将测量税收前后 Atkinson 公平指数。相较于以 GINI 系数为代表的基于客观收入差异结构的统计测度，基于社会福利函数的 Atkinson 指数更能体现福利损失定义——它反映的是当收入分配为平均状态，即收入差距为零时，使社会福利的水准保持不变的条件下收入水平可以降低的幅度。首先，选择如下形式的社会福利函数(Creedy 和 Martin，2000)：

$$W = \int U(EI_m)dF(EI_m) = \frac{1}{\sum_{i=1}^{M} n_m} \sum_{i=1}^{M} n_m U(EI_m) \tag{12-15}$$

其中，EI_m 代表第 m 类收入水平居民的等价收入(Fortin 和 Truchon，1993)，在线性需求系统模型中 $EI = \sum_{i=1}^{n} p_i^r \mu_i + \prod_{i=1}^{n}\left(\frac{p_i^r}{p_i}\right)^{\alpha_i}\left(y - \sum_{i=1}^{n} p_i \mu_i\right)$；$m = 1, 2, \cdots, M$；$U$ 为严格凹递增的个人效用函数；F 为收入的分布函数；U 为较常见的 CRRA 效用函数 $U(EI_m) = \frac{EI_m^{1-\theta}}{1-\theta}$；参数 □ 代表相对不公平厌恶度，同时也反映了社会对向穷人进行转移支付造成的效率损失的接受度，随着 □(一般取 0 ＜ □ ＜ 2) 的增加，社会对于不平等的厌恶程度增加。

最终 Atkinson 指数的计算公式如下，即，实际人均等价收入水平$\widehat{EI}$与理论上平均分配的等价收入水平 EI 的差额：

$$A=\frac{\overline{EI}-\widehat{EI}}{\overline{EI}}=1-\left[\frac{1}{M}\sum_{i=1}^{M}\left(\frac{EI_m}{\overline{EI}}\right)^{1-\theta}\right]^{\frac{1}{1-\theta}} \qquad (12-16)$$

第四节　对碳税福利成本与收入分配效应的测算

本章所需的原始数据中，直接投入系数 A、初始最终需求 y 来源于 2010 年中国投入产出表，分行业的化石能源消费数据主要源于《中国统计年鉴》、《中国能源统计年鉴》，将这些数值除分别除以各行业总产出即得到能源投入矩阵 E。对照能源统计的产业划分和投入产出表的部分划分，并根据《中国统计年鉴》的居民消费品划分和本章研究需要，研究对象确定为 11 大类消费品——食品、衣着、房屋及维修、家庭设备用品及服务、汽车及零配件、医疗保健、电力热力水利燃气、公共交通、私人交通及通信、文教娱乐、其他产品。

本章包含 10 种化石能源（$k=10$），表 12－1 展示了各种能源的 CO_2 排放系数，即模型中的向量 C。第 1 列的碳排放系数直接引用 IPCC(2006)数据，为了与中国能源消费量保持单位一致，需要对其进行单位换算：首先乘以碳氧化率(100%)及 44/12(CO_2 对碳的分子量比值)得到各种燃料的有效 CO_2 排放因子(第 2 列)，再乘以 $4\,186.8\times10^{-19}$，可以将其单位由 kg CO_2/TJ 转换为 Kg CO_2/Kcal，再根据中国的源热值单位换算，最终得到以 kg CO_2/Kg 为单位的 CO_2 排放系数(见表 12－1 第 3 列)。

表 12－1　　能源/燃料 CO_2 排放系数

排放源类别	IPCC 碳排放系数 (kg C/GJ)	IPCCCO_2 排放系数(kg CO_2/TJ)	本章采用的排放系数
原煤	25.8	94 600	2.455 6
褐煤	27.6	101 000	1.686 8
焦炭	29.2	107 000	3.135 9
原油	20	73 300	2.762 0
汽油	19.3	69 300	2.263 1
柴油	20.2	74 100	2.730 1
燃油	19.5	71 500	2.394 8
煤油	19.6	71 900	2.558 8

续表

排放源类别	IPCC碳排放系数（kg C/GJ）	IPCC CO_2 排放系数（kg CO_2/TJ）	本章采用的排放系数
天然气	15.3	56 100	2.090 4
液化石油气	17.5	63 100	1.752 9

资料来源：IPCC，2006。

基于以上数据，根据$[C'E'(I-A)^{-1}]$计算出每类最终消费产品的碳排放系数，即每创造1单位新增价值/最终产品所排放的CO_2，结果见表12-1第1列。碳排放系数最高的是电力热力燃气供水，因为中国的电力工业以煤电为主，而大多数燃煤电厂的碳氧化率非常高；接下来是交通、住房及维修、食品等。其余的家用电器、家具设备、医疗教育文化娱乐等服务的排放系数则比较低。

《中国统计年鉴》按照收入等级将城镇居民和农村居民分别分为7个和5个类型，本章对以上分组进行合并，把城乡居民各分为低、中、高三类收入组群，各组基本情况如表所示。《中国统计年鉴》提供了各类居民对于食、衣、住、行、家庭用品、文教、医疗、其他八大类产品的消费，但是一些与碳排放密切相关的产品的详细信息却并不包括在内。为此，本章将家庭能源、交通动力、汽车从大类划分中分离出来，所需数据取自《中国城市生活与价格年鉴》、《中国工会统计年鉴》、《中国农村住户调查年鉴》。2014年各类居民的基本收入和消费情况见表12-2。

表12-2　居民类型及消费结构（2014年数据）

	平均可支配收入（元）	各类消费品占总支出的比重（%）										
	平均纯收入（元）	1	2	3	4	5	6	7	8	9	10	11
城镇低收入	6 431.85	46.97	6.78	7.01	4.69	0.47	8.07	7.11	6.06	1.07	9.71	2.53
城镇中等收入	14 028.17	38.97	11.61	3.77	6.58	1.97	6.49	5.01	4.40	8.17	11.67	3.32
城镇高收入	35 183.64	27.52	10.51	6.12	7.46	2.99	5.57	3.19	1.96	17.68	14.38	5.60
农村低收入	3 312.59	44.84	6.30	10.37	5.21	0.52	9.44	3.56	2.64	3.17	6.11	4.02
农村中等收入	4 817.91	41.73	6.42	14.23	6.00	1.20	8.75	6.91	4.94	4.51	7.15	2.28
农村高收入	9 149.57	35.68	6.76	18.33	6.12	1.84	7.05	2.04	2.50	9.00	8.91	2.60

注：消费品代码如下：1——食品；2——衣着；3——房屋及维修；4——家庭设备用品及服务；5——汽车及零配件；6——医疗保健；7——电力热力水利燃气；8——公共交通；9——私人交通及通信；10——文教娱乐；11——其他产品。

资料来源：作者自行计算。

一、征收碳税对消费者价格变动的影响

财政部财政科学研究所课题组(2009)在《中国开征碳税问题研究》中分析了中国开征碳税的必要性和可行性,得出可以考虑未来五年内开征碳税,并在后续研究中提出征收额度应为10元/吨(国家发改委和财政部,2010)。姚昕和刘希颖(2010)基于DICE模型测算得到福利最大化的最优碳税为18.28元/吨。毛艳华和钱斌华(2011)从投入产出分析的角度,认为碳税税率以5%—10%为宜,既能增加劳动需求,又不会过度增加行业生产成本。范允奇和李晓钟(2013)构建了环境约束下基于福利最大化的动态最优碳税模型,估算得到每吨二氧化碳征收的碳税不宜超过15元。杨超等(2011)以总产出减少与CPI上涨为约束条件的最优碳税定额税率分别为8.84元/吨和17.99元/吨。综合以上研究,本章取近似中间值15元/吨CO_2作为碳税税率,按照每吨煤炭燃烧释放2.6吨二氧化碳计算,转化为定率税应该是7.8%。

表12-3第2列汇总了纽约大学Stern商学院提供的中国各行业征收碳税之前的平均税负率,第3列为不存在碳税时的商品综合税率,第4列则是根据公式(12-8)计算的包含碳税的新综合平均税负率。征收碳税后平均税率最高的前三位消费品依次为电气、交通、房屋,与其碳排放强度成正比。电力热力燃气供水在碳税征收之前的平均税负率并不高,但由于排放强度大、碳税有效税率高,导致税后有效综合税率在所有居民消费品中位居第一,接近30%;私人和公共交通产品的包含碳税的有效税率也分别增加到22%和15%左右;随着建筑业和建筑材料产品高碳税的转嫁,居民住宅房屋的新综合税率也有显著提高。

表12-3　　消费品有效碳税率与综合税率

消费品大类	碳排放强度	碳税前有效综合税率(%)	碳税后有效综合税率(%)
食品	0.262 8	4.50	4.85
衣着	0.095 3	2.91	3.67
房屋及维修	0.345 4	4.98	7.81
家庭设备用品及服务	0.037 4	2.65	2.95
汽车及零配件	0.022 4	3.70	3.88
医疗保健	0.015 3	8.50	8.63

续表

消费品大类	碳排放强度	碳税前有效综合税率(%)	碳税后有效综合税率(%)
电力热力燃气供水	2.974 3	4.95	29.30
公共交通	0.454 7	11.00	14.94
私人交通及通信	1.364 0	11.00	22.81
文教娱乐	0.011 5	6.00	6.10
其他	0.024 3	2.50	2.69

资料来源：第 2 列来自 NYU Stern Business School EconData Set by Country，其他作者自行计算。

图 12－1 展示了碳税对消费品价格的提升率。多数生活必需品和基本消费品都受到碳税征收的较大影响。其中，家庭能源和动力类产品价格上涨幅度最高，提升了 23%；普通居民赖以出行的公共交通价格升高接近 4%；本已经给居民带来巨大经济负担的住房价格也增加了约 3%，食品的价格也有明显提高。从表 12－2 可以看出，上述产品在中低收入居民日常消费支出中所占的份额大于高收入居民，因此，碳税对中低收入居民的可支配收入和福利水平无疑造成了较大的负面影响。另一方面，以上占预算比重较高的基本消费品的需求价格弹性一般很小，替代品范围较窄，导致价格上升后中低收入居民无

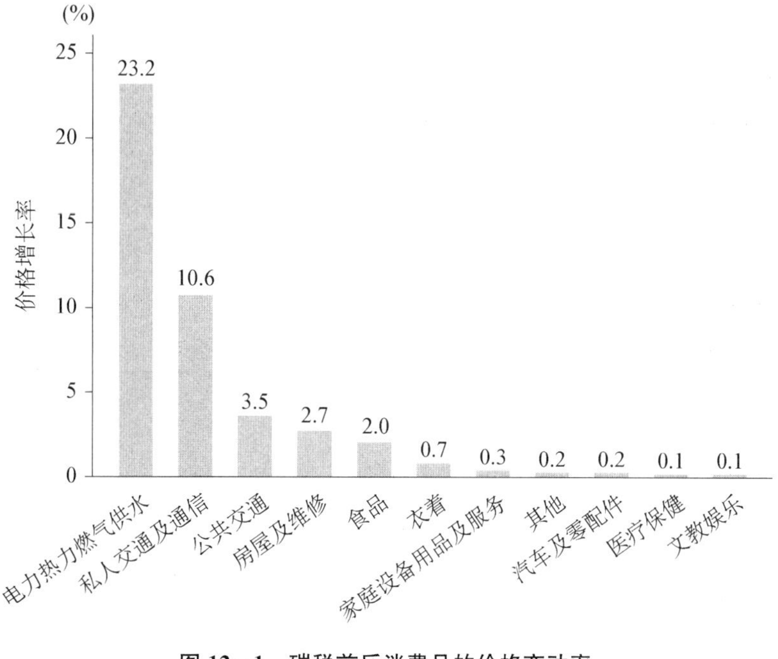

图 12－1　碳税前后消费品的价格变动率

法选择减少消费，进而将承受更多的税收负担。这样看来，碳税的征收对中低收入居民福利的负面效应可能更大，其累退的性质不利于社会公平和收入差距的缩小。

再来看占高收入居民支出比重较高的消费品价格变动。私人交通及通信的价格水平增长幅度超过10%；而其他大多数非必需消费品价格上升幅度很小，不超过1%，如衣着、家庭设备及服务、汽车、文教娱乐等，所以，相较于中低收入群体，高收入者的福利损失相对较小。由此可见，仅仅从价格变动角度分析，碳税开征在中国具有一定累退性——将税收负担更多地转嫁于相对贫困阶层。下一步本章将通过定量指标精确衡量碳税的福利成本。

二、征收碳税导致的居民福利损失

为了计算福利指标 EV 与 CV，需要边际支出份额 α_i 和基本需求支出 $p_i\mu_i$。将公式(12-10)进行变形整理得：

$$p_iQ_i = (p_i\mu_i - \alpha_i \sum_i p_i\mu_i) + \alpha_i y \rightarrow p_iQ_i = \beta_i + \alpha_i y \qquad (12-17)$$

将居民对各类消费品实际支出 p_iQ_i 看作因变量，居民可支配收入 y 看作自变量，令 $p_i\mu_i - \alpha_i \sum_i p_i\mu_i = \beta_i$ 方程就是简单线性回归模型，通过面板数据可以估计出 α_i 和 β_i 并计算得到 $p_i\mu_i$。

本章利用《1996—2014年中国统计年鉴》、《中国城市生活与价格年鉴》、《中国工会统计年鉴》中的城乡居民消费结构数据，针对各个居民组，分别估计了模型。由于篇幅限制，无法一一列出所有估计参数与检验结果，表12-4仅展示 α_i 和 $p_i\mu_i$。结果显示居民用于维持基本生计的消费品支出，无论是在城镇还是农村都随收入水平的提高而降低；而农村居民仍旧普遍高于城市，但农村高收入阶层已基本与城镇中等收入群体持平。

表12-4　　边际支出份额和基本需求支出估计结果

消费品大类	城镇低收入		城镇中等收入		城镇高收入	
	α_i	$p_i\mu_i$(元)	α_i	$p_i\mu_i$(元)	α_i	$p_i\mu_i$(元)
食品	0.37	1 769.33	0.17	2 733.55	0.05	3 872.68
衣着	0.06	364.77	0.13	814.30	0.24	1 479.63
房屋及维修	0.16	449.40	0.24	616.35	0.36	1 309.08

续表

消费品大类	城镇低收入		城镇中等收入		城镇高收入	
	α_i	$p_i\mu_i$(元)	α_i	$p_i\mu_i$(元)	α_i	$p_i\mu_i$(元)
家庭设备用品及服务	0.04	201.20	0.08	461.68	0.10	1 050.37
汽车及零配件	0.01	95.45	0.02	282.13	0.08	552.21
医疗保健	0.04	290.17	0.06	455.52	0.11	783.92
电力热力水利燃气	0.07	104.77	0.03	192.48	0.01	277.36
公共交通	0.10	147.58	0.06	361.58	0.00	392.72
私人交通及通信	0.05	61.68	0.06	250.04	0.09	1 935.55
文教娱乐	0.08	290.14	0.11	570.78	0.39	604.69
其他	0.02	124.32	0.03	236.72	0.01	691.78
总和	1.00	3 898.81	0.99	6 975.11	1.00	12 950.00
基本支出占比(%)		60.62		49.72		36.81

消费品大类	农村低收入		农村中等收入		农村高收入	
	α_i	$p_i\mu_i$(元)	α_i	$p_i\mu_i$(元)	α_i	$p_i\mu_i$(元)
食品	0.38	1 049.47	0.23	1 306.93	0.16	1 795.40
衣着	0.04	106.53	0.08	201.02	0.10	340.13
房屋及维修	0.22	352.26	0.25	557.04	0.33	1 025.05
家庭设备用品及服务	0.05	169.24	0.08	188.05	0.09	308.13
汽车及零配件	0.01	44.57	0.01	90.36	0.01	249.57
医疗保健	0.02	83.89	0.03	274.04	0.06	354.85
电力热力水利燃气	0.09	91.66	0.09	117.78	0.07	272.28
公共交通	0.08	94.75	0.11	216.63	0.13	377.55
私人交通及通信	0.05	44.91	0.05	92.84	0.05	251.70
文教娱乐	0.05	109.18	0.05	223.81	0.10	448.62
其他	0.02	84.04	0.03	171.28	0.04	130.84
总和	1.00	2 230.50	1.00	3 439.78	0.99	5 554.12
基本支出占比(%)		67.33		61.35		50.70

资料来源：作者自行计算。

利用公式(12－13)和(12－14)，能够计算出征收有效税率为 t 的碳税之后，由于价格从 p^1 升高到 p^2 带来的社会福利成本。表12－5汇总了在15元/吨的碳税下，各收入群体的CV、EV及其占总收入的比重。城镇低收入居民的CV为879元，说明需要每年提供879元的收入补偿才能使城市贫困居民在新的价格水平下维持碳税征收前的效用水平；而这部分居民征税后的实际福利水平相当于在税前的物价水平和可支配收入下减少 EV = 687 后的境况。由于价格上升时 CV > ΔCS > EV，因此消费者剩余变化介于[687，879]之间。对于城镇居民，随着收入水平的增加，CV 和 EV 的绝对量不断提高，但是占总支出的比重却逐渐下降。这说明，尽管在绝对规模上，高收入居民的效用降低幅度更大，但是，中低收入居民实际效用水平受到的负面冲击更加严重。因此，当碳税引致的价格上升时，中低收入居民的相对福利损失要高于高收入居民，碳税在效果上是累退的，主要原因仍旧是中低收入居民在高排放强度商品（住房、家用能源动力、公共交通、食品等）上的花费占日常支出的比重较高，日常生活水平的下降规模也相对较大。

农村居民的情况则有所差别。虽然 CV 和 EV 在绝对量上也随收入水平提升而增加，但是中等收入居民所承受的福利损失相对高于低收入和高收入者：根据 CV 值，征收碳税之后，中等收入农户至少需要将原收入提高 15%才能维持以往的生活标准，而高收入和低收入农户分别需要接受约占原收入 12%和 11%的补偿。这样看来，底层贫困居民的效用损失相对最小。这样的结果仍旧可由居民的消费结构解释——根据表 12－4，三组农村居民在各类消费品上的支出差异普遍不大，主要原因可能是农村贫富两极化远不如城市严重；花费差别最明显的两类商品包括电力热力水利燃气和公共交通，中等收入农户用于其上的支出比重是其他两组农户的 2—3 倍，而这两种消费品恰恰是受到碳税影响最大、价格飙升较高的，如此看来，作为以上两类产品主要消费者的中等收入居民承担较大的税负就不足为奇了。站在整个社会的角度，CV 和 EV 的平均值分别为 11.6%和 10.1%，由于消费者剩余降幅介于二者之间，所以，征收碳税带来的福利损失约占国民收入的 11%左右。

表 12－5　　碳税后居民的补偿收入、等价变动及边际福利成本

居民收入水平	*CV*	*CV/y*	*EV*	*EV/y*	税收增加量	边际福利成本
城镇低收入	879.39	13.67	686.65	10.68	603.93	0.14
城镇中等收入	1 463.43	10.43	1 344.19	9.58	1 207.26	0.11
城镇高收入	2 592.24	7.37	2 378.46	6.76	1 877.59	0.27
农村低收入	405.48	12.24	367.02	11.08	318.22	0.15
农村中等收入	723.25	15.01	563.78	11.70	501.44	0.12
农村高收入	1 009.57	11.03	970.62	10.61	838.81	0.16

资料来源：作者自行计算。

表 12－5 第 5 列给出了居民的税收增幅，征收碳税之后，居民年税收负担增加 300 元到 1 800 元不等，并且收入越高，需缴纳的多余税赋越高。在各个支出水平上，税收增加额 ΔT 均低于等价性变动，换句话说，政府从居民手中夺去的收入要大于政府征税能够提供的公共服务价值，也就是说在等价变动意义下，碳税将会形成超额负担。如果定义每单位税收给居民增加的超额负担为边际福利成本（Marginal welfare cost, MWC），在列 3 和列 5 的基础上，可以计算开征碳税的边际福利成本，公式如下（Labandeira 等，2009）：

$$MWC = \frac{EV - \Delta T}{\Delta T} \tag{12-18}$$

边际福利成本的计算结果见表 12－5 第 6 列。城镇的碳税边际福利成本高于农村，每单位额外碳税造成的福利成本对于城镇居民大约为 0.13—0.26 元，对于农村居民约为 0.12—0.15 元。在城镇和农村居民内部，高收入组别的边际福利成本都是最高的。

三、征收碳税对收入分配公平度的影响

表 12－6 在各种不平等厌恶系数 θ 取值下，分别计算了征收碳税前后的 Atkinson 公平度指数。当 Atkinson 指数等于零，说明收入平均分配；随着 Atkinson 指数趋近于 1，不平等度增加。无论当 θ 取（0, 2）区间的任何值，碳税都导致 Atkinson 指数值增加，加剧了居民间收入不平等程度。这也再次印证了上一节得出的碳税具有累退性的结论——碳税对中低收入居民收入与福利的消极影响大于高收入居民，因此扩大了社会的不公平程度。

随着参数 θ 取值逐渐增大，低收入群体在社会福利函数中所占的权重越来越高，Atkinson 指数值对低收入者的收入变动越来越敏感，因此反映出碳税对收入差距的扩大效应也随之增强。厌恶系数为 0.1 时，碳税前后不公平度提高了 1.7%，而厌恶系数取 1 时，贫富差距扩大了 2.2%。

表 12－6　碳税前后 Atkinson 指数比较

不公平厌恶参数	税前	税后	变动率(%)
0.1	0.023 7	0.024 1	1.687 8
0.5	0.071 8	0.073 1	1.810 6
0.8	0.105 4	0.107 4	1.897 5

续表

不公平厌恶参数	税前	税后	变动率(%)
1	0.216 9	0.221 8	2.259 1
1.2	0.247 3	0.253 1	2.345 3
2	0.320 9	0.328 9	2.493 0

资料来源：作者自行计算。

虽然征收碳税导致公平度降低，但效果其实并不严重。即使不平等厌恶系数 θ 等于 2、社会福利函数给予收入分布底层相当大的权重时，Atkinson 值的增长率也仅仅接近 2.5%，说明收入分配不均的状况没有因为碳税征收而有明显恶化的趋势，碳税在再分配上的负面效应可以通过转移支付来进行弥补。为了模拟政府转移支付效果，本章假设开征碳税之后，根据表 12－5 求得的补偿性收入平均值，政府将为城镇居民和农村居民分别提供 1 645 元和 713 元的收入补贴。图 12－2 比较了在不同 θ 取值下，碳税征收前、碳税征收后无收入补贴和有收入补贴这三种情景中的 Atkinson 指数值。当 $\theta \in [0.1, 1.5]$时，即使在征税同时提供补贴，Atkinson 指数依旧略有提高，收入差距仍有拉大，但总体低于不存在补贴的情景；当 $\theta \in [1.5, 2]$时，如果存在政府补贴，碳税开征

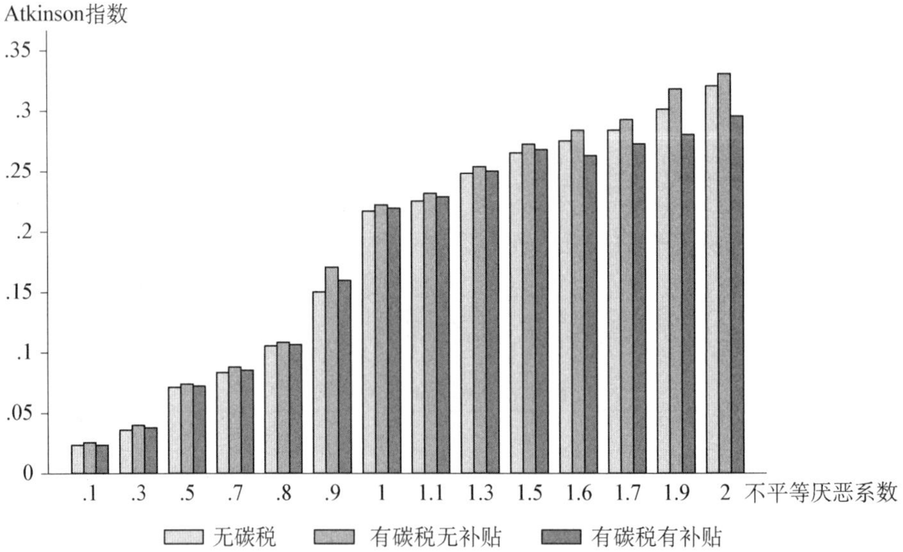

图 12－2　碳税前后及有无收入补贴情景下的公平度变动

后比开征前的 Atkinson 指数则有所下降，说明公平程度提高。所以，当社会对公平的认知度普遍提高，低收入人群在社会福利函数中所占权重较大时，尽管碳税会带来一定的贫富加剧，但只要通过适当地提高对居民的公共转移支付，不仅能够弥补这种负面影响，而且能够改进社会福利状况。

值得注意的是，以上计算仅仅是在局部均衡下的静态分析，政府转移支付的实际影响无疑要复杂很多。转移收入的增加将影响居民的消费结构，进一步改变碳税的减排效果。一种可能的结果是，由于能源消费在中低收入居民预算中的比重较大，这部分居民整体收入水平的提高甚至可能增加碳排放水平；另一种可能性就是，随着居民进入更高的收入区间，其对碳强度较高的消费品的需求弹性变大，从而更容易寻求低排放、更清洁的替代品。这样，碳排放总量可能会降低。综上所述，能否在碳税的消极影响（加剧贫富差距）和积极影响（降低碳排放）之间寻找到平衡点，取决于政府如何确定一个适度的居民补偿标准。

本章小结

近年来，越来越多的国家采取征收碳税这种经济调控手段来保护环境，例如瑞典、挪威、荷兰、丹麦、芬兰、意大利等欧洲国家，以及澳大利亚和新西兰。随着中国减排压力逐渐增加，碳税作为最有效地经济手段之一，似乎需要择机适时开征。中国征收碳税的环境效果以及对 GDP 的影响，已经得到学界的充分探讨。本章则基于纯粹的福利经济学视角，从多方面考察了碳税对居民生活、效用水平以及收入差距的影响，得到了如下结论：

① 根据包含碳排放的投入产出模型的测算，在食品、衣着、房屋及维修、家庭设备用品及服务、汽车及零配件、医疗保健、电力热力水利燃气、公共交通、私人交通及通信、文教娱乐、其他产品这 11 大类消费品中，碳排放强度较高的电力热力水利燃气、房屋及维修、私人交通、公共交通、食品等产品，受征收碳税影响最大，价格将出现大幅度提升。由于以上几类产品（除了私人交通）均属于价格弹性小、替代产品少的必需基本消费品，在中低收入居民预算开销中所占份额较高，因此，征收碳税使得中低收入居民的生活和福利遭受较大的负面影响。同时，占高收入居民日常支出比重较高的某些产品（尤其是私人交通）也经历价格上涨，所以高收入者的福利也有一定下降。

② 在等价性变化和补偿性变化概念基础上，利用线性需求系统计算了碳

税开征后的补偿变量CV和等效变量EV,结果发现城市居民收入水平越低,相对税收福利损失越重,而农村中等收入居民的损失高于低、高收入农户,可以说,碳税在整体效果上是累退的,虽然高收入居民的福利损失在绝对量上高于中低收入者,但是后者的福利成本占其总收入的比重更大,因此生活水平将受到更大的负面冲击。

③ 通过计算Atkinson公平度指数,证明了碳税具有扩大贫富差距的再分配效果。那么,能否通过增加政府对居民的转移支付来弥补这种影响呢?本章发现,公共政策的效果取决于一个规范经济变量——不公平厌恶参数,只有当参数取值较大、社会公众对公平的追求意识较为强烈的时候,在征收碳税的同时为居民提供一定的收入补贴,社会的平等状况才会得到改善。

④ 无论采取直接补贴还是转移支付的方法平衡各阶层居民的福利损失,都需要考虑财政成本和可持续性。本章研究结果表明,碳税的边际福利成本大约为0.12—0.26元,远远小于所得税和某些特定商品税的成本;并且对贫富差距的影响最大也只有2%左右,因此,相对较小的税负成本以及再分配效应可以通过收入转移来抵消。

如果征收碳税在中国成为现实,势必会影响到很多人的生活和生存,特别是对抵抗能力较弱的中低收入者产生影响。为了缓解消费者价格上升所造成的生活压力,政府应制定政策给予社会公众尤其是中低收入者以合理的收入补偿。考虑到碳税对不同收入阶层的不对称冲击,直接管制价格的办法可能只是徒然耗费政府行政资源,很难收到效果。因此,更合适的办法是对中低收入直接给予补贴,由于生活物价补贴主要用于初级消费品,这种福利收入的取得只能靠消费。根据不同收入阶层的消费结构差异,收入低者初级消费品所占收入比重较大,高收入者则相反,这就使得低收入者从财政生活物价补贴中获得的利益高于高收入者。这种直接的生活物价补贴政策对特定的群体而言,有时还是很有效的。因此,本章从收入补偿和效用等价的视角研究碳税的福利成本无疑对政府制定合理的政策具有一定的指导意义。

当然,与所有实证分析一样,本章建立在一定的假设基础之上,比如,仅考虑代表性城镇居民,忽略城镇居民间的差异性。显然,我们可以通过引入城镇居民的差异性、不同商品的物价水平、个体消费结构以及CPI统计口径等信息以使本章更具现实性。

第十三章 公共部门就业与宏观经济稳定：基于搜索匹配模型的DSGE模拟与预测

长期以来，中国公共部门就业具有明显的脱离市场的非周期性特征，规模和工资水平均对经济波动响应程度不高。搜索匹配模型基础上的DSGE模拟结果显示，这种就业刚性将扩大宏观经济的周期性波动。现实中，公共部门工资相对于企业的低弹性造成了劳动者对未来公共部门就业价值的稳定预期，进而提高了当前失业状态的价值，一方面，使得求职者自愿维持失业，减少对企业的劳动力供给；另一方面，维护了劳动者与企业协商工资的能力，增强了企业工资黏性，破坏了价格调节机制对就业的内在稳定作用。假想的公共就业情景预测说明，在经济遭受负面冲击时，顺应经济周期调整公共部门工资能够降低企业减薪的障碍，提高企业在经济下行时期创造新增就业的积极性，减少失业率上升幅度和持续时间。如果维持公共部门工资的非周期性，即使扩大公共就业规模，也很难阻止失业率持续走高和经济状况持续恶化。本章是脱离行政、体制、社会等因素，从客观视角对中国公共部门就业经济影响的初步探索，其结论也为饱受争议的中国公务员薪酬调整提供了一定理论启示，论证了完善机关事业单位工资正常增长制度，提高公务员基本工资标准市场弹性的经济意义。

第一节 公共部门就业影响宏观经济稳定的文献综述

1979—2013年，中国公共部门就业总人数从467万上升到1 490万，涨幅高达219%；除个别年份外，年增长率始终保持在4%以上，基本不受经济运行起伏的影响；尤其是2008年至今面对经济持续下行压力，反而在“全民公考”

热潮下步入稳定扩张轨道[①]。同时，各级公共部门工资由政府直接管控，中央每隔几年通过工资体制改革调整工资标准，而最近两次改革（2006 年和 2015 年）竟相隔 10 年之久。可以说，中国公共就业游离于市场调节轨道之外，对经济波动与市场形势的敏感性低，反应度弱，与欧美国家为应对金融或债务危机动辄对政府裁员减薪形成鲜明对比。那么，公共部门这种脱离市场的就业刚性是否有益于宏观经济平稳呢？直观上看，公共部门维持就业与工资稳定有助于弥补私人部门工作机会的供给不足，从而降低失业率，稳定经济增长；然而，如此简单推论显然忽略了公共部门就业特征对劳动者求职意向和企业招聘行为的影响，简化了宏观现象背后的微观决策机制，难免得出片面结论。

事实上，国外不少研究曾指出，完全忽视经济周期的公共就业政策不利于经济稳定。原因之一在于公共部门与企业就业之间的替代作用。工业化国家的普遍经验显示，公共就业对私人就业具有“挤出效应”，这种“挤出效应”随公共部门扩张而作用增强，超过一定门槛值甚至可能抵消公共部门对劳动力的直接吸纳效应，从而抬高整体失业率水平。所以，经济萧条时期适当削减政府就业规模有助于保护企业生产力。另外一个原因则是公共部门与私人市场相脱钩的薪酬决定机制会放大经济周期波动。例如，历史上美国公共部门的工资政策大体可以分为两个阶段：1948—1970 年间政府工资周期性较弱，1970—2003 年间与企业工资变动的关联性提高，而这很可能是导致前一阶段经济波动性显著高于后一阶段的主要原因之一。事实上，1970 年以后，美国确实把政府工资支出调整视作财政政策的一部分，在经济低迷时期，将削减联邦政府工资支出与增加政府购买的扩张性财政政策相结合，以缓解私人企业投资和生产受到的负面冲击，该举措大大改善了美国经济增长的稳健性。

中国公共部门就业具有明显的计划性与指令性特征。规模方面，行政和事业编制严格管控着政府机关和其他公共部门人员数量。1979—2006 年时间序列分析显示，改革开放后中国公务员规模变动主要取决于政府本身的意志和作为，与市场化程度的关联较微弱；1994—2013 年省级面板数据研究也认为中国政府就业人员增长与 GDP 不存在显著相关性；而地方公共部门就业还受制于当地政府的权力、财力、与上级政府讨价还价能力、中央领导意志，以及财政分权等因素。改革开放以来多次机构改革所作的政府机构精简，大多是以“简政放权”，服从政府职能转变需求为目标，并非出于应对经济周期、维持就

---

① 数据来源：作者计算。本章对公共部门就业的定义及度量指标选取见本章第三节。

业稳定的目的。工资方面，更是由中央集权全权决定，工资标准与提薪决策均确定缺乏令公众信服的科学合理依据，导致公务员工资“涨或不涨”长期成为社会激辩的热点。正因为中国公共就业强烈的行政属性，使得其经济影响，尤其是对经济周期的作用长期被忽视，而这正是本章的初始动因。

第二节　基于就业搜索匹配模型的 DSGE 模型框架

本章在动态随机一般均衡（Dynamic Stochastic General Equilibrium, DSGE）框架下，利用微观搜索匹配（Search and Matching, S&M）模型，模拟存在部门分割的中国劳动力市场，预测公共部门对就业及宏观经济波动的影响。与国外同领域研究多采用计量模型或政治经济理论模型不同，本章是将搜索匹配模型纳入动态一般均衡框架的初步尝试。一是搜索匹配模型能够将个人职业偏好融入劳动力选择机制与就业市场均衡，因此更加符合中国现实——劳动者基于不同部门的收入、就业概率、离职率等市场参数，选择将公共部门或企业作为求职方向；同时，基于最大化条件和 Nash 议价（Nash bargaining）过程内生地决定均衡就业规模和工资率。二是一般均衡框架又使得情景模拟分析成为可能。因此，本章不仅能够考察现实公共就业政策对就业和宏观经济的影响及其作用机制，而且将建立不同的假想政策情景，预测其影响效果是否会随着政策规则的调整而改变。

西方就业理论对中国的适用性一直颇具争议，主要原因是多类型分割并存的中国劳动力市场并不满足完全竞争与劳动者自由流动的假设。仅就本章内容来看，理论与现实的突出分歧表现在：中国求职者对公共部门，尤其是政府职位有着强烈的偏好和执念，从而为劳动力流动设置了无形障碍；严格的公务员考试又为公共就业设置了较高的门槛，导致大量求职者无法如愿。鉴于此，本章需要跳出经典要素市场理论，抛弃完全竞争市场的假设，而获得 2010 年诺贝尔经济学奖的 Diamond-Mortensen-Pissarides 搜索与匹配模型恰好能够满足这一需求。基于该模型，本章得以通过“劳动者搜索职位、企业提供职位、劳资双方协商工资并达成就职匹配”的过程，以更贴近社会经济现实的微观视角，动态地考察工资决定、就业规模以及失业率。

为了突出中国就业市场的特殊性，本章对基础 Diamond-Mortensen-Pissarides 模型进行了拓展：①将就业市场分为公共和企业两大独立部门，劳动者根据自身求职偏好或意向在两部门间进行定向搜索；偏好取决于两部门的就业价值函数(Value Function)。②公共部门"工资"并非狭隘的账面工资，而是尽可能涵盖由财政支持的各类物质收益，以体现该职位的真实报酬和吸引力，这一点将在模型校准时由部门间工资溢价(Wage Premium)来反映。但是，公职人员的权力、稳定、社会地位等无形收益，以及灰色收入等难以衡量的寻租收益由于具有较大的主观性，仍然无法纳入考察范围。③对公共部门偏好强烈的求职者，即使暂时未能就业，也可以选择失业以等待满意的就业机会。现实正是如此——近年来在"全民公考"浪潮下，每年都有数以万计的大学毕业生由于未能实现公共部门就业理想而选择攻读更高学位甚至专职备考。④失业状态对于劳动者来说具有一定价值，价值来源包括因为不需要工作因而得以享受闲暇、政府的失业救济补贴、为了既定求职目标而努力奋斗的成就感、对未来就职成功的希望等，由失业价值函数体现，是模型系统的重要组成，直接决定了劳动者在劳资谈判中的讨价还价能力(Bargaining Power)。

一、就业市场

劳动力分为失业 U、公共部门就业 L^G 和私人部门就业 L^P 三部分。一方面，失业者找到合适的工作岗位形成新增就业 N^i；另一方面，摩擦性原因导致的离职率恒定为 μ^i，则就业的动态演化过程为：

$$L_{t+1}^i = (1-\mu^i)L_t^i + N_t^i,\ i \in \{P, G\}$$

假设新增就业由 Cobb-Douglas 匹配函数定义：

$$N_t^i = A^i (U_t^i)^{\alpha^i} (V_t^i)^{1-\alpha^i},\ i = P, G \tag{13-1}$$

其中，U^i 为正在寻求 i 部门就业机会的失业人员，V^i 为 i 部门职位空缺供给，α^i 为 i 部门就业匹配相对于失业人口的弹性，A^i 为匹配效率。定义 $\varphi_t = U_t^G / U_t$ 为公共部门求职者所占比重；$p_{1t}^i = N_t^i / V_t^i$ 为企业招聘成功的概率；$p_{2t}^i = N_t^i / U_t^i$ 为求职者成功就业的概率。

二、居民

居民通过选择消费品 C 和失业时间 U 中得到闲暇与家庭服务以实现最大化效用的最大化，用 f^E 和 f^U 分别代表就业和失业效用函数，居民决策问题及通过一阶条件所得的 Euler 方程如下：

$$\max E_t \sum_{t=0}^{\infty} \rho^t [f^E(C_t) + f^U(U_t)] \quad s.t.\ C_t + K_t = (1+r_{t-1})K_{t-1} + \sum_i w_t^i L_t^i + T_t$$

$$\xrightarrow{F.O.C.} f_C^U(U_t)=\rho(1+r_t)E_t[f_C^E(C_{t+1})] \tag{13-2}$$

其中，E 为期望符号，ρ 为贴现因子，r 为实际利率，k 为居民持有资本，w^i 为 i 部门工资率，T 为政府税收。

三、劳动者

价值函数 W 是市场主体为自身所处状态所赋予的价值，直接决定个体的行为决策。i 部门劳动者就业和失业的价值函数分别为：

$$WE_t^G=w_t^G+E_t\rho_{t,t+1}[(1-\mu^G(1-p_2^G))WE_{t+1}^G+\mu^G(1-p_2^G)WU_{t+1}] \tag{13-3}$$

$$WE_t^P=w_t^P+E_t\rho_{t,t+1}[(1-\mu^P(1-p_2^P))WE_{t+1}^P+\mu^P(1-p_2^P)WU_{t+1}] \tag{13-4}$$

$$WU_t^i=f^U(U_t)/f^E(C_t)+E_t\rho_{t,t+1}[p_{2t}^iWE_{t+1}^i+(1-p_{2t}^i)WU_{t+1}] \tag{13-5}$$

$$WU_t=\max\{WU_t^G,\ WU_t^P\}$$

失业价值函数(13－5)是影响劳动者求职决策的关键状态变量，它由两部分组成：① $f^U(U_t)/f^E(C_t)$ 说明失业边际效用越大，失业价值越高。②t 时期的失业者，有 p_{2t}^i 概率在 $t+1$ 时期成功就业，获得 WE_{t+1}^i 的价值；也有 $1-p_{2t}^i$ 概率在 $t+1$ 时期继续失业，获得 WU_{t+1}^i 的价值；i 部门就业的未来期望价值越高，当前失业状态的价值越大，劳动者越自愿保持失业。劳动力求职的均衡状态为 $WE^P=WE^G=WU$，据此可计算公共部门求职占比 φ_t：

$$[N_t^PE_t\rho_{t,t+1}(WE_{t+1}^P-WU_{t+1})]/[N_t^GE_t\rho_{t,t+1}(WE_{t+1}^G-WU_{t+1})]=(1-\varphi_t)/\varphi_t \tag{13-6}$$

式(13－6)说明，工资 W^G 提升将带来公共部门就业价值 WE^G 升高，以公共部门为目标的求职者比重 φ_t 随之扩大；而随着 φ_t 的提升，劳动力流向公共部门将会推动部门就业间边际收益差距缩小，直到公共部门就业无法产生额外收益，劳动者求职行为实现均衡。

四、企业

假设企业使用单一要素——劳动力进行生产，且产出与劳动规模成正比，

则生产函数为 $Y_t = \eta_t^P L_t^P - \kappa^P V_t^P$，$\kappa^P$ 为提供职位空缺的单位成本。企业提供空缺职位的价值函数为：

$$WV_t^P = \rho E_t[p_{1t}^P WJ_{t+1}^P + (1-p_{1t}^P)WV_{t+1}^P] - \kappa^P \tag{13-7}$$

令 y_t 代表劳动边际产品$\partial Y_t/\partial L_t^P$，招聘对于企业的价值函数为：

$$WJ_t^P = y_t - w_t^P + \rho E_t[(1-\mu^P)WJ_{t+1}^P + \mu^P WV_{t+1}^P] \tag{13-8}$$

式(13-7)的含义为，企业 t 时期提供职位空缺 V_t^P，有可能被资质合适的求职者填补，产生 WJ_t^P 的价值，概率为 p_{1t}^P；也有可能无法找到合适的求职者，则职位空缺 V_t^P 将持续到下一期成为 V_{t+1}^P，产生 WV_{t+1}^P 的价值，概率为 $1-p_{1t}^P$。因此这次招聘的期望总价值为 $p_{1t}^P WJ_{t+1}^P + (1-p_{1t}^P)WV_{t+1}^P$，再减去招聘成本 κ^P，得到净价值 WV_t^P。式(13-8)结构类似。WJ_t^P 和 WV_t^P 是互相决定的关系。

均衡状态意味着企业停止招聘行为(提供职位空缺不再具有价值，$WV_t^P=0$)，综合式(13-7)和(13-8)可得：

$$\kappa^P/p_{1t}^P = \rho E_t WJ_{t+1},\ WJ_t = y_t - w_t^P + (1-\mu^P)\rho E_t WJ_{t+1} \tag{13-9}$$

式(13-9)为企业创造就业的均衡条件——企业提供空缺职位的期望成本(等式左边)等于招聘员工带来的期望回报(等式右边)；而期望回报又受到边际劳动生产率 y 与工资 w^P 的影响。

企业工资 w^P 的形成遵循 Nash 议价过程，其中劳动者的议价能力 b 与失业价值函数 WU 成正比。企业的决策问题如下：

$$\max_{w_t^P}(WE_t^P - WU_t)^b(WJ_t^P - WV_t^P)^{1-b},$$
$$\xrightarrow{F.O.C.} bWJ_t^P = (1-b)(WE_t^P - WU_t) \tag{13-10}$$

综合式(13-4)、(13-5)、(13-9)和(13-10)，得到企业工资函数：

$$w_t^P = bY_t + [b\kappa^P p_{2t}^P(1-\mu^P)]/p_{1t}^P \tag{13-11}$$

五、均衡条件

政府部门征收税收 T_t，用于支付人员工资 $w_t^G L_t^G$，并承担招募新人的成本 $\kappa^G V_t^G$，t 时期政府预算约束平衡条件为：

$$T_t = w_t^G L_t^G + \kappa^G V_t^G \tag{13-12}$$

综合以上模块，在给定公共就业政策 $\{V_t^G, w_{t+1}^G\}_{t=0}^{\infty}$ 变动规则下，经济系统的分散性均衡(Decentralized Equilibrium)将在满足以下条件后实现：①居民选择失业时间 u_t 最大化终生效用，见式(13-2)；②求职者选择求职方向 φ_t 使两部门的就业价值相等，见式(13-6)；③企业选择职位供给 V_t^P 满足期望成本等于期望回报，见式(13-9)；④企业与劳动者协商工资 w_t^P 满足 Nash 议价准则，见式(13-10)；⑤政府征税额度 T_t 满足预算约束，见式(13-12)。通过递归均衡过程将解出各时期 WE_t^i, WU_t^i, WJ_t^P, WV_t^P, V_t^G, φ_t, w_t^P 及 T_t。

第三节　DSGE模型的参数校准与变量稳态值的确定

假设消费效用为CRRA函数(跨期消费替代弹性为1)，失业效用为线性函数：

$$f^E(C_t) = \ln C_t,\ f^U(U_t) = \xi U_t^{-1}$$

根据国家统计局的国民经济行业分类(GB/T 4754-2011)，本章定义"公共部门"为"公共管理、社会保障和社会组织"(2006年以前称为"国家机关、政党机关和社会团体")，包括6大类行业：①中国共产党机关；②国家权力机构、行政机构、人民法院和人民检察院；③人民政协、民主党派；④社会保障；⑤群众团体、社会团体和其他成员组织；⑥基层群众自治组织。其中，工会、妇联、共青团等群众团体，科协、文联、社联等社会团体均属于参照《中华人民共和国公务员法》管理的事业单位，且由政府财政供养，其录用、工资、福利、保险等职位特征与公务员类似。"企业部门"等同于"非公共部门"，包括私人、集体及国有企业，后者由于绝大多数已经建立现代企业管理制度，在就业政策上已经具有一定灵活自主权，因此与行政及社会管理类公共部门区别开来。"劳动力"界定为参与就业及求职活动的劳动力供给，包括失业人口(求职者)和正在就业的人口，不包括退出劳动力市场的人群。

现对主要变量稳态值及模型参数的校准进行简要说明。尽管采用季度或月度数据模拟DSGE模型是较为普遍的做法，但由于本章所需大多数据仅以年度为单位，因而依据1985—2014年中国宏观经济年度数据对模型进行参数校准，且无需季节性调整。①公共部门就业规模 L^G 来自《中国劳动统计年鉴》"分行业就业人员年末人数"中"国家机关、政党机关和社会团体"。②公共部门薪酬 w^G 由《中国财政年鉴》中"行政管理支出减去外交外事支出"(2007年前)与“一般公共服务减去国内外债务付息”(2007 年后)除以 L^G 来衡量,以反映基本工资、绩效津贴、住房/医疗/交通/餐饮补助、月/季/年终奖、节假日福利、差旅补贴、加班费、离退休费、“三公经费”等由政府财政提供的公共职位货币性收益。③企业就业规模 L^P 来自《中国劳动统计年鉴》中“按行业分国有单位就业人员及工资总额”、“集体单位就业人员及工资总额”、“其他单位就业人员及工资总额”、“私营企业就业人员以及工资总额”加总并减去其中“公共管理和社会组织”部门就业人数。④企业工资总额按类似方法得到,并除以 L^P 求得企业平均工资 w^P。⑤w 和 L 的稳态值取样本平均值。根据以上数据求得公共部门工资溢价 $\overline{w}^G/\overline{w}^P$ 约为 1.103 8,高于美国(1.020 6)和英国(1.014 7)。作为参照,本章比较了国内其他学者借助微观调查数据估计的公私部门工资差异:尹志超和甘犁基于中国营养与健康调查(CHNS)1989—2006 年样本估计中国公共与非公共部门的工资差异约为 13.48%。朱南苗等使用 2007—2009 年九城市调查数据,认为企业职工存在收入低报可能性,实际工资溢价可能只有 2%。姜励卿和钱文荣利用 2012 年三省调查数据分位数回归,求得溢价值大致分布在 10.7%至 30.1%之间。张义博在中国家庭收入调查(CHIP)1989—2009 年样本基础上,测得 2000 年以前平均溢价约为 14.45%,2000 年以后溢价在各收入层次上约 9.20%—31.65%不等。综合以上研究,本章将工资溢价稳态值保守设定为 10.5%。

离职率 μ^i 约等于岗位工作年限的倒数,对 CHNS 数据分析显示,政府和企业职位平均年限分别是 11.3 年与 3.8 年,因而离职率为 8.85%和26.32%,即企业离职率 μ^P 是公共部门 μ^G 的 3 倍,与众达朴信全部门离职率调研报告的比例关系一致。给定稳态失业率 $\overline{U}=0.045$,将已校准的 φ_t,μ_t^i 当成已知参数,利用 $\overline{L}^G$ 可校准 $\overline{V}^G$。Davis et al. 研究发现在官僚风气与关系网盛行的东亚国家,政府职位空缺开放时间约为企业的 2.5 倍,因此,本章设定部门招聘成功概率 $\overline{p}_1^G/p_1^P=2/5$。劳动者定向就职成功概率 $p_2^P=50.6\%$,$p_2^G=3.6\%$,由各部门当年就业增长人数与上年城镇登记失业人口之比衡量。国内外对招聘成本的估计均较少,唯一相关数据参照来自国际权威劳工机构 CIPD (Chartered Institute of Personal Development)对各行业雇佣行为的调查——私人企业招募员工的平均成本(包括广告、考试、组织等花费)比公共高 40%,据此设定 $\kappa^G=0.8$,$\kappa^P=1.2$。为了满足搜寻均衡达到社会最优的 Hosios 条件,将劳动者 Nash 议价能力稳态值设为 $\overline{b}=0.4$。

就业匹配弹性 α 通过估计匹配函数获得——新增就业作为因变量、开放职位数与总失业人口作为自变量，进行对数回归，回归系数即是匹配弹性。估计结果显示，公共部门和企业相对于失业人口的就业匹配弹性为 $\alpha^P = 0.38$，$\alpha^G = 0.13$；相应地，两部门就业相对于职位空缺的匹配弹性分别为 0.62 和 0.87，说明劳动者在公共部门求职成功与否，在很大程度上取决于是否有职位空缺提供。企业技术系数标准化为 1；综合近期国内 DSGE 文献及名义年利率水平，贴现率 ρ 设为 0.98。

第四节　现实公共部门就业政策下的经济波动性模拟

一、中国公共部门就业的刚性分析

进入 DSGE 模拟之前，本节首先利用描述性统计分析，考察行政管控下的中国公共部门就业相对于宏观经济条件的刚性程度（非周期性），即测算公共就业规模 L^G、薪酬 w^G 与 GDP 的相关系数、弹性以及相对标准差。

为了与校准数据保持一致，样本区间仍选择 1985—2014 年，并根据两次重要的公务员工资改革（1993 年和 2006 年）将其分为三个子区间。1993 年的《国务院关于机关和事业单位工作人员工资制度改革问题的通知》以及《机关工作人员工资制度改革方案》出台四项主要措施——实行职级工资制，建立以职务晋升工、级别晋升、工龄增加为基础的工资增长机制，实行地区津贴制度，基于考核发放一次性年终奖金——目标是打破平均主义、强调效率。2006 年的《中华人民共和国公务员法》、《公务员工资制度改革方案》及《公务员工资制度改革实施办法》贯彻三项改革内容——规范津贴补贴水平，将其纳入基本工资；实行全国统一标准的职务和级别工资；分配向低职基层公务员倾斜——目标则是强调公平。依据本章的思路，1993 年改革由于打破了 1985 年确立的“职务工资”制所导致的公共部门“人人有份”的大锅饭倾向，有可能提高公共职位的吸引力；2006 年改革则不仅提高了公共部门工资水平，而且缩小了省际差距，进而增强了劳动者对公共职位的偏好。

表 13-1 比较了公共就业 L^G 与 GDP 及非公共就业 L^P 的相关程度，衡量指标包括相关系数、弹性系数与相对标准差，其中，弹性系数通过估计方程 $\log y_t = \beta_0 + \beta_1 \log x_t + \zeta_t$ 的系数 β_1 获得。表 13-1 显示，企业就业规模在整个样本区间内与 GDP 的相关系数均高于 0.8，与经济增长不仅同向，而且同步程度较高，具有明显的顺周期性特征；而公共就业人数与 GDP 的相关系数大多

低于0.15。公共部门与非公共部门之间的关联程度同样较弱，相关系数仅为0.2左右。弹性系数和相对标准差计算结果所传达出的信息与相关系数基本一致。总体看来，L^G 与 GDP 及 L^P 的关联关系在各子区间没有显著差异。

表 13-1　　　公共就业规模与宏观经济条件的关联性指标

年份	1985—1993	1994—2006	2007—2014	1985—2014
Corr(L^P, GDP)	0.821 1	0.830 2	0.856 0	0.842 4
Elas(L^P, GDP)	0.813 5	0.784 1	0.821 9	0.817 0
Std(L^P)/Std(GDP)	0.856 7	0.865 9	0.898 1	0.872 6
Corr(L^G, GDP)	0.137 6	0.155 9	0.148 8	0.146 3
Elas(L^G, GDP)	0.122 7	0.144 3	0.139 9	0.125 1
Std(L^G)/Std(GDP)	0.253 3	0.319 2	0.412 5	0.301 3
Corr(L^G, L^P)	0.181 9	0.204 7	0.218 8	0.211 2
Elas(L^G, L^P)	0.212 7	0.237 8	0.243 6	0.235 3
Std(L^G, L^P)	0.465 7	0.543 7	0.641 4	0.554 5

资料来源：作者计算。

表 13-2 比较了公共部门薪酬 w^G、非公共部门薪酬 w^P 与 GDP 的相关程度。与公共就业规模在整个区间呈现出基本同质的非周期性特征不同，1994—2006 年间公共部门工资与经济增长的关联度明显高于其他子区间，原因在于：①2006 年以前实行奖励工资和地区津贴制，允许地方根据当年财政收入调整奖金与津贴发放，而财政收入与 GDP 高度相关。此外，国家曾经在 1997 年、1999 年、2001 年、2003 年四次调整公务员工资标准，使得公共部门工资水平与经济总量增长的同步性有所增强，而 2006 年以后，公务员基本工资标准多年没有改变。②这一期间曾发生 1998 年亚洲金融危机，为了应对外部冲击，中国政府启动了改革开放后第一次治理通货紧缩的宏观调控，采取了积极财政政策以扩大内需。由于当时地方政府有权根据财政预算调整公务员附加津贴的发放，因此，地方财政支出急剧扩张也带动了公共部门工作人员津贴以及整体收入的提高。

表 13-2　　　公共部门薪酬与宏观经济条件的关联性指标

年份	1985—1993	1994—2006	2007—2014	1985—2014
Corr(w^P, GDP)	0.502 8	0.547 9	0.596 2	0.541 7
Elas(w^P, GDP)	0.267 5	0.362 5	0.472 3	0.330 8

续表

年份	1985—1993	1994—2006	2007—2014	1985—2014
$Std(w^P)/Std(GDP)$	0.526 9	0.809 4	0.823 1	0.692 4
$Corr(w^G, GDP)$	0.162 5	0.372 2	0.285 8	0.173 2
$Elas(w^G, GDP)$	0.139 5	0.336 8	0.202 6	0.182 5
$Std(w^G)/Std(GDP)$	0.276 8	0.324 1	0.497 7	0.345 8
$Corr(w^G, w^P)$	0.113 6	0.271 7	0.189 2	0.132 8
$Elas(w^G, w^P)$	0.132 5	0.245 9	0.197 7	0.186 4
$Std(w^G)/Std(w^P)$	0.370 0	0.601 6	0.579 6	0.486 2

资料来源：作者计算。

二、现实公共就业政策下就业与产出的波动性模拟

在上一部分证实了中国公共就业刚性的存在之后，本部分将这种刚性代入DSGE模型，对总就业、总产出等宏观经济变量的波动率（标准差）进行模拟预测，并将模拟值与不存在公共部门的基准情景进行比较：如果实际情景下的经济变量波动率高于基准情景，那么显然，公共就业的存在降低了宏观经济的稳定性。

公共部门就业的周期性由其相对于企业就业的弹性来衡量。两部门之间的弹性关系如下：

$$\ln(V_{t+1}^G) = \ln(\overline{V}^G) + \chi^V[ln(V_t^P) - ln(\overline{V}^P)] \tag{13-13}$$

$$\ln(w_{t+1}^G) = \ln(\overline{w}^G) + \chi^w[\ln(w_t^P) - \ln(\overline{w}^P)] \tag{13-14}$$

其中，$\overline{V}$，$\overline{w}$ 代表就业规模与工资水平的稳态值。以上两式的作用在于刻画公共部门就业规模和工资对市场条件变化的反应程度，弹性参数 χ^V 和 χ^w 的符号与取值对应着不同的公共就业政策情景。由于企业就业 V^P 和 w^P 随经济周期变动，所以，$\chi>0$、$\chi<0$、$\chi=0$ 分别代表公共部门就业随经济周期同向调整、反向调整、不受影响；$|\chi|$ 越大，敏感度越高。

利用中国公私部门就业弹性的历史数据（见表13－1和表13－2），构建真实的政策情景。根据上一部分分析，公共就业规模在各子区间保持着类似程度的刚性，因此 χ^V 可取整个样本区间的平均水平0.235 3；而公共部门薪酬在各子区间与GDP的相关性有明显差异，所以 χ^w 的取值考虑四种情况：

1985—1993 年政策下 $\chi^w = 0.1325$，1994—2006 年政策下 $\chi^w = 0.2459$，2006—2014 年政策下 $\chi^w = 0.1977$，1985—2014 年整个区间中 $\chi^w = 0.1864$。为了寻找参照标准，本部分还设计了公共部门就业不存在的假想基准情景（$\bar{n}^G = 0$）。

对企业生产施加 1%的负向技术冲击，随机冲击服从自回归系数 $\psi = 0.95$ 的 AR(1)过程，即 $\ln \eta_t^P = (1-\psi)\ln \bar{\eta}^P + \psi \ln \bar{\eta}_{t-1}^P + \varepsilon_t^\eta$。使用 MATLAB 7.3 平台上的 Dynare 4.4.3 对 DSGE 模型进行多期模拟，得到产出、就业、工资等主要宏观经济变量的模拟值。然后对各变量进行对数线性化，使用 H－P 滤波剔除趋势处理得到其短期波动部分，并对波动部分进行无截距的一阶自回归得到波动标准差（见表 13－3），以衡量各变量的波动程度。根据表 13－3 能够归纳出两点结论：①随着公共部门工资弹性的降低，企业就业、总就业与总产出的波动性均有提高，意味着公共部门对市场的刚性越强，越不利于劳动力市场及宏观经济的稳定。②χ^w 取 1985—2014 年样本区间平均值时，就业和产出的标准差分别为 1.071 5 和 1.814 1，与去除公共部门的假想情景相比，就业波动性显著提升 3/4，产出波动性增加 50.56%；换言之，公共部门的存在实际上降低了劳动力市场与总产出的稳定性。

表 13－3　各时期政策下就业与产出模拟值的波动率（H－P 滤波标准差）

	有公共部门				无公共部门
	1985—1993 年政策	1994—2006 年政策	2006—2014 年政策	1985—2014 年政策	
			标准差		
就业	1.365 6	0.789 3	0.902 4	1.071 5	0.293 3
总产出	2.253 1	1.669 0	2.119 6	1.814 1	1.204 9
平均工资	0.424 9	0.851 1	0.680 9	0.753 2	0.973 8
企业就业	1.584 4	0.951 4	1.028 3	1.142 7	0.293 3
公共部门就业	0.548 7	0.258 3	0.312 8	0.327 0	NA
企业工资	0.877 9	0.872 5	0.898 1	0.866 5	0.973 8
公共部门工资	0.348 8	1.073 2	0.563 0	0.487 9	NA
		（公共部门对企业）弹性			
工资	0.132 5	0.245 9	0.197 7	0.186 4	NA
就业	0.235 3	0.235 3	0.235 3	0.235 3	NA

资料来源：作者计算。

为考察本章模型对现实经济的解释力，表13-4根据模拟结果计算了各变量与总产出的交叉相关系数及相对标准差（"模拟值"列），并与根据历史数据计算的结果（"实际值"列，对应表13-1和表13-2中的Corr(w^i, GDP)、Corr(n^i, GDP)、Std(w^i)/Std(GDP)、Std(n^i)/Std(GDP)，$i=P$, G)进行了比较（由于篇幅限制，仅展示整个样本区间的比较结果），结果显示，两者偏差率不超过50%，意味着对就业规模和工资波动的模拟在方向和幅度上都较好地拟合了经济现实。

表13-4　　就业变量波动的模拟值与现实值比较

	Corr(X, GDP)			Std(X)/Std(GDP)		
	模拟值	实际值	模拟值/实际值	模拟值	实际值	模拟值/实际值
就业	0.533 6	0.650 7	0.819 9	0.590 7	0.856 0	0.691 3
公共部门就业	0.111 2	0.146 3	0.759 5	0.180 3	0.301 3	0.598 4
企业就业	0.825 6	0.842 4	0.980 2	0.629 9	0.872 6	0.721 9
平均工资	0.373 2	0.419 3	0.892 1	0.415 2	0.633 3	0.655 6
企业工资	0.503 8	0.541 7	0.928 3	0.477 6	0.692 4	0.689 8
公共部门工资	0.147 2	0.173 2	0.854 9	0.268 9	0.345 8	0.777 8

资料来源：作者计算。

模拟结果说明，与经济形势及市场条件相脱节的中国公共就业产生了与直观预期相悖的结果——由政府政策直接决定的公共就业规模和工资水平看似稳定并具有高度可控性，但事实上却并未成为宏观经济的稳定因素，反而放大了就业和产出距离稳态的偏移。对此，本章所构建的模型能够从机理上做出如下解释：

当经济遭遇负面生产技术冲击时，追求利润最大化的企业将选择削减职位供给。如果不存在公共部门，那么此时就业难度增加，失业持续时间延长，从而导致失业价值函数值降低。由于失业价值正是劳动者在工资议价中的筹码，失业价值越低、劳动者对企业的威慑力越小，企业在工资谈判中的主导权增大，因而大多数劳动者会接受削减工资，保住原有工作岗位。工资的降低也减少了企业创造就业的成本，增强了企业扩大就业的积极性，防止失业率长期高于稳态值。

如果存在公共部门，且公共部门就业具有较强的非周期性时，劳动者将产生一种预期，认为即使经济形势变坏，公共部门的工资水平和招聘规模也不会下降。这样,公共就业对于劳动者的价值上升,企业就业对劳动者的吸引力下降,更多现有失业者以及部分企业劳动者将转而寻求公共职位;而公共就业的规模也是相对稳定的,求职者基数的扩大只会带来更多的失业。但是,面对公共部门工资溢价提升的诱惑,劳动者能够接受暂时性失业,以便继续追求未来更好的就业机会。换言之,公共就业刚性无形中发挥了稳定失业价值函数的作用,进而增强了求职者自愿失业的意愿。一旦劳动者维持失业状态的决心或意愿增强,便不会轻易接受企业的低工资,意味着其与企业围绕工资进行讨价还价的能力也随之提高,致使企业难以如愿降低合同工资,压缩生产成本。

这时,企业一方面劳动力成本居高不下,另一方面劳动力供给减少,招聘难度加大。在以上双重困境压迫下,企业创造和吸纳就业的积极性进一步降低,从而使短期就业偏离长期均衡水平的程度增大、时间变长,表现为更加剧烈的就业波动。因此,公共部门就业刚性的存在,弱化了就业市场应对经济冲击的自我调节机制,从而加剧了就业及产出的波动。且刚性越强,波动率越高(如表 13-3 所示,1985—1993 年政策下就业和产出的波动标准差最大)。

以上作用机理对中国现实同样具有一定解释力。1985—1993 年间,公共部门收入分配存在较为严重的平均主义,不仅水平低,而且缺乏正常的工资增长机制。与前文模拟经济遭遇负面冲击而下行的状态不同,那时中国经济正处于上行周期,公共就业刚性表现为政府薪酬待遇远滞后于快速的经济增长,社会上流传着公务员拿"死工资"的说法。而当时中国改革开放大幕刚刚拉开,私营和外资经济如火如荼,为劳动者提供了大量优越的工作机会。因此,催生出极具时代特色的两大现象:一是不少公务员放弃"铁饭碗"下海从商,二是各层次劳动力蜂拥入外资(包括港台商投资)企业与工厂。在正向外生冲击下,企业生产率提高,增加工资以扩大就业的积极性增强。企业就业价值函数相对于公共就业上升,定向寻求企业就业机会的劳动者增加,导致公共部门吸纳就业能力被削弱。随着劳动力供给扩张,劳动边际产品下降,企业招聘的期望回报降低;为了维持就业规模,企业将想方设法压低工资。同理,如果不存在公共部门,就业市场将达到低工资、高就业的新均衡点。但是,由于有公共部门稳定薪酬预期的保底,失业价值函数不会随企业工资降低,部分劳动者宁愿选择暂时失业以等待未来企业工资回升或寻找回报更好的职位,也不愿维持当前的低薪就业。自愿失业人数再一次增加,失业水平偏离均衡稳态,最终表现为就业市场的波动性增强。

1993 年政府工资改革之后,除了允许基本工资随职务、级别、工龄正常增长，还给予地方政府根据自身财力增加公务员额外津贴与奖金收入的自主权，极大提高了公共部门收入与经济增长的同步性。加上公费医疗以及其后的公务员医疗补助政策等无形价值，公共部门职位的含金量相对私人企业有所上升，打破了劳动者偏好过度向某一部门倾斜的局面，推动了劳动者在公私部门之间合理分配与流动，就业市场进入相对稳定的状态。数据显示，公务员数量年增长率曾于 1992 年跌入 1%的低谷，但通过 1993 年改革，3 年内(1996 年)便回升至 5%。需要指出的是，尽管这时期经济总量波动有所降低，但采取的公共就业政策也引发了严重政治和社会问题，这点将在结尾政策启示部分进行说明。

2006 年以公平为目标的工资改革之后，2007 年公务员实际平均工资增长 17.63%，比改革前提高 7.7 个百分点，并一直保持稳定。与此同时，受国际经济整体萧条以及国内需求乏力的困扰，中国经济从高速增长区间回落；企业效益整体下滑，同时，老龄化导致社会化医疗和养老保险体系的弊端开始凸显，企业就业的风险加大。相比之下，公共部门不仅薪酬有所上涨，而且风险小，福利好，工作体面，社会地位高，退休养老均有国家兜底，因而显现出较高的价值溢价，将劳动者对公共职位的稳定预期与偏好推向新的高度。因此，2008 年后尽管经济增长减速，但公务员数量仍以年均 11 万人的速度稳步提高①。大量高校毕业生将求职目标牢牢锁定在公共部门，不少企业在职者也千方百计寻找机会争夺政府"铁饭碗"，甚至有人甘愿花费数年专职备考。结果导致大量生产企业陷入高素质劳动力流失、成本难以调节的困境，创造就业乃至创新产品技术的动力被极大削弱。这一时期正符合前文对负面冲击下就业与产出状况恶化的模拟。

第五节　假想公共部门就业政策下的经济波动性模拟

由上节分析可知，改革开放以来的中国公共就业，无论在规模还是工资上，均与经济增长弹性较弱，并因此加剧了就业与经济的周期性波动。为了增强研究的全面性，本节通过调整弹性参数 χ^V 和 χ^w 的取值，构建若干假想的公共就业政策情景，并仍然对经济施加 1%、服从 AR(1)过程的负向技术冲击，

---

① 据国家公务员局统计，2008—2013 年全国公务员数量分别为 659.7 万、678.9 万、689.4 万、702.1 万、708.9 万和 717.1 万。网络来源：人力资源社会保障部，http://www.mohrss.gov.cn/SYrlzyhshbzb/dongtaixinwen/buneiyaowen/201306/t20130628_106225.htm[EB/OL]，2015.

进而预测不同政策对经济周期波动的影响：

情景1：公共部门工资和数量都是非周期性的（$\chi^{w}=0$，$\chi^{V}=0$）——政府的就业决策完全不受经济不景气的影响。

情景2：公共部门工资具有非周期性，但是就业规模为反周期的（$\chi^{w}=0$，$\chi^{V}=-1$）——政府将通过扩大公共就业，试图防止失业率上升。

情景3：公共部门工资顺应周期波动，而规模保持非周期性（$\chi^{w}=1$，$\chi^{V}=0$）——政府随经济形势同步下调工资，但不改变就业总量。

情景4：公共部门工资和数量均顺周期调整（$\chi^{w}=1$，$\chi^{V}=1$）——政府裁员减薪，以应对经济及财政压力。

情景5：公共部门实行顺周期的工资政策和反周期的人员数量政策（$\chi^{w}=1$，$\chi^{V}=-1$）——政府在减薪同时实行扩招，以维持就业稳定。

本节分为两部分：首先计算就业与产出的总体波动标准差，然后模拟主要内生变量的动态变动路径，揭示就业波动背后的原因及推动力。

一、假想情景下就业与产出波动率的比较

在各假想情景下，对就业及产出等内生变量进行模拟预测，经过H－P滤波去趋势处理后得到短期波动标准差（见表13－5）。标准差越大，说明短期值偏离长期稳态的幅度越大、时间越长，意味着该变量在随机冲击环境（经济周期）中波动越剧烈。比较发现，情景1和情景2中经济波动程度不但明显高于情景3、情景4和情景5，而且高于表13－3所示的实际政策情景；而情景3、情景4和情景5中就业和产出的稳定性已经接近甚至好于表3中不存在公共部门的基准情景。这说明，公共部门只要采取灵活应景的就业政策（尤其是工资政策），便有可能成为宏观经济“稳定器”。

表13－5　各假想情景下就业与产出模拟值的波动率（H－P滤波标准差）

	情景1 非周期工资 与规模	情景2 非周期工资 反周期规模	情景3 顺周期工资 非周期规模	情景4 顺周期工资 与规模	情景5 顺周期工资 反周期规模
	$\chi^{w}=0$, $\chi^{V}=0$	$\chi^{w}=0$, $\chi^{V}=-1$	$\chi^{w}=1$, $\chi^{V}=0$	$\chi^{w}=1$, $\chi^{V}=1$	$\chi^{w}=1$, $\chi^{V}=-1$
就业	1.393 3	1.155 2	0.375 9	0.436 7	0.250 5
总产出	2.393 2	1.685 2	1.215 0	1.287 8	0.969 5

续表

	情景1 非周期工资 与规模	情景2 非周期工资 反周期规模	情景3 顺周期工资 非周期规模	情景4 顺周期工资 与规模	情景5 顺周期工资 反周期规模
	$\chi^w=0$, $\chi^V=0$	$\chi^w=0$, $\chi^V=-1$	$\chi^w=1$, $\chi^V=0$	$\chi^w=1$, $\chi^V=1$	$\chi^w=1$, $\chi^V=-1$
工资	0.173 6	0.094 0	0.741 4	0.942 5	0.681 2
企业就业	1.852 8	1.653 3	0.460 2	0.436 7	0.483 9
公共就业	0	1.653 3	0	0.436 7	0.483 9
企业工资	0.264 9	0.178 2	0.741 4	0.942 5	0.681 2
公共工资	0	0	0.741 4	0.942 5	0.681 2

资料来源：作者计算。

公共就业弹性高低决定了劳动者对未来就业价值的预期，以及对当前失业价值的判断，最终影响其求职决策。下面结合第二节理论模型逐一对各情景进行分析：

情景1中 w^G 的刚性有两点影响：①由于 $t+1$ 时期公共部门工资 w^G_{t+1} 不会下降，根据式(13－3)，未来公共就业价值函数 WE^G_{t+1} 也将维持高水平。由式(13－5)可知，$t+1$ 时期就业预期价值越高，t 时期（当前）失业价值函数 $WU^G=WU$ 越大，换言之，即使经济不景气，刚性的 w^G 依然能够维持“失业”这一状态对于劳动者的价值。再根据式(13－10)，WU 的稳定避免了劳动者工资议价能力 b 随市场条件恶化而急剧降低。面对试图降低工资以节约成本的企业，在职劳动者能够以辞职作为威胁阻止企业减薪，延长了劳资双方达成协议的时间，妨碍企业以较低成本吸纳就业，导致非公共部门职位供给减速，求职难度加大，给就业带来更多的不确定性。②根据式(13－4)和(13－6)，企业薪酬 w^P/w^G 相对下降，企业就业对理性劳动者的吸引力 WE^P 下降，以企业为目标的求职者比重 $1-\varphi_t$ 下降；在稳定 WU 的支撑下，求职(失业)者也保留着与企业讨价还价的能力 b，有底气拒绝企业提供的低薪就业机会，企业招聘难度进一步增加，创造就业的积极性更小。就业空间的萎缩无疑将推动失业率偏离均衡轨道。

情景2中公共部门积极扩大招聘规模以降低失业率，但并未如愿稳定就业。政府职位供给 V^G 的增长提高了公共部门就业概率 p^G_2，一方面，如式(13－3)所示，公共就业价值函数 WE^G 上升，将吸引更多失业者和企业在职者偏好公共部门，带来高于情景1的公共部门定向求职比重 φ_t 上涨。另一方面，失业价值函数 WU 不仅保持稳定甚至还有所提高，将赋予劳动者更大的议价能力 b，导致企业压缩工资成本的计划更加难以实现。企业就业能力减弱的同时，公共部门通过扩招安置了一部分求职者，因此，情景2中就业与产出的波动标准差低于情景1。

情景3由于对公共部门工资进行顺周期调整，所以两部门工资几乎同比例变动，失业价值函数 WU^G 和 WU^P 同时下降，公共就业不再具有稳定失业价值的效果，劳动者议价能力下降，企业在工资谈判中的主导权提升，减薪阻力减小，创造就业的动力上升。比较表13-5前三类情景下标准差发现，情景3总体就业波动性相较情景1和情景2分别降低73.02%和67.46%。情景4进一步将顺周期调整范围扩大到就业规模，但主要指标与情景3相比差异并不明显。情景5的反周期规模调整政策通过推动劳动力的部门间转移与分配，实现了所有情景中最低的产出和就业波动。

由于企业是经济系统唯一的生产部门，企业就业的收缩必然导致产出水平的下降，所以，如果不顺应经济形势变化调整公共部门工资率，无论是采取消极的公共就业政策，还是试图通过变动就业规模来应对外部冲击，都将减弱经济增长的稳定性。由此得到结论：根据经济形势灵活地调整公共部门工资，对稳定就业及产出具有积极意义。

二、假想情景下主要就业变量的动态波动路径比较

图13-1a到图13-1e刻画了各情景下主要内生模型变量对1%负向生产技术冲击的脉冲响应。技术冲击沿着“企业工资→企业职位供给→劳动者求职方向→企业就业→社会总就业”的传导途径影响总体失业率，而公共部门就业弹性主要在“劳动者求职方向”环节发挥关键作用。

企业工资 w_t^P 的动态反应路径见图13-1a。冲击发生的瞬间（$t=0$ 时），由于存在劳动合同的约束，企业工资无法即刻作出响应，因而显现出滞后性。在这之后，由于劳动者议价能力 b 的差异，各情景呈现出截然不同的变动趋势。情景1和情景2中，如上节所述，公共部门工资并未受技术冲击影响而下调，劳动者失业价值函数 $WU_t=WU_t^G$ 保持稳定，情景2的失业价值函数甚至随公共部门就职概率 p_2^G 提高而有所上升。在劳动者议价能力 b 的阻碍下，企业下调工资的步伐缓慢，并且减薪幅度相当有限。模型的式(13-11)也印证了以上结论——劳动者议价能力 b 越大，企业工资率 w_t^P 越高。不过 b 不会永

远保持稳定：一方面，随着失业时间的延长，失业效用逐渐下降 f_t^U；另一方面，公共部门定向求职人数 U^G 的增长将推动就职概率 p_2^G 降低，所以，根据式(13-5)，WU_t^G 下降，带动议价能力 b 逐渐降低，情景1和情景2中工资在5期以后得以加速下调。相比之下，情景3、情景4和情景5中，公共部门和企业同比例同方向减薪，失业价值函数 WU_t^G，WU_t^P 同时降低，导致劳动者在工资协

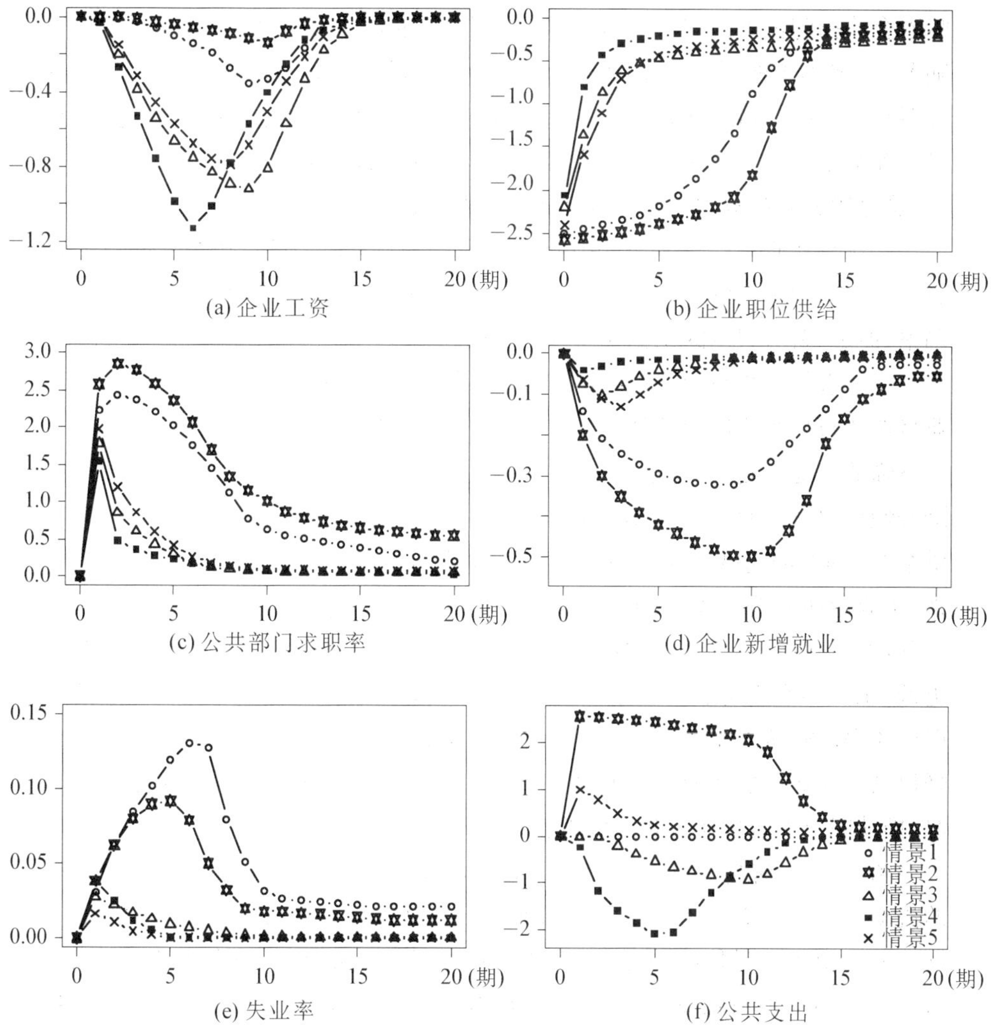

图 13-1　不同公共就业政策下就业变量的动态波动路径

注：纵轴代表变量相对于稳态值的变动率；横轴代表时间期数。

资料来源：作者绘制。

商中威慑力减小，企业故而能够根据自身意愿压缩工资成本。其中，情景 4 由于采取了顺周期减少就业规模的政策，公共部门就业概率 p_2^G 比冲击之前更低，议价能力 b 降幅最大，迫使企业劳动者更加珍惜现有职位，放弃讨价还价的权利，所以，该情景中企业工资下降最快；情景 5 由于提高了公共部门就业概率 p_2^G，因此劳动者保留了一定的议价能力，因而工资下降稍慢；情景 3 居中。所有情景下，当工资成本降低到一定程度后，根据式(13－9)，$y_t^P - w_t^P$ 下降意味着企业招聘员工的期望回报 $E_t WJ_{t+1}$ 增加，创造新增就业 V_t^P 的动力回升；随 V_t^P 一同增长的还有劳动者在企业成功就职概率 p_2^P，p_2^P 将推动失业价值函数 $WU_t = WU_t^P$ 和议价能力 b 的提高，进而带来工资率 w_t^P 的回升。情景 3、情景 4 和情景 5 中工资触底反弹均发生在 10 期以前，而情景 1 和情景 2 稍稍落后，这也代表着技术冲击的影响开始减弱并消退。

企业空缺职位供给 V_t^P 的响应见图 13－1b。该变量直接取决于企业工资成本 w_t^P(劳动者工资)。尽管企业合同工资具有黏性，无法随经济波动而即时调整；但是，新增职位的供给量完全由企业自主决定。冲击发生当期，根据式(13－9)，边际生产率 y_t^P 减少带来企业吸纳就业的边际回报 WJ_t 降低，理性企业将选择减少职位供给，因此，在 $t=0$ 时期，各情景下空缺职位数量 V_t^P 均发生下降的突变。此后，情景 1 和情景 2 中，企业无法迅速推进减薪政策，w_t^P 下降缓慢导致就业回报 WJ_t 难以显著提升，因而扩大就业的动力长期不足，职位供给 V_t^P 回升的速度非常缓慢。尤其是情景 2，面对着公共部门就业吸引力增强、企业劳动力供给减少，企业招聘难度 p_1^P 提高，企业职位供给的价值 WV_t^P 下降，如式(13－8)所示，吸纳就业的价值 WJ_t 进一步下降，创造就业的积极性更低，职位供给长期增长乏力，直到接近 10 期，冲击影响逐渐消退、产出回升以后才得以好转。相反，在情景 3、情景 4 和情景 5，劳动力工资成本的快速下降提高了企业增加就业的价值 WJ_t^P，在一定程度上增强了企业创造就业的意愿，推动职位供给量在短时间内迅速反弹。

图 13－1c 描绘了当期公共部门求职者占失业总人口的比重 φ^G。劳动者的流动主要受两部门相对工资以及职位供给数量引导。在冲击发生的瞬间($t=0$)，由于工资黏性的存在，求职者在两部门间的数量分布来不及变动。从 $t=1$ 开始，所有情景下 φ^G 都有大幅提高。其中，情景 1 和情景 2 的上升来源有两个：一是企业职位供给 V_t^P 减少，二是公共部门相对工资 w^G/w^P 上升。情景 3、情景 4 和情景 5 中两部门工资完全弹性，公共部门相对工资不变，因此只受 V_t^P 影响，提升幅度低于情景 1 或情景 2。此后，情景 1、情景 2 中 φ^G 缓慢

下降，而情景3、情景4和情景5则迅速回归冲击前水平。

图13－1d比较了不同情景下的企业新增就业规模N_t^P。企业新增就业由企业职位供给（劳动力需求）与以企业为目标的求职者规模（劳动力供给）共同决定，即$N_t^i = A^i(U_t^i)^{\alpha^i}(V_t^i)^{1-\alpha^i}$。情景1和情景2中，企业在技术冲击与工资长期居高不下的双重困境下，提供职位空缺的意愿和能力不断下降；同时，在企业工资相对公共部门降低的作用下，求职者将更多地转向公共部门（φ^G长期处于高位），劳动力供给和需求同时减少，实际就业规模下降不可避免：如匹配函数式（13－1）所示，由于U_t^P和V_t^P同时下降，实际新增就业N_t^P下降。企业就业规模的收缩将带来产出和利润减少，进一步削弱企业创造就业的能力和积极性，加剧经济的下行步伐。直到10期左右，企业职位供给显著提升，公共部门求职率也从高位回落，U_t^P和V_t^P同时回升才逐渐扭转就业N_t^P不断下降的趋势。情景3、情景4和情景5中，一方面，公共部门求职率迅速回归稳态，避免企业长期遭遇劳动力供给下滑；另一方面，企业工资灵活下调，减弱了企业削减职位供给的力度，因此，不仅就业降幅明显低于前两个情景，而且在5期以前出现上升拐点，推动新增就业在较短时间内恢复到冲击前水平。

图13－1e展示了经济系统总体失业率，这是企业和公共部门新增就业$N_t^i(i = P, G)$同时变动的结果。情景1中，企业就业水平N_t^P减少，而公共部门没有扩张就业的计划，最终导致大量以公共部门为目标的定向求职者无法成功就业，只能长期处于搜索（失业）状态，社会失业总量上升。情景2由于企业劳动者工资协商能力强大，企业难以显著下调工资，所以企业新增就业比情景1更低。尽管公共部门扩大就业数量，但问题在于，公共部门与企业空缺职位供给的弹性为$-1(d\ln(V_{t+1}^G)/d\ln(V_t^P) = -1)$，这意味着两部门增减比率相同，而企业就业基数远大于公共部门，因而企业职位减少数量大大超过公共部门职位增加数量。结果便是，在企业压缩就业而产生的大批失业者中，公共部门仅能吸收一部分，余下的将自愿接受失业状态，从而抬高总体失业率。情景3、情景4和情景5中，不论公共就业规模如何调整，只要企业能够顺利降低劳动力成本，便能防止失业率持续下降。其中，情景5失业率最低，因为不单企业依靠低成本保持了的就业规模，而且公共部门也通过积极扩大职位供给而创造了更多的就业机会。

综上所述，实施非周期性工资政策的情景1和情景2由于严重削弱了企业就业，导致总体就业和产出水平长期处于下滑状态，失业率的提升不仅周期长、幅度大，而且在外生冲击影响消退之后，难以回归到冲击前的稳态值，而是移动到更高的均衡水平。在以上两种刚性就业政策下，公共部门非但没有发挥经济“稳定器”、“缓冲器”的积极作用，反而推动了长期失业率提高。与此相对，实施顺周期性工资政策的情景 3、情景 4 和情景 5 仅仅由于企业新增就业在最初几期的短暂下降，经历了短时间、小幅度的失业率提升。与情景 1 和情景 2 相比，这 3 类情景失业率上升的持续时间较短，响应峰值较低，回归旧稳态水平的速度较快。尤其是情景 5 中失业率最高上涨 0.025 个百分点，远低于其他情景下的最大波动率，较为有效地应对了经济周期波动，维持了就业及产出的稳定①。

图 13－1f 展示了各情景下公共支出的变动情况，从另一角度比较了不同就业政策的相对优劣。相较于情景 1 中公共支出保持不变、情景 2 中持续上涨，情景 3 和情景 4 在整个预测期内实现了公共支出削减，这在经济下行时期毋庸置疑是有积极意义的：不但能够降低居民和企业的税收负担、刺激消费和投资，而且能够将有限的公共资金从公共机构运行管理和工资支付中解放出来、更多地投入公共投资与社会保障，帮助经济尽快摆脱外生冲击的影响。在就业状况最好的情景 5，尽管公共就业规模的扩张导致公共支出在初期略有上升，但也在仅保持了 2 期之后便稳步降低。

本章小结

长期以来，中国公共部门就业的规模和工资均由政府直接管控，受市场变化与经济波动的影响较小。本章基于定向搜索匹配模型，利用 DSGE 模拟发现，在这种刚性就业政策下，公共部门具有降低就业和经济稳定性的负面效果，可能成为经济波动的“扩大器”而非“稳定器”。主要原因在于：公共部门岗位较稳定的收入提高（至少是稳定）了求职者对失业状态的价值评价，增强了其与企业协商工资的能力，如果企业部门无法提供收益水平同等的就业岗位，劳动者将会选择维持失业状态，继续寻求公共部门职位。特别是当经济遭遇负面外部冲击时，公共部门的刚性工资制度将妨碍企业削减成本以应对负

---

① 本章在实际研究中也测算了 $\chi^{w}=0$，$\chi^{V}=1$ 情景，结果显示：当公共部门工资保持刚性时，其对劳动者求职方向及失业价值函数的影响与情景 1 和情景 2 类似，最终总就业与总产出的动态特征也与前两个情景差异不大。加之经济不景气时政府裁员并非现实接受度高的政策措施，因此在文章篇幅限制下，没有具体讨论非周期性工资、周期性就业规模的情景。

面冲击，抑制企业创造就业的积极性；同时，增加公共部门潜在求职者数量，鼓励劳动者延长自愿失业时间，对企业就业产生较强的挤出效应；最终，加剧经济下行趋势、扩大经济周期波动，甚至导致自然失业率水平上升。反之，如果顺应经济周期变化，灵活调整公共部门工资，无论是维持公共就业规模的稳定，还是降低规模以减轻政府财政负担，都能够使公共就业有效地发挥就业和宏观经济"自动稳定器"的功效。

需要承认的是，本章具有明显的局限性：①对公共部门工资溢价的判断可能存在误差。公务员收入一直是中国社会难以参透的"谜"：一方面，公务员自身总在抱怨工资低，要求加薪，而且不同级别、不同地区的公务员在待遇收入上也是千差万别；另一方面，社会大众尤其是求职者，更多看到的是公务员在住房补贴、医疗养老保障、子女入托入学、解决户口等诸多非账面收入上的隐性福利，以及从请托办事、公权私用等方面取得的灰色收入。考虑到以上诸多因素，很难客观真实地估计公共与企业部门之间的工资溢价。此外，由于中国就业数据缺乏公开性和透明性，像招聘成本、离职率、匹配效率等搜索匹配模型中的重要参数都只能依靠国外研究校准。这些问题都严重制约了模型预测的精准性。②没有全面考虑公共部门就业影响宏观经济稳定性的其他渠道。例如，公共部门有可能介入私人部门的生产领域，对私人产品、服务、投资等产生替代效应，挤出私人部门就业；公共就业规模扩张将增加行政支出、改变财政支出结构，造成企业税负的加重或者基础设施建设投资的紧缩，从而扭曲私人部门的生产率及劳动力需求，等等。当然也不排除积极影响的可能性，例如，政府通过对核心经济资源的控制以干预缓解市场失灵，通过增加公共产品供给以改善投资环境、带动私人投资和就业增长，等等。

总的来说，从纯粹经济科学的角度研究并评价中国公共就业面临着诸多障碍与困难。除了数据获取难度大、现有文献对搜索匹配函数的考察深度不足之外，最大的难点在于，传统观点大都选择刻意忽视这一领域，认为在中国现行的中央集权式政府机构人事管理体制下，公共部门就业不具备经济理论研究的价值，因为其政治和社会意义远大于经济影响，经济标准远不可能成为中国公共就业政策制定和调整的依据。换言之，中国永远不可能实现政府就业的完全市场化，甚至难以像西方国家一样，将政府规模和薪资调整作为一种财政政策，用于维护就业及宏观经济的稳定。那么，本章所讨论的问题是否真的没有政策价值呢？答案应该是否定的。原因在于：①尽管本章以公共部门就业为对象，但得出的结论同样适用于某些市场化程度低的企业。一些具有高度独立性和垄断性的企业（如大型国企）或行业（自然资源行业），不但具有与政府类似的市场分割能力，而且存在将自身就业规模或报酬与经济形势相隔离的倾向。推动这类部门就业的市场化改革，消除刚性工资和就业的消极影响，对于宏观经济的维稳同样意义重大。②本章为公务员工资调整提供了一定理论依据。2014 年"两会"期间一份给公务员涨工资的提案曾引起轩然大波，但现实中大部分基层公务员的确常年只能拿到每月 2 000—4 000 元的低工资，不仅严重抑制了政府工作人员改善公共服务质量的积极性，而且可能引发滥用职权的寻租行为。然而，由于外界对政府福利的高预期，公共部门即使合理提薪也会招致民众强烈不满。本章虽然并未从技术层面提出一套具体可操作的公务员工资制定方案，但是已为其调整方向提供了理论指向，即顺应经济周期——在经济上行或稳定时期政府与企业同时上调工资是合理的，这样做既能够提供激励、预防腐败，又为稳定经济环境、扩大就业创造了条件，符合公共部门与非公共部门劳动者的共同利益。

基于本章的分析，提出以下政策建议：

① 选择经济预期稳定的时期稳步推进公共部门工资改革。2012—2014 年间，中国经济正经历增长动力转换和增速持续下滑的阵痛，企业在转型与增收上困难重重，社会公众尚未认识到"新常态"的原因和本质，对未来经济前景充满不安和忧虑，所以，当时并非为公务员政策性提薪的适当时机。2015 年以后，"互联网＋"的兴起带动起民众强劲的消费热情以及创业积极性，并日益常态化，实体经济在回落中触底迹象开始出现，转型中孕育着新生机和新动力，因而此时顺应社会平均收入和消费水平普遍提升的趋势，循序渐进推动新一轮机关事业单位人员工资改革具有一定合理性。但是，现阶段改革的重点在于消除公共职务在级别、地区、部门之间收入待遇的两极化，建立公务员收入透明化机制，为未来大规模提薪铺平道路，消除质疑和不满。显然，政府在这方面已经有所考量，2015 年中央本级基本支出预算首次披露 3 712.1 亿元工资福利支出[①]，便在宏观层面上为公务员收入信息公开做出了榜样。

② 建立以市场为参照的公务员基本工资标准正常调整机制。中国当前过度僵化的公共部门就业亟待改革，依靠中央政府每隔几年甚至十几年出台几项法律法规进行行政调整的做法显然跟不上市场脚步，建立公务员工资常

① 《中央本级支出预算首晒工资福利总额》，http://news.163.com/15/0331/20/AM2I747500014Q4P.html，2015。

规增长机制，提高公共部门就业与经济形势的关联性，时刻向就业市场发出正确信号，才能引导劳动者正确判断各部门就业的真实价值，作出理性的求职决策。尽管无法实现政府工资和就业的完全市场化，但2015年中期国家发改委《关于2015年深化经济体制改革重点工作的意见》中明确提出“完善机关事业单位工作人员工资制度”，并将实现“公务员基本工资标准将每年或每两年调整一次”，多少预示着“以市场为标杆”将是政府就业的可能改革方向。随着今后公共部门工资调整频率的加大，明确提出科学合理的调薪标准，提高工资决策的公众信服力将变得尤为重要。以市场为参照，在经济景气、未来预期好的时期适度加快公务员工资上调的步伐，在经济增长乏力、未来预期不明朗的时期放缓甚至暂停工资标准提高，才能最大限度地提高社会对政府工资改革的接受度。

③ 采取规范合理的方式提高公共部门工资对宏观经济的弹性。1993年工资改革给予地方财政发放津贴的权力，虽然稳定了就业和产出，但这一做法也引发了一系列严重政治问题，包括政府工资攀比、违规筹集经费发放内部补贴、地方收入差距不断扩大、官员腐败滋生等，因而总体社会效果并不理想。合理的公务员工资增长机制应该让工资收入中全国统一、规范并公开的基本工资部分与市场条件及经济形势相挂钩，减少地方自订津贴补贴标准所带来的分配紊乱及寻租空间。当然，更不能够容许公共职位的隐性收益或附加价值随经济增长、社会财富增加而水涨船高，否则可能持续抬高公共部门收入溢价，扭曲公私部门间劳动力分配，弱化就业自我调节机制，带来经济和社会的动荡。可以说，2012年中央“八项规定”顺应当时下行的经济形势，限制并挤压公务员非工资性收入溢价，给持续多年的“公考热”降温，恰好在一定程度上发挥了引导和稳定就业市场的积极作用。

参考文献

1. 艾慧等.中国养老保险统筹账户的财务可持续性研究——基于开放系统的测算[J].财经研究，2012,22(2)：18—36.

2. 安体富，蒋震.对调整我国国民收入分配格局，提高居民分配份额的研究[J].经济研究参考，2009,25(3)：2—20.

3. 财政部财政科学研究所课题组.中国开征碳税问题研究[R].北京：财政部，2012.

4. 蔡昉.人口转变，人口红利与刘易斯转折点[J].经济研究，2012,34(4)：4—13.

5. 蔡昉.人口红利与中国经济可持续增长[J].甘肃社会科学，2013,15(1)：1—4.

6. 蔡昉和王美艳.中国人力资本现状管窥：人口红利消失后如何开发增长新源泉[J].人民论坛·学术前沿，2012,(4)：56—71.

7. 曾娟红.促进我国经济增长的最优财政支出结构研究[J].中南财经政法大学学报，2004,151(4)4：24—39.

8. 钞小静，任保平.中国公共支出结构对经济增长影响的实证分析.1978—2004[J].经济评论，2007,37(5)：35—48.

9. 董拥军，邱长溶.我国社会保障支出与经济增长关系的实证[J].统计与决策，2007,47(4)：81—82.

10. 段克峰.基于一种复合模型的中国人口预测模型[J].统计与决策，2012,20(3)：30—33.

11. 范允奇，李晓钟.碳税最优税率模型设计与实证研究[J].财经论丛，2013,52(1)：23—36.

12. 付雪和陈锡康.多时滞教育经济投入占用产出模型与教育结构研究[J].数学的实践与认识，2006,12(3)：6—13.

13. 付雪和陈锡康.考虑资本闲置的多时滞人力资本投入占用产出模型[J].系统科学与数学，2009,37(8)：1129—1141.

14. 龚六堂，邹恒甫.政府公共开支的增长和波动对经济增长的影响[J].经济学动态，2001,47(9)：45—58.

15. 郭庆旺.财政政策与宏观经济稳定.情势转变视角[J].管理世界，2007,23(5)：7—17.

16. 郭庆旺，吕冰洋，张德勇.财政支出结构与经济增长[J].经济理论与经济管理，2003,(57)11：9—21.

17. 郭永斌.我国养老保险资金缺口的评估和可持续性分析[J].南方金融，2013,23(4)：15—26.

18. 国家发改委，财政部.中国碳税税制框架设计[R].北京，2010.

19. 韩颖，程明，伊洪丽.我国社会医疗保险改革研究文献综述[J].经济与社会发展，2007,25(7)：34—36.

20. 何庆广.财政分权，转移支付与地方税收入——基于1985—2006省级面板数据分析[J].统计研究，2009,26(3)：45—57.

21. 胡家勇.我国政府规模的系统分析[J].经济研究，1996,13(2)：32—46.

22. 胡小菊.湖北省财政社会保障支出水平理论与实证研究[J].华中师范大学学报,2011,47(3):17—23.

23. 胡永刚.内生增长,政府生产性支出与中国居民消费[J].经济研究,2012,46(9):23—48.

24. 黄丞,李玮.我国基本医疗保险体系模型中的最优共保率[J].上海交通大学学报:2003,56(4):15—28.

25. 黄佳蕾.通过"营改增"看我国税制发展趋势[J].中国乡镇企业会计,2012,13(4):24—38.

26. 贾洪波.论基本医疗保险中住院医疗费用的需求方控制[J].中国卫生经济,2012,37(12):46—55.

27. 贾俊雪,郭庆旺,宁静.传统文化信念,社会保障与经济增长[J].世界经济,2011, 23(8):3—19.

28. 劳动和社会保障部养老保险司社会保障课题组.我国养老保险覆盖面扩大及可持续性分析[J].统计研究,2008,12:23—31.

29. 李晖,陈锡康.基于人口投入产出模型的中国人口结构预测及分析[J].管理评论,2013,40(2):29—35.

30. 李俭峰,黄海龙.谈国外医疗保险制度与我国医疗保险体系建设问题[J].价格月刊,2009,36(7):13—25.

31. 廖楚晖.地方政府公共支出结构与经济增长——基于中国省际面板数据的实证分析[J].财贸经济,2006,43(11):34—35.

32. 刘洁,李文.征收碳税对中国经济影响的实证[J].中国人口·资源与环境,2012,(9):26—38.

33. 刘蓉和黄洪.我国地方政府债务风险的度量,评估与释放[J].经济理论与经济管理,2012,(1):36—49.

34. 刘少波,黄文青.我国地方政府隐性债务状况研究[J].财政研究,2008,(9):64—68.

35. 逯进等.社会福利,经济增长与区域发展差异——基于中国省域数据的耦合实证分析[J].中国人口科学,2012,22(3):31—45.

36. 吕伟.基础设施建设与政府或有负债[J].财政研究,2007,43(11):13—16.

37. 吕文洁.我国医疗保险分布的公平性研究——基于1989—2006 CHNS微观调查数据[J].山西财经大学学报,2013,(8):46—59.

38. 吕志华.持续增长条件下的最优财政支出结构研究.基于我国省际面板数据的测算[J].中央财经大学学报,2012,(4):23—33.

39. 毛艳华,钱斌华.基于2007投入产出表的中国碳税开征研究[J].煤炭经济研究,2011, 18(4):36—48.

40. 潘文轩.税制营改增"改革试点的进展,问题及前瞻[J].现代经济探讨,2012,(12):32—44.

41. 彭红枫,吴阳.2011.碳税对我国区域经济发展的影响[J].技术经济,2011,(2):24—36.

42. 彭梅.中美两国医疗保险制度的比较[J].经济与法,2013,10(5):25—36.

43. 彭志文,郭路.财政支出结构,最优税率区间与经济增长[J].财政研究,2011,(4):23—35.

44. 钱振伟,卜一,张艳.新型农村社会养老保险可持续发展的仿真评估:基于人口老龄化视角[J].经济学家,2012,(8):56—64.

45. 邱峰.营改增"税制改革的效应及其应对[J].哈尔滨金融学院学报,2012,116(6):23—35.

46. 沈炳珍,陈畴镛.对我国基本医疗保险制度的理论分析[J].管理世界,2002,(8):20—32.

47. 苏明等.我国开征碳税的效果预测和影响评价[J].经济研究参考,2009,(72)2:35—47.

48. 孙涛,李瑛.公务员规模省际差异影响因素研究——基于2001—2008面板数据[J].中国人民大学学报,2011,(1):40—55.

49. 孙涛.比较视野下的中国政府官员规模研究[J].南开学报(哲学社会科学版),2008,(1):13—25.

50. 孙文基,李建强. 财政性社会保障支出,收入分配与经济增长的实证检验[J]. 经济纵横,2011,(2): 112—115.

51. 王春元. 我国政府财政支出结构与经济增长关系实证分析,财经研究,2009,35(6): 63—75.

52. 王海燕,尹盼盼. 从经济学角度浅析我国社会医疗保险制度[J]. 劳动保障世界,2013,(3): 33—40.

53. 王群. 中国经济发展与社会保障关系的实证研究[J]. 经济问题,2010,(10): 29—32.

54. 王文举,范允奇. 碳税对区域能源消费,经济增长和收入分配影响实证研究[J]. 长江流域资源与环境,2012,(4): 78—90.

55. 王晓军,任文东. 我国养老保险的财务可持续性研究[J]. 保险研究,2013,(4): 33—45.

56. 王新军. 财政分权,地方公共支出结构与区域经济增长——基于 1979—2006 省际面板数据的分析[J]. 山东大学学报,2010,(5): 20—32.

57. 王艺明,蔡翔. 财政支出结构与城乡收入差距——基于全国东,中,西部地区省级面板数据的经验分析[J]. 上海财经大学学报,2010,(5): 22—37.

58. 王枝茂. 关于我国城镇医疗保险制度改革的反思[J]. 生产力研究,(4): 34—47.

59. 薛惠元. 新型农村社会养老保险财政保障能力可持续性评估——基于政策仿真学的视角[J]. 中国软科学,2012,(5): 20—32.

60. 闫萍. 中国老人的医疗费用负担研究[D]. 中国人民大学博士学位论文,2009.

61. 杨宝剑. 地方财政支出结构优化的实证研究——基于东部,中部,西部的省级面板数据分析[J]. 财贸研究,2012,(4): 60—72.

62. 杨超,王锋,门明. 征收碳税对二氧化碳减排及宏观经济的影响分析[J]. 统计研究,2011,(7): 33—45.

63. 姚昕,刘希颖. 基于增长视角的中国最优碳税研究[J]. 经济研究,2010,(11): 50—66.

64. 余文华等. 城镇居民基本医疗保险报销比例蒙特卡洛模拟测评[J]. 中国卫生经济,2013,(2): 72—80.

65. 张光. 财政规模,编制改革和公务员规模的变动——基于对 1978—2006 的实证分析[J]. 政治学研究,2008,(4): 45—58.

66. 张红霞和陈锡康. 用于人力资本分析的教育—经济投入占用产出模型[J]. 中国管理科学,2011,(5): 97—101.

67. 张晓芳和石柱鲜. 中国经济的收入分配和再分配结构分析——基于社会核算矩阵的视角[J]. 数量经济技术经济研究,2012,(2): 86—74.

68. 赵建国,李佳. 财政社会保障支出的非线性经济增长效应研究[J]. 财政研究,2012,(9): 51—55.

69. 赵文先. 粮改的经济成本: 粮食财务挂账的历史变迁与实证分析[J]. 农业技术经济 2010,6: 68—77.

70. 中国社会科学院财政与贸易经济研究所课题组. 十二五时期的财政支出结构[J]. 经济研究参考,2011,(3): 23—47.

71. 中国社会科学院世界社保研究中心. 中国养老金发展报告(2011)[M]. 北京: 经济管理出版社,2011.

72. 周景彤和张旭. 人口红利拐点来临[J]. 国际金融,2013,(7): 72—73.

73. 朱波,周卓儒. 人口老龄化与医疗保险制度. 中国的经验与教训[J]. 保险研究,2010,(1): 83—90.

74. 朱永彬,刘晓,王铮. 碳税政策的减排效果及其对我国经济的影响分析[J]. 中国软科学,2010,(4): 65—76.

75. "SNA 的修订与中国国民经济核算体系改革"课题组. SNA 的修订及对中国国民经济核算体

系改革的启示[J]. 统计研究,2012,(6): 33—46.

76. Agrawal P Sahoo P Dash R K. Savings Behaviour in South Asia [J]. Journal of Policy Modeling 2009(31): 208 - 224.

77. Aizenman J et al. What is the risk of European Sovereign Debt Defaults? Fiscal Space CDS Spreads and Market Pricing of Risk [J]. Journal of International Money and Finance 2013(34): 37 - 59.

78. Alesina A Baqir R Easterly W. Redistributive Public Employment [J]. Journal of Urban Economics 2013(48): 219 - 241.

79. Alesina A Danninger S Rostagno M. Redistribution Through Public Employment: The Case of Italy [R]. NBER Working Paper No. 7387,2013.

80. Algan Y Cahuc P Zylberberg A. Public Employment and Labor Market Performance [J]. Economic Policy 2002(34): 9 - 65.

81. Algan Y Cahuc R Zylberberg A. Public Employment and Labor Market Performance [J]. Economic Policy 2002 34(6): 19 - 65.

82. Andre F J, Cardenete M A. A Goal Programming Approach for a Joint Design of Macroeconomic and Environmental Policies: A Methodological Proposal and an Application to the Spanish Economy [J]. Environmental Management 2009,(43): 888 - 898.

83. Andre F J, Cardenete M A. Multicriteria Policy Making. Defining Efficient Policies in A General Equilibrium Model [R]. Working Paper Centro de Estudios Andaluces E 2005/04.

84. Andre F J, Romero C. Using Compromise Programming For Macroeconomic Policy Making in A General Equilibrium Framework: Theory and Application to The Spanish Economy [J]. Journal of Operational Research Society 2008(59): 875 - 883.

85. Andre F J, Cardenete M A. Defining Efficient Policies in a General Equilibrium Model: a Multi-objective Approach [J]. Socio-Economic Planning Sciences, 2009,(43): 192 - 200.

86. Ardagna S. 2007 Fiscal Policy in Unionized Labor Markets [J]. Journal of Economic Dynamics and Control 31 1498 - 1534.

87. Armey D, Armey R. The Freedom Revolution: The New Republican House Majority Leader Tells Why Big Government Failed Why Freedom Works and How We Will Rebuild America [M]. Washington D. C.): Regnery Publishing Inc, 1996.

88. Auerbach A J, Kotlikoff L J. Dynamic Fiscal Policy [M]. Cambridge University Press New York, 1987.

89. Aulin-Ahmavaara P A. Moving Human Capital inside the Production Boundary [J]. Review of Income and Wealth, 2004,(50): 213 - 228.

90. Baldacci E, Clements B, Gupta S. Cui Q. Social Spending Human Capital and Growth in Developing Countries [J]. World Development, 2008,(36): 1317 - 1341.

91. Barr N. Economic theory and the welfare state [J]. Journal of Economic Literature, 2002,(30): 741 - 803.

92. Barro R. A Cross-Country Study of Growth Saving and Government [R]. NBER Working Paper No. 2855,1989.

93. Barro R. Government Spending in A Simple Model of Endogenous Growth [J]. Journal of Political Economy, 1990,98(5): S103 - S127.

94. Barro R, Sala-i-Martin X. Public Finance in Models of Economic Growth [R]. NBER Working Paper No. 3362,1990.

95. Barro R. Government Spending in A Simple Model of Endogenous Growth [J]. Journal of

Political Economy, 1990,98(5): S103 - S127.

96. Barth J, Bradley M. The Impact of Government Spending on Economic Activity [R]. Working paper George Washington University, 1987.

97. Beetsma R, Bovenberg A. Does Monetary unification Lead to Excessive Debt Accumulation [J]. Journal of Public Economics, 1999,74(3): 299 - 325.

98. Belltini G, Ceroni C. Is Social Security Really Bad for Growth [J]. Review of Economic Dynamics, 2007,(2): 796 - 819.

99. Bennet J T. The Impact of the Composition of Government Spending on Private Consumption and Investment: Some Empirical Evidence [J]. Journal of Economics and Business, 1983,(35): 213 - 220.

100. Bennet J T. The Impact of the Composition of Government Spending on Private Consumption and Investment: Some Empirical Evidence [J]. Journal of Economics and Business, 1983,(35): 213 - 220.

101. Bolder D J. A Stochastic Simulation Framework for The Government of Canada's Debt Strategy [R]. Bank of Canada Working Paper No. 10,2003.

102. Bolder D J. Towards a More Complete Debt Strategy Simulation Framework [R]. Bank of Canada Working Paper, No. 13,2002.

103. Bosworth B P. Saving and investment in a global economy [R]. Brookings Institution, Washington DC, 1993.

104. Bräuninger M. The Budget Deficit Public Debt and Endogenous Growth [J] Journal of Public Economic Theory, 2005,(7): 827 - 840.

105. Buchanan J. Why Does Government Grow [J]. in Borcherding T. E. eds. Budgets and Bureaucrats: The Sources of Government Growth Duke University Press, 1977.

106. Bureau B. Distributional Effects of A Carbon Tax on Car Fuels in France [J]. Energy Economics, 2010,(3): 53 - 77.

107. Cabral R, Lopes M. Benchmark for Public Debt: Two Alternative Approaches [R]. Manuscript of Annual Meeting of the Brazilian Society Of Finance, 2005.

108. Cabral R, et al. A Benchmark for Public Debt: The Brazilian Case [R]. Manuscript of Latina America and the Caribbean Debt Group IDB, 2008.

109. Callen T, Lyons S, Scott S. The Distributional Implications of a Carbon Tax in Ireland [J]. Energy Policy, 2009,(37 - 2): 407 - 412.

110. Capece G, et al. A Cluster Analysis Study Based on Profitability and Financial Indicators in the Italian Gas Retail Market [J]. Energy Policy, 2010,38: 3394 - 3402.

111. Carboni A, Medda G. Size And Composition Of Public Spending In A Neoclassical Growth Model [J]. Metroeconomica, 2011,62(1): 150 - 170.

112. Carrera C, Vergara R. Fiscal Sustainability: The Impact of Real Exchange Rate Shocks on Debt Valuation Interest Rates and GDP Growth [J]. World Development, 2012,40(9): 1762 - 1783.

113. Chen B. Economic Growth With An Optimal Public Spending Composition [J]. Oxford Economic Papers, 2006,58: 123 - 36.

114. Choi J, Park N. Achieving Medium Term Expenditure Framework Reform [R]. Policy Research Working Paper World Bank Institute Vice Presidency Leadership and Governance Unit, 2013.

115. Claeys P. Debt interest rates and integration of financial markets [J]. Economic Modelling, 2012,29(1): 48 - 59.

116. Cobacho B, et al. Planning Federal Public Investment in Mexico Using Multiobjective

Decision Making [J]. Journal of the Operational Research Society, 2010,61: 1328 - 1339.

117. Cornwell A, Creed J. Measuring the Welfare Effects of Tax Changes Using LES [J]. Empirical Economics, 1997(22): 589 - 613.

118. Courant M, Rubinfeld D L. Public Employee Market Power and the Level of Government Spending [J]. American Economic Review, 1979,69: 806 - 817.

119. Creedy J, Sleeman C. Carbon Taxation Prices and Welfare in New Zealand [J]. Ecological Economics, 2006,(57): 333 - 345.

120. Creedy J. Measuring The Welfare Effects Of Price Changes: A Parametric Approach [J]. Australian Economic Papers, 1998,(6): 137 - 151.

121. Cummins R. A. Personal Income and Subjective Well-being: A Review [J]. Journal of Happiness Studies, 2000,22: 133 - 158.

122. Davies A. Human Development of the Optimal Size of Government [J]. Journal of Socio-Economics, 2009,38(2): 157 - 183.

123. Davis S J, Faberman R J, Haltiwanger J C. The Establishment Level Behavior of Vacancies and Hiring [J]. The Quarterly Journal of Economics, 2013,128(2): 581 - 622.

124. Dean J. How Slovakia has kept the confidence fairy [J]? Journal of Policy Modeling, 2013,35(4): 487 - 503.

125. Defourny J, Thorbecke E. Structural path analysis and multiplier decomposition within a social accounting matrix framework [J]. The Economic Journal, 1984,94 111 - 136.

126. Defourny S, Thorbecke, B. Structural Path Analysis and Multiplier Decomposition within A Social Accounting Matrix Framework [J]. The Economic Journal, 1984,94: 111 - 136.

127. Demekas D G, Kontolemis Z G. Government Employment and Wages and Labour Market Performance [J]. Oxford Bulletin Of Economics And Statistics, 2000,62(3): 23 - 60.

128. Devarajan S, Swaroop V, Zou H. The Composition of Public Expenditure and Economic Growth [J]. Journal of Monetary Economics, 1996,27: 313 - 344.

129. Diamond P. National Debt in a Neoclassical Growth Model [J] American Economic Review, 1965,55(5): 1126 - 1150.

130. Diamond P. Wage Determination and Efficiency in Search Equilibrium [J]. Review of Economic Studies, 1982,49(2): 217 - 227.

131. Dos Reis A C, Zilberman E. On the Optimal Size of Public Employment [R]. Departamento De Economia Texto Para Discussão No. 612,2013.

132. Duchin F, Hubacek K. Linking social expenditures to household lifestyles [J]. Futures, 2003,35: 61 - 74.

133. Duesenberry J S. Income saving and the theory of consumer behavior [M]. Cambridge MA: Harvard University Press, 1949.

134. Edwards S. Why are Latin America's savings rates so low? An international comparative analysis [J]. Journal of Development Economics, 2006,51: 5 - 44.

135. Ehrenberg R G, Smith R. Comparable Worth Wage Adjustments and Female Employment in the Public Sector [J]. Journal of Labor Economics, 1987,1: 19 - 47.

136. Ekins P, Dresner S. Achieving Fairness in Carbon Emissions Reduction [R]. The Green Fiscal Commission Report, 2010.

137. Engen E, Skinner J. Fiscal Policy and Economic Growth [R]. NBER Working Paper No. 4223 - 1992,2012.

138. European Commission Green Paper. Towards Adequate Sustainable and Safe European

Pension System [M] Luxembourg: Publications Office of European Union, 2010.

139. Faggio G, Overman H. The Effect Of Public Sector Employment on Local Labour Markets [J]. Journal of Urban Economics, 2014,79: 91－107.

140. Fan S, Yu B, Jitsuchon S. Does Allocation of Public Spending Matter in Poverty Reduction? Evidence from Thailand [J]. Asian Economic Journal, 2013,22(4): 411－430.

141. Fanti L, Gori L. Population and Neoclassical Economic Growth: a New Child Policy Perspective [J]. Economics Letters, 2009,104: 27－30.

142. Fic T, Ghate C. The welfare state thresholds and economic growth [J]. Economic Modelling, 2005,22: 571－598.

143. Finn M G. Cyclical Effects of Government's Employment and Goods Purchases [J]. International Economic Review, 1998,39(3): 635－657.

144. Fortin B, Truchon M. On Reforming The Welfare System: Workfare Meets the Negative Income Tax [J]. Journal of Public Economics, 1993,(51): 119－151.

145. Fournier J M, Koske I. Public Employment And Earnings Inequality: An Analysis Based on Conditional and Unconditional Quantile Regressions [J]. Economics Letters, 2013,121: 263－266.

146. Freeman R. B. Unionism and The Dispersion of Wages [J]. Industrial and Labor Relations Review, 1980,34: 3－23.

147. Friedman B M, Warshawsky M. The Cost of Annuities: Implications for Saving Behavior and Bequests. [J]. Quarterly Journal of Economics, 2010,105(1): 135－154.

148. Fujiwara I, Teranishi Y. A dynamic new Keynesian life-cycle model: Societal aging demographics and monetary policy [J]. Journal of Economic Dynamics and Control, 2009,32(8): 2398－2427.

149. Ganelli G. and Tervala J. 2010 Public infrastructures public consumption and welfare in a new-open-economy-macro model [J]. Journal of Macroeconomics 32: 827－837.

150. Ganelli G, Tervala J. Public infrastructures public consumption and welfare in a new-open-economy-macro model. Journal of Macroeconomics, 2010,32: 827－837.

151. Geary R C. A Note On A Constant Utility Index of The Cost Of Living [J]. Review of Economic Studies, 1950,(18): 65－66.

152. Ghate C, Zak P. The growth of government and the politics of fiscal policy [J]. Structural Change and Economic Dynamics, 2002,13: 435－455.

153. Gokan Y. Alternative government financing and stochastic endogenous growth[J]. Journal of Economic Dynamics and Control, 2009,26(4): 681－706.

154. Graham C. The Economics of Happiness [J]. in Durlauf S. N. and L. E. Blun (eds) The New Palgrave Dictionary of Economics, 2008.

155. Gravel N, Moyes P, Tarroux B. Robust international multidimensional comparisons of inequality in disposable income and access to public goods [J]. EconomicaVolume, 2009, 303 (76): 432－461.

156. Gregory R G, Borland J. Recent Developments in Public Sector Labor Markets [J]. Handbook of Labor Economics, 2009,3(53): 3573－3630.

157. Grier K, Tullock G. An Empirical Analysis of Cross-National Economic Growth: 1950－1980 [J]. Journal of Monetary Economics, 1987,24: 259－276.

158. Groezen B, Meijdam L. Growing Old and Staying Young: Population Policy in an Ageing Closed Economy [J] Journal of Population Economics, 2008,21: 573－588.

159. Groezen B. Social Security and Endogenous Fertility: Pension and Child Allowances as

Siamese Twins [J]. Journal of Public Economics, 2004,87: 233 - 251.

160. Gupta S. The Effectiveness of Government Spending on Education and Health Care in Developing and Transition Economies [J]. European Journal of Political Economy, 2005, 18 (4): 717 - 737.

161. Gupta S, Clements B, Baldacci E. Fiscal Policy Expenditure Composition and Growth in Low-Income Countries [J]. Journal of International Money and Finance, 2015,24: 441 - 463.

162. Hansson A, Stuart C. Peaking of fiscal sizes of government [J]. European Journal of Political Economy, 2003,19: 669 - 684.

163. Heller P, Tait A. Government Employment and Pay: Some International Comparisons [J]. International Monetary Fund Occasional Paper No. 24 Washington DC, 2013.

164. Hirte G. Welfare and Macroeconomic Effects of the German Pension Acts of 1992 and 1999: A Dynamic CGE Study [J]. German Economic Review, 2002,3(1): 81 - 106.

165. Holm-Hadulla F. Public Wages in the Euro Area: Towards Securing Stability and Competitiveness [J]. Oxford Bulletin Of Economics And Statistics, 2010,62(3): 23 - 60.

166. Horioka C Y, Watanabe W. Why Do People Save? A Micro-Analysis of Motives for Household Saving in Japan [J]. Economic Journal , 1997,107(442): 537 - 552.

167. Horner J, Ngai L R, Olivetti C. Public Enterprises and Labor Market Performance [J]. International Economic Review, 2007,48(2): 363 - 384.

168. Hosoya K. Tax financed government health expenditure and growth with capital deepening externality [J]. Economics Bulletin, 2003 14: 1 - 10.

169. Ihori T. Government Spending and Private Consumption [J]. Canadian Journal of Economics, 1990,23: 60 - 69.

170. Ihori T. Health Insurance Reform and Economic Growth: Simulation Analysis in Japan [J]. Japan and the World Economy, 2011,23: 227 - 239.

171. International Monetary Fund and International Development Association. Debt-Sustainability in Low-Income Countries-Proposal for an Operational Framework and Policy Implications [R]. SM/04/27.

172. Jaeger W K. The Welfare Cost of a Global Carbon Tax When Tax Revenues are Recycled [J]. Resource and Energy Economics, 1995,(1): 47 - 67.

173. Jetter M A. Nikolsko-Rzhevskyy and W. T. Smith. The Effects of Wage Volatility on Growth [R]. NBER Working paper No. 6214,2011.

174. Kaldor N. Capital Accumulation and Economic Growth in Lutz editor Theory of Capital [M] London Melbourne Toronto: Macmillan, 1961.

175. Kato R. Government Deficit Public Investment and Public Capital in the Transition to an Aging Japan [J]. Journal of the Japanese and International Economies, 2002,16,462 - 491.

176. Klein L R, Rubin H. A Constant Utility Index of The Cost of Living [J]. Review of Economic Studies, 1949,(15): 84 - 7.

177. Kneller R, Bleaney F M, Gemmell N. Fiscal Policy and Growth: Evidence from OECD Countries [J]. Journal of Public Economics, 1999,74: 171 - 190.

178. Koop G, Pesaran M, Potter S. Impulse Response in Nonlinear Multivariate Models [J]. Journal of Econometrics, 1996,74: 103 - 135.

179. Kooros S, McManis L. A Multi-Attribute Optimization Model for Strategic Investment Decision [J]. Canadian Journal of Administrative Science, 1998,15(1): 152 - 164.

180. Kormendi R, Meguire P. Macroeconomic Determinant of Growth: Cross-Country Evidence

[J]. Journal of Monetary Economics, 1985,16: 141 - 164.

181. Kraay A, Van Rijckeghem C. Employment and Wages in the Public Sector: A Cross-Country Study [J]. International Monetary Fund Working Paper, 1995.

182. Kravtsov M K, Pashkevich A V. A Multicriteria Approach to Optimization of The Gross Domestic Product [J]. Automatic Control, 2004,65(2): 337 - 345.

183. Kuijs L. How Will China's Saving-Investment Balance Evolve [R]? World Bank Research Working Paper no. 4,2006.

184. Kunze L. Funded social security and economic growth [J]. Economics Letters, 2012,115(2): 180 - 183.

185. Labandeira X, Labeaga J M. Combining Input-Output Analysis and Micro-Simulation to Assess The Effects Of Carbon Taxation On Spanish Households [J]. Fiscal Studies, 2009,(20): 305 - 320.

186. Labandeira A et al. An Integrated Economic and Distributional Analysis of Energy Policies [J]. Energy Policy, 2009,(37): 5776 - 5786.

187. Laudau D. Government Expenditure and Economic Growth [J]. Southern Economic Journal, 1983,49: 783 - 792.

188. Lee J. Optimal Size and Composition of Government Spending [J]. Journal of the Japanese and International Economies, 1992,6: 423 - 39.

189. Leontief W. Dynamic Analysis: Studies in the Structure of the American Economy [M]. Oxford University Press, 1953.

190. Levine R, Renelt D. A Sensitivity Analysis of Cross-Country Growth Regressions [J]. American Economic Review, 1992,82: 942 - 963.

191. Llop M, Manresa A. Income distribution in a regional economy: a SAM model [J]. Journal of Policy Modeling, 2004,26: 689 - 702.

192. Lobao L, Hooks G. Public Employment Welfare Transfers and Economic Well-Being Across Local Populations: Does A Lean And Mean Government Benefit the Masses [J]. Social Forces, 2003, 82: 519 - 556.

193. Lucas R E. On the mechanics of economic development [J]. Journal of Monetary Economics, 1988,22: 3 - 42.

194. Manoel A. Analytical Foundations and Introduction To Subnational DSA Models [R]. World Bank Working Paper No. 21,2012.

195. Mendoza E, Milesi-Ferretti G, Asea P. On the Effectiveness of Tax Policy in Altering Long-Run Growth: Harberger's Superneutrality Conjecture [J]. Journal of Public Economics, 1997,66: 99 - 126.

196. Miller R E, Blair P D. Input-Output Analysis: Foundations and Extensions [M]. Published by Englewood Cliffs Princeton Hall, 1995.

197. Miyakoshi T, Tsukuda Y, Kono T, Koyanagi M. Economic Growth and Public Expenditure Composition: Optimal Adjustment by Using Gradient Method [J]. Japanese Economic Review, 2010, 61(3): 320 - 340.

198. Molina J et al. SSPMO: A Scatter Tabu Search Procedure for Non-Linear Multiobjective Optimization [J]. Journal of Computation, 2007,19(1): 91 - 100.

199. Morande R. Savings in Chile. What went right [J]? Journal of Development Economics 2008, 57: 201 - 228.

200. Mortensen D T, Pissarides C A. Job Creation and Job Destruction in the Theory of

Unemployment [J]. Review of Economic Studies, 1994,61(5): 397 - 415.

201. Nakajima A. Total Labor Requirements and Value Added Productivity of Labor in the Process of Economic Development [R]. 14th International Input Output Conference Discussion Paper No. 56,2009.

202. Ndikumana L, Boyce R K. Public Debts and Private Assets: Explaining Capital Flight from Sub-Saharan African Countries [J]. World Development, 2003,31(1): 107 - 130.

203. Niemann S. Public debt discretionary policy and inflation persistence [J]. Journal of Economic Dynamics and Control, 2013,37(6): 1097 - 1109.

204. Odhiambo R. Savings and economic growth in South Africa: A multivariate causality test [J]. Journal of Policy Modeling, 2009,31: 708 - 718.

205. Oliviero A C, Medda G. Size and Composition of Public Spending in A Neoclassical Growth Model [J]. Metroeconomica, 2011,62(1): 150 - 170.

206. Ono T. Social Security Policy with Public Debt in An Aging Economy [J] Journal of Population Economics, 2013,16: 63 - 387.

207. Pappa E. The Effects Of Fiscal Shocks On Employment And The Real Wage [J]. International Economic Review, 2009,50(1): 217 - 244.

208. Pieters J. Growth and Inequality in Indiaz: Analysis of an Extended Social Accounting Matrix [J]. World Development, 2010,38(3): 270 - 281.

209. Pissarides C A. The Unemployment Volatility Puzzle: Is Wage Stickiness the Answer [J]. Econometrica, 2009,77(9): 1339 - 1369.

210. Pradelli J. Cape Verde: Building Resilience in a Small Island State [R]. Working paper World Bank, 2012.

211. Psaltopoulos D, et al. Assessing the Economic Effects of Private Investment Initiatives in Rural Areas of Southern Europe: A Regional SAM Approach in Greece [R]. Paper presented to the Thirteenth International Conference on Input-Output Techniques, 2000.

212. Psaltopoulos D. Regional social accounting matrices for structural policy analysis in lagging EU rural regions [J]. European Review of Agricultural Economics, 2004,31(2): 149 - 178.

213. Quadrini V, Trigari A. Public Employment and the Business Cycle [J]. Scandinavian Journal of Economics, 2007,109(4): 723 - 742.

214. Ramirez M D. Does Public Investment Enhance Labor Productivity Growth in Latin America? A Co-integration Analysis [J]. North American Journal of Economics and Finance, 1998, 9(1): 45 - 65.

215. Roberts D. Agriculture in the Wider Economy-the Importance of Net SAM Linkage Effects [J]. European Review of Agricultural Economics, 1995,22: 495 - 511.

216. Roberts S, Zolkiewski Z. Modelling income distribution in countries in transition: A computable general equilibrium analysis for Poland [J]. Economic Modelling, 1996,13: 67 - 90.

217. Robinson S. From stylized to applied models: Building multisector CGE models for policy analysis [J]. North American Journal of Economics and Finance, 1999,10: 5 - 38.

218. Rodden J. Reviving Leviathan: Fiscal Federalism and the Growth of Government in China [J]. International Organization, 2003,37(4): 695 - 729.

219. Rutten M. The Economic Impact of Health Care Provision: A CGE Assessment For The UK [J]. University Of Nottingham PhD Dissertation, 2004.

220. Sahay N. Modeling Health in a CGE Framework: A Case Study of India [R]. Partnership for Economic Policy Research Paper, 2013.

221. Samuelson P A. Some Implications of Linearity [J]. Review of Economic Studies, 1948, (30): 88 - 90.

222. Santos S G. Portuguese net borrowing and the government budget balance A SAM approach [J]. Journal of Policy Modeling, 2004, 26: 703 - 717.

223. Scully G. Measuring the Burden of High Taxes [J]. National Center for Policy Analysis Policy Report No. 215, 1998.

224. Scully G. Optimal taxation economic growth and income inequality [J]. Public Choice, 2003, 115: 299 - 312.

225. Shelton C A. The Size and Composition of Government Expenditure [J]. Journal of Public Economics, 2007, 91: 2230 - 2260.

226. Shieh E A. Government spending capital accumulation and the optimal policy rule: The role of public service capital [J]. Economic Modelling, 2006, 23: 875 - 889.

227. Simon C. Do Welfare-Maximizing Governments Cause Political Business Cycles In Growth And Inequality [J]. Metroeconomica, 2010, 50(1): 19 - 43.

228. Sin Y. China Pension Liabilities and Reform Options for Old Age Insurance [R] The World Bank Working Paper NO. 33116, 2005.

229. Stevenson G. How Public Sector Pay and Employment Policies Affect Labor Markets [J]. World Bank Policy Research Working Paper WPS 944 Washington DC, 1992.

230. Stever J A. The End of Public Administration: Problems of The Profession in the Post-Progressive Era [M]. Dobbs Ferry NY: Transnational Publishers, 1988.

231. Stone R. Linear Expenditure System and Demand Analysis: An Application To The British Pattern of Demand [J]. Economic Journal, 1954, (64): 511 - 532.

232. Stone R. Demographic Input-Output: An Extension of Social Accounting [R]. Paper presented at the fourth International Conference on Input-Output Techniques Geneva, 1968.

233. Suto I, James J A. Savings and early economic growth in the United States and Japan [J]. Japan and the World Economy, 1999, 11: 161 - 183.

234. Tanzi V, Zee H H. Fiscal policy and long-run growth [R]. International Monetary Fund Working Paper, 1997.

235. Thorbecke E, Jung H. S. A multiplier decomposition method to analyze poverty alleviation [J]. Journal of Development Economics, 1996, (48): 279 - 300.

236. Tsangarides C, Qureshi M. Monetary Union Membership in West Africa: A Cluster Analysis [J]. World Development, 2008, 36(7): 1261 - 1279.

237. Turnovsky S, Fisher W. The composition of government expenditures and it's consequences for macroeconomic performance [J]. Journal of Economic Dynamics and Control, 1995, 19: 747 - 786.

238. Turnovsky S J, Brock W A. Time Consistency and Optimal Government Policies in Perfect Foresight Equilibrium [J]. Journal of Public Economics, 1980, 13: 183 - 212.

239. Turnovsky S J, Fisher W H. The Composition of Government Expenditure and Its Consequences for Macroeconomic Performance [J]. Journal of Economic Dynamics and Control, 1995, 19: 747 - 786.

240. Valentinyi A, Herrendorf B. Measuring factorincomeshares at the sectoral level [J]. Review of Economic Dynamics, 2008, 11(4): 820 - 835.

241. Van der Gaag J, Stelcner M, Vijverberg W. Wage Differentials and Moonlighting by Civil Servants: Evidence from Coate Divoire and Peru [J]. World Bank Economic Review, 1989, 3: 67 - 95.

242. Volscho T W. Unions Government Employment and The Political Economy of Income

Distribution in Metropolitan Areas [J]. Research in Social Stratification and Mobility, 2007,25: 1-12.

243. World Bank. Averting the Old-age crisis: Policies to Protect the Old and Promote Growth [R]. New York: Oxford University Press, 2005.

244. World Bank. Modernizing the Framework for Fiscal Policy and Public Debt Sustainability Analysis [R] Prepared by the Fiscal Affairs Department and the Strategy Policy and Review Department, 2011.

245. Yakita A. Sustainability of Public Debt Public Capital Formation and Endogenous Growth in An Overlapping Generations Setting [J] Journal of Public Economics, 2008,92: 897-914.

246. Young A T. One of the things we know that ain't so: Is US labor's share relatively stable [R]? Manuscript University of Mississippi, 2006.

247. Zhang Z, Baranzinia A. What Do We Know About Carbon Taxes? An Inquiry Into Their Impacts On Competitiveness And Distribution Of Income [J]. Energy Policy, 2004,32(4): 507-518.

248. Zinna G. Sovereign default risk premia: Evidence from the default swap market [J]. Journal of Empirical Finance, 2013,21: 15-35.

249. Zuleta H, Young A T. Labor's shares-Aggregate and industry: Accounting for both in a model of unbalanced growth with induced innovation [J]. Manuscript University of Mississippi, 2007.

后　记

从世界经济的发展来看，递进和优化已经成为现代经济发展的显著标识并主导着经济的发展方向。20 世纪 80 年代以来，自由主义经济思潮开始复兴，要求政府控制公共支出的规模已成为大多数国家的发展趋向；与此同时，如何衡量公共支出结构的优化程度、如何调整和优化公共支出结构，最大限度地促进经济增长和社会福利的最大化，已成为政府公共支出领域中的重大课题。在中国目前的文献中，对公共支出优化问题没有专门和系统的研究，尚未形成一个完整的理论体系，研究成果主要集中在借鉴西方经验运用计量经济模型来测算财政支出最佳规模或各类支出的最佳比例，或者从公共支出现状入手，分析其不合理方面，然后利用中国和许多西方发达国家的公共支出状况进行比较，从而得出公共支出规模和结构的调整方向。

显然，这些研究方法对于改进中国公共支出有着非常积极的意义，但也有不足之处。在运用计量经济模型方面值得注意的是不同学者用不同的数学方法对同一问题得出的结论往往大相径庭，这也显示出计量经济方法在研究公共支出优化上的局限性。在复杂多变的社会经济面前，具体的数字不是也不应该是我们的最终目的，寻求对事物本质的理解与趋势的把握才是有目的和有针对性地改进现实使之无限逼近既定目标的最佳路径。同时要从根本上改善中国的公共支出质量，仅仅停留在现实分析和对策分析的层面上是不够的，还需要从理论上讨论如何判断和衡量公共支出的合理性，探究公共支出影响经济、福利、环境和社会发展的作用机理，深入分析中国公共支出优化的影响因素等问题，从中寻求其演进的内在规律，探讨优化中国公共支出的根本性措施和途径，为我们依循客观规律，主动调整和有效改善公共支出提供理论依据。

基于以上理论要求，本书旨在借助多目标系统优化的思想，在一般均衡的综合结构性框架下，多层次地、动态性地考察有限的公共资源如何在各功能性领域、各产业部门、各地区之间进行优化配置，从而最大限度地缓和经济增长、社会福利、居民增收、分配公平、环境保护等不同目标之间的冲突、矛盾，使其之间此消彼长，提高政府公共支出的经济效益和社会效益，为建立一套行之有效的公共支出调控机制，以实现政府公共支出动态的持续优化作出一定的理论贡献。

本书通过各类实证性研究以及仿真预测模拟所得出的结论体系可以进行如下概括：

在公共支出规模方面，中国大多数省份尚未达到公共支出—人均收入的倒U形拐点，政府支出扩张仍有推动经济增长的空间。但是，处于不同经济社会发展阶段的中国各省需要遵循差异化的公共支出政策导向：发达地区应当大规模扩张医疗卫生保健和社会保障支出，保证一定规模的教育支出，同时压缩生产性和基础建设类投资；发展中地区同样需要提升医疗和社保投资，但是经济建设投资也需要略微上升；欠发达地区仍存在生产性支出上升的巨大空间。沿袭当前的公共支出增长路径，可以预测出公共债务—GDP之比将由2014年的40.07%提高到2025年的65.53%，距离72%的债务警戒值有一定距离，说明中国政府支出面对经济危机和外部风险具有一定的抗压弹性。

在公共支出结构方面，从长期来看，经济增长和社会福利这两个目标并无矛盾，反而是相辅相成、相互促进的；而在短期，增长最大化和福利最大化所要求的公共支出结构不仅不相同，而且存在着一定的矛盾和取舍(trade-offs)。简单说来，建设性公共投资通过需求扩张对增长的即时带动效果较强，但对劳动者增收和收入公平化的作用有限；消费和转移支付导向的公共支出政策虽在短期内不利于GDP增长，却能提高生产要素质量，在长期产生高于建设性公共投资的经济增长效应，并实现居民收入的增长、福利的提升和收入差距上的改善。但是在扩张教育医疗等公共服务的同时不能放松资本积累，否则反将导致高素质劳动力收入和就业状况恶化、加剧贫富分化。

在公共产品供给方面，医疗保险体系的改革可以尝试实行阶梯式个人医保缴费率，这样不仅能降低社保负担率和个人缴费率，缓解老龄化压力，还通过鼓励私人储蓄刺激经济增长、提高整体福利指标。教育体系改革可以注重延伸基础教育投入、施行高中义务教育，虽然在短期内由于挤占生产建设投资，会导致经济增速下降，但从长期视角看，人力资本积累终将使实际GDP增长率回升，成为人口红利拐点后新的增长源泉，并为产业结构升级打下基础。养老保险体系建设需要强调其与政府债务之间的跨期动态相互影响，在为社会公众提供普惠式养老金的同时，最好能够“育儿津贴”相辅相成，通过鼓励生育、增加劳动人口以稀释养老金缺口和公共债务存量。环境保护领域最重要的任务——节能减排需要选取宏观经济成本最低的恰当政策措施，与在中短期内制定可再生能源量化指标相比，以税收中性为原则的碳税不仅能够改善短期收入，还将通过生产要素积累与能源效率改善产生持久增长效应，是现阶段中国应对气候变化的最优政策选择。

本书写作过程历经作者本人学术道路的关键性阶段转变：第一阶段，作者在复旦大学经济学院从事理论经济博士后研究工作，全程参与石磊教授主持的国家社科基金重大项目“中国特色公共经济理论与政策研究(11&ZD073)”，以此为契机，对公共支出相关的西方前沿理论和方法进行了系统学习和吸收，并应用于中国现实数据，产生了本书上编——一般性“公共支出分析部分”的主要内容。第二阶段，作者进入上海社会科学院经济研究所开始基础理论与政策研究双管齐下的科研工作，在此过程中，对政府的各项公共服务政策有了进一步地接触与全新的认识，进而将其与西方主流的定量分析技术相结合，产生了本书下编——具体性“公共产品分析”的各章内容。在书稿写作与汇编期间，上海社会科学院经济研究所所长石良平研究员对于研究定位和总体方向给予了慷慨的建议和指导，经济研究所的沈桂龙研究员也在日常工作和研究中给予宝贵的思路启发和工作支持，在此表示感谢；最后，还要感谢复旦大学经济学院的石磊教授及其门下弟子，频繁的研究接触、日常的问题探讨和学术碰撞，为本书提供了很多智慧与启迪。

本书从构思、写作到成稿历时三年多时间，由于时间跨度较长，很多实证研究工作不可避免地出现数据更新度欠缺的不足，希望广大同行批评指正，为我今后更好地开展相关领域研究，提供长期有益的学术意见。

张晓娣

2016 年 7 月

图书在版编目(CIP)数据

中国公共支出与公共产品研究/张晓娣著.—上海:上海社会科学院出版社,2016
ISBN 978-7-5520-1610-9

Ⅰ.①中… Ⅱ.①张 Ⅲ.①财政支出—研究—中国 ②公共物品—研究—中国 Ⅳ.①F812.45②F20

中国版本图书馆CIP数据核字(2016)第256292号

中国公共支出与公共产品研究

著　　者:张晓娣
责任编辑:应韶荃
封面设计:周清华
出版发行:上海社会科学院出版社
　　　　　上海顺昌路622号　邮编200025
　　　　　电话总机021-63315900　销售热线021-53063735
　　　　　http://www.sassp.org.cn　E-mail:sassp@sass.org.cn
照　　版:南京前锦排版服务有限公司
印　　刷:上海颛辉印刷厂
开　　本:710×1010毫米　1/16开
印　　张:19.5
字　　数:323千字
版　　次:2016年9月第1版　2016年9月第1次印刷

ISBN 978-7-5520-1610-9/F·453　定价:68.00元